普通高等教育精品教材

“十四五”职业教育国家规划教材

国家文化产业资金支持媒体融合重大项目

21世纪新概念教材：
“换代型”系列·高等职业教育旅游管理类专业教材新系

第8版

旅行社运行与管理

梁智　编著

东北财经大学出版社
Dongbei University of Finance & Economics Press
大连

图书在版编目（CIP）数据

旅行社运行与管理 / 梁智编著. —8版. —大连：东北财经大学出版社，2023.7（2025.12重印）
（高等职业教育旅游管理类专业教材新系）
ISBN 978-7-5654-4862-1

Ⅰ.旅…　Ⅱ.梁…　Ⅲ.旅行社-企业管理-高等职业教育-教材　Ⅳ.F590.63

中国国家版本馆CIP数据核字（2023）第108808号

东北财经大学出版社出版
（大连市黑石礁尖山街217号　邮政编码　116025）
网　址：http://www.dufep.cn
读者信箱：dufep@dufe.edu.cn
大连天骄彩色印刷有限公司印刷　东北财经大学出版社发行

幅面尺寸：185mm×260mm　字数：371千字　印张：16.75
2023年7月第8版　2025年12月第7次印刷

责任编辑：许景行　周　晗　责任校对：周小焕
封面设计：原　皓　版式设计：原　皓

定价：43.00元

教学支持　售后服务　联系电话：（0411）84710309

如有印装质量问题，请联系营销部：（0411）84710711

总序："换代型系列"中的"新系"教材建设

"21世纪新概念教材：'换代型'系列"中的"高等职业教育旅游管理类专业教材新系"，是反映当代世界职业教育改革发展趋势，通过"博采众长"而"避其所短"产生的一种新型职业教育教材建设模式。该系列自初创至今，经历了砥砺奋进的不断优化过程。

一、中国旅游管理教育历史回眸

在我国，旅游管理教育已经走过了20多年的历程。20多年，对于人生而言，可以说已经走近成熟了。然而，对于一个学科的发展来说，这么短的时间恐怕只能够孕育学科的胚芽。万幸的是，这20多年不同于历史进程中的一般20多年。由于我们坚持了改革开放的政策，我们的视野由此而得到扩展，我们的信心由此而得到强化，我们的步伐也由此而得以加快。所以，虽然只有20多年，但在中国的教育园地和学科家族中，旅游管理经过有效的分化与发展，已经形成了学科体系的基本雏形。如今，旅游管理类专业将中等职业教育作为起点，并设有高职、本科和研究生教育（包括硕士和博士研究生教育）。这样完整的教育层次，展示了我国旅游管理学科发展的历程和成果，同时也提出了学科建设中的一些迫切需要解决和面对的问题，其中最重要的一点，就是如何在不同的教育层次和不同的教育类型上对教育目标和教学模式进行准确定位。当旅游管理高等教育领域中开始出现职业教育这种新的教育类型时，这一点就显得尤为突出了。

多年来，困扰教育家们的问题似乎不是学科教育和职业教育的关系问题，而是在学科教育体系中如何区别普通专科教育与本科、研究生教育的层次和定位问题。在教育实践中，几乎所有的专业领域都或多或少地存在着一种倾向，即专科教育仅仅是本科教育的简单压缩，而研究生教育仅仅是本科教育的有限延伸。这种状况导致了人才培养的低效率，也由于人才规格的错位而造成了人才使用上的浪费，甚至引起社会用人单位与教育机构之间在这个问题上的矛盾。

正是由于存在这种带有普遍性的问题以及解决这种问题的动力，我国高等教育近年来的改革在这方面才有了比较大的突破：高等普通专科教育向高等职业教育转轨。这种转轨使高等职业教育在一定程度上提高了层次，引起了社会的重视，从而成为高等教育体系中的重要类型。高等职业教育的登堂入室，创造了一种有效的社会氛围，也反过来促使普通专科教育不得不重新审视自己所一贯坚持的教育思想和教学模式，正视自己所面临的问题，并抓住历史的机遇。换言之，普通专科改弦更张的内力和外力都已经具备了。这种转型，是一种全方位的转换，而不是局部的调整。它涉及培养目标的重新定位、教学模式的重新选择和教学条件的有效变更。从培养目标上看，高等职业教育将更加突出人才规格的专业技能性和岗位指向性；从教学模式上看，要着力体现专业设置的职业性、教学内容的实用性和教学过程的养成性；而从教学条件上看，则必须实现教学主体的双元化（即产业部门和教育部门的有效合作）、教师队伍的“双师身份”，并拥有完备的实训手段。只有在以上几个层面实现全面转型，高等职业教育才能培养出合格的人才。在这方面，德国的双元制教学模式、加拿大的以能力培养为中心的CBE教学模式、澳大利亚的TAFE职业教育模式以及国际劳工组织的MES（职业技能模块组合）教学模式，都有值得我们借鉴的东西。

二、教材建设：从“高等专科”到“高等职业”

教材是教育实施过程的重要载体之一。尽管教材建设也同样需要有成果的积累，但在一定情况下，教材建设的先进性、前瞻性和科学性是可以实现的。尤其是第二次世界大战以后发达国家在旅游教育领域所积累的经验，如职业教育和普通学科教育间的差别以及实现这种差别教育的制度性建设，在职业教育领域已经取得的多方面成果，在职业教育的人才规格、培养目标、教育特色等方面形成的认识，在教材建设中所探索出的先进经验等，这些都可以成为今天我国旅游管理类高等职业教育发展的基本参照和经验宝库。东北财经大学出版社推出的这套旅游管理类专业高等职业教育教材，正是在这种认识和思想主导下完成的一个大动作。这套教材的问世，其意义将不仅仅局限在高职教学过程本身，还会产生巨大的牵动和示范效应，将对旅游管理类专业高等职业教育的健康发展产生积极的推动作用。

这套“高等职业教育旅游管理类专业教材新系”，是在原“高等专科旅游管理专业系列教材”的基础上不断优化改版形成的。原专科教材由于定位准确、风格明显、作者队伍精干，已得到全国各大专院校的普遍认可。而为了适应蓬勃兴起的高等职业教育的需要，改版教材无论在指导思想上还是在内容的组织上，都做了彻底的调整。改版教材的相继编写，充分体现了全体编者对旅游管理类高等职业教育规律和特征的认识，对旅游管理类专业高等职业教育的规格、层次、教育对象的特点的把握，对职业教育与普通学科教育的区别的理解，以及对发达国家职业教育的借鉴。同时，这套教材也体现了我国高校教师在感受20世纪90年代世界范围内兴起的以满足旅游者个性化需求为导向的“新旅游”这一时代脉搏之后所做出的积极反应，从而使这套教材有了更超前的视野。这种独特而新颖的教材编写思路，最终还通过在教材形式建设上颇具匠心的处理而进一步得以体现，使这套教材成为一种能打破传统学科教学模式、适合高职教育的目标和学生特点，同时反映教材编写样式之世界潮流的全新的“换代型”教材。凡此种种，都足以说明这是一套有特殊贡献的高质量教材。

三、与时俱进中的模式转换

习近平总书记在党的二十大报告中指出：“教育、科技、人才是全面建设社会主义现代化国家的基础性、战略性支撑”“教育是国之大计、党之大计。培养什么人、怎样培养人、为谁培养人是教育的根本问题。"这是以习近平同志为核心的党中央对新时代教育事业的总体战略部署，也是新时期中国高等职业教育课程与教材建设的指导思想。

本系列教材在研究和落实新时期国家关于高等职业教育定位相关文件精神与要求的基础上，在以下方面沿着"21世纪新概念教材：'换代型'系列"的方向不断前行：

1. 人才培养目标定位

以新时期"就业-创业"、"与生涯对接"和"人才竞争"为导向，借鉴发达国家高等职业教育关于"职业教育与学术教育有机结合"的课改经验，"克服高职各类专业的同质化倾向"，将高等职业教育旅游管理类专业人才培养目标由"教高〔2006〕16号"（培养"面向生产、建设、服务和管理第一线高素质技能型专门人才"），经过"教职成〔2011〕9号"、"教高〔2012〕4号"和"国发〔2014〕19号"等文件的一般定位（培养"高端技能型人才"、"应用技术型人才"乃至"技术技能型人才"），提升到"职业知识"、"职业能力"与"职业道德"并重的"高等复合应用型"人才培养目标上来；同时，对照《教育强国建设规划纲要（2024—2035年）》中关于"创新人才培养模式""着重培育学生的主动精神和创造性思维"等新时期教育要求，将"问题思维"和"创新意识"培养纳入新版教材的人才赋型机制中。

2. 优化结构布局

以"'职业知识'、'职业能力'和'课程思政①'"为"职业学力"的三大基本内涵，以"健全职业人格"为整合框架；各章"基本训练"的基本题型与体现"基本内涵"的"学习目标"，以及穿插"同步思考"、"同步案例"、"同步业务"、"课程思政"和"教学互动"等诸多功能性专栏的教学内容相互呼应。

3. 着眼"双证沟通"与"互补"

在把国家职业资格标准融入专业课程内容与标准的同时，一方面着眼于高等职业学历教育与职业培训的重要区别，强化了对学生"职业学力"的全面建构，另一方面通过同步反映行业领域、国内外高职教育教学及课程改革新发展、新标准、新成果，弥补国家职业资格标准的相对滞后性。

4. 兼顾各种教学方法

将"学导式教学法"、"案例教学法"、"问题教学法"、"讨论教学法"、"项目教学法"及"工作导向教学法"等诸多先进教学方法具体运用于专业课程各种教学活动、功能性专栏和课后训练的教材设计中。

5. 应对"知识流变"

联合国教科文组织的研究表明：进入21世纪，不少学科知识更新周期已缩短至2～3年，处于知识结构表层的应用类学科知识尤其如此。这意味着学生在高职院校

① "课程思政"系由本系列教材先前各版"职业道德与企业伦理"专栏和章后"善恶研判"题型升级而来；相比先前各版，其思想政治教育内容外延更广、内涵更深。

学到的知识的相当一部分在毕业后已经过时。为应对日益加速的“知识流变性”，本套教材自2012年起将“自主学习”视为与“实训操练”同等重要的能力训练：在奇数各章“学习目标”的“职业能力”中用“自主学习”子目标替换先前各版“实训操练”述项，并相应调整了其章后“基本训练”中“能力题”的子题型。

6. 落实“分层教学”

自2016年起，研究落实《教育部办公厅关于建立职业院校教学工作诊断与改进制度的通知》（教职成厅〔2015〕2号）中提出的“分层教学”要求，即在案例教学和实践教学中通过“教学环节‘多元化’”和“组建‘学习团队’”等途径，落实“分层教学”要求。

7. 融合纸质教材与二维码数字资源

自2018年起，阶段性落实教育部关于“进一步推进职业教育信息化发展”、“推广……移动学习等信息化教学模式”（教职成〔2017〕4号）和“推进教育教学与信息技术深度融合”（《教育部高等教育司2018年工作要点》）等文件精神，增加二维码教学资源，解决传统教材所缺少的“互联网+”移动学习，即纸质教材与二维码数字资源融合的问题。

8. 落实“三教”改革

自2020年起，全面落实《国家职业教育改革实施方案》（国发〔2019〕4号）、《教育部 财政部关于实施中国特色高水平高职学校和专业建设计划的意见》（教职成〔2019〕5号）、《职业院校教材管理办法》（教材〔2019〕3号）和《职业教育提质培优行动计划（2020—2023年）》（教职成〔2020〕7号）等文件要求与精神，重点落实“三教”改革中的“教材、教法”改革，以及“在立德树人根本任务方面，进一步创新思想政治教育模式，将社会主义核心价值观融入专业课教材”的要求。

9. 党的二十大精神进教材

自2022年起，加快推进党的二十大精神进教材、进课堂、进头脑，将研究和落实“立德树人，培养德技并修的大国工匠和高素质技能人才”的“人才强国战略”作为新时期教材改革的根本任务。

四、阶段性成果

“21世纪新概念教材：‘换代型’系列·高等职业教育旅游管理类专业教材新系”自20世纪90年代末全套推出以来，到2025年，绝大部分已修订至第七版，其中2种已推出第八版，每种教材平均印刷30余次。其中，8种入选“普通高等教育‘十一五’国家级规划教材”，2种分别入选“教育部普通高等教育精品教材”和“中国旅游协会旅游优秀教材”，4种入选“‘十二五’职业教育国家规划教材”，5种入选“‘十三五’职业教育国家规划教材”，3种入选“‘十四五’职业教育国家规划教材”，深受广大高职院校师生的欢迎与喜爱。

五、结语

教材改革与创新是一项系统工程，旨在培养“高等复合应用型人才”的高等职业教育旅游管理类专业教材的改革与创新更是如此。我们试图在深入调查研究、系统总结国内外教材建设先进经验的基础上与时俱进，不断推出具有我国高等职业教育特色、优化配套的旅游管理类专业的新型教材。

期待广大专家、学者和读者们继续给我们以关怀与支持，使本系列教材通过阶段性修订，与我国新时期高等职业教育旅游管理类专业教学及课程改革发展始终保持同步。

"高等职业教育旅游管理类专业教材新系"项目组

1999年12月初稿

2025年7月修订

第八版前言

本书作为东财版全国联编“高等职业教育旅游管理类专业教材新系”教材之一，初版于1999年问世，现在迎来了它的第八版。24年来，本书相继入选“普通高等教育‘十一五’国家级规划教材”“普通高等教育精品教材”“‘十二五’职业教育国家规划教材”“‘十三五’职业教育国家规划教材”“‘十四五’职业教育国家规划教材”，深受广大读者欢迎。在本书的使用过程中，作者通过出版社及其他渠道获得了众多有识之士的中肯评价及修改建议，深受教益并获得启发。作者在其后的历次修订过程中对多数修改建议予以采纳，使本书能够继续作为旅游管理类专业教材为广大旅游院校师生服务。

在过去的24年里，我国的旅行社行业发生了翻天覆地的变化。互联网的普及、大众旅游的发展，使旅行社的经营方式、管理方法、营销策略、盈利渠道、人员素质、社会影响等与之前大不相同。同时，《中华人民共和国旅游法》的颁布与实施、《旅行社条例》的修订、《旅游安全管理办法》等一系列旅游规章的出台，使旅行社获得了更加规范的经营环境和有利的发展条件。

在本书最初版本对于旅行社运行与管理的介绍和描述中，虽然其基本概念、基本理论仍然适用，但是近年来线上旅行社、自由行方式、差旅设计及管理、邮轮旅游、旅行社产品的网上营销，以及其他旅行社新兴群体等新事物的出现，对于旅行社的经营管理既提供了难得的发展机遇，也构成了新的挑战。对于旅游管理类专业学生而言，这是必须了解的新知识、新观念；对于旅游管理类专业的教师而言，则是必须认真研究的前沿课题。因此，作者认为，结合我国旅行社行业出现的新特点、新动向、新趋势，对本书做适当的调整和修订，介绍相关的新知识、新观点、新方法，不仅是必要的，也是及时的。

本次修订在保持第七版的基本框架和内容的基础上，根据教育部职成司关于“十三五”升级为“十四五”的文件精神和东北财经大学出版社对本套教材再版的总体要求做了调整。第八版主要更新工作包括：

1. 加快推进党的二十大精神进课堂、进教材、进头脑。将研究和落实“立德树人，培养德技并修的大国工匠和高素质技能人才”的“人才强国战略”作为新时期教材改革的根本任务，各章加入了与教学内容相关、反映党的二十大内容的“同步链接”。

2. 体现旅行社运行与管理研究的最新进展与成果，对一些过时的观念和经营管理方法的描述做适当调整和修订，增添了关于近年来我国旅行社新兴群体的描述，以及在本行业经营管理实践中涌现出来的新观点、新理念、新方法。新版教材更换了部分章节的“引例”、“同步案例”、“基本训练”的相关题型及部分“案例分析”资料，使教材不仅在课程理念和结构设计上，而且在专业资料使用上尽可能与时俱进。

3. 兼顾“衔接”和“层次区别与提升”。在教学重点、课程内容、能力结构等方面，既细化了高职教材与中职教材的有机衔接，也研究和探索了前者不同于后者的层次区别与提升。

4. 兼顾“工学结合型”教育所要求的“双证沟通”与“互补”。

5. 对各章“学习目标”进行了再优化，将“学习迁移”作为专业课教学的重要任务之一，纳入“目标描述”的各子目标中。

6. 兼顾“理论”“实务”“案例”“实训”等教学与训练环节。与只侧重“实务”的中职教材不同，新版教材依照“原理先行、实务跟进、案例同步、实训到位”的原则，循序渐进地展开高职教材内容。

7. 扩展了和优化了教材赋型机制的建构，将学生“职业学力”的基本内涵由先前的“职业知识”和“职业能力”两者并重，扩展到“职业知识”“职业能力”“职业道德”三者并重，并将“职业道德”升级为“课程思政”。

8. 进一步落实“三教改革”中的“教法改革”，将“学导式教学法”“案例教学法”“问题教学法”“讨论教学法”“项目教学法”“实践教学法”等先进教学方法，具体运用于专业课程的教学活动、功能性专栏和课后训练的教材设计中。

9. 为应对日益加速的“知识流变性”，将“自主学习”视为与“实训操练”同等重要的能力训练。在各奇数章“学习目标”的“职业能力”中，用“自主学习”子目标替换先前版本的“实训操练”述项，并相应调整了章后“基本训练”中“能力题”的子题型。

10. 在第七版原“二维码教学资源”的基础上，各章增加了可练、可互动、可考核的二维码“随堂测”。

11. 新版同步更新了与主教材配套的网络教学资源包，内含PPT教学课件和各章“基本训练”的“参考答案与提示”。使用本教材的教师可登录东北财经大学出版社网站（www.dufep.cn）查询和下载这些教学资源。

本书的修订工作由梁智主持并编著，作者在修订本书的过程中，得到了东北财经大学出版社许景行编审的大力支持，并得到天津康辉国际旅行社有限责任公司总经理孟欣先生及其管理团队、天津财经大学商学院副院长卢政营副教授、天津经典假期国际旅行社有限公司东丽门市经理姜兆一女士等人士的鼎力相助。在此，谨向他们表示谢忱。

鉴于作者的视野和学术能力，书中仍可能有不当之处，恳请读者和使用者批评指正。

编著者

2023年4月

目 录

第1章 旅行社概述

学习目标

通过本章的学习，应当达到以下目标：

职业知识：学习和把握“旅行社概述”中的相关概念，旅行社的类型、职能、业务、设立条件与程序，旅行社营业场所的选择，以及“同步链接”“同步阅读”“延伸阅读”等理论与实务知识；能用其指导本章“同步思考”、“教学互动”、二维码“随堂测”和“基本训练”的“知识训练”中各题型的认知活动，正确解答其相关问题，体验本章“初级学习”中专业知识的横向正迁移。

职业能力：点评“旅游业的三大支柱产业之一”，训练专业理解力与评价力；运用本章知识研究相关案例，训练在“旅行社概述”特定情境下对当事者行为的“多元表征”专业能力和“与人交流”的通用能力；参加“自主学习－Ⅰ”的训练，通过搜集、整理与综合关于“旅行社的设立及其业务范围”的前沿知识，依照“文献综述格式、范文及书写规范要求”撰写、讨论与交流《“旅行社类型与业务”最新文献综述》，培养“旅行社概述”中“自主学习”“团队协作”“与人交流”的通用能力；体验本章“高级学习”中专业与通用知识、规则和技能的“重组性”迁移。

课程思政：结合本章教学内容，依照相关规范或标准，对“课程思政1-1”和章后“课程思政－Ⅰ”等案例中的企业及其从业人员行为进行思政研判，激发与“线上旅行社违法经营”和“旅行社质量保证金的执行”议题相关的法律法规思考，促进“立德树人”根本任务的落实，体验其“高级学习”中专业知识与思政元素的协同性重组迁移。

学习微平台

思维导图1-1

引例：一家新旅行社成立的前后

背景与情境：某年初，曾经在某国际旅行社担任部门经理的王玉菡从该旅行社辞职，打算成立一家新的旅行社。为此，她找到了过去的同事韩明强和罗莉莉，商量筹办新的旅行社事宜。经过协商和策划，三人很快便着手新旅行社的申办工作。经过一段时间的努力，新旅行社于当年4月底申办成功，并开始营业。

在申办期间，王玉菡等人主要做了以下几项工作：

（1）确定出资比例

王玉菡等人经过商量，确定了出资金额及比例。其中，王玉菡出资15万元，占50%；韩明强和罗莉莉各出资7.5万元，分别占25%。

（2）选择营业场所

具有丰富的旅行社工作经验的王玉菡深知，旅行社营业场所的选择，对于旅行社业务的顺利开展具有重要的影响，绝不可掉以轻心。因此，三人先后对天津市区内的5个地点进行了考察，最后选择了靠近商业区的永安道一间临街门脸房。该房的室内面积为38平方米，位于交通干线上，坐落在十字路口面向车流和人流的街角，作为旅行社的营业场所比较合适。确定后，王玉菡立即同业主进行租赁谈判。经过近1个月的艰苦谈判，双方最终达成了为期2年的租赁协议。

（3）购置营业设施

确定营业场所后，王玉菡便开始购置营业设施。首先，她从京东商城购买了1部传真机、3台微型计算机和1台笔记本电脑，又到国美电器城购买了1台复印机。然后，她又到天津市河西区电信电话局申请了2部直线电话。最后，她为旅行社购置了办公桌椅及一些文具。这样，旅行社开办初期所需的营业设施已经准备就绪。

（4）确定分工及招聘员工

在营业场所和营业设施基本准备就绪后，王玉菡等人进行了工作分工。王玉菡担任旅行社的总经理兼市场开发部经理，负责旅行社的全面经营管理工作；韩明强担任副总经理兼计调部经理，负责旅行社的业务流程及其操作；罗莉莉担任副总经理兼营业部经理，负责门市部及地接工作。

在员工招聘方面，经过一段时间的努力，他们招聘到5名业务人员和1名具有助理会计师资格的专职财会人员。另外，他们还与天津市导游服务中心建立了合作关系，以便在需要时通过该中心临时聘用导游员和领队。

（5）办理验资手续

王玉菡让财会人员小马到会计师事务所办理验资手续。小马先将30万元汇入会计师事务所指定的银行账户上，再由会计师事务所进行验资。小马在接到会计师事务所的通知后，交纳验资的费用，并领取验资证明。

（6）办理申办手续

与此同时，按照《旅行社条例》的相关规定，王玉菡积极准备申办材料。准备就绪后，她携带着填写好的旅行社设立申请书、可行性研究报告、旅行社章程、旅行社负责人的履历和任职资格证明、验资证明、营业场所的租赁协议、购买营业设施设备的各种发票等材料及交纳旅行社质量保证金的承诺书，于当年2月22日来到所在地的市文化和旅游局，申请营业许可证。3月25日，该市文化和旅游局的质量规范与管理处通知她，领取旅行社业务经营许可证。领到营业许可证后，王玉菡到该旅行社所在区市场监督管理局办理注册登记，领取了营业执照。4月3日，王玉菡委托财会人员小马到旅行社所在区的税务局办理了开业税务登记，申请税务登记证。在完成税务登记后，王玉菡派办公室人员小刘到刻字店刻制旅行社的公章，并委托财会人员小马在银行开立账户。当年4月28日，旅行社正式挂牌成立。

资料来源　根据对某旅行社的业务经理等人的专访记录整理。

上述案例告诉我们，申请设立旅行社是一项十分细致的工作，必须精心准备。只有确定出资方式及比例，选择适当的营业场所，购置必要的营业设施设备，确定企业内部分工，招聘合格的业务人员和财会人员，建立稳定的导游员招聘渠道，认真撰写设立旅行社的可行性报告、旅行社章程等，并严格按照《旅行社条例》规定的程序向有关部门提出申请和办理相关的手续，才能够申办成功。这也为日后的经营奠定了良好的基础。

1.1 旅行社类型与业务

旅行社是一种社会服务型企业，以招徕和接待旅游者并向旅游者提供相关服务为主要经营业务，是我国旅游业的三大支柱产业之一。

1.1.1　旅行社的类型

在不同的国家和地区，旅行社在经营范围、产品品种、企业规模等方面存在着一些差异，从而形成该国或该地区独特的旅行社类型。目前，旅行社分为传统型旅行社和线上旅行社两大类型。其中，传统型旅行社又进一步细分为水平式分工体系的旅行社、垂直式分工体系的旅行社和混合式分工体系的旅行社三种亚类型。

1）传统型旅行社

传统型旅行社是指那些主要通过门市部等实体营业场所经营旅游业务的旅行社企业，包括水平式分工体系的旅行社、垂直式分工体系的旅行社和混合式分工体系的旅行社三种亚类型。

（1）水平式分工体系的旅行社。水平式分工体系是指一些国家政府出于管理的需要，人为地将旅行社划分为若干类别，并规定某些旅行社只能够在某些市场中经营的一种旅行社分工体系。近年来，随着80后、90后、00后等中青年旅游消费群体相继进入旅行社产品市场，旅游需求发生了明显的变化。他们更加青睐亲子游、家庭游、修学游、研学游、野外露营、赛事活动等专业旅游产品，形成了一批发展前景好、利润空间大的新兴细分市场。在这种市场形势下，不仅行业内的旅行社设法抢占市场份额，其他领域的实体也开始进入旅行社行业。它们注册旅行社的目的是专门经营专业旅游产品，向目标市场的旅游消费群体提供相应的旅游服务，并由此获取经营收益。这些旅行社独立设计产品，独立开展市场推介和产品销售，自行安排交通和食宿服务，提供全程导游陪同服务。有些旅行社甚至还自行提供目的地的地陪导游服务。它们是旅游产业融合发展中的旅行社新型群体，属于水平式分工体系的旅行社企业类型。在水平式分工体系里，执行同一职能的旅行社在同一操作层次上进行经营，但是它们所服务的市场和所经营的业务范围各不相同。属于水平式分工体系的主要有中国的旅行社行业和韩国的旅行社行业。

①中国的旅行社。目前，我国的《旅行社条例》将旅行社定义为“从事招徕、组织、接待旅游者等活动，为旅游者提供相关旅游服务，开展国内旅游业务、入境旅游业务或者出境旅游业务的企业法人”。这一定义表明我国的旅行社产业实行的是水平式分工模式，即任何一家旅行社都能够从事产品开发、旅游接待、旅游服务采购等业务。不同的旅行社之间不存在批发-零售的关系。

然而，近年来，我国的旅行社行业已经出现了专门从事旅游者招徕业务的旅行社和以旅游产品设计、旅游市场开发、旅游团队接待、旅游服务采购为主营业务，而很少从事旅游者招徕业务的旅行社。前者类似于境外的旅游代理商，后者则相当于境外的旅游批发商或旅游经营商。因此，我国的旅行社分工体系逐渐向垂直式分工体系过渡。

②韩国的旅行社。韩国的旅行社主要分为三种类型，即一般旅行社、国外旅行社和国内旅行社。其中，一般旅行社以在国内旅行和出境旅游的韩国游客和外国游客为服务对象；国外旅行社的服务对象是到国外旅行的韩国游客；国内旅行社则以在国内旅游的韩国游客及外国游客为服务对象。

（2）垂直式分工体系的旅行社。垂直式分工体系的旅行社是指那些在经营范围上分为批发经营和零售代理，在时间上先后承接，并具有互补关系的旅行社。这种类型的旅行社主要流行于以美国为代表的欧美发达国家和地区。垂直式分工体系的旅行社主要分成旅游经营商和旅游代理商。

① 旅游经营商。旅游经营商是指那些以组织和批发包价旅游产品为主要经营业务，兼营旅游产品零售业务的旅行社。旅游经营商在旅游客源市场上就旅游者和潜在旅游者对旅游产品的爱好、需求和消费水平进行调查，从中发现和预测出旅游客源市场对旅游产品的需求及其发展趋势。旅游经营商同饭店、交通运输部门、旅游景点及涉及包价旅游的其他部门签订协议，以批量购买的价格向交通、住宿、餐饮、游览景点等旅游服务供应部门或企业采购各种单项旅游服务。然后，旅游经营商根据市场调查和市场预测的结果，按照旅游客源市场的需要将这些服务项目组装成不同的包价旅游产品及其他旅游产品，直接向旅游者销售或通过旅游代理商在旅游客源市场上进行销售。

② 旅游代理商。旅游代理商亦称旅游零售商，是旅游经营商与旅游者之间的联系纽带。它们的主要业务是代旅游经营商招徕与组织旅游者，为旅游者提供旅游咨询和旅游接待服务，代旅游者直接向旅游服务供应部门预订零散服务项目。旅游代理商的收入全部来自销售佣金。根据所提供的服务项目和内容，旅游代理商分为全面服务型旅游代理商、商务型旅游代理商、驻厂型旅游代理商和团体/奖励型旅游代理商四种类型。

同步链接 1-1

垂直分工体系中的旅行社群体

旅行社企业的分工体系主要有两种：水平分工和垂直分工。中国旅行社业先前采用的是传统的水平分工体系，走过了一条政府主导的强制性变迁道路。随着欧美一些国家的旅行社业采用垂直分工体系，以经营业务分工为主的中国旅行社业体系结构迅速变化，进入了大发展的阶段。

传统的中国旅行社的分工体系主要表现为典型的“两分法”水平分工体系，即国际旅行社和国内旅行社。其所反映的问题主要是大多数旅行社没有明确的定位和分工，更没有自己的特色和品牌。目前中国旅行社局限在较小的范围，还没有任何一家旅行社能够将经营范围扩展到广义的旅游活动上，没有能在全国形成一个经营网络，没有足够的资源应对不同的细分市场。

在各类旅行社没有对批发业务、中间业务和零售业务分工限制的情况下，大部分旅行社企业都要研发、销售产品，不仅浪费了大量的人力、物力、财力，而且旅行社的品牌也受到区域性的严格限制。随着旅行社的增多及市场竞争的加剧，旅行社将逐渐摆脱同质化竞争，通过专业化分工，寻找自己的生存空间。在不久的将来，将会出现更多的旅游经营批发商、旅游零售代理商和旅游经纪人，旅行社业发展将进入良性循环轨道。

①旅游经营批发商

中国旅游市场上缺少有竞争实力的大型旅游经营批发商和旅游集团，因而很少有能力去开发设计特色产品和开拓新市场，使中国旅游市场上产品单一，并且在度假旅游、商务旅游、会议旅游等市场空间拓展不足。目前的形势是大部分旅行社同时竞争包价观光旅游市场，导致了市场行为不规范的混乱经营局面，这也是中国旅行社微利运行的根本原因所在。为了改变这种状况，专家们提出必须培育出几家大型的旅游经营批发商和旅游集团，来增强开发旅游新产品和开拓新市场的能力。

②旅游零售代理商

当少数几家大型旅游经营批发商成长起来以后，为了扩大他们的销售量和增加销售渠道，将会出现相应数量的旅游零售代理商。随着市场竞争的加剧，无论是大旅游经营批发商、航空公司还是旅游饭店，都力图扩大自己的市场份额；旅游产品不可贮存性与无形性的特点又使得他们不得不考虑以最快的可能方式拓展自己的市场范围，以便在尽可能大的客源市场中增加销售量。然而，受企业自身信息和区位方面的限制，单靠自己的力量在众多的市场区域性中发展直销渠道显然不大可能，这就促成了对零售代理商的需要：一方面，旅游批发商会培育和构建自己的销售网点；另一方面，许多小旅行社还可以拓展以交通工具为主的票务代理业务领域，而不仅局限在大型旅行社的销售代理方面。随着国民旅游数量的增加及旅游活动规模的扩大，只经营代理收客的独立经营组织会出现并逐渐增多。

③旅游经纪人

旅游经纪人是指从事旅游经纪与代理业务活动的经纪人。在欧美经济发达的国家，经纪人行业极为发达，居间机构组织随处可见，遍及文化娱乐等各行各业。旅游经纪人职业在中国已经出现，但是时间不是很长，而且也没有形成职业规模和职业规范。与欧美一些旅游业发达的国家的旅行社相比较来说，中国旅行社业的整体和个体的规模都相对较小。目前，在全球化的趋势下，中国市场面临着国际旅行社进入的威胁。此外，国内旅游产品的销售通路已不能满足当前销售结构的需要，这些构成了旅游经纪人出现的条件。

旅游经纪人主要有以下特征：①经纪活动的广泛性。旅游经纪人的活动涉及旅游行业的各个环节，如旅游业的招商引资、旅游客源的开发等各个方面。②经纪活动的中介性。旅游经纪人同一般经纪人一样具有中介服务的性质。旅游经纪人接受委托，按照委托人的意志、条件和约定促成交易，从而完成委托事项。③经纪活动的有偿性。旅游经纪人向委托人提供的是一种服务，向委托人索取劳务报酬，这种劳务报酬通常称为佣金。④服务特征。旅游经纪人受委托人的委托，从事中介、代理、咨询等活动，向旅游者或委托人提供服务，所以具有服务的特征。

资料来源　佚名. 中国旅行社分工体系的发展现状及问题和未来趋势［EB/OL］.［2022-06-21］. https://wenku.baidu.com/view/5b1da94701768e9951e79b89680203d8ce2f6a14.引文经删节改编。

（3）混合式分工体系的旅行社。日本的旅行社采用混合分工的形式，根据旅行社是否从事主催旅行业务①，将旅行社分成第Ⅰ种旅行业、第Ⅱ种旅行业和第Ⅲ种旅行业三种类型。其中，第Ⅰ种旅行业可以实施海外和国内主催旅行业务；第Ⅱ种旅行业只能经营国内主催旅行业务；第Ⅲ种旅行业则不能经营主催旅行业务。

2）线上旅行社

线上旅行社（Online Travel Agent，OTA）亦称在线旅游服务商，是指以互联网为依托，向旅游消费者提供旅游服务产品及旅游服务咨询的旅游企业。线上旅行社经营的核心目的是满足旅游消费者信息查询、产品预订及服务评价等旅游消费需求。

早期的线上旅行社主要经营旅游信息咨询及旅游交通票据、旅游住宿设施、景区门票等单项旅游服务产品预订业务。随着互联网的发展和旅游市场需求的扩大与升级，线上旅行社增加了接送站服务、目的地餐饮服务、目的地导游服务、目的地一日游等预订服务产品。

学习微平台

延伸阅读1-1

近年来，许多线上旅行社开始建立自己的线下实体旅行社，将线上旅游服务预订与线下旅游信息咨询、旅游者招徕与组织、团体旅游接待等进行组合，形成了融线上旅行社与线下实体旅行社于一体的混合型旅行社企业集团。

线上旅行社的盈利主要来自代理佣金和服务增值。建立了线下实体旅行社的企业也通过经营传统旅行社产品获得收益。

课程思政1-1

个别线上旅行社的违法经营

背景与情境：随着4G、5G技术的日趋成熟及普及，线上旅行社依托互联网的浪潮，正迈入飞速发展的时代。与之伴生的，是线上旅行社经营中出现若干不符合法律、法规要求的违法、违规操作。

其一，随着旅游者群体越来越重视体感的舒适性，在线旅游产品的排名和评价常常会影响旅游者的选择，而相当一部分线上旅行社为提升销量，便借“刷单”“增删评价”等操作来提高其产品的排名和关注度。

其二，线上旅行社在介绍行程中所涉及的餐厅、酒店、交通工具等要素时，常常

① 日本的主催旅行业务相当于我国旅行社的包价旅游业务。

会夸大宣传，造成旅游者心理预期过高，进而遭到投诉“行程安排与宣传不符”。以酒店住宿为例，旅行社的宣传页上常常会将其标注为“准五星”“准四星”酒店，这类酒店其实并未取得相应酒店等级，违反了《在线旅游经营服务管理暂行规定》第十二条的规定：在线旅游经营者应当提供真实、准确的旅游服务信息，不得进行虚假宣传；未取得质量标准、信用等级的，不得使用相关称谓和标识。通常旅行社接到因酒店标准不达标而引起的旅游投诉后，采取的方式往往是仅退房费差价，殊不知若旅游者投诉至文旅部门或消费者协会，将会受到不同程度的惩处。

其三，旅行社应与旅游者签订书面旅游合同是《中华人民共和国旅游法》（以下简称《旅游法》）强制规定的，但实践中，部分电商平台因自身技术受限，导致旅游者在提交订单且未签名的情况下便自动生成了电子合同，进而导致线上旅行社受到处罚。

资料来源　蚂蚁呀嘟哒．线上旅行社常见操作之法律分析［EB/OL］．［2022-06-21］．https：//zhuanlan.zhihu.com/p/532005787.

问题：个别线上旅行社违法经营的后果如何？

研判提示：线上旅行社进行“刷单”“增删评价”“不实宣传”“电子合同无签名未备案”等违法、违规操作一旦被查处，将会受到不同执法部门的惩处，违法成本十分高昂。这些线上旅行社应认真学习和贯彻党的二十大精神，依法依规进行经营。此外，电商平台和执法部门也应加强监管，从源头上整治行业乱象，共同维护旅游市场的稳步发展和繁荣。

同步阅读1-1

旅行社新兴群体

近年来，随着我国旅游业的发展，在传统旅行社的基础上出现了一批新兴旅行社，如“携程”“同城”“去哪儿”“艺龙”等，这些旅行社在我们的生活中已经有了一定的影响。

在业务发展方面，新兴旅行社趋向综合化、多方位，如旅游代理商、批发商，注重旅游产品的差异化和服务的多样化，以及“一多品牌”的发展；在市场定位方面，新兴旅行社大多追求“不做最大，就做最全”，注重市场的差异化，开发新市场，如开发特殊人群的旅游、特种旅游等，比较有针对性，与市场前端接触多，减少与传统旅行社的正面竞争；在发展战略方面，新兴旅行社采用“一多品牌”发展战略，以一个企业名称和多个企业品牌、一个主品牌和多个子品牌、一个公众品牌和多个产品线品牌来区分不同层次或不同类型的产品。

新兴旅行社在业务发展、市场定位、发展战略等方面，与传统旅行社也有一些相同点，如都要走服务个性化、市场信息化、品牌集约化之路。

服务个性化之路是快速发展的根基。世界旅游的趋势是散客化、个性化，旅游者越来越不满足于传统旅行的“团队”模式，越来越追求符合个性化的旅游服务。“散客”旅游已上升为一种主要的旅游模式。一家旅行社若想快速发展，在市场上以自己的特色区别于同行，就必须适应散客为主的旅游模式。此外，旅游者之间的差异化，要求旅游服务提供商必须面向个体，服务质量或称服务的多样性将取代价格成为今后主要的竞争手段。

市场信息化之路是快速发展的引擎。对旅行社而言，信息技术飞速发展到今天，已经不是“大鱼”与“小鱼”之争，而是“快鱼”对“慢鱼”的蚕食。越来越多的传统旅行社意识到，只有借助IT技术才是赖以生存和发展的根本。

品牌集约化之路是快速发展的催化剂。品牌集约化之路分为两种：一是组建大型旅游集团；二是组建系统性联盟。这两种目前在国内都有典型的案例，前者有诸如中国国旅、中青旅、康辉、神舟国旅、首旅以及后起之秀海航旅业等，并且各省、自治区、直辖市大部分都有自己的旅游集团；后者出现了诸如“西部之旅”“幸福之旅”“好之旅”“新世纪旅游联合体”等全国性旅游联盟组织，通过统一的操作模式切入市场，形成规模效应。

资料来源　根据网上资料自编。

同步链接1-2

新场景、新业态加快文旅消费恢复

进入暑期，全国多地相继宣布恢复跨省游，行程卡“摘星”，各地密集发放文旅消费券，景区推出门票优惠活动……新冠肺炎疫情防控形势向好，叠加政策红利，给亟待复苏的旅游业注入强心剂。多个旅游平台的数据显示，暑期旅游市场持续升温，多地热门景区重现往日盛景。

在这背后，各地文旅系统一直不断创新求突破，主动抓住暑期消费窗口期，积极适应疫情防控政策调整，顺应文旅消费新趋势，满足群众暑期高品质文旅消费需求，推动文旅消费恢复升级。

夜游

暑期叠加旅游旺季，全国各地文旅新业态正加速集聚，各地景区推出的露营游、研学游、夜游等各种特色活动备受青睐，大大刺激了游客出行意愿，带出暑期游新热度，加快文旅消费恢复。

多年前，凭着“巧笑倩兮、美目盼兮”的“不倒翁小姐姐”的成功“出道”，陕西西安大唐不夜城一举成为全国“夜文旅”的样板。如今，在长2 100米、宽500米的大唐不夜城步行街区域内，还分布着“小提琴妹妹”“李白悬浮”“金银石头人雕刻”等十几种艺术表演。运用现代年轻人喜欢的方式传播深厚历史文化，创新西安休闲旅游新品种，促进文旅产业转型升级发展……大唐不夜城以高颜值、强互动、年轻化等特点吸引游客接踵而来，让西安越“夜”越精彩。

暑期，一系列海洋主题研学游在青岛陆续开展，吸引了众多家长和孩子参与。2022胶东“海洋童玩季”通过百余场精彩活动，为孩子们点亮海边的美好童年；2022年青岛研学旅游节“探秘蓝色海洋”主题活动，让参与者既可以亲身尝试海洋科学实验，又可以直观感受到海洋世界的魅力。青岛海昌极地海洋公园极地海洋世界奇妙夜作为山东省级夜间文化和旅游消费集聚区，不断焕发出活力。公园陆续推出了“夜宿极地·鱼我同眠”、鲸婚纱、鲸奇夜场、一对一定制夜宴等广受游客好评的特色产品。

露营

在东北地区，露营热潮也成为当地夏秋季旅游消费新热点。依托第六届消夏避暑全民休闲季举办的吉林省首届露营生活节将持续至2022年8月14日，集中了国内61家露营装备和户外知名品牌产品，吉林省文化和旅游厅投放专项消费券195万元。露营节将陆续开展60余项系列活动，与美食、音乐、电影、运动等有机结合，为广大游客带来健康、时尚、绿色、精致的全方位露营生活新体验。

前不久，刚刚晋升为国家4A级旅游景区的河北涞乡·太行水镇也迎来了暑期客流高峰。景区推出的国风夜游、易水泛舟赏景等受到游客喜爱，尤其是2022年启动的“露营N”计划，打造了多主题不同定位的露营业态。目前，该露营地每天爆满，网上订单排期超过7天，已吸引北京、雄安新区和保定周边的游客上万余人。

避暑

“避暑+康养”的旅游新模式，让山西夏日市场热了起来。正值盛夏，位于山西晋中榆社县的云簇湖畔却凉爽如春。走在沿湖草地上，写生、弹古琴、骑行、合唱的人随处可见，生动诠释了“在这里，每个人都是‘生活家’”的宣传口号。晋中市“清凉夏爽畅游晋中”旅游惠民活动汇集了百条旅游线路、千场舌尖盛宴、亿元消费券等文旅“大礼包”，为游客带来满满的消夏惊喜。近年来，山西省不断推进“康养山西、夏养山西”品牌建设，全省各地立足气候和环境优势，纷纷推出各具特色的清凉避暑旅游产品。

地处雁门关外的朔州市年均气温较低，即使是夏天也不会超过30摄氏度。在朔城区青果儿生态园内，游客采摘鲜嫩的果实，在户外自助烧烤，尽享田园生活。朔州将避暑康养、乡村康养等融合发展，像这样集采摘、体验、游乐于一体的乡村文旅点遍布全市各区县。2022年7月，山西省文化和旅游厅、省气象局共同启动山西避暑旅游目的地创建活动，山西省文化和旅游厅相关工作人员介绍，将从避暑气候、生态环境、旅游供给、配套设施等多方面开展评价，发掘全省高质量避暑旅游资源，打造更多山西避暑旅游目的地。

资料来源　韩洁，等. 露营、研学、夜游　新场景新业态加快文旅消费恢复［EB/OL］.［2022-08-10］. http://cul.china.com.cn/2022-08/10/content_42066154.htm.

1.1.2　旅行社的职能与业务

虽然世界上存在着不同类型的旅行社，但是它们都是向旅游者提供各种有偿服务的旅游企业，因此，它们在企业职能、基本业务等方面具有许多共同之处。

1）旅行社的企业职能

旅行社最基本的企业职能是设法满足旅游者在旅行和游览方面的各种需要，同时协助交通、饭店、餐馆、游览景点、娱乐场所和商店等旅游服务供应部门或企业，将其旅游服务产品销售给旅游者。具体来讲，旅行社的企业职能可分为以下五种：

（1）生产职能

旅行社的生产职能是指旅行社设计和组装各种包价旅游产品的职能。旅行社像工厂里的装配线，以批量购买的方式按照优惠价格从其他旅游服务供应部门或企业购进旅游产品的各种基本要素，然后根据旅游市场的需求，将这些要素组装成不同的包价旅游产品。有时，旅游者能够不经过旅行社，直接向生产旅游产品要素的各旅游服务供应部门或企业购买，并组装成同样的包价旅游产品，然而，旅游者往往因购买数量较小而难以从旅游服务供应部门或企业那里获得优惠的价格，结果旅游价格高于旅行社的报价。另外，就产品质量而言，由于旅行社长期从事旅游经营业务，积累了丰富的经验，享有较高的信誉和声誉，因此，它们能够向旅游者提供价格公道、旅行便利、接待水平高的高质量旅游产品。

（2）销售职能

销售旅游产品是旅行社的第二个企业职能。旅行社除了在旅游市场上销售本旅行社设计和生产的包价旅游产品外，还经常在旅游服务供应部门或企业与旅游者之间充当媒介，代旅游服务供应部门或企业向旅游者销售单项旅游服务项目。例如，旅行社代旅游者从某航空公司购买飞机票，为旅游者安排在市中心的某家饭店住宿，都是为旅游服务供应部门或企业代销其产品。由于旅行社搭建了旅游者和旅游服务供应部门或企业之间的联系，这使得旅游服务产品更加顺利地进入到旅游消费领域，同时还拓宽了旅游服务产品的销售渠道。因此，旅行社在旅游产品销售中起着十分重要的作用。

（3）组织协调职能

旅行社的第三个企业职能是组织协调职能。旅游活动不仅涉及交通、住宿、餐饮、游览、娱乐、购物等旅游服务供应部门或企业，还涉及海关、边防检查、卫生检疫、外事、侨务、公安、交通管理、旅游行政管理等政府机关。为了确保旅游者旅游活动的顺利进行，旅行社必须在旅游业各部门和企业之间及旅游业与其他相关部门之间进行大量的组织和协调工作。例如，一些旅行社在组织或接待来自日本的“友好之船”“友好之翼”，来自欧美地区的海上游船等大型、超大型旅游团体，或者承担大型旅游节日活动的组织和接待工作时，应当在确保合作各方实现各自利益的基础上，协同旅游业各有关部门、企业和其他相关行业，保障旅游者旅游活动过程中每一个环节的衔接和落实。

（4）分配职能

分配职能是旅行社的另一项重要企业职能。旅行社的分配职能主要体现在两个方面：一方面，旅行社为了尽量使旅游者对整个旅行过程感到满意，必须在不同的旅游服务项目之间合理地分配旅游者付出的旅游费用，以维护旅游者的利益；另一方面，旅行社应该在旅游活动结束后，根据事先同各相关部门或企业签订的协议和各部门或企业实际提供服务的数量、质量合理分配旅游收入。

（5）提供信息职能

旅行社的第五个企业职能是提供信息。作为旅游产品重要的销售渠道，旅行社始终处在旅游市场的最前沿，熟知旅游者的需求变化、市场动态和发展趋势。旅行社将这些信息及时提供给各有关部门和企业，有利于它们调整产品结构和改善经营管理。例如，旅行社将散客旅游日趋发展、旅游者对参与性旅游的兴趣提高，以及随着人均期望寿命延长老年人外出旅游率大幅提高等旅游市场上的重要信息传达给有关部门和企业，引起它们的重视，使其及时采取相应对策，推出新的散客旅游产品、参与性旅游产品和老年人旅游产品，以满足旅游者的需要，并从销售这些产品中获得经济收益。

另外，旅行社利用其与旅游者的接触最频繁和最直接、在旅游者中间享有一定的声誉和旅游者对其比较信赖等有利条件，将旅游目的地本身及各相关部门和企业最新发展和变化的信息及时、准确、全面地传递到旅游市场，促使旅游者选择和购买有关的旅游产品。

2）旅行社的基本业务

随着旅游市场需求和旅游供给的变化，旅行社的经营业务从形式和内容上都比过去有了很大变化。目前，人们很难用单一的标准来描述旅行社的基本业务。因此，本书试图从旅游市场范围、服务流程、旅游者的组织方式、旅游产品包含的内容等不同角度对旅行社的基本业务进行介绍。

（1）按照旅游市场范围划分

按照旅游市场范围，旅行社的基本业务主要分为入境旅游业务、出境旅游业务、边境旅游业务和境内旅游业务。

①入境旅游业务

入境旅游业务是指旅行社招徕、组织、接待外国旅游者来我国旅游，香港特别行政区、澳门特别行政区旅游者来内地旅游，台湾地区居民来大陆旅游，以及招徕、组织、接待在中国内地的外国人，在内地的香港特别行政区、澳门特别行政区居民和在大陆的台湾地区居民在境内旅游的业务。根据入境旅游者在境内的停留时间，旅行社经营的入境旅游业务分为入境过夜游业务和入境一日游业务。

②出境旅游业务

出境旅游业务是指旅行社招徕、组织、接待中国内地居民出国旅游，赴香港特别行政区、澳门特别行政区和台湾地区旅游，以及招徕、组织、接待在中国内地的外国人，在内地的香港特别行政区、澳门特别行政区居民和在大陆的台湾地区居民出境旅游的业务。另外，我国旅行社组织大陆居民乘坐外籍邮轮（无论是否登陆境外旅游目的地）的旅游活动亦属于出境旅游的业务范畴。

③边境旅游业务

边境旅游业务是指经批准的旅行社组织和接待我国及毗邻国家的公民，集体从指定的边境口岸出入境，在双方政府商定的区域和期限内进行旅游活动的业务。

④境内旅游业务

境内旅游业务亦称国内旅游业务，是指旅行社招徕、组织和接待中国内地居民在境内旅游的业务。根据旅游线路的距离及游客在旅游目的地的停留时间，境内旅游业务又可分为长途旅游业务、短途旅游业务和一日游旅游业务。另外，我国旅行社组织境内居民乘坐中国籍邮轮在我国沿海地区的旅游活动亦属于境内旅游的业务范畴。

（2）按照服务流程划分

按照服务流程，旅行社的基本业务包括接待旅游业务、批发旅游业务、组团旅游业务等类型。

①接待旅游业务

接待旅游业务是指旅行社按照旅游接待计划为旅游者在旅游目的地提供导游讲解，安排旅游者的旅行游览，负责订房、订餐、订票及旅游目的地之间的联络等综合性旅游服务，并从中获得经营利润的业务。

②批发旅游业务

批发旅游业务是指旅行社批量采购飞机、火车等交通要素和接待产品，组合成包价旅游产品，然后向其他旅行社进行批发，由其他旅行社代为收客，并从中赚取批零差价的业务。

③组团旅游业务

组团旅游业务是指旅行社将自行招徕的旅游者或者将其他旅行社招徕的旅游者组成旅游团队，并安排这些团队到旅游目的地进行旅游的业务。旅行社通过向旅游者提供组团服务获得经济收入。

（3）按照旅游者的组织方式划分

按照旅游者的组织，旅行社的基本业务可以划分为团体旅游业务和散客旅游业务两个类型。

①团体旅游业务

团体旅游业务是指旅行社通过招徕一定数量的旅游者，将他们组成旅游团队，并提供相应的旅游接待服务的业务形式。团体旅游业务通常包括：A.将游客组成旅游团队；B.安排旅游团队前往旅游目的地进行旅游活动；C.提供相应的旅游接待服务。

根据游客的来源，旅游团队分为两个类型：A.独立成团。独立成团是指某一个团体为了出游方便，独立成为一个出游单位，配备单独的导游。B.散客成团。散客成团是指经游客同意，由不同的旅行社将其所招徕的游客组成一个旅游团队，并委托一个旅行社统一负责安排相关的旅游接待服务。在旅行社行业中，散客成团又被称为“散客拼团”。

②散客旅游业务

散客旅游业务是指旅行社为一名游客或数名游客（人数不足10人）提供旅游信息咨询、单项旅游要素预订、导游讲解、接送站等服务产品的业务形式。旅行社在提供这些服务产品时，通常按照单项服务内容向游客收取手续费（旅游信息咨询服务一般不收费）。

（4）按照旅游产品包含的内容划分

按照旅游产品包含的内容，旅行社的基本业务可以划分为以下9个类型：

①包价旅游产品开发业务

包价旅游产品开发业务是指旅行社通过市场调研、产品构思、产品设计、产品试销等方法，将不同的旅游服务要素按照旅游市场的需求设计和组装成各种类型的包价旅游产品，并将其推向市场的业务。

根据包价内容的不同，旅行社开发的包价旅游产品又细分为全包价旅游产品、半包价旅游产品、小包价旅游产品等类型。另外，按照购买包价旅游产品的游客人数及组织形式，包价旅游产品可分为团体包价旅游产品和散客包价旅游产品。

②单项旅游服务业务

单项旅游服务业务包括代订客房、代订交通票、代订文娱票、提供导游服务、代客租赁汽车、代订餐位、提供接送站服务、组织散客参加组合旅游活动、为游客提供一日游等选择性旅游服务。随着公众旅游经验的不断丰富和自助旅游意识及能力的提高，提供单项旅游服务正成为旅行社经营业务收入的重要来源。

③旅游服务采购业务

旅游服务采购业务是指旅行社为了设计、开发或组合各种产品，向住宿、交通、餐饮、旅游景区等企业或部门预订或直接购买相关旅游服务的业务活动。另外，经营组团业务的旅行社往往还需要向旅游目的地的旅行社采购地接服务。就旅行社产品生产而言，这些采购业务活动至关重要，采购工作的效率和效果直接关系到旅行社产品的质量，并在某种程度上决定着旅行社产品的数量。因此，旅游服务采购是旅行社的一项重要业务。

④旅游产品销售业务

旅行社产品的销售业务包括制定产品销售战略、选择产品销售渠道、制定产品销售价格和开展旅游促销四项内容。旅行社通过对企业的内部、外部环境的分析，制定其产品销售战略和确定产品的目标市场。在此基础上，旅行社选择适当的产品销售渠道，并根据产品成本、市场需求、竞争者状况等因素制定产品的价格。旅行社根据其经营实力和旅游市场上的供求状况，确定和实施旅行社的促销战略，并选择适当的促销手段将旅行社产品的信息传递到旅游市场进行产品推销。

⑤团体包价旅游者的接待业务

接待团体包价旅游者是旅行社的一项重要经营业务。旅行社在接待团体包价旅游者（通常称为“旅游团队”或“旅游团”）的过程中，一方面，向旅游者提供旅游活动期间的生活照料服务；另一方面，在旅游途中向旅游者提供旅游景点导游讲解服务。通过提供这些服务，旅行社最终完成了团体包价旅游产品的生产与销售。与此同时，旅游者也实现了对旅行社提供的包价旅游产品的消费。

⑥旅游咨询业务

旅行社通过报刊、电视、电话、互联网、门市部接待人员等渠道向公众提供各种旅游咨询服务。虽然这种咨询服务是免费的，却是旅行社的一项重要业务。旅游咨询业务能够使公众更加了解旅行社的各种产品内容、价格、购买途径等信息，从而可能成为旅行社产品的购买者和消费者，为旅行社带来宝贵的旅游客源。

⑦差旅服务业务

随着信息技术的迅速发展和经济全球化大潮的到来，越来越多的企业需要专业化旅行企业为其制订差旅计划，国外的一些旅行社积极开发潜力巨大的商务旅行和公务旅行市场，获得了可观的经济效益和市场份额。目前，我国的一些旅行社也在积极开发差旅计划产品，使差旅服务成为重要的经营业务。

⑧自由行业务

自由行是一种新兴的旅游方式，是指由旅行社安排住宿与交通，没有导游随行，由旅游者自行安排行程的一种以度假和休闲为主要目的的自助旅游业务。选择自由行的旅游者在交通与住宿的选择上虽受到一定程度的限制，但在行程安排上具有较大弹性。旅游者可根据时间、兴趣和经济状况自由选择游览的景点和出行的日期。自由行产品的价格一般要高于旅行社的团体包价旅游产品，但低于旅行社的许多散客旅游产品。

自由行产品一般分为两个类型，即完全自由行和“准自由行”。完全自由行是指旅游者按照自己的计划到旅行社预订机票、酒店。如果觉得行程可能有变动，则选择可更改的机票，由于旅行社与航空公司、酒店的长期合作关系，价格会比个人单独预订要便宜。“准自由行”是指旅游者跟着旅行团队一同登上飞机，到达目的地后，脱离大部队自由行动，回程的那天重新“收编”进团队，一起乘飞机回来；或者与其他自由行游客同一时间出发/返回相同目的地，由于机票是团队价格，这种套餐价格会更低廉。

⑨邮轮旅游业务

邮轮旅游是指旅游者乘坐邮轮前往一个或多个旅游目的地度假、游览的一种旅游方式。邮轮旅游方式始于18世纪末，兴盛于20世纪60年代，集优雅、闲适和自由于一体，深受欧美旅游者的喜爱和欢迎。近年来，邮轮旅游开始受到我国广大旅游者的青睐，成为热销旅游产品之一。

邮轮旅游业务是指旅行社事先包租邮轮的全部或部分舱位，然后组织旅游者乘坐邮轮进行度假、游览的业务。邮轮旅游业务是集旅游采购、旅游招徕、游客出游组织、目的地港口游览观光、旅途生活照料等于一体的旅游服务业务，其服务对象人数通常超过普通的旅游团队，且乘坐邮轮旅游的游客对于旅行社的服务质量期望较高。因此，邮轮旅游业务对于旅行社的组织、采购、接待等工作提出了很高的技能要求。同时，邮轮旅游业务给旅行社带来的经济收益往往大于旅行社的其他业务，这也正是不少旅行社乐于经营此项业务的原因。

同步思考 1-1

问题：旅行社产生的历史背景是什么？

理解要点：旅行社的产生是人类经济活动和旅游活动发展到一定阶段的产物，也是人类旅行活动长期发展的必然结果。18世纪工业革命极大地提高了生产力，使社会财富急剧增加，为旅游活动奠定了物质基础，为人们的外出旅行提供了经济条件；交通运输能力的提高方便了人们的旅行；大量人口从农村流向城市，改变了人们的生活方式，使旅行成为其中一部分人的经常性活动。在此历史背景下，旅行社应运而生。

随堂测 1-1

1.2 旅行社的设立

1.2.1 旅行社设立的条件

根据《旅行社条例》的规定，旅行社必须具备以下三个方面的条件方能提出设立的申请。这三个方面的条件是营业场所、营业设施、注册资本和质量保证金。

1）营业场所

旅行社必须拥有与其旅游业务规模相适应的固定营业场所，即在较长的一段时间内能为旅行社所拥有或使用，而不是短期内频繁变动的营业场所。旅行社营业场所既可以是旅行社拥有的固定资产，也可以是旅行社租用的营业用房。

2）营业设施

《旅行社条例》规定，设立旅行社须拥有必要的营业设施。一般来说，为了保证企业的正常经营，旅行社必须拥有传真机、直线电话机、电子计算机等办公设备。这

学习微平台

延伸阅读1-2

些办公设备是旅行社开展旅游业务经营活动所必需的基本条件。没有这些现代化的办公设备，旅行社难以在竞争日益激烈的市场环境中生存下去。

3）注册资本和质量保证金

（1）注册资本

《旅行社条例》规定，旅行社应有不少于30万元人民币的注册资本。

（2）质量保证金

旅行社应当自取得旅行社业务经营许可证之日起3个工作日内，在国务院旅游行政主管部门指定的银行开设专门的质量保证金账户，存入质量保证金，或者向做出许可的旅游行政管理部门提交依法取得的担保额度不低于相应质量保证金数额的银行担保。

经营国内旅游业务和入境旅游业务的旅行社，应当存入质量保证金20万元；经营出境旅游业务的旅行社，应当增存质量保证金120万元。

旅行社每设立一个经营国内旅游业务和入境旅游业务的分社，应当向其质量保证金账户增存5万元；每设立一个经营出境旅游业务的分社，应当向其质量保证金账户增存30万元。质量保证金的利息属于旅行社所有。

同步案例1-1

旅行社的质量保证金

背景与情境：某旅行社在成立之后的两年中，始终坚持守法经营，未曾受到旅游行政管理部门的任何处罚。根据《旅行社条例》的规定，该旅行社的总经理决定申请经营出境旅游业务。为此，这家旅行社向旅游行政管理部门提出了申请。旅游行政管理部门研究后批准了申请，并要求该旅行社增存质量保证金。

问题：根据《旅行社条例》的规定，该旅行社共需存入多少质量保证金？

分析提示：根据《旅行社条例》的规定，经营国内旅游业务和入境旅游业务的旅行社须存入质量保证金20万元；经营出境旅游业务的旅行社须增存质量保证金120万元。该旅行社原经营国内旅游业务，已经存入质量保证金20万元。现增加出境旅游业务，须增存质量保证金120万元。加在一起，该旅行社共需存入质量保证金140万元。

1.2.2　申办旅行社的基本程序

1）申办材料

为了能够顺利地办理设立旅行社的申办手续，申办人应当准备好申办过程中所需的各种文件和证明材料。这些文件是：设立申请书、可行性研究报告、旅行社章程、旅行社负责人的履历、营业场所证明和经营设备情况证明。

（1）设立申请书

设立申请书是申办人向有关部门表示其设立旅行社愿望的文件，应包括以下三个方面的内容：

① 旅行社的名称和设立地点。申请书中应说明所设立旅行社的名称，以区别于其他旅行社。旅行社的中、英文名称必须一致，不应存在歧义；必须写明所设立的旅行社的详细地址，以有利于旅游行政管理部门的审查或审批工作，并有利于当地旅游

行政管理部门的行业监督和管理。

② 企业形式、投资者、投资额和出资方式。在申请书中，还应对旅行社的企业形式、投资者、投资额和出资方式加以说明。企业形式是指企业的构成方式，即全民所有、集体所有、个人所有、中外合资等形式；投资者有国家、地方、企业、集体、个人等；投资额指投入所设立的旅行社的资金总额；出资方式分为现金、固定资产、无形资产等。

③ 申请人、受理申请部门的全称、申请报告名称和呈报申请的时间。申请书中应写明旅行社申办人和受理申请部门的全称，如北京华夏实业总公司（申请人）和北京市文化和旅游局（受理申请部门），不能使用简称，如华夏公司（申请人）和市文化和旅游局（受理申请部门）。申请书上还要写明申请报告名称并注明呈报申请的时间。

（2）可行性研究报告

可行性研究报告是申请设立旅行社的重要文件，反映了申办人对旅游市场情况、自身实力、旅行社发展前景等情况的预测和估计。在可行性研究报告里，申请人对所申请设立的旅行社的市场条件、资金条件和人力条件进行全面分析和评估，并向有关部门证明该旅行社在客源市场或潜在客源市场、现有资金或筹措资金能力、拥有或聘用中高层管理人员和其他专业人员等方面已经符合设立旅行社的规定和要求。

（3）旅行社章程

旅行社章程由申办人起草，是旅行社运营的基本制度。旅行社章程应阐明旅行社的经营宗旨、运行方式和经济实力，规定旅行社在各方面所应遵循的原则。旅行社章程分为普通旅行社章程和股份制旅行社章程。

① 普通旅行社章程。普通旅行社的章程应包括以下七项内容：A.旅行社的经营范围、旅行社的设立方式和经营方式；B.旅行社的经济性质、注册资金数额及来源；C.旅行社的组织机构及其职权；D.法定代表人产生的程序和职权范围；E.财务管理制度和利润分配形式；F.劳动用工制度；G.章程修改程序和终止程序。

② 股份制旅行社章程。股份制旅行社的章程除以上内容外，还应包括：A.旅行社注册资本、股份总数和每股金额；B.股东名称、认购股份数、股东权利和义务；C.董事会的组成、职权、任期和议事规则；D.利润分配办法；E.旅行社解散事由与清算办法；F.通知和通告办法。

（4）旅行社负责人的履历

申办人在申请设立旅行社时，应当将旅行社经理、副经理的履历表报送受理申请的旅游行政管理部门。

（5）营业场所证明

为确保正常业务经营活动的顺利进行，旅行社应当拥有独立的营业场所。旅行社的营业场所有自有资产和租用他人资产两种类型。如果营业场所属于申办人的自有资产，申办人应当向旅游行政管理部门出具产权证明或使用证明；如果经营场所是申办人租用他人的资产，申办人应向旅游行政管理部门出具不短于一年的租房协议。

（6）经营设备情况证明

经营设备是旅行社开展旅游业务经营活动的必备设施，必须是旅行社的自有财产。申办人应当提交直线电话机、电子计算机和业务用汽车等经营设备的证明。经营设备的证明包括投资部门出具的经营设备使用证明和商业部门开具的具有申办人或该旅行社名称的发票、收据。

2）申办程序

设立旅行社的申办人在上述文件和材料准备就绪后，便可向相应的旅游行政管理部门、市场监督管理部门和税务局申请。申办旅行社的基本程序包括申请营业许可、办理注册登记和办理税务登记三项内容。

（1）申请营业许可

设立任何类型的旅行社，都必须首先向相关的旅游行政管理部门提出申请。

申请时，应将事先准备好的文件呈交受理申请的旅游行政管理部门。申请获得批准后，旅游行政管理部门应当向经审核批准的申请人颁发旅行社业务经营许可证，申请人持旅行社业务经营许可证向市场监督管理部门领取营业执照。未取得旅行社业务经营许可证的，不得从事旅游业务。

申办人根据申请设立的旅行社的不同类别，申请相应的营业许可。

①内资旅行社。内资旅行社申请营业许可包括申请设立旅行社、申请经营出境旅游业务、申请设立分社、申请设立服务网点、其他事项申请等五项基本内容。

A.申请设立旅行社。申请设立旅行社的，应当向申请人所在地的省、自治区、直辖市旅游行政管理部门或者其委托的设区的市级旅游行政管理部门提出申请，并提交经营场所、营业设施、注册资本的相关证明文件。受理申请的旅游行政管理部门应当自受理申请之日起20个工作日内做出许可或者不予许可的决定。予以许可的，向申请人颁发旅行社业务经营许可证，申请人持旅行社业务经营许可证向市场监督管理部门办理设立登记；不予许可的，书面通知申请人并说明理由。

学习微平台

延伸阅读1-3

B.申请经营出境旅游业务。旅行社取得经营许可满两年，且未因侵害旅游者合法权益受到行政机关罚款以上处罚的，可以申请经营出境旅游业务。

旅行社申请经营出境旅游业务，应当向国务院旅游行政主管部门或者其委托的省、自治区、直辖市旅游行政管理部门提出申请，受理申请的旅游行政管理部门应当自受理申请之日起20个工作日内做出许可或者不予许可的决定。予以许可的，向申请人换发旅行社业务经营许可证，旅行社应当持换发的旅行社业务经营许可证到市场监督管理部门办理变更登记；不予许可的，书面通知申请人并说明理由。

C.申请设立分社。旅行社设立分社的，应当持旅行社业务经营许可证副本向分社所在地的市场监督管理部门办理设立登记，并自设立登记之日起3个工作日内向分社所在地的旅游行政管理部门备案。

旅行社分社的设立不受地域限制。分社的经营范围不得超出设立分社的旅行社的经营范围。

D.申请设立服务网点。旅行社设立专门招徕旅游者、提供旅游咨询的服务网点（以下简称旅行社服务网点），应当依法向市场监督管理部门办理设立登记手续，并向所在地的旅游行政管理部门备案。

旅行社服务网点应当接受旅行社的统一管理，不得从事招徕、咨询以外的活动。

E.其他事项申请。旅行社变更名称、经营场所、法定代表人等登记事项或者终止经营的，应当到市场监督管理部门办理相应的变更登记或者注销登记，并在登记办理完毕之日起10个工作日内，向原许可的旅游行政管理部门备案，换领或者交回旅行社业务经营许可证。

②外商投资旅行社。设立外商投资旅行社，由投资者向国务院旅游行政主管部门提出申请，并提交符合《旅行社条例》第六条规定条件的相关证明文件。国务院旅游行政主管部门应当自受理申请之日起30个工作日内审查完毕。同意设立的，出具外商投资旅行社业务许可审定意见书；不同意设立的，书面通知申请人并说明理由。

申请人持外商投资旅行社业务许可审定意见书、章程以及合资、合作双方签订的合同向国务院商务主管部门提出设立外商投资企业的申请。国务院商务主管部门应当依照有关法律、法规的规定，做出批准或者不予批准的决定。予以批准的，颁发外商投资企业批准证书，并通知申请人向国务院旅游行政主管部门领取旅行社业务经营许可证，申请人持旅行社业务经营许可证和外商投资企业批准证书向市场监督管理部门办理设立登记；不予批准的，书面通知申请人并说明理由。

（2）办理注册登记

按照文化和旅游部的有关规定，设立旅行社的申请经有关的旅游行政管理部门审核批准后，申办人可持旅游行政管理部门的批准文件及旅行社业务经营许可证向有管辖权的市场监督管理部门申请领取营业执照，办理登记注册手续。市场监督管理部门收到申办人提交的全部文件后，进行登记注册，并应在30个工作日内做出核准登记或不予核准登记的决定。经核准登记，市场监督管理部门发给旅行社企业法人营业执照。

（3）办理税务登记

旅行社在领取营业执照后30个工作日内，向当地税务部门办理税务登记，申请税务登记证。税务登记结束后，旅行社即可依据营业执照刻制公章，开立银行账户，申领发票。至此，旅行社正式成立，并可签订合同，进行经营旅游业务的活动。

同步阅读1-2

文化和旅游部在自由贸易试验区开展“证照分离”改革全覆盖试点事项清单之改革事项二十：外商投资旅行社业务许可

改革方式：优化审批服务

具体改革举措：

①实现申请、审批全程网上办理；

②网上公布审批程序、受理条件、办理标准，公开办理进度。

申请材料清单：

①申请书；

②企业章程；

③营业执照；

④营业场所证明；

⑤营业设施、设备的证明或说明；

⑥法定代表人身份证明及履历表；

⑦经理、计调人员履历表;

⑧至少具备3名导游人员的凭证。

办理流程:

①申请人向省级文化和旅游部门提交申请;

②提供相应申请材料;

③省级文化和旅游部门依法审批。

加强事中事后监管措施:

①开展“双随机、一公开”监管,发现未经许可经营旅行社业务,出租、出借、转让业务经营许可证,未经许可经营边境旅游业务等违法违规行为的,要依法查处;

②加强信用监管,对失信主体开展联合惩戒。

资料来源 中华人民共和国文化和旅游部. 文化和旅游部在自由贸易试验区开展“证照分离”改革全覆盖试点事项清单[Z/OL].[2020-01-13]. https://zwgk.mct.gov.cn/zfxxgkml/zcfg/gfxwj/202012/t20201204_906351.html.

1.2.3 旅行社营业场所的选择

营业场所的坐落地点对旅行社经营业务的开展具有重要意义。如果选择不当,可能会对旅行社的经营业务产生不良影响,而坐落在适当的地点确实会给旅行社带来更多的生意。因此,在实际工作中,许多旅行社经营管理者十分看重营业场所的坐落地点。然而,由于经营业务的不同和经营风格的差异,旅行社选择营业场所的标准也不尽相同。一般说来,旅行社应根据以下四个因素选择其营业场所的坐落地点。

1)目标市场

旅行社产品的目标市场是选择营业场所的坐落地点时需首先考虑的因素,营业场所应设置在其目标客源群体最集中的地方或其附近的地点。

(1)对于那些以过往客人作为主要目标市场的旅行社应选择飞机场、火车站、长途汽车站、水运码头等过往客人较多的地点设立营业场所;

(2)以商务旅游者为主要目标市场的旅行社应将营业场所设立在商务饭店内或附近地区;

(3)以当地居民为主要目标市场的旅行社应将营业场所门市部设立在人口稠密的居民区;

(4)以大、中专院校的教师和学生为主要目标市场的旅行社必须选择学校集中的地方。

2)方便顾客

方便顾客是旅行社选择营业场所地点时需要考虑的第二个因素。一般来说,旅游者很少愿意到距离自己居所或工作单位较远的旅行社进行旅游咨询,他们也不愿意为了了解旅行社的产品而爬楼梯。因此,旅行社的营业场所应该设立在商业区、居民区、机关、企业等较为集中的地方,而且一般都设在临街的门市房或楼房的一楼。如果旅行社将营业场所设在饭店里,应设在前厅比较显眼的地方,最好能够有临街的单独出入的门,以方便旅游者的进出。

3)位置醒目

旅行社在选择营业场所的地点时,还要考虑所选择的地点是否容易被旅游者找到。通常，旅行社会把营业场所设在主要交通干线上，而不会设在偏僻的里弄。即使在交通干线上，也要选择适当的位置，使旅游者能够从较远的地方清楚地看到。例如，在一条街上，营业场所的最佳位置应是面对人流或车流的路口处，而不能是背向人流或车流的地方，如图1-1所示。

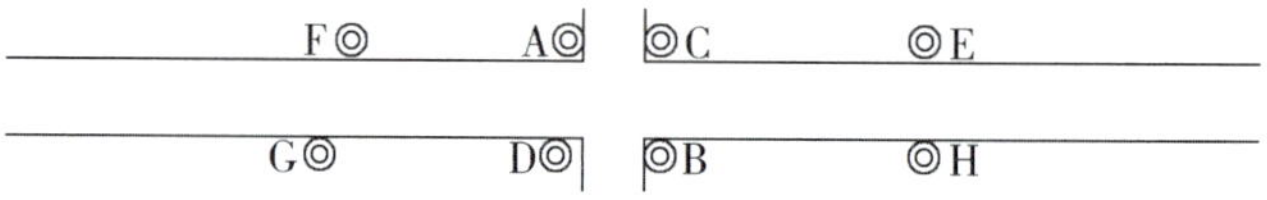

图1-1 旅行社门市部选址示意图

从图1-1中可以看出，点A和点B是设立营业场所的最佳地点。因为它们都面向过往的人流和车流，人们从较远的地方就能够清楚地看到它们。人们从看到它们到走到它们的门口有一段时间，在这段时间里，人们可以考虑是否要进去了解一下旅行社的最新产品或进行旅游咨询。点C和点D则恰恰相反，它们背向过往的人流和车流，当人们看到它们时，已经走过了它们的门口。人们有可能又看到了前面的另一家旅行社，并决定到那里去咨询。因此，点C和点D都不利于吸引过往人们的注意力。点E、F、G、H也是不可取的位置，因为它们坐落在街道的中间，两旁的商店、餐馆或其他设施可能会遮住人们的视线，使人们不容易注意到处在这些位置上的旅行社。

4）相对集中

有些人主张旅行社不应把营业场所设立在旅行社较集中的地区，认为那样会造成旅行社之间竞争的加剧，使新的旅行社难以开展业务。这种看法失之偏颇。事实上，在旅行社相对集中的地区设立营业场所虽然会使旅行社在经营方面经受较大的压力，但是这种压力却往往有利于旅行社的发展。由于地处同行相对集中的地区，旅行社可以借鉴同行们的经营经验，变压力为动力，促使旅行社在改善产品质量、降低经营成本、提高服务水平等方面下功夫，以吸引更多的旅游者。同时，旅行社相对集中本身就是吸引旅游者前来咨询和购买旅行社产品的一个重要因素。

同步思考1-2

背景资料：目前我国的一些城市里建设旅行社一条街或旅游超市，将许多旅行社集中在一起。

问题：这种做法是否有利于旅行社的经营和发展？

理解要点：这种做法有利于旅行社的经营和发展。（1）能够对旅游者形成强烈的吸引力，有利于旅行社获得较多的客源；（2）方便旅游者进行比较和选择，有利于保护旅游者的合法权益；（3）众多的旅行社聚集在一处，将会形成优胜劣汰的局面，有利于促进旅行社提高服务质量。

1.2.4 营业场所的室内布局

旅行社在设计营业场所的布局时，最重要的是要考虑吸引旅游者和提高旅行社的工作效率。为了解决好这两个问题，旅行社经营管理人员必须认真做好布局设计。

1）占地面积

根据旅行社经营管理专家路易·沙维兹先生的观点，新设立的旅行社营业场所的面积最好为46～65平方米（500～700平方英尺）。这个占地面积不仅能够满足旅行社在初创期间的业务需要，也为日后的发展留下一定的余地。

2）室内布局

营业场所的布局分为入口及等候区、接待与咨询服务区和后勤工作区。

（1）入口及等候区

入口是旅游者走进旅行社后见到的第一个区域，应该能够立即对旅游者产生强烈的吸引力，让人感觉十分舒服，又应该具有较强的实用性，保证前来进行旅游咨询或办理旅游手续的人能够顺利地进出。

等候区是为那些因营业场所内的旅游者人数较多，营业人员一时无法接待的旅游者提供等候和休息的地方。通常，应在这个区域摆放下列设备：

① 一套供旅游者在等候营业人员接待时坐的沙发或几把椅子；

② 一张小圆桌或茶几，上面摆放最近一两期的旅游期刊、登载旅游信息或文章的当地报纸、旅游指南等可供旅游者在等候时阅读的刊物；

③ 一个小期刊架，上面摆放最近一期受旅游者欢迎的旅游目的地介绍材料；

④ 一只废纸篓和一个烟灰缸。

（2）接待与咨询服务区

接待与咨询服务区是核心区域，必须让顾客感觉心情愉快，并且留下这里工作效率极高的印象。这个区域的布局设计特点是：

① 工作人员的座位不能过于拥挤，否则无法保证较高的工作效率。应该为每一位接待人员提供一小块工作区域，如有可能，应在各个接待人员的工作区域之间设置隔断板或隔断玻璃，以保证他们在工作时不会受到其他接待员的干扰。

② 接待员的办公桌可以沿房间的墙壁摆放，使接待员面对门口，能够随时看到走进来的旅游者。办公桌的对面应摆放一两把椅子，供旅游者咨询时使用。

③ 区域内应整齐地摆放一些期刊架，上面摆放最近一期的旅游杂志、报纸、旅游目的地的介绍以及旅游宣传小册子等。

同步案例1-2

门市部的装饰与工作环境

背景与情境：海天旅行社是S市一家颇具实力的旅行社。为了显示该旅行社的经济实力，同时也便于清扫，该旅行社在装饰门市部的地面时，使用了造价昂贵、光亮度高的大理石，并配装了具有欧洲古典风格的枝形吊灯，给人一种富丽堂皇的感觉。过了一段时间，该门市部的工作人员却反映他们无法集中精力接待客人，经常感到心烦意乱，许多客人也显得脾气暴躁，与装修前的情形发生了很大变化。于是，该旅行社的总经理请来了某大学的王教授，向他讨教。王教授建议总经理在地面上铺上化纤材料的地毯，并将吊灯换成光线柔和的壁灯。果然，工作人员感觉舒服多了，不再心烦意乱，客人也变得和气多了。

问题：为什么海天旅行社造价昂贵的装修却得不到好的效果？门店装饰在旅行社接待活动中的作用如何？

分析提示：对旅行社使用的建筑材料和灯具进行分析。大理石地面虽然光亮度高，给人以富丽堂皇的感觉，但是由于这种硬质材料的吸音能力差，门市部里工作人员和客人交谈、打电话、接受咨询等发出的声音被放大，变成令人难以忍受的噪声。另外，强烈的吊灯灯光直接射向门市部的每一个角落，使人难以长时间地控制自己的情绪，所以导致了工作人员无法集中精力，客人也变得脾气暴躁的结果。地毯能够吸附大量的声音，而柔和的壁灯灯光也给人一种舒适惬意的感觉，所以，经过改装后，门市部的工作环境变得令人舒服多了。

（3）后勤工作区

后勤工作区一般不对外开放，除特殊情况外，不应让旅游者进入这个区域。后勤工作区一般由三部分构成：部门经理办公室、库房和卫生间。

旅行社营业场所平面图如图1-2、图1-3所示。

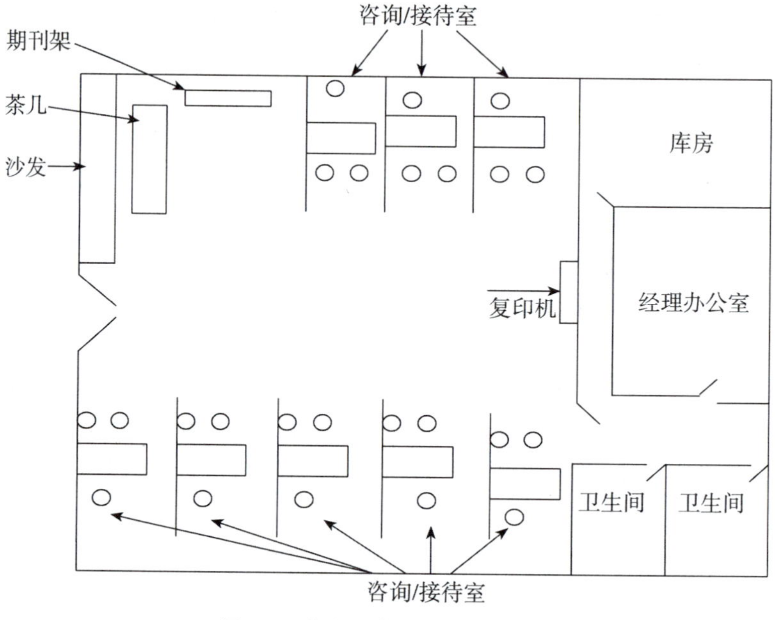

图1-2 旅行社营业场所平面图1

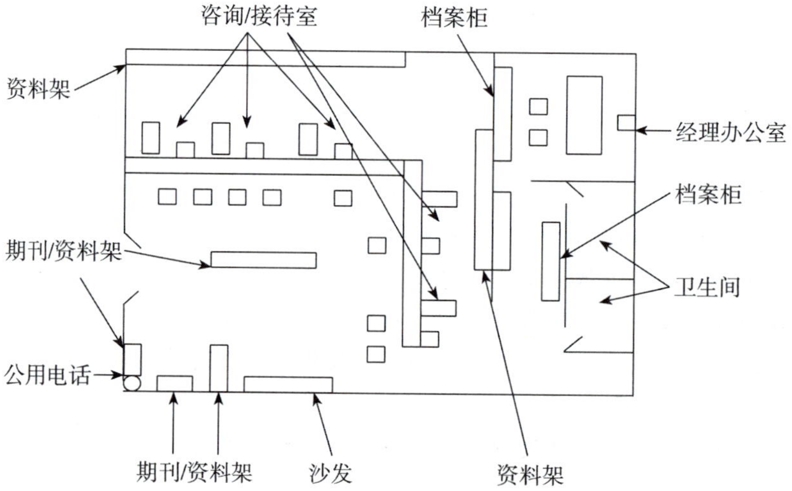

图1-3 旅行社营业场所平面图2

3）营业场所内的装饰

美观大方的旅行社营业场所能够使旅游者产生美好的第一印象，而这种美好的第一印象会持续较长一段时间，这对旅游者选择该旅行社的产品具有一定的影响。

旅行社门市部进行内部装饰时，应重点考虑采光、声音、色调、墙壁、地面、家具与其他装饰物等因素的搭配和协调。

（1）采光

旅行社的业务人员每天需要进行大量的文字工作，并花费大量时间从事咨询和市场研究，容易产生视觉疲劳，造成工作效率下降和差错率上升。安装比较明亮的吸顶灯，可以改善采光条件，有助于消除视觉疲劳，提高工作效率和降低差错率。

（2）声音

当业务繁忙时，整个接待与咨询服务区域会充满各种噪声，这些噪声容易使旅游者和工作人员感到烦躁，心情压抑。为了消除噪声，可以采取铺地毯、摆放木制家具和安装布幔等措施。另外，适当的音乐能够使旅游者感到惬意，又能够适当调节工作人员的情绪，使其从紧张乏味的工作中得到放松。所以，旅行社可以在等候区域播放怡人的轻音乐。

（3）色调

营业场所的面积一般不大，应避免使用浓重的颜色，因为浓重的色调会使人产生一种压抑感，并使房间看上去比实际面积要小。选择颜色的原则应是“淡妆胜于浓抹”，以乳白色、米黄色等中性色调为宜，尽量保持简洁明快的基调，使房间看上去比实际面积要大。另外，这些颜色容易搭配家具，因为它们几乎能够同任何颜色的家具和灯具相匹配。

（4）墙壁

营业场所的墙壁可以选用油画、大幅地图、布幔、彩色挂毯、异域风光图片等装饰，既可以起到美化室内环境的作用，又可以成为旅游者同接待人员谈话的话题。通过对这些装饰物进行评价往往可以在不知不觉中缩短双方的距离，加强感情交流，有利于产品的销售。另外，这些墙壁上的装饰物还能够起到吸收部分噪声的作用。

（5）地面

营业场所的地面应铺设地毯。厚厚的地毯不仅给人以华贵的感觉，更重要的是能够吸收由于繁忙的业务产生的大量噪声，使房间变得静谧和谐。有些旅行社为了便于打扫，在地面上铺瓷砖。这是一种不当的地面处理方法，因为瓷砖具有反射声音的功能，会使本来就很嘈杂的房间变得更加令人烦躁。如果营业场所设在临街的房屋，则不应在进口处铺地毯，因为旅游者从街道走进门市部时会带进大量的泥土或灰尘，容易使地毯变得肮脏不堪。这时，如果用瓷砖装饰地面，既容易清扫，又比较耐磨损。

（6）家具

旅行社在选配家具时应注意使其同房间的整体色调相匹配。一般来说，木制家具的色调比较好，但是价格比较贵。不少旅行社采用金属制作的家具，效果也不错。

（7）其他装饰物

除了上述室内装饰物外，营业场所内还可以配置一些绿色的植物，以改善房间的气氛。

学习微平台

延伸阅读1-4

教学互动 1-1

互动问题： 设立不同类型的旅行社要求是不同的，参照《旅行社条例》，讨论在我国设立经营出境旅游业务的旅行社：

①需要满足哪些基本条件？

②申办的基本程序有哪些？

随堂测 1-2

要求：

①教师不直接提供上述问题的答案，引导学生结合本节教学内容就这些问题进行独立思考、自由发表见解，组织课堂讨论。

②教师把握好讨论的节奏，对学生提出的典型见解进行点评。

本章概要

□ 内容提要

本章介绍了旅行社的类型、主要职能与业务、旅行社设立的程序及营业场所的选择标准。目前全球旅行社主要分为三种类型：水平式分工体系的旅行社、垂直式分工体系的旅行社和混合式分工的旅行社。我国的旅行社为典型的水平式分工体系的旅行社，欧美地区的旅行社多采用垂直式分工体系，而日本的旅行社则是混合式分工的旅行社的代表。

旅行社具有五项基本职能，即生产职能、销售职能、组织协调职能、分配职能和提供信息职能。按照操作流程，旅行社的基本业务可以划分为产品开发、服务采购、产品销售、团体旅游接待和散客旅游五种类型。

旅行社在提出设立的申请时必须拥有固定的营业场所、相应的营业设施、具有岗位资格的经营人员、相应数额的注册资本及质量保证金。旅行社的申办程序包括申请营业许可、办理注册登记和税务登记三项内容。旅行社应根据目标市场、方便顾客、位置醒目和相对集中四项标准选择营业场所。

□ 主要概念和观念

▲ 主要概念

旅行社　旅行社职能　营业场所　质量保证金　线上旅行社

▲ 主要观念

旅行社的主要类型　旅行社的主要业务　旅行社设立的条件　申办旅行社的基本程序

□ 重点实务

旅游服务采购　营业场所的室内布局

基本训练

□ 知识训练

▲ 复习题

1）旅行社在选择门市部坐落地点时应考虑哪些因素？

2）旅行社门市部的布局应该如何设计？

3）旅行社门市部的内部装饰应注意哪些方面？

▲ 讨论题

1）旅行社具有哪些基本职能？

2）旅行社的基本业务包括哪些内容？

3）旅行社具有哪些基本类型？

□ 能力训练

▲ 理解与评价

在业界，旅行社被评为“旅游业的三大支柱产业之一”。如何理解旅行社在旅游业中的作用？

▲ 案例题

【训练项目】

案例分析-Ⅰ。

【相关案例】

门市部的租赁

背景与情境：天津康辉国际旅行社有限责任公司的原总经理张孝坤租赁了位于天津市和平区西康路上的云翔大厦7层，作为该旅行社经营出境旅游和国内团队旅游的门市部。在一般人看来，张总经理的决策似乎有悖于旅行社门市部的选址原则，难以收到良好的效果。但是，经过了几年的努力，该旅行社已经成为天津市组织出境旅游人数最多的旅行社之一，获得了成功。

问题：

1）门市部的选址应该考虑哪些因素？

2）为什么天津康辉国际旅行社有限责任公司的门市部选址会获得成功？

【训练要求】

以小组为单位组建学习团队，解决“案例分析”中可能出现的学生水平参差不齐问题；各团队研究案例提出的问题，分别拟定《案例分析提纲》；各团队成员对案例中的“背景与情境”进行多元表征，经交流、汇总后形成本团队《案例分析报告》；各团队在班级交流并修改其《案例分析报告》；教师对经过交流和修改的各团队《案例分析报告》进行点评；在班级展出附有“教师点评”的优秀《案例分析报告》，供学生研究借鉴。

▲ 自主学习

【训练项目】

自主学习-Ⅰ。

【训练步骤】

1）将班级同学组成若干“自主学习”训练团队，每队确定一人负责。

2）各团队根据训练项目需要进行角色分工。

3）通过校图书馆、院资料室和互联网，查阅“文献综述格式、范文及书写规范要求”和近三年关于“旅行社类型与业务”研究的前沿学术文献资料。

4）综合和整理“旅行社类型与业务”研究的前沿学术文献资料，依照“文献综述格式、范文及书写规范要求”，撰写《“旅行社类型与业务”最新文献综述》。

5）在校园网的本课程平台上展出经过修订并附有教师点评的各组《“旅行社类

型与业务”最新文献综述》，供学生相互借鉴。

□ 课程思政

【训练项目】

课程思政-Ⅰ。

【相关案例】

浅议旅行社质量保证金的执行

背景与情境：执行旅行社质量保证金是司法实践中遇到的新问题，相关的司法实践案例极少，与之有关的理论探讨也很薄弱。本文试着结合案例和具体的执行过程，从分析旅行社质量保证金的概念入手，结合旅行社质量保证金的立法现状、可以执行的情形及执行中应当注意的事项展开初步的探讨，以期对今后类似的司法实践活动有所启发和帮助。

原告某游乐园有限公司（以下简称游乐园）诉被告某旅行社有限公司（以下简称某旅行社）旅游合同纠纷一案，法院经审理后认为：根据原被告双方签订的组团协议，应共同对游客在游玩过程中受到的人身损害承担赔偿责任，原告承担60%，被告承担40%。因原告已支付给游客全部的人身损害赔偿款，被告应向原告支付其应当承担的部分。判决生效后，某旅行社未履行生效法律文书确定的义务。权利人向法院申请强制执行。案件进入执行程序后，申请人提供了一个重要线索，被执行人某旅行社向其主管部门市文化和旅游局缴纳了旅行社质量保证金20万元。在本案执行过程中，不断有法官询问什么是旅行社质量保证金，旅行社质量保证金能不能执行，有什么法律依据，具体操作中应该注意什么问题，下面将结合上述问题进行分析。

1）旅行社质量保证金的概念

根据文化和旅游部颁布的《旅游服务质量保证金存取管理办法》的规定，旅游服务质量保证金是指根据《旅游法》及《旅行社条例》的规定，由旅行社在指定银行缴存或由银行担保提供的一定数额用于旅游服务质量赔偿支付和团队旅游者人身安全遇有危险时紧急救助费用垫付的资金。

经营国内旅游业务和入境旅游业务的旅行社，应当存入质量保证金20万元；经营出境旅游业务的旅行社，应当增存质量保证金120万元。旅行社每设立一个经营国内旅游业务和入境旅游业务的分社，应当向其质量保证金账户增存5万元；每设立一个经营出境旅游业务的分社，应当向其质量保证金账户增存30万元。

本案中，被执行人是一家经营国内旅游业务的旅行社，按规定应向其主管部门市文化和旅游局缴纳旅行社质量保证金20万元。

2）旅行社质量保证金的立法现状

（1）执行的法律依据

执行旅行社质量保证金依据和参照的法律规范包括：《最高人民法院关于执行旅行社质量保证金问题的通知》（法〔2001〕1号），文化和旅游部颁布的《旅游服务质量保证金存取管理办法》。

（2）适用范围

依据《最高人民法院关于执行旅行社质量保证金问题的通知》，人民法院在执行涉及旅行社的案件时，遇有下列四种情形而旅行社不承担或无力承担赔偿责任的，可以执行旅行社质量保证金：①旅行社因自身过错未达到合同约定的服务质量标准而造成旅游者的经济损失；②旅行社的服务未达到国家或行业规定的标准而造成旅游者的经济损失；③旅行社破产后造成旅游者预交旅行费损失；④人民法院判决、裁定及其他生效法律文书认定的旅行社损害旅游者合法权益的情形。

本案中，旅行社质量保证金作为被执行人所有的财产属于可供执行的财产应无异议，但在具体操作上，能否直接向文化和旅游局划拨被执行人的旅行社质量保证金产生了分歧：

第一种观点认为不宜直接划拨。理由是最高人民法院规定的四种情形适用对象都是针对旅游者受到损失而言的，而本案是一个经济合同纠纷，申请人是一个法人，适用主体不适格。第二种观点认为可以直接划拨。理由是虽然本案是游乐园以经济合同纠纷为由提起的诉讼，但本案的标的仍属于赔偿旅游者损害赔偿款的部分。本案起因还是因为游客受伤，这个赔偿款一开始就应该由旅行社支付给受伤的游客，申请人游乐园只是行使了一种代位追偿的权利。

依据《最高人民法院关于执行旅行社质量保证金问题的通知》第四项："人民法院判决、裁定及其他生效法律文书认定的旅行社损害旅游者合法权益的情形"属于可以执行旅行社质量保证金的情形，而本案的执行依据已认定了旅行社有损害旅游者合法权益的情形。既然可以执行旅行社质量保证金，自然包括可以采取划拨的执行措施。应该说，第一种观点更加合理可行。结合本案的实际，旅行社质量保证金由文化和旅游局设立专门的账户进行管理，划拨旅行社质量保证金需要文化和旅游局开会研究决定一套相当烦琐的程序。因本案的被执行人短期内将被吊销经营许可证，文化和旅游局在吊销经营许可证后就会返还旅行社质量保证金，返还前法院可以依法提取被执行人的这笔保证金。

3）执行过程

案件进入执行程序后，法院依法向被执行人某旅行社送达了执行通知书和传票，经法院两次传唤，被执行人均未到庭，并两次拒绝签收本案的法律文书。法院经向中国人民银行查询，得知该旅行社未开户。经实地调查走访，该旅行社已是人去屋空，长期没有开展营业活动。后来申请人提供了一个重要线索，被执行人某旅行社向其主管部门市文化和旅游局缴纳了旅行社质量保证金20万元。经向市文化和旅游局查询情况属实，执行法官及时采取了冻结被执行人旅行社质量保证金的手续。市文化和旅游局还提供了由于该旅行社未参加年检，拟吊销其经营许可证，吊销经营许可证后返还旅行社质量保证金的消息。在吊销经营许可证之后法院将依法提取被执行人所有的这笔保证金。

资料来源 李立峰，郭文政．浅议旅行社质量保证金的执行［EB/OL］．［2020-10-14］．https：//www.taodocs.com/p-431140861.html.

问题：

1）试就某旅行社负面事件做出思政研判。

2）通过上网或图书馆调研等途径搜集作为思政研判依据的规范或标准。

3）该案例对你有何启示？

【训练要求】

以小组为单位组建学习团队，解决“思政研判”中可能出现的学生水平参差不齐问题；各团队研究案例提出的问题，分别拟定《思政研判提纲》；各团队成员对案例中的“背景与情境”进行多元表征，经交流、汇总后形成本团队《思政研判报告》；各团队在班级交流并修改其《思政研判报告》；教师对经过交流和修改的各团队《思政研判报告》进行点评；在班级展出附有“教师点评”的优秀《思政研判报告》，供学生研究借鉴。

第2章　产品的研发与设计

● 学习目标

通过本章学习，应该达到以下目标：

职业知识：学习和把握“产品研发与设计”的相关概念、旅游动机和旅行社产品内容的分类，旅行社产品的市场调查与预测、旅行社现有产品的筛选和新产品的开发，以及“同步阅读”“延伸阅读”等理论与实务知识；能用其指导本章“同步思考”、“教学互动”、二维码“随堂测”和“基本训练”的“知识训练”中各题型的认知活动，正确解答其相关问题，体验本章“初级学习”中专业知识的横向正迁移。

职业能力：点评“市场是检验旅游产品的唯一途径”，训练专业理解力与评价力；运用本章知识研究相关案例，训练“产品研发与设计”特定情境下对当事者行为的“多元表征”专业能力和“与人交流”的通用能力；通过“‘产品市场调查知识’在旅游产品开发中的应用”实训操练，训练相应专业技能和“团队协作”“与人交流”“解决问题”等通用能力；体验本章“高级学习”和“实践学习”中专业知识与相关规则的“重组性”迁移和专业技能的阶段性生成。

课程思政：结合本章教学内容，依照相关规范或标准，对“课程思政2-1”和章后“课程思政-Ⅱ”等案例中企业及其从业人员的行为进行思政研判，激发与“文化和旅游融合发展”“旅游合同”“旅游导购”等议题相关的“产业融合”和“旅游法规”思考，促进“立德树人”根本任务的落实，体验其“高级学习”中专业知识与思政元素的协同性重组迁移。

学习微平台

思维导图2-1

引例：天津康辉国际旅行社有限责任公司的产品销售

背景与情境：近年来，天津港加快邮轮母港的建设，以促进海上邮轮旅游业的发展。在此形势下，多家国际和国内的邮轮公司进驻天津邮轮母港，并相继开辟了多条从天津港出发的海上邮轮旅游航线，大幅度地增加了邮轮旅游服务业的供给量，使京津冀乃至整个中国北方地区海上邮轮旅游需求迅速升温，为旅行社行业开发和经营邮轮旅游业务提供了难得的发展机遇。

天津康辉国际旅行社有限责任公司的孟欣总经理敏锐地发现了这一重要商机，及时组织该企业的市场部，根据旅游市场对旅游产品需求的变化和发展趋势，针对不同旅游细分市场的特点，开发出适销对路的邮轮旅游产品。

首先，该旅行社对近年来邮轮旅游客源市场进行了深入的市场调查和数据分析，并在此基础上对邮轮旅游市场的发展前景进行预测。通过市场调研，该旅行社发现，在暑假、“十一黄金周”等旅游旺季，中小学及幼儿园放假，许多家长带孩子参加邮轮旅游活动，他们多以家庭为单位出行。在出游目的方面，这些家长不仅希望能够出去放松疲惫的身体、领略域外风光和欣赏海上美景，还希望孩子们能够通过旅游活动增长知识、开阔眼界。在旅游淡季里，乘坐邮轮旅游的游客主要以余暇时间比较多的中老年人为主体。

随后，该旅行社针对不同时段的邮轮旅游细分市场的特点，开发出相应的具有特色的旅游产品。在旅游旺季，该旅行社针对家庭出游为主的市场需求特点，推出“海上合家欢”系列产品，其中包括“海上儿童歌舞比赛”“海上亲子游”等产品。在旅游淡季，该旅行社依据中老年游客为主体的市场需求，打造了针对中老年人旅游消费特点的系列产品，如“海上广场舞大赛”“海上中老年人盛宴”“海上斗地主大赛”等。

另外，该旅行社还发现，在以往参加从天津港出发的邮轮出境旅游活动的游客中，有相当一部分来自山西、陕西、河南、甘肃、内蒙古甚至四川等地区。由此可见，上述地区的游客亦是天津港邮轮出境游业务的一个重要客源市场。针对这一情况，该旅行社利用其所获得的航空资源，开发出“乘飞机，坐邮轮”的“飞机+邮轮”产品，向上述地区的旅游市场进行营销。

最后，该旅行社还结合近年来天津市政府所打造并大力倡导的“近代百年看天津”旅游品牌，将邮轮旅游与津门城市游进行组合，设计和开发了“乘邮轮免费游津城”产品，为该旅行社及天津市吸引了更多的客源。

经过一系列的市场营销活动，该旅行社所设计和开发的邮轮旅游产品获得了成功，既满足了游客们乘坐邮轮出境旅游的需求，也给该旅行社增加了可观的经营收入，并提升了该旅行社在旅游市场上的知名度和美誉度。

资料来源　根据天津康辉国际旅行社有限责任公司总经理孟欣先生提供的相关资料整理，2020。

上述案例告诉我们，旅行社的经营者在开发产品时，必须进行深入细致的市场调查，搜集足够的信息，并做科学的分析。在此基础上，根据旅游市场上出现的需求动向，判断市场发展前景。在充分的市场调研基础上，旅行社经营者应根据自身的资源条件和所处的市场环境，开发出有针对性的旅游产品。这样，旅行社才能够在努力满足旅游者的消费需求的同时，增加企业自身的经营收益，并在旅游市场上提升企业及其产品的知名度与美誉度。

2.1 旅行社产品的类型

旅行社产品的分类对于开发和设计产品具有重要意义。在实际经营中，有些旅行社根据旅游者的旅游动机对旅行社产品进行分类，称为旅游动机分类法；有些旅行社则按照旅游活动包含的内容对旅行社产品进行分类，称为产品内容分类法。下面分别介绍根据这两种分类方法所划分的产品类型。

2.1.1 旅游动机分类法

根据旅游动机分类法，旅行社产品被划分成观光旅游、度假旅游、商务旅游、会议旅游、奖励旅游、探亲旅游、专业旅游、修学旅游、宗教旅游、探险旅游十大类型。

1）观光旅游

观光旅游产品是指旅行社利用旅游目的地的自然风光、文物古迹、民情风俗等旅游资源，设计出各种观光旅游线路，组织旅游者前往参观游览。观光旅游产品包括以观赏名山大川、异域景色等自然风光为主的自然观光旅游产品和以欣赏历史古迹、文化遗产等人文景观为主的人文观光旅游产品。观光旅游产品的品种繁多，观赏价值很高，深受广大旅游者喜爱，因而拥有广泛的市场，成为许多旅行社的主要经营产品。

2）度假旅游

度假旅游是近年来颇受旅游者青睐的一种旅行社产品，在旅游市场上占据的份额不断扩大，成为许多旅行社的主营产品。度假旅游产品的出现同现代社会城市化进程的加快有着密切的关系。一方面，经济的发展使人们的工作和生活节奏不断加快，各种竞争日趋激烈，造成人们心理上的压抑；另一方面，大量人口涌入城镇，城镇居民的居住密度增大，加上各种环境污染，城镇居民的生活质量大大降低，使他们对城镇生活感到厌倦。为了暂时逃避这种生活，到那些空旷、优美、静谧的环境中去充分放松和休息，他们便利用假期到有阳光、海水、沙滩的海滨去度假，或者去山间、湖边等风景优美的地方度假，使身心得到一定程度的休整。度假旅游以散客旅游为主要的旅游方式，多为家庭集体外出，其消费能力比较强，对旅游设施和服务水平的要求较高。

3）商务旅游

商务旅游是指以经商为目的、将商业经营与旅行游览结合起来的一种旅游频率高、经济效益好的旅行社产品。商务旅游者多为企业的管理人员或销售人员，其消费水平往往高于其他类型的旅游者。随着经济的不断发展和各国及各地区之间经济往来的日益密切，商务旅游者成为旅游市场客源的重要组成部分。许多旅行社针对这种形势，推出各种商务旅游产品来吸引旅游者，获得了可观的经济效益。

4）会议旅游

会议旅游是指旅行社在旅游者会议期间或会后组织会议参加者进行参观游览活动

的一种产品。参加会议旅游的旅游者消费水平比较高，购买力强，而且在旅游目的地停留的时间一般较长。所以，组织或接待会议旅游活动，能够给旅行社带来较高的经济效益。另外，参加会议的旅游者多为某个行业或领域的专家，具有渊博的知识或较高的技能，能够给当地的有关部门带来先进的科学文化知识和相关领域的最新信息，有利于当地的经济和科学文化的发展，从而给组织或接待会议旅游的旅行社带来良好的社会效益。

5）奖励旅游

奖励旅游是近年来发展很快的一种旅行社产品。随着经济的发展和人们生活水平的提高，企业单靠发奖金激励员工的做法已经难以收到预想的激励效果了。为了奖励在经营或生产中做出较大贡献的员工，或者在销售活动中成绩斐然的销售代理，很多企业会出资为这样的员工安排旅游活动。由于许多企业对旅游活动的安排和接待工作不熟悉，因此，它们常常委托旅行社进行安排。这就是奖励旅游产品产生的原因。

6）探亲旅游

探亲旅游是旅行社组织旅游者到旅游目的地走访亲友的一种旅游活动。探亲旅游是一种目的明确的旅游活动，人们参加探亲旅游的主要目的就是探望自己的亲属或朋友，同时也可能进行一些其他形式的旅游活动。探亲旅游的人均旅游支出相对较少，不少旅游者住在被探访的亲戚或朋友家里，无须住饭店，也很少到餐馆就餐。在私人汽车普及的国家或地区，旅游者还可能乘坐亲友的私人汽车游览参观，不需要由旅行社安排市内交通工具。

7）专业旅游

专业旅游是一种具有广阔发展前景的旅行社产品，包括卫生专业旅游、法律专业旅游、教育专业旅游、农艺专业旅游、科技专业旅游等。参加专业旅游的旅游者以考察和交流知识为旅游活动的主要目的，同时也进行其他形式的旅游活动，如观光游览、度假休闲等。专业旅游多采取团体形式，旅游团多由同一职业或具有共同兴趣的人员组成。一般来说，专业旅游者在旅游过程中比较关注专业性活动的安排，希望能够在游览各种旅游景点的同时，与同行进行专业方面的交流。因此，旅行社在组织和接待专业旅游团时，除安排他们到普通旅游景点参观游览外，还应该设法为他们联系和安排到与其专业对口的单位参观访问，同专业人员进行座谈交流等。这样，可以使旅游者认为不虚此行，提高他们对旅行社服务的满意程度。

学习微平台

延伸阅读2-1

8）修学旅游

修学旅游是以外出学习为主要目的的一种旅游活动。修学旅游产品的主要购买者是青年学生，另外，也有一部分中年人和少数老年人参加修学旅游。修学旅游的时间一般比较长，短期修学旅游至少为期一至两周，长期修学旅游的时间可达到数月甚至一年。修学旅游者在旅游目的地学习的同时，还会利用周末、寒暑假的时间到旅游景点游览观光。修学旅游的种类很多，如针灸修学旅游、书法修学旅游、绘画修学旅游等。目前我国的一些旅行社利用当地的修学旅游资源，大力开发修学旅游，取得了良好的经济效益。

9）宗教旅游

宗教旅游是最古老的旅游形式之一，旅游者的主要目的是到宗教圣地进行朝拜活动，同时游览沿途的某些景点。宗教旅游者来自社会的各个阶层，对旅游服务的要求也不同。富有的宗教旅游者往往要求旅行社安排他们住在高档的饭店里，在豪华餐厅就餐，乘坐高级轿车和飞机的头等舱；普通的宗教旅游者则多要求住在经济型旅馆或普通饭店，在普通餐馆用餐，外出时乘坐普通大客车和火车。他们向旅行社提出的共同要求就是满足他们朝圣的愿望。只要能够满足这一愿望，他们对其他的活动安排往往不会十分计较。对于宗教旅游目的地的当地旅行社来说，宗教旅游是一种客源稳定的旅游产品。

10）探险旅游

探险旅游是旅行社利用人们的好奇心理和寻求新鲜事物的欲望而设计和开发的特殊旅游产品。参加探险旅游的多为富有冒险精神的青年旅游者，一般在旅游目的地停留的时间较长。探险旅游的目的地主要是那些人迹罕至或尚未开发的地区，如原始森林、峡谷、高山、极地等。旅游者多为单人旅行或少数几个人结伴同行，并在旅行前就比较熟悉他们的旅游同伴。同观光旅游者不同，探险旅游者往往只携带少量行李，选择经济旅馆或价格较低的普通旅馆住宿，而且对饮食的要求比较简单，不追求珍馐美味。探险旅游的一个明显特点是旅途艰辛，旅行社在接待他们之前应做好大量的准备工作。探险旅游是大众旅游的先导，一些新的旅游地点往往为探险旅游者首先发现，然后经过开发建设而成为众多旅游者前往之处。

同步阅读 2-1

世界旅游业开始复苏

尽管旅游业正面临着各种困难，但是我们（指世界旅游及旅行理事会WTTC）预测下一个十年里旅游业将会迎来强劲的发展。在2022—2032年间，旅游及旅游业所产生的GDP的年增长率为5.8%，超过同期的世界经济增长速度（年增长率为2.7%）。研究显示，到2023年底，旅游及旅游业所产生的GDP恢复到2019年的水平。此外，旅游及旅游业有望在下一个十年里创造出1.26亿个新工作岗位。

资料来源　世界旅游及旅行理事会理事长兼首席执行官Julia Simpson.世界旅游及旅行业发展趋势［EB/OL］.［2023-03-20］. https：//wttc.org/Portals/0/Documents/Reports/2022.作者译。

2.1.2　产品内容分类法

按照旅游活动包含的内容进行分类，旅行社的旅游产品分成包价旅游、组合旅游和单项服务三个类型。

1）包价旅游

包价旅游是指旅游者在旅游活动开始前即将全部或部分旅游费用预付给旅行社，由旅行社根据同旅游者签订的旅行合同相应地为旅游者安排旅游途中的行、游、食、住、购、娱等活动。包价旅游分为团体包价旅游、散客包价旅游、半包价旅游、小包价旅游和零包价旅游。

（1）团体包价旅游

团体包价旅游是指由10名以上的旅游者组成的包价旅游产品。这是目前我国多数旅行社组织海外旅游者来华旅游的主要形式。旅游者在旅游活动开始之前将全部旅游费用一次性付给旅行社，委托旅行社负责安排整个旅游活动并提供旅游活动过程中的所有服务。团体包价旅游所包括的服务有：①饭店客房；②早餐、正餐及饮料；③市内游览用车；④导游服务；⑤交通集散地接送服务；⑥每人20千克的行李服务；⑦游览场所门票；⑧文娱活动入场券。

团体包价旅游是一种受许多旅游者欢迎的旅游产品。

从旅游者方面来看，参加团体包价旅游的好处主要是：①安全方便。旅游者在一次性付清全部旅费后，由旅行社负责安排旅游者的全部旅行活动，旅游者无须再为旅途中的交通食宿等问题操心。②经济实惠。由于饭店、餐馆、交通部门、旅游景点等旅游服务供应部门为扩大客源一般都会向旅行社提供优惠价格，旅游者参加团体包价旅游可以享受这种优惠。

从旅行社方面来看，经营团体包价旅游产品具有以下优点：①操作方便。团体包价旅游的预订期较长，组团、接团的程序格式化，便于旅行社操作。②经营成本低。由于旅行社在经营团体包价旅游时能够进行批量操作，因此，可以提高工作效率，降低经营成本。③经营收入高。旅游团队的人数较多，对旅行社营业额的提高会起到明显的作用。

然而，团体包价旅游也存在某些缺点。

对旅游者而言，团体包价旅游活动缺乏个性。旅行社在接待团体旅游者的过程中，主要照顾旅游者的共性而容易忽略旅游者的个性。具有不同背景的旅游者必须遵守相同的旅游活动日程，牺牲一定的个性去适应团体的共性。

从旅行社方面来看，经营团体包价旅游产品会造成：①直观价格高。由于团体包价旅游所包含的内容多，各项费用均包括在包价中，因此直观价格较高，不利于招徕旅游者。②变化多。团体包价旅游在预订和实际旅游期间经常会发生各种变化，尤其是在旅游旺季时，容易给旅行社造成旅游服务采购方面的困难。

（2）散客包价旅游

散客包价旅游是指10人以下的包价旅游产品。参加散客包价旅游的多为自愿结伴而行的亲友。散客包价旅游除了旅游活动安全可靠之外，还具有能够较多地照顾旅游者个性的优点。旅行社在组织、接待散客包价旅游者的同时，会招徕更多的客源，增加营业收入。

然而，散客包价旅游也有其不足之处，主要表现在：①价格较高。由于旅游者人数少，旅行社难以从饭店等旅游服务供应部门在价格方面获得较多的优惠，从而造成散客包价一般高于团体包价的现象。②成本较高。虽然每批散客包价旅游的旅游者人数少，但是旅行社在组织和接待方面所花费的通信联络、导游陪同等成本与团体包价旅游相差无几，因此，组织或接待散客包价旅游者的人均成本较高。

（3）半包价旅游

半包价旅游是一种在包价旅游基础上发展起来的旅游产品。半包价旅游与包价旅游的主要区别在于这种旅游包价内不含午、晚餐费用。旅行社设计半包价旅游的主要目的是降低产品的直观价格，提高产品的竞争能力。另外，旅游者也能够更加自由地选择和品尝当地的风味小吃。团体旅游和散客旅游均可采用半包价旅游形式。

（4）小包价旅游

小包价旅游又称可选择性旅游，是一种选择性很强的旅游产品。小包价旅游由非选择性部分和可选择性部分构成。非选择性部分包括住宿及早餐、机场（车站、码头）至饭店的接送和长时间的交通费用。非选择性部分的费用由旅游者在旅行前预付。可选择性部分包括导游服务、午晚餐、风味餐、文艺节目欣赏、游览参观等内容。可选择性部分的旅游费用既可以由旅游者预付，也可以由旅游者现付。小包价旅游具有经济实惠和灵活方便的特点。

（5）零包价旅游

零包价旅游是一种独特的旅游产品。旅游者参加这种形式的旅游必须随旅游团前往和离开旅游目的地，到达目的地后，旅游者可以自由活动，不受旅游团的束缚。零包价旅游的特点是：①旅游者可以享受团体机票的优惠价格；②可由旅行社代办旅游签证手续。

同步思考2-1

问题：既然旅行社经营团体包价旅游和半包价旅游的程序大体相同，而前者给旅行社带来的利润高于后者，旅行社为什么还要经营半包价旅游？

理解要点：因为半包价旅游产品可以降低旅游产品的直观价格，有利于吸引更多的旅游者。

2）组合旅游

组合旅游是一种产生于20世纪80年代的旅游产品，多流行于饭店、交通供应等旅游服务设施相对过剩的地区。组合旅游产品的主要形式是旅游线路。经营这种产品的主要是旅游目的地旅行社。这些旅行社通过对旅游客源市场需求的调查了解，设计出一批固定的旅游线路，并将这些线路的具体内容广泛通知给客源市场上的其他旅行社，由后者负责向旅游者推销并按时将旅客送达目的地。购买这种产品的旅游者在指定日期到达旅游线路的起始地点，由目的地旅行社将他们集中起来组团旅游，每团人数不限。旅游者既可随团活动，也可自由活动。旅游活动结束后，旅游团原地解散，旅游者各自返回居住地。

组合旅游是一种灵活性较强的旅行社产品。旅行社把来自不同旅游客源地的零散旅客汇集起来，组成旅游团进行旅游，从而避免了一些客源地旅行社因当地旅游者人数较少，不能单独成团，而造成的客源浪费的弊病。另外，组合旅游的组团时间较短，有利于旅行社在较短的时间内招徕大量的旅游客源。

对于旅游目的地旅行社来说，旅游团的人数越多，边际成本越低，利润越大。因此，旅行社应该尽量扩大招徕网络，以保证足够的客源。另外，旅行社还必须做好旅游交通、住宿、餐饮等服务项目的采购工作，建立一个高效率低成本的采购网络，确保旅游服务的充分供应。

3）单项服务

单项服务是旅行社根据旅游者的具体要求而提供的各种有偿服务。旅行社单项服务所包含的内容十分广泛，其中常规性的服务项目有：导游服务、交通集散地接送服务、代办交通票据和文娱票据、代订饭店客房、代订景区门票、代办签证、代办旅游保险等。

单项服务适应了全球性散客旅游的发展趋势，是一种应予以重视的旅游产品。

同步案例 2-1

组合旅游

背景与情境： T市的GZH旅行社经过市场调查发现，随着人们环境保护意识的提高，回归大自然的生态旅游已经成为一种新的旅游产品，于是该旅行社的鲍总经理试图推出一条西宁—日月山—可可西里无人区的生态旅游线路。然而，经过一段时间的广告促销，报名参加旅游团的只有7个人，难以组成规模较大的旅游团，从而造成旅行成本居高不下，无法成行。该社的经营顾问李先生建议鲍总经理向邻近的B市和H省旅行社求援，招徕当地的旅游者，改变由T市出发的计划，让旅游者在指定日期到西宁集合，由GZH旅行社派人在西宁等候旅游者，将他们组成一个旅游团，进行旅游。鲍总经理采纳了这个建议。很快，一个由三省（市）25名旅游者组成的旅游团就出现在可可西里地区了。

问题： GZH旅行社的这种组团方式属于哪一种？这种方式对旅行社和游客有什么好处？

分析提示： 这是一个典型的组合旅游团队。由于T市的旅游客源不足，难以组成一个规模较大、旅行价格相对低廉的生态旅游团，因此，该旅行社采用组合旅游的形式，从不同客源地招徕客人，前往旅游目的地，并在当地组成旅游团进行旅游活动。这种方式既能够保证旅行社可以在较短的时间里组成规模较大的旅游团，同时也能够适当降低旅行成本，既使客人得到实惠，也使旅行社获得良好的经济收益。

课程思政 2-1

用党的二十大精神推动旅行社经营模式和发展方式的转型升级

背景与情境： 党的二十大报告极大鼓舞了旅游从业人员的信心。报告提出“推进文化和旅游深度融合发展”，为旅行社产品创新提供了指引。福建省福州某旅行社总经理表示，将深入贯彻党的二十大精神，坚持“专业温馨服务 开拓文旅新价值”的企业使命，加快推动旅行社经营模式和发展方式的转型升级，在做好存量、传统业务的同时，积极拓展新业务。其中，国内旅游将结合众多主题活动，重点发展地接和周边游，发力研学、团建、康养、培训、会议及定制小包团等。同时，立足福建自身丰厚的文化资源，促进文化和旅游深度融合高质量发展，加快从“卖产品”向“卖文化”转型，保持对游客的吸引力，满足人民群众日益增长的精神文化需求。

资料来源 徐晓．共同奋斗创造美好生活 推动旅行社转型升级［EB/OL］．［2022-11-18］．http：//www.ctnews.com.cn/paper/att/202211/18/79f5e052-1cd5-4c68-87bf-97307401f130.pdf.

随堂测 2-1

问题： 如何理解本案例中党的二十大报告的相关提法？

研判提示： 文化是旅游的灵魂，旅游是文化的载体，推动文化与旅游融合发展，对于促进旅游业转型升级、实现文化传承创新具有重要意义。

2.2 客源市场的调查与预测

旅行社要想在激烈的市场竞争中站稳脚跟，并不断地发展壮大，就必须使其产品符合市场的需求，并在产品质量、品种、价格、促销手段等方面超过竞争对手。为了能够做到这一点，旅行社必须大力开展产品的市场调查，并在此基础上，对旅行社产品市场的未来发展趋势做出比较切合实际的预测。

2.2.1 产品市场调查

1）产品市场调查概述

产品市场调查是旅行社经营人员认识产品市场的重要方法，是旅行社产品开发、设计、生产和销售活动的出发点。通过对产品市场环境和旅游者消费行为的调查，可以获得市场营销活动的资料，对此进行分析研究之后，就可以做出有关产品开发和整顿、产品价格、销售渠道、促销措施等方面的营销策略，自觉地综合运用各种营销手段，使产品适销对路，在市场竞争中占据优势，取得较好的经济效益。因此，搞好产品市场调查，对改善经营管理、提高经济效益、促进产品的开发与销售具有十分重要的意义。只有通过市场调查搜集到比较齐全和准确的信息，并对信息做出接近实际的全面分析，旅行社的有关生产和经营的决策才能切合实际，减少失误，把经营风险降到最低。

2）旅行社产品市场调查的重点

学习微平台

延伸阅读2-2

旅行社产品市场调查的重点围绕着产品的开发、设计、生产、促销等环节，其主要内容包括旅游市场需求调查、旅游者消费行为调查、产品调查、价格调查、销售渠道调查、旅游服务供应状况调查和竞争情况调查七个方面。

（1）旅游市场需求调查

了解旅游市场需求是旅行社市场调查的重心。为了能够开发出符合旅游市场需求的产品，旅行社的市场调查人员必须认真调查旅游市场的实际需求。在调查过程中，调查人员既要调查旅游市场的现实需求，也要调查旅游市场的潜在需求。旅游市场需求的调查一般包括四个方面：①旅游客源市场的需求状况、旅游者的流向、外出旅行的规模、旅游方式的变化、市场需求的发展趋势等情况；②旅游者的消费结构及其发展变化的趋势；③国家经济政策的变化对旅游市场需求结构所产生的影响；④本旅行社各种营销策略所引起的竞争者的销售变化及其对市场需求量的影响。

（2）旅游者消费行为调查

旅游者消费行为对于旅行社的产品设计十分重要，决定着旅行社应该按照什么方式生产和销售其产品。旅行社在调查旅游者的消费行为时应该了解下面七个方面的情况，即7O调查法。这7个O是指：①旅游者的类别（Occupants）。购买本旅行社产品的旅游者主要来自哪些国家或地区，属于哪个民族，其性别、年龄、职业、文化程度等方面有哪些特征。②购买对象（Objects）。这些旅游者主要购买本旅行社的哪些产品，是包价产品还是单项服务。③购买目的（Objectives）。这些旅游者为什么要购买本旅行社的产品，是因为价格低廉还是因为信誉较好，还是所提供的服务质量较高。④购买组织（Organizations）。购买本旅行社产品的决定是由谁做出的，是由企业、机关、学校等单位的领导人决定的，还是由旅游者自己决定的。⑤购买方式（Operations）。购买本旅行社产品的旅游者的购买习惯是什么，是团体购买还是个人选购。⑥购买时机（Occasions）。这些旅游者往往在什么时候购买本旅行社的产品，是在节日期间购买还是在周末购买。⑦购买渠道（Outlets）。这些旅游者一般通过哪些渠道购买本旅行社的产品，是通过客源地旅行社，还是直接到本旅行社及其设在当地的销售机构购买。

（3）产品调查

旅行社在市场调查中应该注意了解旅游市场上各种产品的现状及发展趋势。

一方面，旅行社市场调查人员应该设法了解本旅行社产品在旅游市场上的情况，包括旅游者对老产品是否仍然喜爱，对新产品是否接受，对这些产品的质量有什么评价，有无需要改进之处等；另一方面，产品调查还应了解竞争对手的产品情况，如市场上有哪些竞争产品，与本旅行社产品相比，这些产品的质量、价格、受欢迎程度如何等。

（4）价格调查

价格对于旅行社产品在旅游市场上的状况具有重大影响。旅行社对产品价格的调查主要包括旅游者对产品价格变动的反应、新产品如何提价、老产品如何调价等。

（5）销售渠道调查

销售渠道调查主要包括旅游批发商和零售商的数量、实力、合作意向、在旅游市场上的声誉等。其中，应重视客源国（地区）经营出国旅游业务的旅行社的情况。这些旅行社，特别是其中做中国游客生意的旅行社，是我们引进客源的中介，其情况和动向是我们必须掌握的，如旅行社的数目、规模、地区分布、经营方式和业务特点等。对那些和本旅行社有业务关系的旅行社更应该逐个建立客户档案，积累其与我们交往的记录，注意了解它们的经营能力、商业信誉以及和自己竞争对手的交易情况等。

（6）旅游服务供应状况调查

目的地旅行社出售的产品绝大部分是由旅游供应商提供的，因此，供应情况的变化对旅行社的经营影响很大。例如，各地旅游资源的开发和旅游设施的改善等信息是旅行社据以设计产品的重要依据。而旅游服务供应状况的变化更直接影响旅行社的接待工作，一旦发生旅馆、交通供不应求，能否对已经销售出去的旅游团提供各项服务就成为考验旅行社的经营能力和维护其信誉的头号问题，而解决这一难题的最好办法就是及早掌握信息并采取相应的措施。

（7）竞争情况调查

市场经济迫使旅行社投入到一场无休止的竞争中，它们密切关注着竞争对手的一举一动，设法了解和掌握竞争对手在产品、质量、价格及促销手段等方面的最新动向，试图采用各种方法击败竞争对手，以获得更大的市场份额。这就是旅行社进行竞争情况调查的目的。竞争情况调查的主要内容是：①同行业竞争者的数量与规模；②竞争者产品的品种、数量、成本、价格和利润水平；③竞争者产品的市场占有率及其发展变化的趋势；④竞争者所采取的竞争策略和手段；⑤每个竞争者所具有的优势和劣势。

3）信息资料的类型

旅行社产品市场调查的目的在于通过市场调查获得大量的旅行社产品市场信息资料，以便为旅行社产品的市场预测奠定坚实的基础。

（1）原始资料

原始资料亦称第一手资料，是指旅行社市场调查人员为了了解某种旅游产品的市场情况而通过专门性的实地调查所搜集到的资料。例如，某旅行社为了确认购买该旅行社最近推出的一条旅游线路的旅游者属于哪个类型，以及他们购买这一产品的目的，专门组织人员到实地考察，了解购买该旅游线路的旅游者特点及其购买的目的。该旅行社通过这种方法所获得的信息资料属于原始资料。

原始资料的优点主要反映在两个方面：第一，针对性强。旅行社市场调查人员在搜集原始资料时一般都有比较明确的调查目的，他们针对调查目的，专门搜集那些与本次调查目的直接相关的信息资料，因此，所搜集到的原始资料往往无须经过大量的筛选，便可以直接使用。第二，资料真实。由于原始资料都是由旅行社市场调查人员直接搜集的，没有经过他人在中间进行删改和加工，因此，只要调查人员本着实事求是的原则认真调查，他们所搜集的资料一般比较符合市场的实际情况，可信度比较高。

原始资料的缺点主要是比较费时、费力。同时，受旅行社财力的限制，所搜集到的资料的范围一般不够广泛，而且容易受调查人员水平的限制，而使调查的结果带有一定的主观性。

（2）二手资料

二手资料是指已经为某种目的而搜集起来，能够为旅行社本次市场调查所利用或参考的现成资料。二手资料往往为实地调查提供背景材料，使调查人员在开展实地调查前可以对整个形势有充分的认识。另外，二手资料还能够帮助旅行社的市场调查人员更好地分析原始数据。

二手资料最突出的优点是节省时间和费用。在搜集二手资料时，旅行社市场调查人员往往只需要到本旅行社的资料室或当地图书馆等拥有现成资料的单位去查找相关资料，从中摘取旅行社市场调查所需要的信息和数据，并带回旅行社进行分析即可。

二手资料的缺点主要表现在两个方面：第一，适应性差。由于二手资料是为了某种目的而搜集的，未必和本次调查的目的完全相同，因此，完全适合于本次调查的资料可能比较少。旅行社市场调查人员常因所掌握的二手资料中所含有的适合该次市场调查目的的信息太少，而不得不放弃这些资料。第二，时效性差。二手资料多为出版物，所刊登的信息需要用较长的时间去搜集、筛选、编辑、出版和发行，不少信息已经过时。如果旅行社在市场调查过程中使用大量过时的信息，其调查结果必然无法反映现实情况，不能为旅行社市场预测所采用。

4）信息资料的搜集方法

旅行社产品市场调查信息资料的搜集方法分为二手资料搜集方法和原始资料搜集方法两种。

（1）二手资料搜集方法

旅行社市场调查人员在调查过程中，主要通过查阅旅行社自身所拥有的内部资料和购买或查阅外界资料两个途径搜集二手资料。

① 内部资料。内部资料是指旅行社在过去经营中所保留的各种资料和数据，包括各种统计报表、旅游接待计划、销售业务谈判记录、导游人员填写的陪同日志、各种财务报表及其他业务档案。旅行社调查人员可以随时根据调查的需要，从旅行社的资料室获得这些资料和数据。

② 外界资料。外界资料是指调查人员通过旅行社以外的渠道获得的资料，这些渠道包括政府部门、旅游行业协会、旅游教育机构、图书馆等。为了获得这些资料，调查人员可采取购买、订阅、查阅、借用等方式。

（2）原始资料搜集方法

原始资料的搜集方法有询问法、观察法和实验法。

①询问法。询问法是用询问的方式搜集市场信息资料的一种方法。它是调查和分析旅游者购买行为和意向的最常用的方法。询问的主要内容一般是要求被询问者回答有关的具体事实、什么原因、有何意见等方面的问题。

根据调查人员与被调查者的接触方式不同，询问法又可分为以下五种类型：

A.集体问卷法。集体问卷法是调查人员采用问卷的形式，选取某一单位或某一部分成员，按照问卷内容的要求，在规定的时间内进行回答，由调查者按时回收，进行整理汇总，以获得市场信息。这种调查方法的优点是：对象广泛、调查面广、被询问者有较充裕的时间考虑答案、调查费用较少。但是，问卷的回收率一般较低，而且不适合调查较为复杂的问题。

B.访问面谈法。访问面谈法就是调查人员直接访问被调查者，通过面对面的交谈来搜集市场信息。这种方法的优点是：a.当面交谈非常直观，不受问卷的约束，比较灵活，可以在直接交谈中互相启发，互相探讨；b.当面提问问题，回答率较高；c.能直接观察调查对象回答问题时的态度，以判断资料的可信程度；d.当面访问取得的资料比较真实。其缺点是：a.调查费用较高；b.调查结果容易受到调查人员水平的影响；c.有些被调查者会产生被质问的压迫感。

C.信询调查法。信询调查法就是把调查问卷直接邮寄到被调查者的单位或家里，请其根据问卷的要求回答各种问题并按时将问卷寄回。信中一般应附邮资，有时还应寄去回答问题的报酬或纪念品。这种方法的优点是：a.调查面广；b.费用较低；c.避免受调查者偏见的影响；d.被调查者回答的时间充裕。其缺点是：a.信件回收率低；b.耗时较长。

D.电话询问法。电话询问法是由调查者通过电话向被调查者询问问题的方法。这种方法的优点是方便迅速和调查费用低。在所有原始资料的搜集方法中，电话询问法的费用最低。其缺点是：a.受时间限制，难以询问比较复杂的问题；b.不易取得对方的信任与合作；c.一些没有电话的单位或家庭，没法调查。

E.移动客户端调查法。移动客户端调查法是指旅行社利用公众号、朋友圈等途径调查市场需求及其动向的方法。这种方法尤其适用于对青少年市场、超细分市场等的原始资料的搜集。随着智能手机的普及，这是一种成本低廉、命中率高、信息及时的市场调查方法。

②观察法。观察法是由调查人员到调查现场直接进行观察的一种调查方法。观察法的特点是调查人员运用从旁边观察的方法来代替当面的询问，避免使被调查者感到自己是在被调查，从而获得更加客观的第一手资料。观察者可以是市场调查人员，也可以是某种观察工具或仪器设备，如照相机、录像机或某种特定的测录仪器等。

观察法一般又可分为以下三种类型：

A. 直接观察法。直接观察法就是由市场调查人员直接到现场观察顾客的购买活动，以获得市场信息。

B. 实际测定法。实际测定法是通过对某项市场营销活动的效果进行实际的测定，以获得市场信息。

C. 行为记录法。行为记录法是由调查人员用特定的仪器或方法，把被调查者在一定时间内的行为记录下来，再从记录中找出所需要的市场信息。

③实验法。实验法是把调查对象置于一定的条件下，进行小规模的实验，通过观察分析，了解其发展趋势的一种方法。例如，在调查旅行社产品价格对销售量的影响程度时，就可以在试销中采用逐步变动价格的办法，来判断价格变动对销售量的影响。

实验法的优点是：A. 可以有控制地观察分析某些市场变量之间是否存在着因果关系以及自变量的变动对因变量的影响程度。B. 可获得比较正确的情况和数据，作为预测和决策的可靠基础。其缺点是：A. 相同的实验条件不易选择，变动的因素不易掌握，实验的结果不易比较；B. 实验需要时间长，获得资料的速度慢，费用较高。

旅行社市场调查人员在搜集到同调查目的相关的各种二手资料和原始资料后，应加以整理和分类，在此基础上进行分析和研究，得出比较符合市场实际的结论，为下一步的市场预测打下基础。

同步思考 2-2

问题： 什么是旅游市场细分化？

理解要点： 旅游市场细分化是指将整体旅游市场按照旅游消费者的某种或某些特点分解或划分为不同的旅游消费者群的过程。

2.2.2　旅行社产品市场预测

在市场经济条件下，经济环境动荡不定，新技术日新月异，旅行社产品市场上的需求状况变化多端，旅行社经营管理人员不仅要着眼于现在，更应关注未来，及时了解旅行社产品市场消费需求的变化以及生产和技术的发展趋势。实践证明，旅行社的生存和发展越来越离不开对产品市场的预测。

1）定性预测方法

定性预测方法是一种依靠人的经验和综合分析能力对产品市场进行分析的方法，具有直观的特点。这类方法尤其适用于对那些不具备定量分析条件的产品市场进行预测。定性预测方法包括专家意见法和经验判断法两种类型。

（1）专家意见法

专家意见法是传统的定性预测方法，是指旅行社根据有关方面的专家对某个旅游产品的看法，对该产品市场的前景进行预测的方法。专家意见法有三种典型方法：

①个人判断法。旅行社向具有丰富经验的个别专家征求意见，并根据他的看法对旅行社产品市场做出判断，这就是个人判断法。这种方法具有简便易行、节省时间和费用的优点，常用于个别产品的前景预测。但是，如果旅行社只是根据一两名专家的意见即对产品的未来发展做出判断，就容易出现片面性的弊病。

②专家会议法。专家会议法是由旅行社事先确定预测目标，并提供在产品市场调查中所搜集到的各种资料，然后邀请有关专家在此基础上开会，根据旅行社确定的预测目标，集中对有关资料进行分析和讨论，最后提出对产品市场发展的预测意见。

专家会议法克服了个人判断法因所咨询的专家人数太少，容易造成判断片面性的缺点，集思广益，所形成的预测具有一定的权威性。但是，专家们集中在一起开会，常会出现由于某个或某几个专家意见相近而影响其他专家独立判断的现象，会议做出的预测同样带有一定的片面性。

③德尔菲法。德尔菲法是一种以信函形式进行预测的专家意见法。旅行社分别给散居各地的有关专家发函，邀其在互相保密的情况下，用书面形式回答旅行社就有关产品市场提出的各种问题，并多次反复，逐步缩小专家们的认识差距，最后得到大多数专家所赞同的预测意见。旅行社市场营销人员在此基础上做出最后的预测。

专家意见法比较简单，费用较低，其预测的准确程度取决于有关专家的知识、经验和综合分析能力。

（2）经验判断法

经验判断法就是依靠专业人员及预测人员的经验和判断能力做出预测。这种方法可以分成三种方法：

①经理人员判断法。这种方法是由负责的经理人员召集产品销售、市场研究、生产管理、财务等有关部门的负责人员，通过会议听取他们的汇报和意见，然后，由经理人员在此基础上确定预测值。这种方法的优点是简便易行，省时省力，在实际工作中应用比较广泛。例如，经常性的业务碰头会，业务分析会，月、季度的计划执行情况检查会都属于这种方法。

运用经理人员判断法，在实践中容易出现两种倾向：一是过分依赖主管人员，尤其是高级主管人员的主观判断，有时预测结果不甚准确；二是预测趋势往往会受到当时市场形势的影响，产生过分乐观或过分悲观的倾向。因此，这一方法的应用效果易受参与预测的人及主管人员能力的影响。

②专业人员分析法。专业人员分析法，又称销售人员意见综合法，是由主管负责人召集有关的专业人员共同进行预测的方法。例如，要研究用户需求、发展趋势及竞争对手的情况，就召集销售人员进行预测，由销售人员对他们各自负责的市场区域一定时间内的销售量做出估计，然后在分析、综合他们意见的基础上，做出旅行社市场需求的预测。这种方法的优点是不需要经过复杂的计算，预测速度比较快。另外，由于销售人员一直和市场打交道，他们最接近顾客，对市场情况，特别是对所在地区的市场情况很熟悉，对原有顾客的需求情况和对潜在顾客的需求情况能够做到心中有数，因此，他们对市场发展趋势看得比较清楚。尤其是在产品的技术性很强，产品的

销售受技术变化影响较大的情况下，他们的预测结果就更加重要。这种方法的特点是具有较多的主观因素，容易受个人的认识水平和偏见的影响。如果销售人员对市场形势的发展认识比较乐观，估计的销售数量就有可能偏高，反之就可能偏低。有的销售人员还会因担心把销售数量估计得过高，一旦完不成销售任务就得不到奖励，而有意识地低估预测数字。

③综合判断法。这种方法是指综合经理人员和专业人员的意见，作为市场预测的结果。有时为了能够反映各方面的意见，可采用求推定平均值的办法加以计算，其公式为：

$$Y = \frac{a + 4b + c}{6} \tag{2.1}$$

式中：Y表示预测值，即推定平均值；a表示最乐观估计值；b表示最可能估计值；c表示最悲观估计值。

2）定量预测方法

定量预测方法是指旅行社有关人员运用数学模型，分析影响旅行社产品市场需求变化因素之间的函数关系，通过计算和图解的方法，预测产品需求量的市场预测方法。定量预测方法很多，旅行社在其产品市场预测中经常使用的方法为简单平均法、加权平均法、指数平滑法和一元线性回归法。

（1）简单平均法

简单平均法即算术平均法，就是以观察数据之和除以观察期数，求得平均数，作为下一期的预测值。其计算公式为：

$$Y = \frac{\sum_{i=1}^{n} X_i}{n} \tag{2.2}$$

式中：Y表示预测值；X_i表示第i期的观察数值；n表示观察期数。

简单平均法的优点是简单易算。但是，由于这种方法对于数值采取了简单平均的方法，计算出的预测结果往往误差较大。

同步阅读2-2

旅行社产品市场细分的可衡量性原则

可衡量性，指细分旅游市场需求特征显著，购买行为特殊，可以被明显识别，即这一细分市场与其他细分市场有着很大的差异性，并且其市场范围明确，购买力的大小和市场容量能被大致测量。如果不同细分市场对产品需求差异不大，行为上的同质性远大于其异质性，此时，企业就不必费力对市场进行细分。

资料来源　百度百科．旅行社市场细分［EB/OL］．［2023-03-02］．https：//baike.baidu.com/item/%E6%97%85%E8%A1%8C%E7%A4%BE%E5%B8%82%E5%9C%BA%E7%BB%86%E5%88%86?fromModule=lemma_search-box.

（2）加权平均法

加权平均法是在简单平均法的基础上，根据最近几期实际值对预测结果的影响程度不同，分别赋予一定权数，然后以加权平均数作为下期预测值。权数确定的基本原则是期数越近，权数越大。此法适用于稳定而略有变化的市场类型。其计算公式为：

$$Y=\frac{\sum_{i=1}^{n}X_iD_i}{\sum D_i} \quad (2.3)$$

式中：X_i表示第i期的实际值；D_i表示赋予第i期的权数值。

加权平均法计算出来的预测结果一般略高于简单平均法计算的预测结果，这主要是由于距预测期近的各期权数逐渐加大，导致其计算结果增大。

（3）指数平滑法

指数平滑法是根据已掌握的历史统计资料去推测未来的市场需求量的预测方法。一般地讲，它利用过去的有关统计资料，以几何级数形式对历史数据加权，使最近期的数据数量较大，使远期数据的数量依次减小，以加权移动平均值作为预测数。

指数平滑法的预测模型有若干种，在旅游业中应用最多的是单一指数平滑法。这种方法主要是在已知上一期的需求预测数和实际实现的需求量的基础上，通过确定两者之间的误差率，修正上一期的预测数字，从而去预测下一期的需求量并提高预测结果的准确度。其计算公式为：

$$F_{t+1}=F_t+R\ (X_t-F_t) \quad (2.4)$$

式中：F_{t+1}表示下一期的预测数；X_t表示上一期实现的实际数；F_t表示上一期的预测数；R表示平滑系数，表示上一期的预测误差率，用$0<R<1$的常数表示。

在单一指数平滑法中，R取值不宜太大，一般不超过0.5。

指数平滑法的主要优点是所需历史资料（数据）少，简便易行。但是，这种方法不能反映旅游需求中的季节性问题，因此只能用于不涉及季节性的时间序列的预测。

（4）一元线性回归法

一元线性回归法是通过对两个变量之间的因果关系进行预测的方法。旅行社市场分析人员在采用这种方法进行预测时，首先分析通过产品市场调查所获得的相关资料，然后在此基础上，利用线性回归法分析变量之间的相互关系和相关密切程度，从而得出预测结果。其公式为：

$$Y=a+bX \quad (2.5)$$

式中：Y表示因变量，即预测值；X表示自变量，即引起因变量变化的某影响因素；a、b为回归系数，a表示截距，b表示斜率。

求a、b的公式为：

$$a=Y-bX \quad (2.6)$$

$$b=\frac{n(\sum_{i=1}^{n}X_iY_i)-\sum_{i=1}^{n}X_i\sum_{i=1}^{n}Y_i}{n(\sum X_i^2)(\sum X_i)^2} \quad (2.7)$$

式中：Y_i表示销售收入；X_i表示招徕人数。

上述的各种预测方法均为旅行社在进行产品市场预测时经常使用的方法。旅行社市场营销人员在从事产品市场预测时，应该根据本旅行社的人力、财力等资源情况和产品市场预测的需要，选择最适合的预测方法。一般情况下，旅行社往往将数种方法结合起来使用，以获得最佳预测效果。

同步案例2-2

好创意为何没有开发出好的产品

背景与情境：长白山国家自然保护区的北坡风景区位于吉林省安图县境内。其“一山有四季，十里不同天”的亚寒带垂直森林景观，独具魅力。长白山天池神秘秀丽，长白瀑布飞流直下。另外，地下森林、温泉也被游客所青睐。镜泊湖位于黑龙江省宁安市境内，其湖光山色及吊水楼瀑布每年都吸引着大量的游客。

天马旅行社是一个组建不久的新社。在经过对长白山北坡、镜泊湖两个风景区的考察后，该旅行社推出了“长白山—镜泊湖四日游”产品。这条旅游线路的行程安排是：第一天从A市出发，乘坐“金龙牌”豪华空调汽车，当日16：00抵达长白山脚下的明月镇，18：00晚餐，餐后游客自由活动；第二天游览长白山，当晚在明月镇的旅馆住宿；第三天早餐后，从明月镇出发，当天下午抵达镜泊湖，游览吊水楼瀑布景点。然后，乘坐游船游览镜泊湖，晚餐后在镜泊湖畔的民俗村下榻；第四天早餐后返回A市。

在该产品的运营中，游客发现旅游线路的行程安排存在一些问题。原来在第三天的行程中，从明月镇出发后，当日抵达镜泊湖时已经是15：00，游客匆匆游览吊水楼瀑布景点后已到晚餐时间，游湖的轮船已经停止营运。游客站在湖边，在暮色中远眺湖光山色，却不能游湖，感到十分遗憾。他们找到全程陪同导游人员，请导游人员解释行程安排，并一致商定待返回A市后，要求天马旅行社赔偿损失；否则，就到消费者协会投诉旅行社的欺诈行为。

天马旅行社推出该产品的本意并不是欺诈旅游者。可是产品运营后，为什么出现以上的问题呢？该旅行社请教有关专家，经认真研究考察后，找出症结所在。原来在第三天的行程中，从明月镇出发经牡丹江抵达镜泊湖是绕道了，因而耽误了时间。实际上，从明月镇出发可经敦化走国道抵达镜泊湖，路途仅需4个小时。如果当初这样安排行程，就可以有效地利用时间安排游湖。

该旅游团返回A市后，在听取导游人员汇报的情况后，天马旅行社决策者认为，因旅游线路设计不合理，没有充分论证、考察和检查旅游线路的可行性与合理性，致使产品在运营时，违反了产品设计的相关原则，从而给游客造成了损失。旅行社决定：首先，向每一位游客发出致歉信，诚恳地请求游客谅解；其次，为补偿游客未能乘船游湖的损失，承诺退还游客1/3的团费。这件事发生后，该旅行社意识到产品设计开发的重要性及科学性，对所有产品都进行了实地勘察和重新论证，以避免类似事情再次发生。

问题：旅行社该如何保证旅游产品设计的合理性？旅行社新产品开发应采用什么样的程序？请进一步分析天马旅行社此次产品开发失败的原因。

分析提示：天马旅行社设计的“长白山—镜泊湖四日游”产品，其创意是很好的，颇具东北地方特色，符合旅行社产品开发的特性原则。然而，该旅行社的产品开发人员在设计产品时，存在着两大失误：一是他们没有实地考察旅游产品所涉及的景点情况，不了解游船的运行和停运时间，导致游客抵达镜泊湖时，游船已经停运，使游客们错过游湖的机会；二是他们没有对明月镇到镜泊湖的各条可行路线进行先期考

随堂测 2-2

察，不了解明月镇到镜泊湖的最佳交通路线，结果在设计旅游线路时，安排绕道的线路，把大量的时间用在途中，违反“旅速游缓”的产品设计原则。由于该旅行社产品设计的失误，最终造成游客们无法及时赶到镜泊湖，从而使原定的游湖项目被迫取消，并引起旅游者的不满和投诉。

由此可见，旅行社产品开发人员在设计和开发产品时，不仅需要有新颖的创意，也要对产品的每一项内容进行认真仔细的考察，特别是对于景点和旅游线路的考察，要亲自前往，进行实地考察，以免出现差错，给旅行社和旅游者带来不便和损失。

2.3 产品的设计与开发

筛选现有产品是旅行社产品设计中的一项重要内容，也是开发新产品的基础。旅行社产品设计人员应根据市场调查和市场预测的结果，对现有产品进行分类和比较，从中选出畅销产品、经济效益好的产品和具有发展前途的产品，并淘汰滞销产品、经济效益差的产品和没有发展前途的产品。旅行社在筛选产品的过程中，一般采用四象限评价法、矩阵评价法、产品生命周期评价法对现有产品进行分析和评价。

2.3.1 现有产品的筛选

1）四象限评价法

四象限评价法是在美国波士顿咨询团（Boston Consulting Group）设计的“市场导向型产品检测模型”的基础上加以改进后提出的，用以对旅行社产品进行总体分析比较。这种分析方法按照产品在市场上受欢迎程度的大小和为旅行社带来经济效益的多寡把旅行社的全部产品分成明星产品、问号产品、金牛产品和瘦狗产品四种类型，并对不同类型的产品分别采取发展、培养、利用和淘汰的策略，如图 2-1 所示。

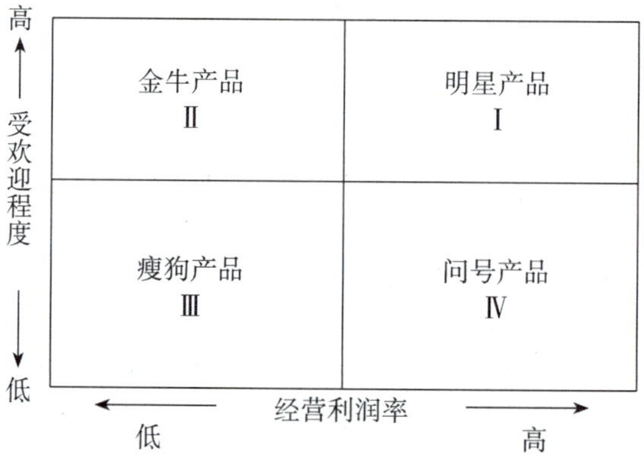

图2-1 旅行社现有产品分析（四象限评价法）

（1）明星产品

明星产品是指在市场上十分受旅游者欢迎，而且能够为旅行社带来较高经济效益的产品。这些产品投放市场后，非常受旅游消费者的喜爱，被竞相购买。旅游者对于该产品的售价不甚在意，产品价格的变化对旅游者购买该产品的数量所产生的影响很小。

明星产品在投放市场一段时间后，旅行社可以对产品的价格进行适当调整，提高产品的售价，以试探旅游消费者的反应。如果旅游消费者在明星产品提价后，仍然大量购买这种产品，说明该产品的价格弹性小，即旅游消费者对产品的价格变化不敏感。在这种情况下，旅行社还应该逐步调整产品的价格，直到旅游消费者对产品价格变得较为敏感为止。旅行社应该将明星产品的售价保持在这个水平之下，使旅行社通过销售明星产品获得最大的经营利润。明星产品是旅行社获取长期利润的重要渠道和扩大市场份额的有力手段，旅行社必须严格保证明星产品的质量，并大力向旅游市场宣传和推销这些产品。

（2）问号产品

问号产品是指眼下在旅游市场上受旅游消费者的欢迎程度较低，但是盈利水平却较高的旅行社产品。问号产品在旅游市场上受欢迎程度较低的原因有很多：有的问号产品可能因刚刚投放市场，尚未被旅游消费者认识；有的产品则可能因产品本身存在某些缺陷，需要加以改进；还有的产品需要在价格上做适当的调整。总之，问号产品的发展前景尚不明朗，既可能发展成为明星产品，也存在某种不确定因素，可能演变成金钱陷阱产品。经营问号产品需要冒一定的风险，但也可能在将来为旅行社带来丰厚的回报。

旅行社应该对问号产品进行具体分析，找出影响产品销路的原因，并制定出相应的对策。如果问号产品因定价过高造成旅游消费者较少问津，旅行社可以将产品售价适当下调；如果造成问号产品销路不畅的原因是对产品的宣传和推销力度不够，旅行社则应该增加产品的宣传促销活动；如果问号产品确实存在某种缺陷，旅行社则应该对产品进行改进。

（3）金牛产品

金牛产品的特点是产品的利润比较低，但是却很受旅游消费者的欢迎。金牛产品多为投放市场时间较长的产品，已被公众所熟悉。此外，产品的质量一般比较稳定，价格也为旅游消费者所接受。金牛产品的缺点是旅行社在销售产品的过程中获得的利润较少。旅行社通常以“薄利多销”的策略，扩大产品的销售量来提高收入。金牛产品是旅行社目前的主要收入来源，对于增加旅行社的利润和保证现金流量起着重要作用。另外，金牛产品还具有在旅游市场上提高旅行社的知名度和扩大旅行社在旅游市场上所占份额的作用。

金牛产品经常以其质优价廉的特点在市场上饱受旅游者的欢迎。许多旅游者购买金牛产品的原因是该产品价格较低。因此，旅行社在调整金牛产品价格时必须十分慎重。金牛产品多是旅游市场上的成熟产品，易于仿制，而且多数金牛产品具有生命周期较短的特点，往往难以长期吸引旅游者。所以，旅行社应该积极开发新产品以逐步取代现有的金牛产品。

（4）瘦狗产品

瘦狗产品是指既不受大量旅游消费者的欢迎，创造的经营利润又少的产品。

瘦狗产品不能为旅行社创造大量的销售机会，既不能像明星产品那样扩大旅行社的市场份额，也不能像金牛产品那样给旅行社眼下的经营带来可观的收入。实际上，瘦狗产品在市场上只能被少数旅游者选择，而旅行社为了满足这些人的需要，却必须耗用较多的精力，结果往往得不偿失。

对于瘦狗产品，旅行社应该采取果断措施，有计划地加以淘汰，把腾出来的资金和精力转用于设计和开发盈利机会更大的产品上。

四象限评价法是旅行社分析和筛选现有产品的一个十分有用的工具。这种方法以产品在旅游市场上受欢迎的程度和给旅行社带来的经济效益为依据，对不同的产品做出客观的分析，并提出具有针对性的经营对策。这是一种将市场导向和经济利益紧密结合的客观分析方法，在旅行社的经营中值得大力推广。

2）矩阵评价法

矩阵评价法是作者在美国麦肯锡管理咨询公司（McKinsey Co.）提出的分析方法的基础上，针对旅行社行业的产品特点设计的。这种评价法主要从产品对旅游者的吸引力和各种产品之间的竞争力来评价旅行社的产品。

（1）产品吸引力评价

产品吸引力评价包括四个步骤：

①旅行社找出一系列决定产品吸引力的标准。这一系列标准一般包括公认的对产品吸引力具有重要作用的因素，如发展潜力、市场规模、获利能力、竞争激烈程度等。

②旅行社给每个标准确定一个权数以表示每项标准对旅行社的相对重要性。为了保持连贯性，权数的合计应为1.00。例如，在表2-1中，旅行社将产品发展潜力列为最重要的吸引力标准，给了0.30的权数。这种排列的原因是旅行社目前经营过多的成熟产品，需要开发更多有潜力的产品，所以，旅行社把产品发展看得十分重要。

表2-1　　旅行社产品吸引力：旅游线路Ⅰ

产品吸引力标准	权数	系数	加权数
产品市场规模	0.10	3	0.30
产品发展潜力	0.30	5	1.50
产品获利能力	0.20	4	0.80
产品成本	0.05	5	0.25
产品销售渠道	0.10	5	0.50
竞争激烈程度	0.20	3	0.60
产品所处周期阶段	0.05	2	0.10
合　计	1.00	—	4.05

③旅行社根据不同的吸引力标准对旅行社所经营的各种产品进行评定。通常，人们采用1～5个等级，1表示没有吸引力，5则表示非常有吸引力。一家旅行社对吸引力标准的决定在很大程度上反映了旅行社所确立的经营目标。在表2-1中，产品发展潜力标准被评为5，因为旅行社希望多开发具有发展潜力的产品。值得注意的是，一个吸引力强的产品可以被看成旅行社提供了实现经营目标的机会，而一个没有吸引力的产品必然被看成是对旅行社经营的一个威胁。

④旅行社为其全部产品中的各个产品计算出一个总权数，将每个吸引力标准的权

数乘以系数便得到加权数，然后将这些加权数相加。在表2-1中，旅行社把竞争激烈程度的权数定为0.20，系数为3，所以，加权数为0.20×3=0.60。将这些加权数相加后得出的总数便是该产品在旅行社全部产品中的加权数。这个指数的最大值是5，最小值是1，两者平均值是3。该产品吸引力的加权数是4.05，说明该产品具有中等偏上的吸引力。

（2）产品竞争力评价

产品竞争力评价包括两个方面，即确定产品加权数总和与产品比较。

①确定产品加权数总和。其共分为4个步骤：A.旅行社找出使产品在市场竞争中能够获得成功的各个关键因素，这些因素分别是该产品在市场中所占份额、专业知识含量、在旅游市场上的知名度、旅行社提供的接待服务水平、价格竞争力和经营成本。B.旅行社给每个因素规定一个权数，指出该项因素在确立产品竞争地位中所起的作用。各项权数相加后应等于1。表2-2中，旅行社将价格竞争力作为最重要的成功因素，其次是产品的专业知识含量。C.旅行社根据产品的成功因素对其竞争能力进行评价。在评价时，采用1～5的评分标准，1表示非常弱，5表示非常强。从表2-2中可以看出，该产品在市场份额、专业知识含量和价格竞争力三个方面较强，即该产品的优势在于市场份额、专业知识含量和价格竞争力，而其弱点是接待服务水平和经营成本。D.旅行社计算出加权数总和并用其表示产品的竞争能力指数。加权数总和的值在5（竞争能力非常强）和1（竞争能力非常弱）之间，中间值为3。从表2-2中我们能够得出结论，旅游线路Ⅰ的竞争能力较强，其加权数总和是4.20。

表2-2　**旅行社产品竞争力：旅游线路Ⅰ**

关键性成功因素	权数	系数	加权数
市场份额	0.15	5	0.75
接待服务水平	0.15	2	0.30
产品知名度	0.15	4	0.60
专业知识含量	0.20	5	1.00
价格竞争力	0.25	5	1.25
经营成本	0.10	3	0.30
合　计	1.00	—	4.20

②与产品比较。在完成上述各项分析后，可以将旅行社全部产品绘成各种圆圈，标在产品位置图里。图的纵向表示产品的吸引力，图的横向表示产品的竞争力。每个圆圈的中心点位置由该产品的产品吸引力和产品竞争力两个方面所得分数决定，每个圆圈的大小与该产品的销售总额成正比，表示产品在市场上所占的份额，如图2-2所示。

产品位置图根据产品吸引力的大小和竞争力的强弱，被分成九个单元，其中三个单元代表成功产品，三个单元代表失败产品，另外三个单元分别代表前途未卜产品、提供盈利产品和一般性产品。矩阵评价法将产品分成五个类型，其中四个类型与四象

限评价法的产品类型基本相同，即在矩阵评价法中，成功产品相当于四象限评价法里

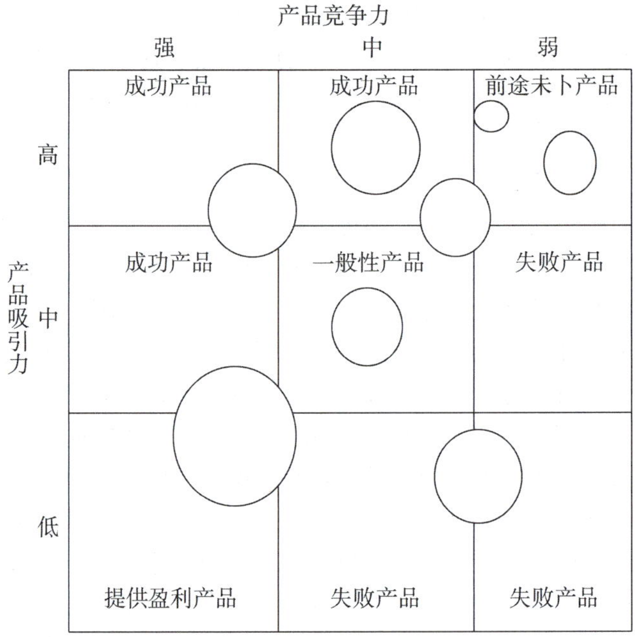

图2-2　旅行社现有产品分析（矩阵评价法）

的明星产品，失败产品相当于瘦狗产品，前途未卜产品相当于问号产品，提供盈利产品相当于金牛产品。第五个类型的产品被称为“一般性产品”，这种产品既没有很大的优势，也没有明显的劣势。

在分析和比较了旅行社的全部产品后，旅行社产品开发人员应根据不同产品所处的类型采取不同的对策。对于失败产品，应该设法将它们予以淘汰；对于成功产品，应该大力推销；对于提供盈利产品，由于它们的发展前景暗淡，应该充分利用它们赚取利润，并有计划地逐步用新产品替代它们；对于前途未卜产品，应该设法加以改进和宣传，使它们变成成功产品；对于一般性产品，既可以尝试经过努力，使它们变成成功产品，也可以逐步加以淘汰，以便将人力和财力资源转用到成功产品的开发上。

矩阵评价法也是旅行社分析和筛选现有产品的一个十分有用的工具。这种方法以产品的吸引力和产品的竞争力为依据，客观地分析旅行社的各种产品，为旅行社管理者的产品开发决策提供了可靠的参考意见，在旅行社产品开发和经营业务中发挥了重要作用。

3）产品生命周期评价法

旅行社产品生命周期是指旅行社的产品从完成设计投放到市场开始，到该产品被淘汰退出市场为止的全部过程。旅行社产品生命周期分为投入期、成长期、成熟期和衰退期四个阶段。

产品的投入期是指新产品研制成功投放到市场试销的阶段。在这个阶段，新产品刚刚进入市场，尚未被广大旅游者所接受，产品的销售量较小，销售额增长缓慢。为了使旅游者能够很快地了解和熟悉新产品，旅行社往往大做广告，从而造成该产品的销售费用较高而利润率较低的局面。除仿制品外，当市场上尚未出现其他旅行社推出

的与新产品竞争的产品时，该产品经常处于一种垄断的地位。

当新产品试销取得成功，旅行社开始将产品成批投放市场以提高市场销售量的时候，这种产品便进入到成长期阶段。在这个阶段，产品的销售量迅速增长，旅游者对产品已经较为熟悉，广告费用可以相对减少，销售成本大幅度下降，产品成本显著下降，经营利润迅速上升。与此同时，其他旅行社开始仿制这类产品，市场上开始出现竞争趋势。

在产品的成熟期阶段，各旅行社推出的同类产品大量进入市场，市场竞争十分激烈。这时，旅游市场上对这种产品的需求量已逐渐趋于饱和，产品的销售量已达到最高点，旅行社经营这种产品所能获得的利润也达到最高点。到了成熟期阶段的后期，旅游市场上对这种产品的需求终于达到饱和状态，销售增长率趋近于零，甚至会出现负数，旅行社经营这种产品所获得的利润开始下降。虽然旅行社有时会尝试进一步提高产品的销售额，但是由于市场上的竞争更加激烈，往往给旅行社造成较高的销售费用。

一旦产品逐渐老化，市场上开始出现更新换代的产品时，该产品便进入了衰退期。产品进入衰退期阶段后，新产品开始进入市场，逐渐代替老产品。除少数或个别的名牌产品外，多数处于衰退期的产品的市场销售量日益下降，市场竞争突出地表现为价格竞争，价格不断被迫下跌。旅行社难以继续保持该产品的市场占有率，产品的销售量和经营利润呈现出无可挽回的下降趋势。

产品生命周期评价法正是根据产品的这种生命周期现象，对处在不同阶段的产品进行分析，指出其目前的竞争地位和今后的发展前景，并据此提出相应的产品开发策略。

产品生命周期评价法以产品所处的生命周期阶段和产品目前的竞争地位作为主要依据，将旅行社的产品分别标在一个由12个方格构成的矩阵图上。在这个矩阵图里，横轴表示产品的竞争地位，纵轴则表示产品所处的生命周期阶段，如图2-3所示。

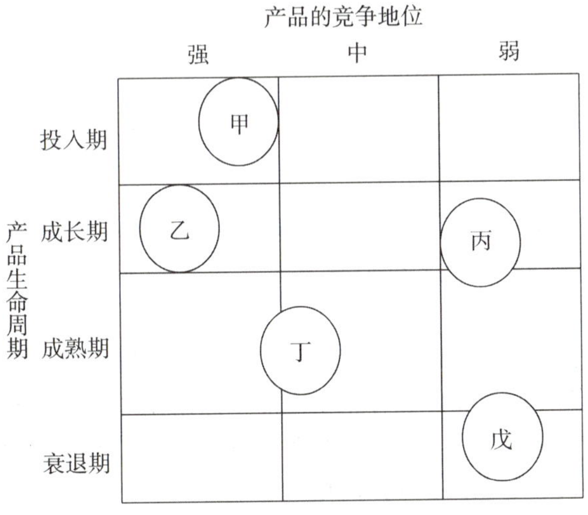

图2-3　旅行社现有产品分析（产品生命周期评价法）

从图2-3中我们可以看出，产品甲具有很大的发展潜力。因为该产品处在产品生命周期的投入期阶段，而且拥有很强的竞争能力。由于产品所处的生命周期阶段为投入期，意味着这种产品的发展前景十分乐观。当一种产品进入成长期后，该产品便会处于一种销售增长率和市场增长率均较高的有利态势，若能够充分发展，扩大产品的市场份额，则会增加盈利的机会。产品乙是处在产品成长期的成功产品，该产品所在的市场尚有一定的发展余地，而产品本身的竞争地位也很强，所以该产品同样能够抓住机遇，充分发展。产品丙与产品乙都处于产品生命周期的成长阶段，然而产品丙的竞争地位很弱，如果说在目前市场尚未饱和的情况下，该产品尚能够拥有一定的销路的话，那么一旦产品进入成熟期，市场需求基本饱和时，该产品将难以在激烈的市场竞争环境中继续生存下去。产品丁是一个处在成熟期的产品，其竞争地位为中等偏强。这种产品的市场目前已基本饱和，不可能继续扩大。但是，这种产品往往是旅行社获得利润的重要渠道，旅行社应该充分利用这种产品目前的市场地位，努力从它们的销售中获取最大的经营利润。同时，旅行社应注意开发新产品，以便当这些产品进入衰退期后逐步取代它们。产品戊则是旅行社应该设法予以淘汰的产品，因为它不仅处在产品生命周期的衰退期阶段，其市场已经开始萎缩，而且该产品的竞争地位也不强，无法给旅行社带来能够接受的经营利润。

产品生命周期评价法的优点十分明显，它显示出旅行社各种产品在市场上所处的生命周期阶段，使旅行社的经营者能够较好地预测其产品在未来市场上的发展方向，并能够及时采取相应的措施保持产品组合的平衡。另外，这种评价方法使旅行社经营者能够把注意力集中在潜在产品市场的发掘上，使旅行社得以开发出适合未来市场需求的产品。

总之，上面介绍的三种现有产品筛选与评价方法均能够帮助旅行社产品开发人员对旅行社产品进行较为系统和科学的评价，从中挑选出适合本旅行社经营目标的各种产品。旅行社产品开发设计人员应该根据本旅行社的具体情况，选择最适宜的方法。

同步思考2-3

问题： 旅行社产品与其他服务产品之间的区别是什么？

理解要点： 旅行社产品与其他服务产品之间的区别是其综合性和易受影响性。

2.3.2 旅行社新产品的开发

就如人类一样，商品也有生命，每一种商品迟早都要消亡。如果企业只经营一种产品，则随着该种产品的“失宠”，企业的生命亦必随之结束。为了延续企业的生命，使企业的利润能维持不变或更上一层楼，投资发展新产品，是绝对必要的。

由于旅游市场是一种不确定的经营环境，其变化情况不易把握，因此，旅行社开发新产品所冒的投资风险非常大。有些新产品虽然研制成功，并投放市场，但是却不为旅游者所接受；有些新产品虽然被旅游者一时接受了，但是却很快就从市场上销声匿迹了。可见，新产品夭折率之高，是相当惊人的。

为了使旅行社继续生存和发展，经营者必须不断地研制和销售新产品，但是，新产品的开发又是一件颇具风险的事。成功开发新产品固然可以使旅行社得以进一步发展，然而，如果开发新产品失败，也会给旅行社带来一定的经济损失。为了使开发新产品的风险降低，旅行社经营者必须谨慎地选择新产品，尽量选择那些利润最大、风险最小的产品。

1）新产品的类型

旅行社开发的新产品主要有以下三种类型：

（1）全新型产品

全新型产品是指旅行社根据市场的发展和旅游者需求的变化，开发新的景点、开辟新的旅游线路等。开发全新型产品往往会在短期内取得独占该产品市场的优势，为旅行社创造丰厚的利润。然而，开发全新型产品耗费大，而且如果该产品在投放市场后不能立即被广大的旅游者认可和购买，则会丧失盈利的机会，甚至可能会亏本。此外，其他旅行社也会很快仿制出同类产品，形成竞争，影响开发产品投资的回收。

（2）改良型产品

改良型产品是指旅行社对其原有产品做部分调整或改造，冠以新的名称投放市场的产品。原有产品经过改良后，变成新的产品，增强了吸引力，能够招徕更多的旅游者。改良产品还可以节省时间，使产品能够尽早投放市场。此外，由于改良型产品只是在原有产品的基础上进行调整和改造，因此，在线路考察、通信联络等产品开发费用方面会低于全新型产品，从而降低了产品开发的成本。改良型产品的缺点在于难以像全新型产品那样使旅行社获得短期内独占产品市场并获得丰厚利润的机会。

（3）仿制型产品

对于多数中小型旅行社来说，经常性地开发新产品往往在财力和人力方面造成沉重的负担。鉴于这种现实，它们可以采取仿制其他旅行社已经投放市场的新产品的办法来开发自己的新产品。这种做法的优点是投资少、见效快、省时省力。其缺点是采用这种方法的旅行社总是在模仿其他旅行社，难以塑造出本旅行社的鲜明形象。

同步思考2-4

问题：影响旅行社产品开发的因素有哪些？

理解要点：

①资源禀赋，包括自然资源、人文资源、社会资源、人力资源和资本资源；

②设施配置，主要包括住宿、交通、餐饮和娱乐；

③旅游需求，指具有一定支付能力和余暇时间的消费者在一定时间内愿意以一定价格购买的旅游产品的数量。

2）新产品的开发过程

新产品的诞生必须经过五个阶段，这五个阶段分别是创意阶段、选择阶段、产品研制阶段、产品试销阶段和产品商业化阶段（如图2-4所示）。如果新产品在产品开发过程中的某一个阶段失败，旅行社就应该对它进行改良或彻底放弃。

（1）创意阶段

旅行社开发的每一种新产品都始自创意阶段，并非所有的产品创意最终都能够成

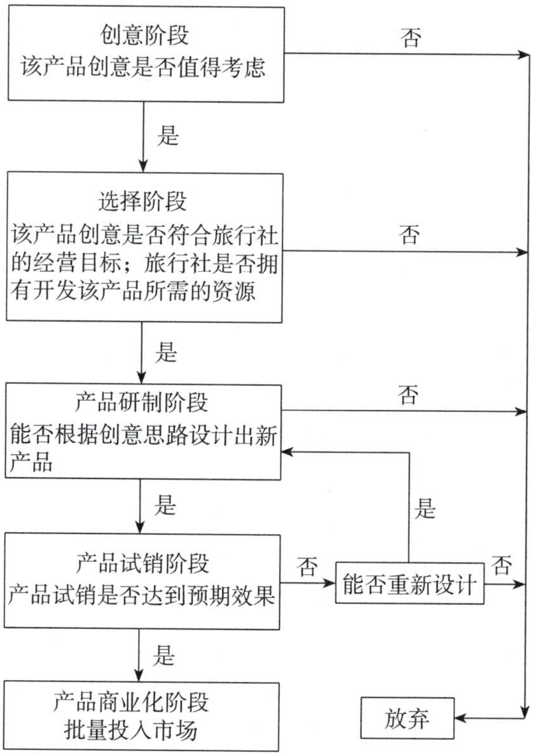

图2-4　旅行社新产品开发过程

为新产品，但是新产品必须从创意中产生。因此，创意在新产品的开发过程中占据极其重要的地位。产品开发人员必须经常搜集各种新产品创意，以便供新产品的开发和设计使用。旅行社产品创意的来源十分广泛，有旅行社的管理人员、研究人员或推销员，也有旅游者或旅游中间商。此外，旅行社还可以从外界的刊物或研究报告甚至从与其竞争的旅行社同行那里获得产品创意。

（2）选择阶段

产品开发人员在搜集到一定数量的新产品创意之后，便可以根据旅行社的经营目标和产品创意的可行性，着手对这些创意进行分析和筛选，从中挑选出那些符合旅行社的经营目标、可行程度较高的产品创意。产品选择阶段的流程如图2-5所示。

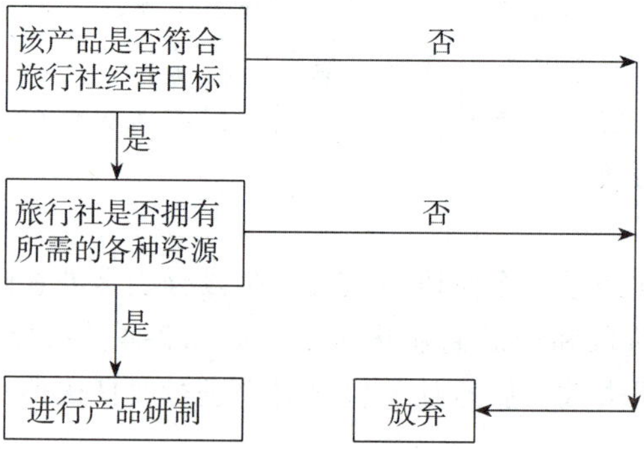

图2-5　旅行社新产品开发的选择阶段的流程

（3）产品研制阶段

完成新产品创意的选择之后，产品开发人员可以把那些既符合旅行社经营目标，可行性又较大的产品创意研制成产品。在研制过程中，对于不同类型的新产品，可采取不同的方法。

①全新型产品。旅行社产品开发人员在设计全新型产品时，必须对旅游者偏好、市场发展趋势、经济可行性等加以充分的分析和研究，对产品创意加以修改，以便设计出适合旅游市场需要的产品。在全新型产品的设计过程中，设计人员必须注意以下几点：A.产品必须具有新意，做到人无我有；B.充分利用各种可以获得的资源；C.努力降低产品成本，降低产品的直观价格；D.注意产品的时效性；E.设计旅游线路时，应设法避免安排重复性路线；F.保证产品的质量。

②改良型产品。在研制改良型产品时，产品开发人员应该首先分析原产品的优点和缺点，以及市场对产品的需求的变化趋势，针对旅游者需求的特点及变化，对原有产品进行加工改良，使之适合市场的需要。在研制改良型产品的过程中，旅行社产品开发人员应根据市场的变化对原有产品做如下几方面的改进：

A.旅游者不再对一条旅游线路中的某个城市感兴趣。在这种情况下，应该重新安排这条旅游线路，将这个城市从旅游线路中撤掉，换上旅游者所喜爱的另一个城市，或者将旅游线路缩短。

B.在同一条旅游线路中有两个城市的旅游景点雷同。针对这种情况，产品开发人员应该对旅游景点做必要的调整，如将其中一个景点换成另有特点的景点，或者将其中一个景点从旅游活动日程中撤掉，并减少在该地的停留时间。

C.城市间交通设施发生变化，如高速公路的建成、火车提速、民航增加航班等。旅行社产品开发人员可根据路途时间、交通工具价格等具体情况，适当改变旅游者的旅行方式。

③仿制型产品。设计仿制型产品时，产品开发人员应该认真研究被仿制产品的特点，去粗取精，使仿制型产品具有某些本旅行社的特点，而不是全盘照搬。

（4）产品试销阶段

产品研制出来之后，一般先行选择一较小市场，做一次或两次试销，试销结果可作为能否全面上市（即商业化）的依据。试销的目的在于将新产品及与其有关的营销策略首次付诸实施，以观察顾客的反应。因此，试销工作是产品大量上市前的一项实验，其成败对日后该种产品的命运有决定性的影响。

在产品投入市场进行试销后，旅行社应从市场反应、产品发展趋势、竞争态势、价格和盈亏平衡等方面对试销产品进行调查分析，重点放在盈亏平衡分析和价格分析两个方面。盈亏平衡分析的目的是通过分析产品的销售量、销售成本和经营利润三个要素，明确旅行社的盈亏状况，如图2-6所示。如果发现亏损，应设法找出原因，及时予以纠正、改进或停止该产品的销售。产品价格分析则主要是根据产品质量和产品需求的价格弹性等因素对产品的价格水平进行衡量。如果销售价格偏高，则往往会失去大量客源，使产品滞销；如果价格偏低，则会影响旅行社的盈利水平。

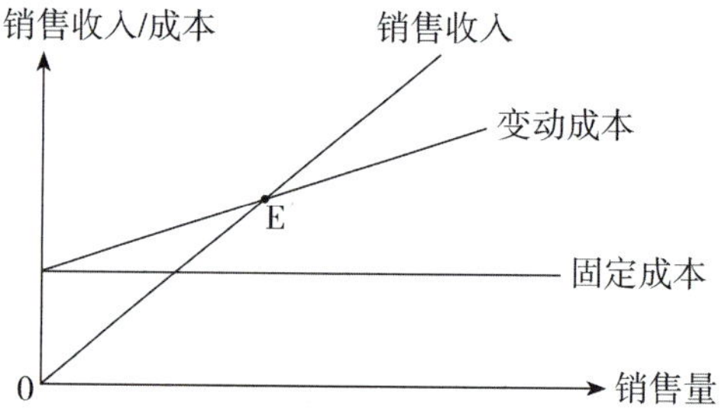

图2-6　旅行社产品的盈亏平衡分析

经过一段时间的试销，如果效果良好，旅行社就应该及时将该产品全面投放市场，产品开发即进入到产品商业化阶段。

（5）产品商业化阶段

产品商业化阶段是旅行社新产品开发过程的最后一个阶段。旅行社在选择好目标市场后，应将产品成批量地投放市场，以便获得预期的经营利润。在将产品正式投放市场时，旅行社应恰当地运用销售渠道策略、促销策略和价格策略等市场营销手段，尽量扩大产品在市场上占有的份额，以提高产品的销售率和利润率。

另外，旅行社还应定期对产品进行检查与评价，对产品进行必要的改进，并广泛搜集各种反馈信息，为进一步开发产品提供依据。

教学互动2-1

随堂测 2-3

互动问题：商务旅游产品和度假旅游产品是不同的，在对这两类旅游产品进行开发时：

①需要进行哪些市场调查？

②需要经历哪些开发阶段？

要求：同“教学互动1-1”的“要求”。

本章概要

□ 内容提要

本章介绍了旅行社产品的分类、旅游市场调查和预测及旅行社产品的设计和开发方法。在实际经营中，有些旅行社根据旅游者的旅游动机对旅行社产品进行分类，称为旅游动机分类法；另一些旅行社则按照旅游活动包含的内容对旅行社产品进行分类，称为产品内容分类法。

产品市场调查是旅行社经营人员认识产品市场的重要方法，是旅行社产品开发、设计、生产和销售活动的出发点。了解旅游市场需求是旅行社市场调查的重心。为了能够开发出符合旅游市场需求的产品，旅行社市场调查人员必须认真调查旅游市场的实际需求。旅游者的消费行为对于旅行社产品设计十分重要，决定着旅行社应该按照什么方式生产和销售其产品。产品市场预测是旅行社经营管理人员了解旅行社产品市场消费需求的变化及发展趋势的重要手段，其方法有定性预测法和定量预测法两种。

产品的设计和开发包括现有产品的筛选和新产品的开发。现有产品的筛选方法有四象限评价法、矩阵评价法和产品生命周期评价法。新产品的开发过程分为创意阶段、选择阶段、产品研制阶段、产品试销阶段和产品商业化阶段。

□ 主要概念和观念

▲ 主要概念

旅行社产品　旅游市场调查　定性预测方法

▲ 主要观念

旅行社产品的分类　产品市场调查的方法　产品市场预测的方法　现有产品的筛选方法　新产品的开发阶段

□ 重点实务

产品市场调查　产品市场预测

基本训练

□ 知识训练

▲ 复习题

1）旅行社产品市场调查的重点及主要内容是什么？

2）旅行社产品市场预测的定性分析方法有哪些，其主要用途是什么？

3）旅行社产品市场预测的定量分析方法有哪些，其主要优点和缺点是什么？

4）如何进行旅行社现有产品的筛选，其主要筛选方法有哪些？

5）旅行社新产品开发过程是什么，包括哪些阶段？

▲ 讨论题

1）旅行社产品包括哪些内容？

2）旅行社产品市场调查在产品开发过程中能够起到什么作用？

3）组合旅游产品与包价旅游产品之间存在哪些区别？

□ 能力训练

▲ 理解与评价

众所周知，实践是检验真理的唯一标准，如何理解“市场是检验旅游产品的唯一途径”？

▲ 案例题

【训练项目】

案例分析-Ⅱ。

【相关案例】

某市铁道旅行社的项目开发

背景与情境：某市的铁道旅行社是一家中等规模的旅行社。成立几年来，与该市的大多数旅行社一样，设计和开发的产品多为标准化的大众旅游产品。随着市场需求的变化，旅行社的决策者意识到，产品雷同、削价竞争的路子越走越窄。经过市场调研，他们发现老年人外出旅游的愿望很高，但适合老年人的线路产品很少，该市的各家旅行社还没有针对老年人的旅游线路。于是，铁道旅行社决定，针对“银发市场”，设计和开发出适合老年人消费群体的旅游产品。

有了开发新产品的设想，也明确了客源市场，新产品如何设计、生产和组合呢？该旅行社根据其与铁路系统的特殊关系、老年旅游者出行的具体问题及其对旅游目的地的偏好等因素，推出了“黄山七日游”的“夕阳红”专列旅游产品。

如何才能让“夕阳红”专列紧密联系广大老年朋友呢？铁道旅行社一方面利用大众媒体，刊登广告对新产品进行大量宣传；另一方面，旅行社派人主动找到市老龄委，表达企业诚心为老年朋友服务的愿望。在市老龄委的支持下，该旅行社深入到各个“老年之家”及社区中，宣传介绍“夕阳红”专列，收到了很好的效果。“十一黄金周”期间，“夕阳红”专列向黄山出发了。

宣传是重要的，产品的运营更重要。在针对游客的旅游服务中，该旅行社逐步探索，总结出以下做法：

老年人出行，自己及家人最关心的是安全问题。这个安全问题又突出表现在老年人的身体保健上。为此，专列配备有医疗点，并配有随行医生、护士。如果老年人身体不适，可及时诊治，同时为每位老年游客建立健康档案。另外，一日三餐，按照老年人的特殊要求，在专列上为老年人准备了全新的餐饮服务，家人不用担心饭菜不适合老年人了。

团里的老年朋友大多有着较好的知识背景及文化修养，对黄山风景区的自然景观十分喜爱。但是，因体力有限，很多时候他们觉得心有余而力不足。随团的导游员及工作人员摸清老年人的心理，采取关心体贴与讲解并重的策略，游览节奏随时调整，鼓励与称赞的话语时时送给老人们。老人们不仅对自己有了信心，还很开心。对于几位年事已高、身体状况相对较差的老人，在游览时派护士专门照顾他们，时时关注他们的身体情况。

导游员和工作人员还发现，老人们对自己的“意见领袖”很认同。于是，导游员在安排餐饮、住宿、乘车、游览等各个服务环节时，十分注重发挥“意见领袖”的沟通协调作用，处处体现对老人们的尊重，遇事多找老人们商量，起到了事半功倍的效果。

考虑到老年人的实际情况和需求，“黄山七日游”自由活动和购物项目安排得较少，老人们对此也很满意。

该旅行社在成功推出“黄山七日游”后，又推出了“北戴河、承德避暑山庄五日游”的“夕阳红”专列，在“银发市场”的产品开发上越做越好。

问题：

1）结合本章内容，谈谈运用差异化的产品开发战略对旅行社的经营有何作用？

2）旅行社该如何有效运用差异化的产品开发战略？

【训练要求】

同第1章“基本训练”中本题型的“训练要求”。

▲ 实训操练

【训练项目】

“产品市场调查知识”在旅游产品开发中的应用。

【训练要求】

将班级学生分成若干实训团队，选取本章“重点实务”中的“市场调查”作为操练项目，进行“‘市场调查’知识在旅游产品开发中的应用”的项目实训。

【训练步骤】

1）将班级学生分成若干实训团队，每个团队确定一个负责人。

2）各团队学生结合项目进行分工与协作，就当地旅游产品市场的特点，以“市场调查”教学内容为业务规范，进行市场调查模拟情景设计，撰写《基于市场调查的×地旅游产品开发项目策划书》，体验本项目实训的全过程。

3）各团队学生记录本次实训过程的主要情节，总结实训操练的成功经验、存在的问题及解决的办法，在此基础上撰写《“‘产品市场调查知识’在旅游产品开发中的应用”实训报告》，并将《基于市场调查的×地旅游产品开发项目策划书》作为《“‘产品市场调查知识’在旅游产品开发中的应用”实训报告》的“附件”。

4）在班级讨论交流、相互点评与修订各团队的《“‘产品市场调查知识’在旅游产品开发中的应用”实训报告》。

5）在校园网的本课程平台上展出经过修订并附有教师点评的各团队《“‘产品市场调查知识’在旅游产品开发中的应用”实训报告》，供学生相互借鉴。

□ 课程思政

【训练项目】

课程思政-Ⅱ。

【相关案例】

旅行社不签旅游合同还安排付费项目被重罚

案情：2021年7月16日，浙江游客吴女士致电12301旅游服务热线，称其通过海南悦某国际旅行社报名参加三亚6天5晚游行程，旅行社擅自更改入住酒店，而且其报的是纯玩团，但旅行社导游却带其前往玫瑰谷购买化妆品，以及前往玉器店和乳胶店等购物场所购物，报名时旅行社工作人员称只有几组家庭包一辆小车，实际却是一辆大巴车，车上人非常多，故投诉要求旅行社给其合理说法并退还差价。

判决：接到投诉后，经三亚市综合行政执法局第二行政执法支队执法人员调查查实，2021年7月11日至16日，海南悦某国际旅行社接待吴女士一行3人报名参加三亚6天5晚游，收取报名费用3 800元，海南悦某国际旅行社未与吴女士一行3人签订旅游合同。上述行为违反了《中华人民共和国旅游法》等相关规定，依据《旅行社条例》第五十五条规定，并参照《海南省旅游行政处罚自由裁量基准表》，三亚市综合行政执法局责令海南悦某国际旅行社立即改正违法行为，并依法进行行政处罚，处罚款30 000元。

因海南悦某国际旅行社拒不履行处罚决定，三亚市综合行政执法局给予其加处罚款29 990元，并向法院申请强制执行。2022年9月30日，三亚市城郊人民法院通过全国法院执行网络查控系统，对被执行人海南悦某国际旅行社划扣银行存款执行完毕。

资料来源　国家旅业网．周法|59990元！一旅行社不签旅游合同还安排付费项目被重罚［EB/OL］．［2022-11-02］．https：//www.sohu.com/a/602053822_376259.

问题：

1）旅行社和游客制定的合约与伦理道德有矛盾吗？

2）试就旅行社的负面事件做出思政研判。

3）通过上网或图书馆调研等途径搜集作为思政研判的规范或标准。

4）该案例对你有何启示？

【训练要求】

同第1章“基本训练”中本题型的“训练要求”。

第3章 旅游产品的销售

● 学习目标

通过本章学习，应当达到以下目标：

职业知识：学习和把握“旅游产品销售”的相关概念，旅行社产品价格制定的影响因素、原则与定价策略，产品销售渠道的类型与选择标准，中间商的选择与管理，旅行社产品的广告、直销、营销公关、营业推广与销售运作，以及“同步阅读”“延伸阅读”等理论与实务知识；能用其指导本章“同步思考”、“教学互动”、二维码“随堂测”和“基本训练”的“知识训练”中各题型的认知活动，正确解答其相关问题，体验本章“初级学习”中专业知识的横向正迁移。

职业能力：点评“顾客不只是买产品，他更买做事认真的态度、服务态度和服务精神”，训练专业理解力与评价力；运用本章知识研究相关案例，训练在“旅游产品销售”特定情境下对当事者行为的“多元表征”专业能力和“与人交流”的通用能力；参加“自主学习－Ⅱ”的训练，通过搜集、整理与综合关于“旅行社产品销售”的前沿知识，依照“文献综述格式、范文及书写规范要求”撰写、讨论与交流《“旅行社产品销售”最新文献综述》，培养“自主学习”“团队协作”“与人交流”的通用能力；体验本章“高级学习”中专业与通用知识、规则和技能的“重组性”迁移。

课程思政：结合本章教学内容，依照相关规范或标准，对“课程思政 3-1”和章后“课程思政－Ⅲ”等案例中的企业及其从业人员行为进行思政研判，激发与“旅行社营销”和“景点漏游”等议题相关的“人才强国战略”和“道德与法律”思考，促进“立德树人”根本任务的落实，体验其“高级学习”中专业知识与思政元素的协同性重组迁移。

学习微平台

思维导图 3-1

引例：成功的产品推销策略

背景与情境：天津康辉国际旅行社有限责任公司是一家十分重视产品销售策略的旅行社企业。该旅行社的现任总经理孟欣在这方面更是妙招频出，令人赞叹。

近年来，为了促进天津旅游业的发展，使天津成为我国北方及东北亚地区重要的旅游目的地和邮轮旅游客源中转地，天津市政府大力推动邮轮母港建设，力图将天津打造成为中国北方邮轮旅游中心。孟欣总经理及其经营团队敏锐地发现这一举措将给天津旅行社行业带来的巨大商机，便立即采取相应的营销策略予以积极应对。

该旅行社连续多年包租皇家加勒比号、歌诗达号、海娜号、中华泰山号等邮轮，用于组织和接待大量乘邮轮出游的游客。在此基础上，该旅行社根据天津、北京及其他地区旅游客源市场的不同特点，制定了相应的产品销售策略。

（1）天津市场。该旅行社已经在天津旅游市场上经营20余年，不仅在旅游市场上建立起良好的企业形象，而且建立起覆盖面较宽的门市销售网络和较为广泛的合作网络。该旅行社充分利用这些优势，在邮轮旅游产品销售方面采取本企业门市销售网络与合作销售网络相结合的产品销售策略。

首先，该旅行社加强各个门市部对邮轮旅游产品的宣传力度，制定了具有较强竞争力的产品价格，制作图文并茂、内容翔实、文字简练的产品介绍册，要求门市部的营业员必须主动、热情地向前来咨询的人士介绍邮轮旅游产品，并且要不厌其烦地解答游客提出的任何有关邮轮旅游产品的咨询问题。如果游客流露出购买意向，营业员应引导他（她）做出购买决定，并积极主动地帮助他（她）办理好相关手续。

其次，该旅行社利用各种媒体为邮轮旅游产品进行广告宣传。该旅行社在当地报纸等传统媒体上刊登广告，宣传邮轮旅游产品。另外，该旅行社还充分利用互联网技术，在企业的网站上发布有关邮轮旅游产品的信息，并充分利用移动数字媒体（如公众号、朋友圈等）发布邮轮旅游产品的信息。

最后，该旅行社利用其合作网络，向天津市的其他旅行社寻求合作。该旅行社以低于市场平均价格的同业合作价格向合作伙伴提供邮轮旅游产品，鼓励它们主动向客户推荐该旅行社的邮轮旅游产品。

（2）北京市场。该旅行社认为，北京市是一个重要的客源市场，应该大力开发。然而，由于北京市的旅游客源市场上经营邮轮旅游业务的旅行社比比皆是，同行之间的竞争十分激烈。如果该旅行社作为来自天津的旅行社企业，硬要加入到其中，由于没有地利之便，很可能造成事倍功半的结局。因此，孟欣总经理决定采用选择性销售渠道策略，在北京市旅游市场上选择数家实力较强、信誉良好，且有合作意愿的旅行社作为合作伙伴，委托它们帮助该旅行社销售其开发的邮轮旅游产品。

（3）外地市场。对于河北、山西、陕西、内蒙古、四川、甘肃、河南、山东等地区的旅游市场，该旅行社先是采取广泛性销售渠道策略，派遣销售人员到当地的多家旅行社进行推广宣传，试图与它们建立比较松散的销售合作关系。经过一段时间的合作后，该旅行社改用选择性销售渠道策略或专营性销售渠道策略，从众多的当地旅行社中，选择数家或一家实力雄厚、信誉良好、合作意愿强的旅行社作为长期合作伙伴，销售该旅行社的邮轮旅游产品。

由于该旅行社针对不同旅游客源市场的具体特点，有的放矢地采取适当的销售策略，使得该旅行社在邮轮旅游产品销售方面取得了不菲的成绩，既赢得了立项的经营收益，也扩大了该旅行社邮轮旅游产品在各个旅游市场上的份额。

资料来源　根据在天津康辉国际旅行社有限责任公司实地调查所获得的资料整理，2020。

上述案例告诉我们，旅行社在选择产品的销售渠道时，必须根据旅游客源市场的实际情况，全面、综合、客观地考察和选择旅游中间商。不同的客源市场，有着各自不同的市场条件。因此，旅行社经营管理者必须按照当地的市场条件，选择最适当的销售渠道策略。这样，旅行社才能够实现其产品销售目标，获得相应的经营收益和市场份额。

3.1　产品价格的制定

3.1.1　影响旅行社产品价格制定的因素

影响旅行社产品价格制定的因素包括产品的内部因素和外部因素两个方面。产品的内部因素是指构成旅行社产品的各项成本和利润；产品的外部因素则包括旅游市场的供求状况、竞争状况、汇率、季节、替代产品价格等。

1）内部因素

（1）固定成本

固定成本是指在一定范围内和一定时间内，总额不随经营业务量的增减而变动的产品成本，包括旅行社的房屋租金或房屋折旧、其他固定资产折旧、宣传促销费用、销售费用（电话、传真、往来信函的邮寄费用等）、员工工资等。固定成本应分摊到旅行社所销售的全部产品中。固定成本分摊到单个产品里的份额同旅行社的总销售量成反比关系，产品的销售量越大，分摊到每个产品中的固定成本份额就越小。

学习微平台

延伸阅读 3-1

（2）变动成本

变动成本是指随着旅行社产品销售量的变化而变化的各种成本，与产品的销售总量成正比关系。旅行社产品销售得越多，变动成本就越大。变动成本通常包括旅游者的交通、餐饮、住宿、导游讲解、景点门票、旅游保险、旅游团队陪同人员的交通和住宿等成本费用及旅行社缴纳的税金等。变动成本是旅行社产品价格的主要成分，是决定产品价格的主要因素。

（3）利润

利润是旅行社通过销售其产品所获得的收入与旅行社为生产和销售产品所付出的各项成本费用相抵后的余额，是旅行社经营的财务成果。旅行社产品的价格中必须包含一定比例的利润。

2）外部因素

（1）供求状况

旅行社在制定产品价格时必须充分考虑旅游市场上的供求状况。当旅游市场上对旅行社的某种产品的需求增加时，旅行社常常提高该产品的销售价格；当旅游市场上对某种产品的需求量减少时，旅行社往往降低产品的销售价格。

（2）竞争状况

旅行社应当把旅游市场上的竞争状况作为制定产品价格的重要参考依据。如果市场上经营同类产品的旅行社数量众多，且呈现供大于求的局面时，旅行社通常将价格定得较低；如果市场上经营同类产品的旅行社数量较少，甚至是某旅行社独家经营，形成供不应求的局面时，旅行社一般将价格定得较高。

（3）汇率

经营入境旅游和出境旅游的旅行社在制定价格时，除了需要考虑上述各种影响价格制定的因素外，还应考虑货币的汇率因素。汇率是一个国家的货币用另一个国家的货币所表示的价格。两种货币之间的比价发生变化，会对旅行社产品价格产生一定的影响。当本国货币贬值时，入境旅游产品的实际价格下降而出境旅游产品的实际价格上涨；当本国货币升值时，入境旅游产品的实际价格上涨而出境旅游产品的实际价格下降。因此，旅行社在制定入境旅游产品和出境旅游产品的价格时，必须关注货币汇率的变化，根据具体情况对产品的价格做出相应的调整。

（4）季节

旅游是一种季节性很强的活动，旅游旺季和淡季之间存在着明显的差别。旅行社在制定产品价格时，必须将产品销售的季节因素考虑进去。一般情况下，旅行社在旅游旺季时会保持其产品售价不变或将产品售价上调，在旅游淡季时则往往将产品售价适当地降低，以吸引更多的旅游者。

同步思考3-1

问题：影响旅行社产品价格的因素是什么？

理解要点：

①供求关系；

②需求弹性；

③成本变动；

④汇率变化；

⑤产品特性。

3.1.2 产品价格的制定原则

1）市场导向原则

旅行社经营管理者在制定产品价格时，应遵循市场导向原则，以旅游市场需求为导向，根据市场需求的变化制定和调整产品的价格。当产品供不应求时，可以适当提高产品的销售价格；而当产品供过于求时，则应该将产品的价格适当地下调。

2）质价相符原则

旅行社经营管理者在制定产品价格时，必须坚持质价相符原则，按质论价，优质优价，以达到旅游者的期望值为准则，既不应使价格过分高于旅游者的期望值，给旅游者造成产品质次价高的不良印象，也不应把产品价格定得过低，使旅行社蒙受损失。

3）价格稳定原则

旅行社经营管理者在制定和调整产品价格时，必须使产品的价格在一段时间内保持相对稳定，以增加旅游者对本旅行社产品价格的信心，提高本旅行社产品在旅游市场上的竞争地位。旅行社产品的需求弹性系数较大，因而旅游者对于旅行社产品价格的变化相当敏感。旅行社产品价格的频繁变化或较大幅度提价会给旅游市场带来一定程度的波动，使潜在的旅游者在心理上产生不稳定的感觉，挫伤他们购买本旅行社产品的积极性，影响本旅行社产品的市场需求。

3.1.3 旅行社产品定价策略

旅行社产品定价策略是旅行社经营管理人员进行价格决策的指导思想和行动方针。旅行社应根据不同的产品和市场情况，采取适当的定价策略，以实现其产品定价目标。旅行社的产品定价策略一般分为新产品定价策略和心理定价策略。

1）新产品定价策略

新产品在被开发出来之后，旅行社应制定恰当的定价策略，以便及时打开该产品的销路，占领市场并取得满意的效益。旅行社在将新产品投放市场时，一般采用取脂定价策略或渗透定价策略。

（1）取脂定价策略

取脂定价策略，又称撇油定价策略或高价策略，是旅行社为新产品制定价格时经常采用的一种定价策略，其主要特点是将产品的销售价格定得很高，力图在较短的时间里将开发这种产品的投资全部收回，并获得可观的投资回报。采用取脂定价策略的旅行社认为，在新产品投入市场初期，竞争对手尚未推出与之竞争的同类产品，推出该新产品的旅行社在旅游市场上暂时处于一种产品垄断的地位。由于新产品投放市场的数量有限，容易造成一时供不应求的局面，导致产品的价格需求弹性较小，一部分迫切需要这种产品的旅游者愿意付出较高的价格，因此，旅行社应该利用此机会以较高的价格在市场上销售这种产品，以便在短期内获得较大的经济效益。一旦竞争对手向市场推出类似产品时，旅行社可以迅速将产品价格降低，以保护所占有的市场份额。

取脂定价策略可以使旅行社在短期内获取较高的营业额，较快地收回产品开发成本，逐渐提高旅行社新产品的开发和生产能力，是一种见效快的定价策略，颇受一些资金比较短缺的中小旅行社的欢迎。然而，取脂定价策略显然是一种追求短期最大利润的策略，由于利润率过高，必然会迅速招徕竞争对手，而且不利于迅速开拓市场，也容易遭到公众的反对，因此，从长远的角度看，这种策略是不可取的。

（2）渗透定价策略

渗透定价策略，又叫低价策略，是一种通过将新产品低价投放市场，以增加产品销售量和开拓市场，并有效地排斥竞争者，以达到长期占领市场的目的的产品定价策略。这种策略与取脂定价策略正相反，采用这种策略的旅行社尽量把新产品的价格定得低一些，其目的在于使新产品迅速地被消费者所接受，迅速打开和扩大市场，优先取得市场上的领先地位。当旅行社产品具备大批量接待能力或旅游市场上对该产品的需求富有弹性时，旅行社往往采取渗透定价策略。另外，实行非垄断性经营的旅行社也经常采取这种定价策略。

取脂定价策略和渗透定价策略都是旅行社在投放新产品时经常采用的策略。这两种定价策略各有特点，分别适合于不同类型的旅行社。表3-1对旅行社应在什么情况下采取取脂定价策略或渗透定价策略进行了详细的分析，并提出了选择不同定价策略的标准。

表3-1　　旅行社新产品定价策略的选择标准

取脂定价策略	选择标准	渗透定价策略
高	市场需求	低
大	与竞争产品的差异性	不大
小	价格需求弹性	大
小	生产能力扩大的可能性	大
高	旅游者购买力水平	低
难	仿制难易程度	易
不大	市场潜力	大
迅速	投资回收方式	逐渐

资料来源　李景泰. 市场学［M］. 天津：南开大学出版社，1996.

2）心理定价策略

心理定价策略是旅行社利用旅游者对价格的心理反应，刺激旅游者购买产品的产品定价策略。常见的心理定价策略有尾数定价策略、整数定价策略和声望定价策略。

（1）尾数定价策略

尾数定价策略又称奇数定价策略，是利用旅游者喜欢带尾数价格的心理而采取的产品定价策略。不少旅行社认为，旅游者在购买旅行社产品，尤其是单项服务产品时，习惯上乐于接受尾数价格而不喜欢整数价格。因此，旅行社经常在定价时给其产品规定带尾数的价格，使旅游者产生一种享受折扣优惠的印象。尾数定价策略多适用于散客旅游产品和单项旅游产品的定价。

（2）整数定价策略

整数定价策略适用于价格较高的旅行社产品，如豪华旅游、团体包价旅游等。整数定价策略容易使购买这类产品的旅游者产生“货真价实”“一分价钱一分货”的感觉，有利于提高产品的形象。

（3）声望定价策略

声望定价策略多见于在旅游市场上享有较高声望的旅行社及其产品。采取声望定价策略的旅行社一般将其产品的价格定得高于多数旅行社，然而，由于旅行社及其产品的声望，旅游者能够接受这种高价格，而且还会产生一种购买到优质产品的感觉。

同步阅读3-1

旅游产品的构成

旅游产品是旅游业者通过开发、利用旅游资源提供给旅游者的旅游吸引物与服务的组合，即旅游目的地向游客提供的一次旅游活动所需要的各种服务的总和。

旅游产品的构成要素主要包括旅游吸引物、旅游设施、可进入性和旅游服务。

旅游产品的利益具有复合性，其价值不仅拥有审美和愉悦的成分，而且体现在旅游中间商的努力带来的追加利益和其自身的展现利益上。

资料来源　业百科．旅游产品的构成［EB/OL］．［2020-08-20］．https://www.yebaike.com/22/566214.html.

3.1.4　旅行社产品定价方法

1）成本加成定价法

成本加成定价法是指将单位产品的变动成本总额和一定比例的利润加在一起后确定产品价格的定价方法。其计算公式为：

单位产品价格=单位产品变动成本总额×（1+利润率）

=综合服务成本×（1+利润率）+房费+餐费+城市间交通费+专项附加费　（3.1）

成本加成定价法是一种常见的定价方法，其主要优点是计算简便，而且在市场环境基本稳定的情况下能够保证旅行社通过销售产品获得一定比例的利润。然而，这种方法是以成本为中心的定价方法，它只是从保证旅行社本身利益的角度制定产品价格，忽视了市场需求多变的现实，所以，利用这种方法制定出来的产品价格有时不能够被广大的旅游消费者所普遍接受，甚至会因此而造成旅行社产品在市场上缺乏竞争力。

2）目标利润定价法

目标利润定价法又称投资回收定价法，是指旅行社为在一定时期内收回投入企业的资金而采用的一种定价方法。首先，旅行社为所投入的资金确定一个回收期限。然后，根据投资额和回收期限计算出目标利润率和目标利润额。最后，根据目标利润额、固定成本、单位产品变动成本和预测销售量制定出产品的销售价格。其计算公式为：

$$\text{单位产品价格}=\frac{\text{固定成本}}{\text{预测销售量}}+\text{单位产品变动成本}+\text{单位产品目标利润} \quad (3.2)$$

式中：$\text{单位产品目标利润}=\frac{\text{目标利润总额}}{\text{预测销售量}}$

目标利润定价法的优点是旅行社可以通过这种定价方法保证实现既定的目标利润和目标收益率，在预定的回收期内收回投资，从而保护了投资者的利益。然而，同成本加成定价法一样，目标利润定价法也是一种从保护旅行社利益的角度制定产品价格的方法，没有充分地考虑到市场需求和竞争的实际情况。此外，这种方法是以预测产品销售量为基础来计算产品价格的，而旅行社的产品是需求弹性大的产品，其销售量往往取决于产品的价格，因此，用这种方法计算出来的产品价格难以确保预测的销售量得以实现。

3）逆向定价法

逆向定价法是指旅行社对旅游市场的需求、市场竞争状况及竞争对手的同类产品销售价格等方面进行调查之后，先确定产品价格，然后相应地调整产品的内容和成本的方法。这种定价方法的优点是充分考虑到竞争对手的产品价格和旅游者对产品价格的承受能力及对产品的需求状况，因而能够制定出针对性强的、既能为旅游者所接受又能与竞争对手抗衡的产品价格。然而，这种定价方法也存在着明显的缺点，即容易造成产品的质量下降和旅游者的不满，并导致客源减少。

4）边际贡献分析定价法

这种定价方法又称变动成本定价法，是指旅行社所制定的产品价格应包括变动成本（直接成本）及对固定成本的边际贡献的定价方法。这种方法主要用于同类旅行社产品供过于求，市场上竞争激烈，客源不足的时期。旅行社为了保住市场份额，维持企业的生存，必须采用这种暂时不计固定成本，以较低价格吸引客源的方法，以期在今后逐步扭转局面。其计算公式为：

单位产品价格=单位产品变动成本+边际贡献 （3.3）

式中：单位产品价格>单位产品变动成本。

这种定价方法的优点是使旅行社在市场条件不利的情况下仍能保住市场份额，并可随时根据市场需求和季节的变化对价格进行调整，具有较大的灵活性。这种方法的缺点是使旅行社蒙受一定的利润损失。另外，产品的变动成本经常因旅游服务供应市场的变化而发生变动，迫使旅行社不断地重新计算和调整产品的价格。

5）随行就市定价法

随行就市定价法是指旅行社通过对市场竞争、市场需求及旅游者的反应的不断监测，以随机的方式对产品价格进行相应调整，以期在可能的范围内获得最大利润的定价方法。这种定价方法充分考虑了市场竞争的因素和旅游者的反应，所制定出的产品价格容易为旅游者所接受，并能够使旅行社在市场竞争中取得优势地位。这种定价方法的不足之处是：

（1）旅游者的态度因受众多因素影响而不断变化，从而导致旅行社在判断旅游者态度方面困难很大；

（2）旅行社无法预测产品的销售量和经营利润；

（3）旅行社采用随行就市定价法与其他同类旅行社竞争，容易引起竞争对手的报复，从而导致出现恶性削价竞争的局面。

同步案例3-1

怎样定价好？

背景与情境： 天丰国际旅行社在对市场进行调查后，决定推出新加坡—马来西亚—泰国“难忘良宵—蜜月旅游”线路。在制定价格时，该社的市场部出现了两种截然不同的意见。一种意见认为，应该采用渗透定价策略和尾数定价法，将每对新婚夫妇的旅游包价定为8 999元人民币。这样可以吸引更多的旅游者报名参加。另一种意见则主张采用取脂定价策略和整数定价法，将价格定为每对夫妇10 000元人民币，这样可以使旅游者认为旅行社安排的旅游服务一定是货真价实的，可以放心地报名参加。经过反复讨论，最终决定采用后一种定价策略。

该产品推向市场后，报名参加的人数并不多，但是旅行社却收益颇丰。

问题： 天丰国际旅行社采用取脂定价策略正确吗？为什么？

分析提示： 天丰国际旅行社采用取脂定价策略进行定价是正确的。在现实社会里，绝大多数人将结婚看作是一生中的重大事件，具有重要的纪念意义。参加这种旅游活动的是一个人数不多但是讲究享受的消费群体，他们往往更看重旅行社的品牌、服务的质量等，而不是价格。另外，对于旅行社来说，尽管参加这种旅游活动的人不

随堂测3-1

是很多，但是价格较高，所以旅行社的实际利润并不低。

3.2 销售渠道的选择

3.2.1 旅行社产品销售渠道的类型

1）直接销售渠道

直接销售渠道是旅行社将其产品直接销售给旅游者的一种销售方式。这种销售渠道又称为零环节销售渠道，在作为产品生产者的旅行社和作为产品最终消费者的旅游者之间不存在任何中间环节。直接销售渠道一般有两种形式：（1）旅行社在其所在地直接向当地的潜在旅游者销售其产品，如当地居民到本地旅行社的门市部报名参加由该旅行社组织的市郊一日游；（2）旅行社在主要客源地区建立分支机构或销售点，通过这些机构或销售点向当地居民销售该旅行社的旅游产品。

直接销售渠道是一种产销结合的销售方式，其优点在于：（1）简便。旅行社直接向旅游者销售其产品，手续简便，易于操作。（2）灵活。旅行社在销售过程中可以随时根据旅游者的要求对产品进行适当的修改和补充。（3）及时。旅行社通过直接向旅游者销售产品，可以及时将旅行社开发的最新产品尽快送到旅游者面前，有利于旅行社抢先于其竞争对手占领该产品的市场。（4）附加值高。旅行社在销售某项产品时可以随机向旅游者推荐旅行社的其他产品（如回程机票、车票、品尝地方风味等），增加产品的附加值。（5）利润高。直接销售渠道避开了旅行社和旅游者之间的中间环节，节省了旅游中间商的手续费等销售费用，增加了旅行社的利润。

直接销售渠道的主要不足之处是覆盖面比较窄，影响力相对差。旅行社受其财力、人力等因素的限制，难以在所有客源地区均设立分支机构或销售点，从而给旅行社在招徕客源方面带来不利的影响。

2）间接销售渠道

间接销售渠道是指旅行社通过旅游中间商将旅行社产品销售给旅游者的途径。常见的间接销售渠道包括单环节销售渠道、双环节销售渠道和多环节销售渠道，如图3-1所示。

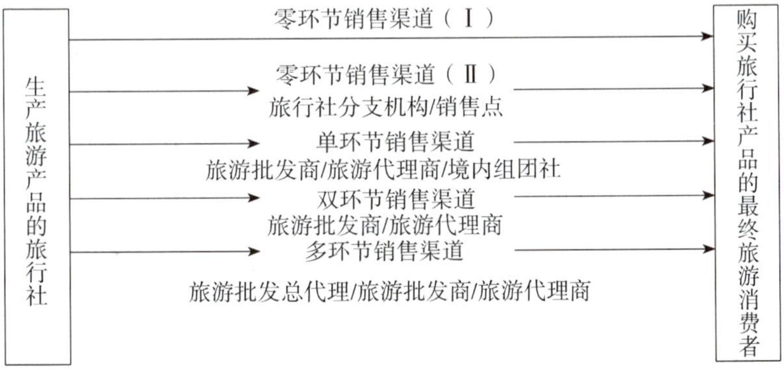

图3-1　旅行社产品销售渠道

（1）单环节销售渠道

单环节销售渠道是指在生产旅游产品的旅行社和购买该产品的最终消费者即旅游

者之间存在着一个中间环节。由于各种旅游业务的差异，旅游中间商的角色由不同的旅行社充当。在国内旅游业务方面，充当这个中间环节的主要是旅游客源地的组团旅行社；在入境旅游业务方面，往往由境外的旅游批发商、旅游经营商或旅游代理商担任中间商的角色；在出境旅游业务方面，旅游客源地区的组团旅行社则成为旅游中间商。

（2）双环节销售渠道

双环节销售渠道指在生产旅游产品的旅行社和购买该产品的旅游者之间存在着两个中间环节。这种销售渠道多用于入境旅游产品的销售。在双环节销售渠道中，生产产品的旅行社先将产品提供给境外的旅游批发商或旅游经营商，然后由它们出售给各个客源地的旅游代理商，并由它们最终售给旅游者。

（3）多环节销售渠道

多环节销售渠道包括三个或更多的中间环节，主要用于销售量大、差异性小的某些入境旅游产品，如某个旅游线路的系列团体包价旅游产品。多环节销售渠道的操作程序是：先由生产产品的旅行社将产品售给境外的一家旅游批发商或旅游经营商，这个旅游批发商或旅游经营商充当该旅行社在某个国家或地区的产品销售总代理，然后这个总代理把产品分别批发给该国或该地区内不同客源地区的旅游批发商或旅游经营商，再由它们将产品提供给散落在各地的旅游代理商，最后由旅游代理商把产品出售给旅游者。

学习微平台

延伸阅读3-2

间接销售渠道具有许多明显的优点：首先，这种销售渠道具有比较广泛的影响面。旅游中间商往往在客源地区拥有销售网络或同当地的其他旅游机构保持着广泛的联系，能够对广大的潜在旅游者施加影响。其次，这种销售渠道在产品销售过程中具有较强的针对性。旅游中间商对所在地区旅游者的特点及需求比较了解，能够有针对性地推销最适合旅游者需要的产品。最后，间接销售渠道的销售量一般比较大。旅游中间商是以营利为目的、专门经营旅游业务的企业，它们具有较强的招徕能力，能够成批量地购买和销售旅行社的产品。

间接销售渠道的主要缺点是销售成本高。由于间接销售渠道中存在着一个或多个中间环节，导致旅行社产品的最终价格被提高，容易对旅行社产品的销售量产生某些消极影响。

3.2.2 销售渠道的选择标准

从以上介绍中可以看出，旅行社在产品销售过程中既可以选择直接销售渠道，也可以选择间接销售渠道。然而，旅行社销售人员究竟应该在什么情况下选择直接销售渠道，什么情况下选择间接销售渠道，常常成为困扰旅行社销售人员的难题。为了解决这一难题，旅行社销售人员必须从旅行社同其产品的目标市场之间的距离、客源市场的集中程度、旅行社自身条件和经济效益四个方面进行分析，确定选择销售渠道的标准。

1）旅行社同目标市场的距离

旅行社同目标市场的距离是决定旅行社应该采用直接销售渠道还是间接销售渠道的第一个标准。如果旅行社所选定的目标市场距离旅行社较近，甚至与旅行社在同一个城市或地区，那么旅行社一般应采用直接销售渠道。这样，旅行社既可以不通过任何中间环节而直接向旅游者销售产品，达到节省销售费用和提高销售利润的目的，又能够更好地了解旅游者的需求，根据旅游者的意见对产品做及时的改进，有利于产品的销售。

如果旅行社距离目标市场较远，则应采用间接销售渠道。这是因为：①中间商更熟悉市场。由于生产产品的旅行社远离目标市场，对那里的潜在旅游者不是十分了解，而当地的旅行社则因长期与该地区的旅游者打交道，比较熟悉所在地区的情况，能够根据当地旅游市场的特点进行有的放矢的宣传促销，吸引更多的潜在旅游者购买旅行社的产品。②节省销售费用。旅行社如果派遣销售人员到远离其所在地的旅游客源地直接销售其产品，需要花费包括长途交通费、食宿费、销售人员工资或销售佣金等大量的销售经费，会降低旅行社的销售利润，而利用目标市场所在地的旅行社作为中间商进行销售，则只需付出一定比例的销售佣金，这笔佣金要低于直接销售的费用。

2）客源市场的集中程度

客源市场的集中程度是旅行社选择销售渠道的第二个标准。对于那些范围小而潜在旅游者又很集中的旅游市场，旅行社可以采取直接销售渠道。在这种市场上，客源集中，旅行社可以在客源所在地设立一两个销售机构，就能够将数量较多的产品销售出去，从而收到销售成本小、招徕的客源多和销售利润较高的效果。对于那些范围广、潜在旅游者非常分散的客源市场，旅行社一般应充分发挥间接销售渠道的作用，广泛招徕旅游者。

3）旅行社自身条件

旅行社的自身条件是旅行社决定采用直接销售渠道还是间接销售渠道的第三个标准。旅行社的自身条件包括了一些重要因素，即旅行社的声誉和财务能力、管理经验和能力、对销售渠道的控制能力等。首先，如果旅行社拥有良好的声誉和财务能力，可以组织自己的销售网点进行直接销售；反之，如果旅行社及其产品的声誉尚未在旅游市场上确立，或者旅行社缺乏资金，则最好采用间接销售渠道销售其产品。其次，如果旅行社在市场营销管理方面具有较强的能力和较多的经验，可以直接向旅游市场推销其产品；反之，如果旅行社在这方面的经验较少或管理能力较弱，则应该选择有能力的旅游中间商帮助销售产品。最后，如果旅行社具有较强的控制销售渠道的能力，可以采用在客源市场所在地区设立分支机构的方法，直接向旅游者销售其产品；反之，如果旅行社缺乏控制销售渠道的能力，则可以采取与旅游中间商合作的方式，通过间接销售渠道进行产品销售。

4）经济效益

不同销售渠道给旅行社带来的经济效益是旅行社决定采用直接销售渠道还是间接销售渠道的第四个重要标准。一般来说，旅行社通过旅游中间商销售其产品所获得的销售收入要低于由旅行社直接进行产品销售所获得的收入，因为旅游中间商要将产品销售的部分收入留下，作为它们帮助旅行社销售产品的报酬，因而会使旅行社的产品销售利润降低。然而，旅行社通过旅游中间商进行产品销售可以为其节省数目可观的销售费用，从而降低旅行社产品的销售成本，并提高旅行社的利润。因此，旅行社在决定采用哪种销售渠道时，应该将两种销售渠道所产生的实际经济效益进行对比，从中选择经济效益比较好的销售渠道。

3.2.3 旅游中间商的选择

1）旅游中间商的考察

（1）地理位置

旅行社考察旅游中间商的第一个方面是旅游中间商的地理位置。旅游中间商所在的地理位置往往是旅行社选择中间商的首要条件。通常，旅行社比较愿意选择那些旅游客源比较集中的地区或毗邻地区的旅游中间商，因为位于这些地区的旅游中间商对其所在地区的旅游市场比较了解，当地的旅游者和潜在旅游者也比较熟悉这些旅游中间商，所以，旅游中间商所处的地理位置在一定程度上决定了其招徕旅游者的能力。

（2）目标市场

旅行社考察旅游中间商的第二个方面是目标市场。旅行社在选择旅游中间商时，还要看该中间商的目标群体是否与旅行社的目标市场相一致。一般说来，目标群体与旅行社目标市场相一致的旅游中间商比其他旅游中间商更具备销售旅行社产品的能力、经验和愿望。

（3）合作意向

旅行社考察旅游中间商的第三个方面是旅游中间商的合作意向。旅行社应了解旅游中间商是否对组织旅游者前来购买旅行社产品所涉及的旅游目的地感兴趣，以及旅游中间商所经营的业务对本地区及本旅行社的依赖程度。旅行社应重点考察和选择那些在经营业务方面比较依赖本旅行社产品的旅游中间商，它们往往对与本旅行社合作表现出较强的愿望，较容易成为旅行社产品积极可靠的推销者。

（4）旅游中间商的信誉

旅行社考察旅游中间商的第四个方面是旅游中间商的信誉。旅行社应重点考察旅游中间商的经济实力和偿付能力，并设法了解它们在与其他旅行社交往过程中是否守信用，有无长期拖欠应付账款或无正当理由拒付欠款的历史。旅行社必须选择信誉良好的旅游中间商作为合作伙伴，坚决避免与信誉差的旅游中间商进行业务来往，以防止蒙受经济损失。

（5）旅游中间商的声誉

旅行社考察旅游中间商的第五个方面是旅游中间商在旅游客源地市场上的声誉。旅行社应选择那些旅游者比较信任的旅游中间商作为合作伙伴，因为旅游者往往通过旅行社在当地的合作伙伴来判断该旅行社及其产品的质量和可信任程度。旅行社选择声誉好的旅游中间商作为合作伙伴不仅能够促进旅行社产品的销售，还有利于树立旅行社在该地区的良好形象。

经过认真的考察后，旅行社应选择一批在各方面都比较适合的旅游中间商作为合作的伙伴，并在双方自愿的基础上与它们建立起稳固的合作关系。旅行社可以采取参加旅游展销会、博览会、派出销售人员登门拜访、寄送信函或资料等方式同有关的旅游中间商进行接触并设法与它们建立起业务关系。

2）间接销售渠道的选择策略

（1）广泛性渠道策略

广泛性渠道策略是指旅行社在旅游市场上设法同任何愿意与本旅行社合作的旅游

中间商建立业务关系，通过众多的旅游批发商、旅游经营商和旅游代理商将旅行社产品广泛地销售到该市场的各个角落，以便及时满足旅游者的需求并尽量扩大旅行社产品销售量的一种渠道策略。旅行社采取广泛性渠道策略的目的是建立一个由大量旅游中间商组成的松散销售网络。在这个网络里，旅行社与各个旅游中间商之间彼此达成默契，由旅游中间商向旅行社提供客源，并由旅行社根据销售额给予旅游中间商一定的报酬。但是，旅行社和旅游中间商之间并不存在严格的相互约束关系。旅行社可以接待由销售网络以外的旅游中间商所招徕的旅游者，销售网络内的旅游中间商也可以向旅行社的竞争对手提供客源。

广泛性渠道策略的优点是：①销售范围广。旅行社采用广泛性渠道策略，通过较多的旅游中间商推销其产品，方便旅游者的购买，有利于扩大产品的销售范围。②联系面大。旅行社通过众多的旅游中间商进行产品销售，有利于加强同广大旅游者及潜在旅游者的联系，能够逐步树立起旅行社在旅游市场上的良好形象。

广泛性渠道策略的缺点是：①销售成本高。旅行社必须同大量旅游中间商联系，无论中间商提供的客源多少，旅行社都必须经常与它们保持联系，并因此花费大量的通信费用和其他销售费用，提高了产品的销售成本。②合作关系不稳定。广泛性渠道策略对旅行社和旅游中间商均无严格的约束，双方只是根据各自获利的情况来决定是否继续合作，难以保持稳定的合作关系，导致旅行社产品的销售量不稳定。

广泛性渠道策略一般适用于旅行社开辟新市场的时期。

（2）专营性渠道策略

专营性渠道策略是指旅行社在某一个客源地市场只同当地一家旅游中间商建立合作关系，双方互为对方在当地的独家代理或总代理。也就是说，旅行社只向该旅游中间商提供本旅行社的产品，该中间商则只向本旅行社提供客源，双方均不得在当地同对方的竞争对手进行业务往来。

专营性渠道策略的优点是：①销售成本低。由于旅行社在一个国家或地区只同一家旅游中间商发生业务往来，因此，旅行社用于通信联络、业务谈判等产品销售方面的费用比广泛性渠道策略节省很多，有利于销售成本的降低。②合作关系稳定。专营性渠道策略对旅行社和旅游中间商都具有较强的约束力，双方的经济利益比较一致，因此，双方能够更好地相互支持与合作，合作关系也比较稳定。

专营性渠道策略的缺点是：①市场覆盖面窄。专营性渠道策略要求旅行社在一个市场只能同一家旅游中间商建立合作关系，是一种排他性的销售方式。这样，旅行社就无法接触该地区的其他旅游中间商。旅行社产品的销售量受到合作伙伴经营能力的严格限制，不利于旅行社扩大产品的销售范围。②风险大。采用专营性渠道策略的旅行社完全依赖其合作伙伴在客源市场上进行产品销售。如果合作伙伴经营失误，旅行社就可能蒙受一定的经济损失。一旦旅行社选择中间商不当，还可能完全失去该市场。

专营性渠道策略适用于旅行社开辟新市场的初期阶段及推销某些客源层比较集中的特殊旅游产品。

（3）选择性渠道策略

选择性渠道策略是指旅行社在一个市场上仅通过少数几个经过精心挑选的旅游中

间商进行产品销售的策略。这种销售渠道的特点是由旅行社根据对旅游市场上不同旅游中间商的考察，发现那些在市场营销、招徕客源、企业经济实力、信誉和在市场上的声誉等方面具有一定优势，而且其经营的业务与本旅行社基本相同的旅游中间商，通过谈判与它们建立起比较稳定的业务关系，由它们充当本旅行社在当地的产品销售代理。

选择性渠道策略的优点是：①销售成本低。由于选择性渠道包括的旅游中间商数量较少，因此，同广泛性渠道相比，旅行社用于销售方面的成本较低，有利于增加旅行社的利润。②市场覆盖面广。采用选择性渠道策略的旅行社一般在旅游市场上会选择那些产品推销能力较强的旅游中间商作为合作伙伴，同专营性渠道策略相比，选择性渠道策略所接触的旅游者更为广泛，从而使旅行社的产品能够在当地市场上具有较广的覆盖面。③合作关系稳定。选择性渠道的旅游中间商同旅行社的业务往来比较多，双方在产品经营方面有着共同的业务兴趣和经济利益，因而在选择性渠道中双方的合作关系比较稳定，很少会发生广泛性渠道中常见的旅游中间商“跳槽”的现象。

选择性渠道策略的缺点是：①实行难度大。旅行社产品在旅游市场上经常处于买方市场，旅行社寻找理想的合作伙伴难度较大。一般情况是，旅游中间商的谈判地位往往优于旅行社，形成买方优势，使得它们挑选旅行社的余地大于旅行社挑选旅游中间商的余地，所以，这种渠道策略比较难以落实。②具有一定的风险。如果旅行社选择的中间商不当，可能对相关旅游市场的产品销售造成不利影响。

3.2.4 旅游中间商的管理

1）日常管理

（1）建立业务档案

建立业务档案是旅行社管理旅游中间商的一种重要方法。业务档案应按照旅游中间商的名称建立。旅行社在业务档案中记录每一个旅游中间商的历史和现状、欠款情况、付款时间以及输送旅游者的人数、频率、档次等信息。通过对这些信息的分析和研究，旅行社销售人员能够对不同旅游中间商的能力、信誉、合作程度、合作前景等做出判断和预测，并据此分别对它们采取相应的对策。

（2）沟通信息

及时沟通信息是旅行社加强对旅游中间商管理的重要措施之一。旅行社及时向旅游中间商提供各种产品信息有助于旅游中间商提高产品推销的效果。同时，旅行社也能够根据旅游中间商提供的市场信息改进产品的设计，开发出更多适销对路的产品。

2）折扣策略

折扣策略是以经济手段鼓励旅游中间商多向旅行社输送客源、调节旅游中间商输送旅游者的时间或鼓励旅游中间商及时向旅行社付款，以避免产生不良债权的重要方法。折扣策略包括数量折扣策略、季节折扣策略和现金折扣策略三种类型。

（1）数量折扣策略

数量折扣策略是旅行社为了鼓励旅游中间商多向旅行社输送客源所采取的一种策略。采用这种策略的旅行社以旅行社产品的基本价格为基础，根据旅游中间商销售旅行社产品的销售额给予它们一定程度的折扣。换句话说，旅游中间商如果达到一定的销售额，就可以享受低于产品基本价格一定比例的折扣价格的优惠。数量折扣策略分为非累进折扣策略和累进折扣策略两种。

①非累进折扣策略

非累进折扣策略是指旅行社以低于产品基本价格的折扣价格向旅游中间商提供产品，即采取降低单位产品价格的办法。

非累进折扣策略是一种以低于基本价格的优惠价格为手段，鼓励旅游中间商大量销售旅行社产品的管理方法。非累进折扣策略主要适用于长期与旅行社合作、具有良好的信誉和较强的输送客源能力的旅游中间商。另外，旅行社也经常在购买数量较大的一次性交易中使用这种方法。

非累进折扣策略是旅行社在产品销售和中间商管理中行之有效的管理方法，对于加强同旅游中间商的合作，刺激中间商积极销售旅行社产品具有一定的作用。但是，非累进折扣策略没有将折扣优惠与旅游中间商的产品销售量直接挂钩，因而对中间商的刺激力度较小。

②累进折扣策略

累进折扣策略是指旅行社根据在一个时期内旅游中间商销售旅行社产品数量或销售额的大小决定向其提供折扣价格比例的管理策略。实行累进折扣策略的旅行社通常为旅游中间商的销售量或销售额规定若干标准，每项标准都同折扣的比例挂钩。当旅游中间商的销售量或销售额达到第一级标准时，可以享受基础折扣价格；当销售量或销售额达到第二级标准时，其享受的折扣价格的比例将高于第一级的标准，以此类推。输送的旅游者越多，中间商享受的折扣比例就越高。

累进折扣策略避免了非累进折扣策略与旅游中间商的销售数量没有直接挂钩的缺点，有利于调动中间商向旅行社输送旅游者的积极性，有利于稳定中间商，并与其建立比较牢固的长期合作关系。累进折扣策略的缺点是随着折扣比例的提高，旅行社将蒙受较多的利润损失。

（2）季节折扣策略

季节折扣策略是旅行社针对旅游淡旺季明显的特点，为了调节旅游中间商向旅行社输送旅游者的时间所采取的一种管理策略。由于客流量在不同季节的不均衡性和旅行社产品不可贮存的性质，使得客流量时高时低的现象成为严重影响旅行社经济效益的一个不利因素。

为了缓解旅游淡旺季的矛盾，旅行社采用季节折扣策略来调节旅游中间商向旅行社输送旅游者的时间。当旅游中间商在旅游旺季向旅行社输送旅游者时，旅行社按照产品的基本价格或略高于基本价格的产品价格向中间商收取旅游费用；当旅游中间商在旅游淡季向旅行社输送客源时，则可以享受一定比例的价格折扣。通过这种方法，旅行社可以达到鼓励旅游中间商在旅游淡季多向旅行社输送客源，以平衡旅行社全年旅游接待量的目的。

（3）现金折扣策略

现金折扣策略又称付款期折扣策略，是旅行社为了鼓励旅游中间商尽快向旅行社付款，避免或减少拖欠款、呆账等不良债权的管理措施。实行现金折扣策略的旅行社一般规定，如果旅游中间商能够在双方事先商定的付款期限之前偿付欠款，就可以享受一定比例的现金折扣优惠。现金折扣一般应略高于旅游中间商所在地的银行利率，以激励旅游中间商尽早付清欠旅行社的各种费用。

现金折扣策略在旅行社管理旅游中间商拖欠款问题上发挥了重要作用，是一种效果很好的管理方法，其不足之处是降低了旅行社的经营利润。

3）适当调整

旅行社在管理旅游中间商的过程中还可以根据旅游市场、旅游中间商和旅行社自身等因素的变化对与之合作的旅游中间商做适当的调整。当出现下列情形之一时，旅行社应该对旅游中间商进行调整：

（1）旅游市场发生变化

旅行社应根据旅游市场的变化，及时调整与之合作的旅游中间商。例如，在旅游市场上，散客旅游发展迅速，成为一种主要的旅游客源。旅行社根据这一市场动态，应选择那些具有一定经营实力的并确有合作意向的专营或主营散客旅游业务的旅游中间商作为合作的伙伴。

（2）旅游中间商发生变化

当目前同旅行社合作的旅游中间商发生变化时，旅行社应对其进行适当的调整。例如，某旅游中间商在同旅行社合作期间，出于其自身的原因长期拖欠应付的旅游接待费用。旅行社在发现这一情况后，可相应地采取减少接待该中间商输送的旅游者，必要时停止与其合作等措施以避免更大的经济损失。又如，某旅游中间商违反与本旅行社达成的协议，擅自将大量旅游者输送给本旅行社的竞争对手，从而急剧地减少了为本旅行社输送的客源。旅行社针对这一情况应及时采取应对措施，在该旅游中间商所在的旅游市场上积极寻找新的合作伙伴，以逐步取代该旅游中间商。

随堂测 3-2

（3）旅行社自身发生变化

旅行社自身发生变化的情况有：旅行社产品的种类和档次发生变化；旅行社开辟新的市场或扩大产品销售范围；旅行社的客源结构发生变化。旅行社在自身发生变化并影响与旅游中间商的合作关系时，应适当调整旅游中间商。例如，由于旅游市场的变化，旅行社将其经营的产品种类从以文化观光型的团体旅游产品为主转变为以度假型散客旅游产品为主。根据这一变化，旅行社应选择专营度假旅游产品或散客旅游产品的旅游中间商作为新的合作伙伴，以逐步取代经营文化观光旅游产品或团体旅游产品的旅游中间商。

3.3 旅行社产品的促销

3.3.1 广告

1）广告类型

（1）自办媒体型广告

自办媒体型广告是指旅行社为了宣传和促销自己的产品所投资创立的广告类型。旅行社业常用的自办媒体型广告主要包括：

①户外广告牌

户外广告牌是一种影响力较大的自办广告媒体。户外广告牌一般放置在飞机场、火车站、长途汽车站、水运码头等过往行人较多的公共场所和公路侧旁、建筑物顶部等容易被过往人群注意到的地方。广告牌上的语言应简洁、生动，所用字体应易被多数人看清和看懂。旅行社应加强对广告牌的维护，防止因风吹、日晒、雨淋等自然因素造成油漆脱落、牌面污染等现象，影响广告的效果。

②广告传单

广告传单有单页式传单、折叠式传单等形式，由旅行社雇人在公共场所散发或在公共广告栏上张贴。广告传单能够较详细地介绍旅行社及其产品的优点，另外，传单的制作及散发的成本也比较低。

③载有企业或产品信息的纪念品

许多旅行社利用载有企业或产品信息的物品进行广告促销。例如，旅行社向旅游者赠送印有本旅行社名称、主要产品、联系地址和电话号码的旅行包、太阳帽、T恤衫等纪念品。旅游者在日常生活中携带这些纪念品出入各种公共场所时便在无意中为旅行社做了免费的广告宣传。属于这类广告促销纪念品的还有印有旅行社名称或产品信息的钥匙链、针线包、圆珠笔、记事本、台历等。

（2）大众传播媒体型广告

大众传播媒体型广告，是指旅行社利用大众传播媒体进行宣传和促销的广告类型，主要包括：

①报纸

报纸是一种影响面广、费用低、重复率高的广告媒体。报纸分为全国性报纸、地方性报纸和专业性报纸三种类型。旅行社应根据产品的目标市场选择不同类型的报纸刊登广告，来传播旅行社产品信息和扩大旅行社的知名度。

②杂志

杂志是一种以某一阶层读者为宣传对象的广告媒体，具有针对性强、易于保存和读者层稳定的优点。尤其是旅游专业杂志，旅游者往往对其介绍的信息的信赖程度较高，是旅行社针对具体目标市场开展广告促销宣传的理想工具。杂志的缺点是出版周期长，传播范围受到一定的限制。

③广播电台

广播电台是一种以地方性市场为主要宣传目标的广告媒体，具有价格低、信息传播及时等优点，尤其适用于以农村和偏远地区为目标市场的旅行社产品促销。广播电台的缺点是难以使信息在听众头脑中长时间保留，不能产生生动的形象效果。随着电视的普及，广播电台的听众日益减少，广播电台的影响范围越来越小。

④电视

电视是一种影响力极强的传播媒体。电视广告具有传播范围广、信息传送及时、广告形象生动活泼、针对性强、重复率高等优点。电视广告的缺点是广告的播出时间短，难以让观众迅速理解广告的信息。另外，电视广告价格昂贵，许多中小型旅行社难以承担。

⑤联合广告

联合广告主要包括：

A.旅行社之间联合广告。在旅行社行业中绝大多数的旅行社是中小型企业，拥有的资金不多，往往难以在产品促销广告上进行大量的投资。然而，随着旅行社产品在市场上竞争的日趋激烈，旅行社必须设法利用大众传播媒体开展促销活动，以便提高旅行社及其产品在广大旅游者中间的知名度，扩大产品的市场份额，增加经济收益。面对这种困难局面，不少的中小型旅行社采取联合广告的方式，即由参与的各家旅行社共同出资在报纸、杂志、电视、广播电台等大众传播媒体上刊登广告，为其产品进行广告宣传。

B.产品导向联合广告。产品导向联合广告是指旅行社为了促销某种产品，联合某些与该产品有关的其他企业如旅游景点、饭店、餐馆、航空公司等，共同出资在大众传播媒体上刊登广告进行宣传促销的一种广告促销方式。这种联合广告既使旅游者了解到有关的产品信息，又使每个参与促销的企业节省了一部分广告费用，取得少花钱多办事的良好效果。

（3）互联网广告

学习微平台

延伸阅读3-3

近年来，随着信息产业的迅速发展，越来越多的旅行社已经认识到网络的功能和作用，选择在互联网上开展广告促销活动。作为新兴的媒体广告形式，互联网广告具有传播范围广、交互性强、成本低等优点，成为旅行社行业日益重视的促销工具。

（4）自媒体广告

自媒体（We-Media），又称公民媒体或个人媒体，是指普通大众经由数字科技与全球知识体系相连之后，一种提供与分享他们本身的事实和新闻的途径。它是个人或企业以现代化、电子化的手段，向不特定的大多数人或者特定的单个人传递规范性及非规范性信息的新媒体的总称。

自媒体大致可以分为两大类：企业型自媒体和内容型自媒体。

①企业型自媒体

企业型自媒体是指企业用于发布或转发与自身相关的资讯等加强企业与粉丝客户之间的互动联系，以扩大品牌影响力和营销购买力的自媒体。

②内容型自媒体

内容型自媒体是指个人或企业通过自身的原创与原生态形式视频或文章等方式展示、与客户产生共鸣以提升知名度而营利的自媒体。

旅行社的自媒体广告是指旅行社利用自媒体平台发布的有关企业资讯、旅游产品等内容的广告。旅行社可以发布广告的自媒体平台包括博客、微博、微信、百度贴吧、论坛等。

2）广告预算

旅行社制定广告预算的方法主要有销售比例法、利润比例法、竞争对抗法、目标达成法和支出可能法。

（1）销售比例法

销售比例法是指旅行社根据一定时期内销售额的一定比率，计算出广告费用的方法。旅行社有关人员在使用这种方法制定广告预算时，先确定广告费用应占销售额的比例，然后用销售额乘以这个比例就能够计算出广告预算的具体数字。

根据计算标准的不同，销售比例法又可分为计划销售比例法、上期销售比例法、平均销售比例法和销售增长比例法。

①计划销售比例法。计划销售比例法是指根据旅行社计划在下一期产品销售中获得的销售额计算广告预算的方法。其计算公式为：

广告预算=计划中下一期产品销售额×广告费用占销售额的比例　(3.4)

②上期销售比例法。上期销售比例法是指旅行社根据其在上一期或上几期产品的实际销售额计算下一期广告预算的方法。其计算公式为：

广告预算=上期产品实际销售额×广告费用占销售额的比例　(3.5)

③平均销售比例法。平均销售比例法是指旅行社根据计划中的下一期产品销售额和上一期产品实际销售额的平均值计算广告预算的方法。其计算公式为：

$$\text{广告预算}=\frac{\text{计划中下一期产品销售额}+\text{上一期产品实际销售额}}{2}\times\text{广告费用占销售额的比例} \quad (3.6)$$

④销售增长比例法。销售增长比例法是指旅行社根据上一期的广告预算，加上下一期计划销售额增长的幅度确定广告预算的方法。其计算公式为：

广告预算=上一期广告预算×（1+下一期计划销售额增长幅度）　(3.7)

销售增长比例法是旅行社广告预算制作中一种常见的方法。这种方法的优点是简便易行，能够与旅行社的财务能力保持一致。其缺点主要是把销售额作为决定广告预算的因素，忽视广告的积极作用。另外，这种方法容易造成广告预算随产品的销售额波动，不利于制订长期的广告计划。

（2）利润比例法

利润比例法除了具有同销售比例法相同的特点外，同时还具有广告预算和利润直接挂钩的优点，尤其适用于旅行社不同产品之间的广告预算分配。

（3）竞争对抗法

竞争对抗法又称竞争平衡法，是一种根据竞争对手的广告费用水平来确定本旅行社广告预算的方法，其目的是能够保持同行业的平均水平和竞争均势。竞争对抗法又分为市场占有率法和增减百分比法。

①市场占有率法。市场占有率法是指旅行社在制定广告预算时，首先计算其竞争对手的市场占有率及广告预算。然后在此基础上，根据本旅行社预计市场占有率，制定出本旅行社的广告预算。其计算公式为：

$$\text{广告预算}=\frac{\text{竞争对手广告预算总额}}{\text{竞争对手市场占有率}}\times\text{本旅行社预计市场占有率} \quad (3.8)$$

②增减百分比法。增减百分比法是旅行社以主要竞争对手本年广告预算比上年广告预算增减的百分比，作为本旅行社广告预算增减百分比的参考数的广告预算制定方法。其计算公式为：

广告预算=（1+竞争对手广告预算增减率）×本旅行社上年广告预算　(3.9)

在广告竞争激烈、旅行社之间势均力敌的情况下，竞争对抗法是一种有效的广告预算方法。然而，竞争对抗法容易导致旅行社在市场营销策略、产品和目标市场未必完全相同的情况下，盲目追随竞争对手的广告预算。这种方法实质上将旅行社的广告预算权在无形中拱手让给竞争对手，造成浪费。另外，竞争对抗法对旅行社财力的要求较高，资金不足的中小型旅行社使用这种方法具有一定的风险性。在旅行社的实际经营中，采取这种方法的主要是那些财力雄厚的大型旅行社。

（4）目标达成法

目标达成法是以旅行社市场营销总体战略所规定的广告目标或某一特定项目为依据，估算出必需的广告预算的一种预算制作方法。目标达成法以促销目标决定广告预算的方法决定了预算结果的科学性，只要目标明确，旅行社便可以制定出较准确的广告预算，同时还可以在广告发出后有效地检验广告的促销效果。但是，目标达成法比较复杂，应用起来相对困难，旅行社应注意在决定广告预算时，同时运用其他预算方法，使广告预算切实可行。

（5）支出可能法

支出可能法又称全力投入法，是一种能够根据市场供求状况随时加以灵活调整的预算方法。支出可能法根据旅行社的财务能力来确定广告预算，能够适应旅行社财务支出的状况，是一种简便易行的广告预算方法。但是，旅行社采用支出可能法制定广告预算时，容易受到财务波动的影响。

在实践中，旅行社通常综合采取几种不同的方法来确定广告预算。

3）广告效果测定

旅行社市场营销人员在广告刊出或播出后，需要对广告的效果进行测定。所谓广告效果测定，就是运用科学的方法来鉴定广告在提高旅行社产品销售额和利润增加幅度方面所起到的真实作用，以便对广告的内容、形式、播出或刊出时间，所采用的媒体等进行调整。在通常情况下，在广告播出或刊出后，旅行社的产品销售额和利润增加的幅度越大，广告的经济效益就越好。旅行社测定广告经济效益的方法主要有统计法和比值法。

（1）统计法

统计法是旅行社利用统计学原理与运算方法，通过对广告费用与产品销售收入的比率的推算，测定出广告效果的一种广告效果测定方法。一般情况下，广告费比率越小，广告效果就越好。其公式为：

$$\text{广告费比率}=\frac{\text{广告费}}{\text{销售收入}}\times 100\% \tag{3.10}$$

（2）比值法

比值法是旅行社通过产品销售额的变化来测定广告效果的方法。这种方法简便易行，较为通用。在通常情况下，广告效益的总数越大，广告的效果就越好。其公式为：

$$R=\frac{S_2-S_1}{P} \tag{3.11}$$

式中：R表示广告效益；S_2表示本期做广告后的平均销售额；S_1表示未做广告前的平均销售额；P表示广告费用。

由于广告效益和产品的销售额之间并非绝对成正比关系，因此，运用这一公式考查广告效果时，要注意排除广告以外其他因素的影响，如市场的变化、其他旅行社的广告活动的加强与削弱、偶然性事件的影响等，不应把全部销售额的增长都归因于广告的作用。

同步案例3-2

在哪里做广告?

背景与情境：天丰旅行社经过市场调查，发现当地拥有读者最多的报纸共有三种，即省委机关报、晚报和广播电视报。省委机关报的主要读者是党政机关工作人员、高等教育院校、大型国有企业的管理人员、社会团体等；晚报的主要读者是普通市民、大学生、高中生、中小型民营企业家、退休人员等；广播电视报的读者主要是离退休人员、失业人员、进城打工的民工等。

问题：该旅行社最近开发了商务旅游、生态旅游、休闲度假旅游三种产品，并决定利用报纸刊登广告进行促销。由于资金紧张，该旅行社只能够在一种报纸上刊登广告。那么，它应该选择哪种报纸呢?

分析提示：在当地的晚报上刊登广告。因为：(1) 旅行社刊登广告的主要目的是招揽散客，团体旅游多采用人员推销的方式，无须在报纸上刊登广告；(2) 散客主要由普通市民组成，他们是晚报的主要读者；(3) 商务旅游多采用电话促销和人员推销方式，所以在省委机关报上刊登广告对吸引旅游者的作用不大；(4) 离退休人员的年龄偏大、收入固定，难以承受生态旅游的强度和度假旅游的高消费，而且他们一般不再从事商务活动；(5) 失业人员生活较困难，而民工一般利用更多的时间在城里打工挣钱，他们要么无力支付旅游的费用，要么无暇旅游。综上所述，该旅行社在晚报上刊登广告能够获得最大的效益。

3.3.2　直接营销

直接营销是指旅行社通过直接接触旅游者或客户来推动产品销售的促销方法。客户是指所有可以为作为推销主体的旅行社提供客源的机构和组织。

1）直接营销的类型

常见的旅行社直接营销方式包括人员推销、电话推销和直接邮寄三种类型。

(1) 人员推销

人员推销是指旅行社为达到推销其产品的目的，派出推销人员直接上门拜访潜在旅游者或客户的一种促销方式。推销人员通过与潜在旅游者或客户的直接接触，向他们推荐旅行社的产品，解答他们提出的各种问题，引导消费并设法签订购买旅行社产品的合同。人员推销的方法包括：①人员接触。人员接触包括个别推销人员同个别旅游者接触、个别推销人员同客户接触、推销小组同客户接触三种形式。②会议促销。会议促销是指旅行社推销人员邀请旅游者或客户代表在某一约定地点开会，由推销人员在会上介绍旅行社的产品并进行促销活动。③讲座促销。由旅行社派遣推销人员前往客户所在地做关于旅行社最新产品的教学式讲座的促销方式称为讲座促销。

(2) 电话推销

电话推销是直接营销的第二种形式。旅行社的销售人员根据事先选定的促销对象名单逐一给他们打电话，介绍产品信息，征求他们对产品的意见并询问他们是否愿意购买这些产品。电话营销有两种形式：一种是使用自动播音设备向对方介绍产品、联系方法、购买产品的途径，但是不直接回答对方提出的问题；另一种是由推销人员在电话里向旅游者介绍旅行社的产品，同时还回答对方提出的问题，引导对方选购旅行社的某些产品。后一种方式的成本较高，一般只用于重要的客户。

（3）直接邮寄

直接邮寄是直接营销的第三种形式。旅行社将载有产品信息的旅游宣传册、旅行社产品目录、产品广告传单等促销材料直接邮寄给旅游者和客户。旅行社在邮寄这些材料时应附上印有旅行社通信地址和贴上邮票或已付邮资的信封，以方便和鼓励对方回信。直接邮寄受空间和时间的限制较少，能够接触到较多的旅游者和客户。此外，直接邮寄在各种直接营销形式中的成本最低。但是，同前两种方式相比，直接邮寄从对方所得到的反馈率较低。尽管如此，直接邮寄所得到的信息反馈仍高于多种广告促销形式，是许多旅行社喜欢采用的一种促销手段。

2）直接营销的特点

直接营销是一种通过旅行社销售人员与旅游者或客户直接接触来推动产品销售的促销方式，具有联系紧密、机动灵活、反馈及时、选择性强等特点，有利于培养和加深旅行社同旅游者和客户之间的良好关系。同时，同其他形式的促销活动相比，直接营销也存在着某些不足之处。

（1）直接营销的优点

直接营销具有四个明显的优点：

① 及时性。旅行社的推销人员能够在同潜在的旅游者或客户进行接触的过程中及时得到信息的反馈。

② 灵活性。旅行社的推销人员能够随时根据旅游者或客户的意见，在允许的范围内对产品的价格、内容等进行适当的调整。

③ 可靠性。旅行社的推销人员能够直接从旅游者或客户那里得到购买产品的保证，甚至有时会当场成交。

④ 针对性。旅行社推销人员能够直接接触到预先选定的促销对象，具有很高的促销命中率。

（2）直接营销的不足

直接营销的不足之处主要包括以下三点：

① 促销费用高。直接营销需要较多的推销人员和接待人员。这些人员的工资及营销所需的邮寄费用、电话费用等均很高。

② 覆盖面窄。每个推销人员只能在有限的时间里接触到部分旅游者或客户，难以在短期内将旅行社的产品信息传递给更多的旅游者。

③ 合格人才少。旅行社产品推销是一项十分复杂的工作，要求推销人员具有广博的知识、良好的素质和积极热情的敬业精神。旅行社往往难以大量招聘到合乎这些标准的人才。

总之，直接营销是一种重要的促销手段，在旅行社产品销售中能够发挥重要的作用。旅行社的管理人员应该熟悉和掌握这种促销手段，针对不同的目标市场和不同的产品特点，选择最合适的方法进行促销活动。在使用直接营销方法时，必须权衡利弊，在尽力发挥其积极作用的同时，也要尽量避免或减少其不足之处带来的损失。

3.3.3 营销公关

公共关系是旅行社既不能花钱购买，也不处于旅行社直接控制之下的活动。然而，旅行社市场营销人员却能够采取某些办法进行公共关系活动，来获得对旅行社及其产品有利的公关形象，这就是营销公关。

营销公关是旅行社开展的以具体旅行社产品品牌为中心的公共关系活动，旨在建立和加深旅游者与客户对其所推销的旅行社产品的良好印象。通过营销公关活动，旅行社可以不断地吸引更多的旅游者购买旅行社的产品，争取长期保持现有的市场份额，或者进一步扩大市场份额。旅行社营销公关活动可以采取以下四种形式：

1）新闻发布会

旅行社营销公关最常用的方法是向新闻媒体发送消息，通报有关的特殊旅游产品及其他旅游方面的消息。旅行社在开发出新的产品后，可采取新闻发布会的形式向旅游者及客户进行介绍，所发送的消息必须具有及时性，富有新闻价值，且能够吸引听众对产品的注意力，以便激发他们购买这种产品的欲望。

2）熟识旅行

熟识旅行是指旅行社邀请旅游新闻记者或旅游专栏作家免费旅行的一种公关活动，旨在使他们对旅行社的产品产生浓厚的兴趣和深刻的印象，回去后撰写有关旅行社产品的介绍性文章和报道。

邀请旅游新闻记者或旅游专栏作家免费旅游是一种更为有效的公共关系活动。为了增强旅游新闻记者和旅游专栏作家对旅行社产品的认同感，旅行社应为他们配备能够为其提供一定帮助的人员。如果邀请国外旅游专栏作家，还应配备翻译人员。成功地组织旅游新闻记者或旅游专栏作家旅游的结果往往是其在有关的杂志、报纸上发表对旅行社及其产品的专门性介绍文章。鉴于公众往往认为报纸、杂志的信息的真实度高于旅行社的广告，旅行社不应低估同旅游专栏作家和旅游新闻记者搞好关系的重要性。

通过在新闻界和文化界进行公关活动，以提高旅行社及其产品知名度的较好办法是接待全国性或国际性旅游作家会议。然而，旅行社为了获准成为接待这种会议的单位，应开展专项促销活动，以使有关方面的决策者做出委托旅行社接待这种会议的决策。

3）邀请旅游中间商

旅行社邀请旅游中间商前来对旅行社的有关产品进行实地考察是一种行之有效的营销公关活动。通过这种公关活动，旅行社既能够加强同旅游中间商之间的合作关系，又能够使它们加深对旅行社产品的认识，以便在今后的推销活动中对旅行社的产品做更加有利的宣传和促销。

4）专题讲座、学术会议

旅行社可以通过举行专题讲座或赞助学术会议的方式宣传旅行社最新设计和开发的产品，并吸引公众对这些产品的关注。这种方法尤其适用于推销公众不熟悉的自然景观和人造景点。

营销公关是旅行社获得旅游者和公众的接受与认可的重要途径，这对于旅行社来说是十分重要的。旅行社应该比其他企业更加重视人际关系，而且必须为公众的利益服务，任何以牺牲某个旅游者群体的利益换取另一个旅游者群体好感的做法都是不可取的。

同步思考3-2

问题：如何决定旅行社促销要素的组合？

理解要点：旅行社促销要素组合取决于：①促销目标；②促销预算；③具体产品的特征；④目标市场的特点；⑤促销技巧的特点；⑥促销技巧的适用性。

3.3.4 营业推广

营业推广是指旅行社以举办竞赛、短期内降价和赠送特殊纪念品等方式开展的促销活动，其目的在于通过短期的奖励和展示来激发旅游者的购买欲望，提高旅游中间商的产品推销效果。在促销活动中，营业推广是一种辅助性的促销方式，可以帮助或辅助其他促销活动。

1）营业推广的形式

旅行社在营业推广活动中经常采用的形式包括竞赛、价格促销和特殊商品促销。

（1）竞赛

竞赛是旅行社营业推广的一种形式，如针对某项旅行社产品知识的有奖竞赛、关于某个旅游目的地情况的有奖竞赛等。在举办这种竞赛时，旅行社通常提供具有一定价值的奖品或前往某个旅游目的地的奖励性旅游作为公众参与竞赛的奖品。通过参加竞赛，公众对举办竞赛的旅行社及其产品产生一定的印象甚至好感，有利于今后旅行社产品的销售。

旅行社在举办各种竞赛时，应注意竞赛活动内容和形式的群众性、知识性和趣味性，以吸引更多的人参加。因为只有参加竞赛活动的人数达到一定的规模时，旅行社才可能实现其举办这类活动的目的。一般情况下，参加的人越多，竞赛的影响就越大，营业推广的效果也就越好。

（2）价格促销

价格促销是指旅行社通过短期降低产品价格来吸引旅游者和客户的一种促销方法。营业推广的价格促销不同于旅行社因市场需求变化所采取的降价行为。价格促销是旅行社以临时性的价格下调来吸引旅游者的注意，并吸引旅游者在旅行社所希望的时期内大量购买旅行社的产品。当旅游者对产品产生良好的印象后，旅行社还会将价格复原。旅行社的价格促销多集中在节假日期间、新产品试销期间等特殊时期。

（3）特殊商品促销

特殊商品促销是旅行社营业推广的另一种常见形式。旅行社利用向旅游者或客户赠送T恤衫、钥匙链等印有旅行社及其产品信息的特殊商品开展营业推广活动。通过这些活动，旅行社能够收到对其自身及产品进行“口头宣传”的效果。

2）营业推广的类型

营业推广分为针对旅游者的营业推广和针对旅游中间商的营业推广。

（1）针对旅游者的营业推广

旅行社开展以旅游者为目标的营业推广旨在达到以下目的：①改变旅游者的购买时机；②奖励经常购买本旅行社产品的顾客；③试销新的产品；④扩大市场份额；⑤以先发制人的方式挫败竞争对手。

（2）针对旅游中间商的营业推广

旅行社开展以旅游中间商为目标的营业推广旨在达到以下目的：①获得旅游中间商的支持；②促使旅游中间商向公众宣传其产品；③加深旅游中间商对本旅行社产品的了解。

同步阅读 3-2

世界旅游日的设立

1979 年 9 月，在西班牙托雷莫里诺斯召开的联合国世界旅游组织大会第三届会议决定从 1980 年开始设立世界旅游日。选择这个日期是为了纪念世界旅游业的一个重要里程碑：1970 年 9 月 27 日，世界旅游组织章程通过的周年纪念日。

资料来源　世界旅游组织（UNWTO）. WORLD TOURISM DAY CELEBRATIONS［EB/OL］.［2023-01-11］. https：//www.unwto.org/world-tourism-day.

随堂测 3-3

课程思政 3-1

旅行社营销中存在的问题

背景与情境：目前，旅行社营销中存在许多问题，诸如：

①不正当竞争。一些旅行社为了追求经济利益，忽视市场的调节作用，为了增加客源量进行零负团费低价销售，扰乱了旅行社市场的正常秩序，导致游客的合法权益被侵犯；有的存在跟风问题，为了使自己在竞争中处于优势地位，特意降低价格，先把客源抢到手，再通过购物、加点等手段实现利润最大化。

②售后服务意识差。售前、售中和售后是旅行社产品促销的三大环节。不少旅行社对产品的售后服务意识淡薄，导致游客流失，使其在市场营销的竞争中处于劣势地位。

③法治观念弱。有的旅行社为了扩大客源量，不惜贿赂组团人员和相关领导，欺骗游客，虚报旅游项目，造成市场秩序混乱，破坏国家法治环境。这些旅行社为了实现利润最大化，只顾眼前利益而忽视合法经营，导致顾客投诉时常发生。

④营销目标短浅。一些旅行社在进行营销时，只顾眼前利益，追求短期目标，忽视旅行社和长远发展；另一些旅行社对于自身的发展没有一个完整的营销计划，对旅游产品缺少足够了解，造成客源量流失。

资料来源　根据网上资料整理自编。

问题：如何看待和应对旅行社存在的上述问题？

研判提示：①和③属于法治问题，②和④属于业务问题。对于业务问题，旅行社应对标党的二十大报告提出的“培养造就大批德才兼备的高素质人才，是国家和民族长远发展大计”的“人才强国战略”，对在职员工做好岗位培训；对于法治问题，行业协会和市场监管部门应深化改革，强化监管，优化服务，助推党的二十大报告重点部署的“高质量发展”任务落实。

3.4 产品销售的运作

3.4.1 制订产品销售计划

旅行社产品销售计划又称市场营销计划，是指导旅行社产品销售活动的纲领，是促使销售人员根据市场导向原则，有的放矢地将旅游者所需要的各种产品以合理的价格销售给旅游者的指导性文件。一般来说，旅行社每年要编制一次销售计划以指导下一年的销售活动。

旅行社产品销售计划包括七项内容：①调查分析；②环境预测；③综合分析；④确定产品销售目标；⑤编制产品销售预算；⑥编制产品营销组合计划；⑦确定计划的检测、评价和控制方法。旅行社产品销售计划内容如图3-2所示。

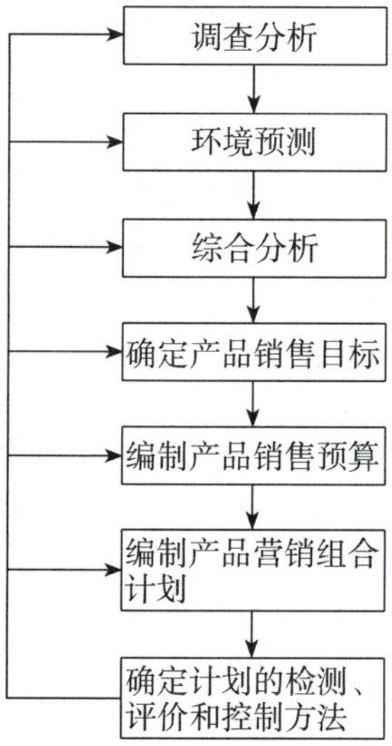

图3-2 旅行社产品销售计划内容

1）调查分析

旅行社为编制产品销售计划而开展的调查分析主要涉及当前的市场状况、旅游者的消费行为、产品发展趋势、旅行社的内部经营环境和外部环境。

2）环境预测

学习微平台

延伸阅读3-4

环境预测是在调查分析的基础上，对旅行社经营的内部环境和外部环境的构成要素可能发生的变化及发展趋势进行预测。

3）综合分析

综合分析是对旅行社的经营环境及所面临的各种机遇和挑战所做的分析和评价。

4）确定产品销售目标

旅行社根据前面的调查分析和预测的结果，确定产品的目标市场及销售渠道，并提出产品销售的目标。

5）编制产品销售预算

根据旅行社产品销售的目标及上述各项调查、分析和预测的结果，旅行社销售部门应提出产品销售预算。产品销售预算又称营销费用预算，包括营销信息管理系统费用、宣传广告费用、推销费用、销售业务管理费用等项的预算。

6）编制产品营销组合计划

产品营销组合是指旅行社为了实现其销售目标所运用的各种营销手段。旅行社销售人员根据成本原则提出应在销售过程中选用哪些营销手段。使用这些营销手段进行产品销售所产生的成本应低于它们所创造的收益。

7）确定计划的检测、评价和控制方法

产品销售计划中的最后一项是提出对计划执行过程及其结果所采取的检测、评价和控制方法。这是保证计划得以顺利实施并取得预期效果的重要手段。

旅行社产品销售计划有助于旅行社确立长远的发展目标，并能够用以指导旅行社日常经营活动中各项战术性决策的制定。旅行社行业是一个波动性很大的行业，在这个行业里，市场状况、竞争状况、经济环境、政治环境、社会环境等时常发生变化，旅行社管理人员正是通过计划的编制促使各级管理人员不断地监测和分析上述各项因素的变化情况和趋势。

3.4.2　业务洽谈

业务洽谈就是旅行社销售人员和旅游中间商进行业务联系，商讨交易条件等的谈判活动。一般来说，业务洽谈有两种形式：一种是面对面地洽谈，称为面谈；另一种是使用通信工具进行洽谈，又称为通信洽谈。旅行社的业务洽谈以后者居多。

1）面谈

面谈是指由旅行社有关人员邀请旅游中间商前来进行直接的业务洽谈。通过当面洽谈，双方进行磋商和讨价还价，最终达成某种或某几种旅行社产品的购买意向。旅行社同旅游中间商的当面业务洽谈一般包括准备阶段、谈判阶段和落实阶段。

（1）准备阶段

旅行社有关人员在同旅游中间商进行面谈之前，需要做好以下三个方面的准备工作：

① 选择谈判人员。旅行社在准备同旅游中间商进行面谈之前应首先选择好谈判人员。在进行面对面的业务洽谈时，一般由旅行社负责该旅游中间商所在地区销售业务的部门经理主持谈判，并由负责该地区销售业务的工作人员完成提供报价、联络等具体业务工作。

② 了解谈判对手。旅行社有关人员在同旅游中间商进行当面业务洽谈前，应力求从多方面了解谈判对手。这种了解包括两个方面：一是了解谈判对手所代表的旅游中间商的历史、现状、经济实力、招徕能力、在旅游市场上的声誉和信誉；二是了解谈判对手本人的经历、能力、谈判中惯用的策略和个人的嗜好等。通过对谈判对手的了解，旅行社谈判人员可以尽量做到知己知彼，掌握谈判的主动权。

③ 制定谈判策略。旅行社业务谈判人员在准备阶段所要做的第三个工作是制定谈判策略。他们通过对市场需求、竞争状况、对方可能采取的谈判策略、对方可能做出的最大让步等进行认真细致的研究，来确定在谈判中的进退幅度和达成交易的条件。

（2）谈判阶段

旅行社同旅游中间商就旅行社产品的销售进行的业务谈判一般在旅行社市场营销

部或销售部经理和旅游中间商的销售业务负责人之间进行。有的时候，这种谈判由双方的主要负责人直接进行。在谈判过程中，旅行社方面的谈判代表应根据事先拟订的谈判方案，在互惠互利的基础上，通过友好、坦率、认真的协商，争取达成产品购买协议。业务谈判一般按照以下几个步骤进行：

① 介绍产品。谈判开始后，旅行社谈判代表应首先向对方详细介绍旅行社的有关产品，并就旅游中间商提出的关于产品方面的问题做出耐心细致的解答，使对方能够在较短的时间里熟悉产品的基本内容、特点、销售价格和购买方式等情况。

② 购买谈判。旅行社谈判代表在介绍产品情况并对旅游中间商提出的各种相关问题做出解答后，业务谈判便进入购买谈判阶段。购买谈判是指谈判双方就产品的内容、价格、购买方式、付款方式等具体问题逐一进行讨论。在购买谈判中，旅行社谈判代表应在事先拟订的方案的基础上，吸收旅游中间商提出的合理意见，适当修改产品的内容、价格、购买方式和付款方式，做到既维护旅行社的利益，又能达成协议。

(3) 落实阶段

旅行社与旅游中间商经过谈判，基本达成一致意见后，应签订合作意向书、合同书或委托书等书面协议，以明确双方的关系，从而开展合作。

2）通信洽谈

通信洽谈是指旅行社利用通信工具进行的业务洽谈。旅行社在通信洽谈中使用的通信工具包括互联网、函件、智能手机等。

(1) 互联网

互联网是旅行社在近年来使用越来越多的通信工具。互联网具有效率高、价格低廉、应用广泛、发展前景广阔等优点，是今后旅行社进行通信洽谈的理想工具。

(2) 函件

函件也是旅行社产品销售业务洽谈中最常见、最普通的联系形式。利用函件进行业务洽谈时，旅行社有关人员要注意做到格式规范，文字流畅。

(3) 智能手机

随着智能手机的普及，电话成为最有效、最迅速的一种业务洽谈形式，也是旅行社销售人员与客户联系最常用的通信工具。然而，电话只能作为一般联系之用，因为利用电话进行联系时没有书面凭据，记录一方容易发生漏记、错记，有可能引起麻烦。

3.4.3 对外报价

对外报价是指旅行社产品销售人员根据旅游市场的需求，把旅行社确定的产品价格呈报给旅游中间商。旅行社的报价主要包括以下几种形式：

1）团体包价

团体包价由综合服务费、房费、餐费、城市间交通费、门票费及专项附加费等组成。

(1) 综合服务费

综合服务费由市内交通费、杂费和接待旅行社手续费、组团旅行社手续费等构成。综合服务费可以划分为经济等级、标准等级和豪华等级三种类型。

(2) 房费

根据旅游者的要求，旅行社可代订各种档次的饭店客房，并按旅行社与饭店签订的协议价格收费。

（3）餐费

根据一定的标准安排一日三餐的费用，包括饮料。

（4）城市间交通费

它包括飞机、火车、轮船（内河、海运）、部分线路的汽车等的费用等。

（5）门票费

各旅游景点的门票价格由其所隶属部门制定，国家物价部门核准。

（6）专项附加费

它包括汽车超公里费、江（河、湖）游览费、专业活动费和文娱活动费等。

许多旅行社对综合服务费实行16免1的优惠价格，即包价旅游团的成年旅游者人数每当达到16名时，免收1名成年旅游者的综合服务费。但是，如果16名旅游者中包括儿童旅游者时，则不实行这项优惠。

2）半包价

半包价是在团体包价收费中扣除午、晚餐费用，旅游者可在抵达旅游目的地后随意选择午、晚餐，费用现付。其他费用与团体包价相同。

3）小包价

旅游者在抵达目的地前的预付费用仅包括房费及早餐、接送服务费、城市间交通费和旅行社手续费，其他费用可以根据旅游者自己所选择的服务，在抵达目的地前预付或抵达目的地后现付。

3.4.4 确认合同

确认合同是旅行社产品销售业务的主要环节。确认合同是指旅行社和旅游中间商双方对于所购产品的内容、价格、购买数量、旅游者成行日期等方面的确认。经过确认，双方都应承担各自承诺的义务。由于旅行社产品销售具有批量小、批次多、品种繁多、每批涉及金额较少等特点，在日常经营中，旅行社产品的购买往往采用传真、信函、电话等方式进行确认。如果旅游团队的人数较多、接待规格较高或为系列团队，旅行社也可以采取签订合同的方式确认。

1）制订接待计划

接待计划是组团旅行社向接待旅行社发出的关于旅游团队或旅游者旅游活动的契约性文件，是接待旅行社安排旅游团队或旅游者在当地活动日程的文字依据，也是接待旅行社在接待工作结束后向组团旅行社结算的凭据之一。

（1）制订接待计划的程序

旅行社制订接待计划的程序包括：

①整理业务洽谈记录

旅行社销售人员在制订接待计划时，应首先将业务洽谈记录加以整理和总结，提出旅游团队或旅游者的特点及游览参观、生活起居和专业活动方面的特殊要求。

②落实交通事宜

制订接待计划的第二个步骤是根据旅游团队或旅游者的旅游活动日程，安排和落实交通事宜。旅行社销售人员应认真查阅民航、铁路、长途汽车、水上客运等客运部门印制和发行的最近一期的时刻表，并对航班、车次、船次及飞机机型、列车座席、卧铺、汽车车型、轮船舱位等级等情况进行核对。在计划中，尽量避免安排机型小、航次不多的航班和长途、过路的列车。如果所安排的航班、车次、船次与洽谈时有差别，应及时通知对方。

③落实各地的接待项目

销售人员在制订接待计划时应向各地接待旅行社通报旅游团队（者）在住宿、餐饮、游览、参观、文娱活动、专业活动等方面的要求，以便及时做好落实工作。

（2）接待计划的内容

接待计划的内容很多，而且每个旅游团（者）的情况和要求不同，所以接待计划也各不相同。但是，绝大多数旅行社的接待计划都至少包括以下三个方面的内容：

①旅游团（者）基本情况和要求

接待计划中首先应列出旅游团（者）的基本情况和要求，包括：A.旅游团（者）的名称、团号、组团旅行社的名称；B.旅游团（者）的人数和服务等级；C.旅游线路及经停地点；D.下榻饭店名称（如果是委托接待旅行社代订的，应注明所需客房的单、双间客房数量）；E.用餐要求和标准；F.所要求的导游员语种、等级；G.费用结算方法；H.联系人姓名、电话、时间。

②日程安排

接待计划中应对旅游团（者）的活动日程进行安排，并应注明下列事项：A.旅游团（者）的出入境日期（抵离日期）、时间、航班号（车次、船次）、抵达或离开地点；B.旅游线路中所经停的城市名称、交通工具类型、航班号（车次、船次）、抵离地点；C.在各地应安排的参观游览单位、景点、品尝风味、文娱活动、专业活动要求等。

③旅游团（者）名单

接待计划中须附有旅游团（者）的名单，包括旅游者的姓名、性别、年龄、职业，以及领队或全程陪同（领队）的姓名、性别。如果是入境团或出境团，还应标明旅游者的护照号码。

2）接待计划变更

旅游团（者）的接待计划若在旅行开始前或旅行过程中出现变化，组团旅行社销售部门应设法对接待计划进行调整，并将调整后的有关内容及时通知有关方面。造成旅游计划变更的原因主要包括旅游团队人数的增加或减少；抵离航班、车次、船次及其时间的更改；在日程中增加或减少某个经停城市；两个旅游团合并或一个旅游团分成两个或几个旅游团等。

为了减少损失和尽早落实旅游计划中变更的内容，旅行社销售部门应先用电话或传真的方式同有关方面联系，争取对方的理解和合作。然后，用书面形式补发变更通知。

教学互动3-1

互动问题： 旅游产品在进行销售时，可以选择直接销售渠道和间接销售渠道，这两种类型的销售渠道：

①分别适合在什么情况下使用？

②哪种销售渠道进行产品销售的优势更大？

要求：同“教学互动1-1”的“要求”。

随堂测3-4

本章概要

□ 内容提要

本章介绍了旅行社产品价格制定的影响因素、定价原则、定价策略和定价方法；描述了销售渠道对旅行社产品销售的作用及选择策略；探讨了促销在旅行社经营中的重要作用，并介绍了旅行社促销的运作程序。

影响旅行社产品定价的因素众多，主要包括固定成本、变动成本和利润等内部因素及供求状况、竞争状况、汇率和季节等外部因素。定价的原则包括市场导向原则、质价相符原则和价格稳定原则。在经营中，旅行社可以运用取脂定价、渗透定价和心理定价等策略。定价方法则包括成本加成定价法、目标利润定价法、逆向定价法、边际贡献分析定价法和随行就市定价法等。

旅行社产品的销售渠道包括直接销售渠道和间接销售渠道两种类型。旅行社在采用间接渠道销售时一般可根据不同的情况分别采用广泛性、选择性或专营性渠道策略。旅行社可以利用广告、直接营销、营销公关和营业推广等方法来促销产品。本章对产品销售运作程序的介绍将会有助于读者进一步掌握旅行社产品的销售技能。

□ 主要概念和观念

▲ 主要概念

取脂定价策略　渗透定价策略　累进折扣策略　直接销售渠道　间接销售渠道

▲ 主要观念

旅行社产品定价原则　旅行社产品定价策略　旅行社产品销售渠道　旅行社促销的运作程序

□ 重点实务

取脂定价策略　渗透定价策略

基本训练

□ 知识训练

▲ 复习题

1）旅行社常用的产品促销方法有哪些？

2）什么是旅行社产品直接营销？

3）旅行社产品营销公关包括哪些内容？

4）如何开展旅行社产品的营业推广？

5）旅行社销售业务的运作程序包括哪几个阶段？

▲ 讨论题

1）影响旅行社产品价格制定的因素有哪些？

2）旅行社在制定产品价格时应遵循哪些原则？

3）旅行社在为其产品定价时，能够运用哪些定价策略，可能产生哪些效果？

□ 能力训练

▲ 理解与评价

著名企业家、演说家陈安之曾说过“顾客不只是买产品，他更买做事认真的态度、服务态度和服务精神”，如何理解与评价这句话在旅游产品销售中的作用？

▲ 案例题

【训练项目】

案例分析–Ⅲ。

【相关案例】

以情动人的旅行社产品销售策略

背景与情境：某市的顺丰旅行社以当地的各类学校及其师生作为其产品的目标市场。该旅行社的总经理王某认为，这个目标市场的购买方式是团体购买，并由学校领导组织购买。针对目标市场的特征，王总经理认为最适宜的促销方式应是人员推销，而不是其他的促销方式。为此，旅行社没有像其他旅行社那样在媒体上大做广告，而是派出精干的销售人员到学校，向学工部、学校团委和学生会负责人及校长等进行直接的促销。

2014年春，顺丰旅行社决定利用该市距离北京市较近的区位优势，策划了以观看天安门广场升旗仪式，进行爱国主义教育为主要内容的北京一日游活动。王总经理亲自带着一名销售人员来到该市一所小学，向该校的张校长推介此项活动。张校长将教务主任李某找来，一同接待了王总经理。经过介绍和商谈，张校长原则上同意该校学生参加由顺丰旅行社组织的北京一日游活动。但是，李主任却提出了一个难题。

原来，该校共有1 000余名学生。其中，此次计划参加北京一日游的各个年级的学生有800余名。在这些学生中，父母一方为失业人员的困难家庭学生约有30名。李主任为难地表示，虽然这次旅游的费用只有每人80元（含往返交通费、高速公路过桥费和午餐盒饭），但是这些困难家庭的学生可能无法承担这笔费用。学校由于经费有限，也无法为这些学生负担此次活动的费用。因此，这些困难家庭的学生可能被迫放弃旅游活动。李主任认为这样将会对困难家庭的学生们造成一定的心理压力。

王总经理听到李主任的介绍，十分激动地表示，他也出身于贫困家庭，对于这些孩子们的处境十分理解和同情。他向张校长和李主任承诺，绝不能让一个孩子因家庭困难而失去参加这次活动的机会。顺丰旅行社不仅同意这些学生免费参加这次活动，而且向他们免费提供一份和其他学生一样的午餐盒饭、一瓶“娃哈哈”牌纯净水和一顶顺丰旅行社定制的旅行帽。听了王总经理的话，张校长和李主任都很感动。张校长对王总经理说：“以前，其他旅行社的销售人员来到我这里，总是千方百计地说服我，让我们组织学生们参加他们组织的旅游活动。他们在价格上同我们斤斤计较，从来不肯为学校和孩子们考虑。今天，您的善举让我很感动，我代表学校和孩子们向您表示感谢。”

在这次旅游活动中，王总经理选派了经验丰富的导游员，并且亲自带队。他们不仅在生活上关照孩子们，而且在讲解中十分认真和风趣，让孩子们度过了温馨的一天。回来后，学校专门组织学生们开会，畅谈参加这次活动的心得体会。学生们都表示，他们参加了一个十分有意义的活动，受到了爱国主义的教育，更加认识到祖国的伟大。他们一定要好好学习，长大后为建设祖国贡献力量。

张校长和李主任十分感谢顺丰旅行社和王总经理组织的这次活动，并且主动介绍其他学校参加该旅行社组织的旅游活动。顺丰旅行社和王总经理这种以情动人的销售策略为他们赢得了大量的客源，并获得了良好的经济效益和社会效益。

问题：

1）本案例对旅行社的产品销售工作有什么启示？

2）思考一下，旅行社还可以采取哪些产品销售方式？

【训练要求】

同第1章“基本训练”中本题型的“训练要求”。

▲ 自主学习

【训练项目】

自主学习-Ⅱ。

【训练步骤】

1）将班级同学组成若干“自主学习”训练团队，每队确定一人负责。

2）各团队根据训练项目需要进行角色分工与协作。

3）通过校图书馆、院资料室和互联网，查阅“文献综述格式、范文及书写规范要求”和近三年关于“旅行社产品的促销”研究的前沿学术文献资料。

4）综合和整理“旅行社产品的促销”研究的前沿学术文献资料，依照“文献综述格式、范文及书写规范要求”，撰写《“旅行社产品的促销”最新文献综述》。

5）在班级交流各团队的《“旅行社产品的促销”最新文献综述》。

6）在校园网的本课程平台上展出经过修订并附有教师点评的各组《“旅行社产品的促销”最新文献综述》，供学生相互借鉴。

□ 课程思政

【训练项目】

课程思政-Ⅲ。

【相关案例】

景点漏游，旅行社是否应当增加赔偿？

背景与情境：2009年5月，某旅行社在某某日报上刊载了海南七日游的广告，并说明此次旅游的主要景点有9个。同月，龚某报名参加，并交付了旅游服务费2 380元。在旅游的过程中，某旅行社只安排了龚某游览了其中的3个主要景点，且安排的导游没有导游证书，其余景点未游览，旅行社也未对龚某说明情况。旅游团游览活动结束后，龚某将某旅行社诉至法院，要求某旅行社赔偿损失。

景点漏游，旅行社是否应当增加赔偿？有人认为：旅行社漏游景点，违反了旅游合同的义务，应当赔偿龚某的损失，但因龚某没有提出增加赔偿损失的请求，故旅行社不应当增加赔偿。还有人认为：旅行社漏游景点有6个之多，且未派经过考核的人员担任导游，明显违反了合同，损害了龚某的利益，应当赔偿龚某的损失，并且旅行社的行为属于欺诈，应当按照《中华人民共和国消费者权益保护法》的规定增加赔偿龚某接受服务费用的一倍。

资料来源　胡泰武，何岸青．景点漏游，旅行社是否应当增加赔偿？[EB/OL]．[2019-09-19]．https：//china.findlaw.cn/xfwq/xiaofeiweiquananli/46935.html.

问题：

1）旅行社的做法与伦理道德相矛盾吗？

2）试就旅行社的负面事件做出思政研判。

3）该案例对你有何启示？

【训练要求】

同第1章“基本训练”中本题型的“训练要求”。

第4章 旅游服务的采购

● 学习目标

通过本章学习，应该达到以下目标：

职业知识：学习和把握“旅游服务采购”的相关概念、旅游服务的类型、旅游采购的原则与策略、旅游服务采购的程序和方法，以及“同步阅读”“延伸阅读”等理论与实务知识；能用其指导本章“同步思考”、“教学互动”、二维码“随堂测”和“基本训练”的“知识训练”中各题型的认知活动，正确解答其相关问题，体验本章“初级学习”中专业知识的横向正迁移。

职业能力：点评“旅游服务采购的成效，直接关系到旅行社经营的成败”，训练专业理解力与评价力；运用本章知识研究相关案例，训练“旅游服务采购”特定情境下对当事者行为的“多元表征”专业能力和“与人交流”的通用能力；通过“‘集中采购知识’在旅游服务采购中的应用”实训操练，训练相应专业技能和“团队协作”“与人交流”“解决问题”等通用能力；体验本章“高级学习”和“实践学习”中专业知识与相关规则的“重组性”迁移和专业技能的阶段性生成。

课程思政：结合本章教学内容，依照相关规范或标准，对“课程思政 4-1”和章后“课程思政-Ⅳ”等案例中企业及其从业人员的行为进行思政研判，激发与“诱导消费”和“交通事故赔偿”等议题相关的反腐与消费者权益保护思考，促进“立德树人”根本任务的落实，体验其“高级学习”中专业知识与思政元素的协同性重组迁移。

学习微平台

思维导图 4-1

引例：游客因疫情未出游，团款退费纷争多

背景与情境：2019年11月12日，关某通过邓某和深圳市某国际旅行社签订了一份《团队出境旅游合同》，约定关某等三人参加［2020年春季品质］新西兰南北岛8天经典之旅，出发时间为2020年1月28日，结束时间为2020年2月4日，旅游费用合计156 240元。关某在旅游者代表签字处签字，深圳市某国际旅行社签约代表为邓某。关某向邓某支付团款人民币156 240元。邓某向深圳市某国际旅行社支付部分团款费用人民币98 240元。

因新冠肺炎疫情原因，关某未能按照约定的行程出行。深圳市某国际旅行社、邓某和关某先后签订了《退团协议书》《还款协议》，约定深圳市某国际旅行社扣除因不可抗力导致的实际损失人民币2 235元后退还关某团款人民币96 005元，邓某退还关某团款人民币58 000元，关某与邓某、深圳市某国际旅行社解除旅游合同；邓某应于2020年10月31日前退还关某余款58 000元，如逾期未如期还清欠款，邓某承担债务的所有费用，包括但不限于诉讼费、律师费、执行费、公告费等。上述协议签订后，深圳市某国际旅行社向关某退还了人民币96 005元。邓某未能如期向关某退还团款。于是，关某向当地人民法院提起民事诉讼。

关某（以下简称原告）向法院提出请求：(1) 依法判令邓某和深圳市某国际旅行社（以下简称二被告）连带向原告返还人民币58 000元及至付清之日止的占用利息；(2) 二被告承担原告为实现债权支出的律师费用8 000元；(3) 本案的全部诉讼费用由二被告承担。

法庭经审理后做出判决：

(1) 被告邓某应当自本判决生效之日起七日内向原告返还人民币58 000元及利息。

(2) 驳回原告对被告深圳市某国际旅行社的诉讼请求。

(3) 驳回原告的其他诉讼请求。

资料来源　伟然律师．游客因疫情未出游，团款退费纷争多［EB/OL］．［2021-08-12］．https：//card.weibo.com/article/m/show/id/2309404669481015443538？id=2309404669481015443538.

上述案例告诉我们，旅游者与旅行社之间签订的旅游合同因不可抗力导致无法履行而被取消后，已经支付且不可退还的费用应当由旅游者承担，旅行社应采取有力措施及时止损，并且将尚未发生的费用退还旅游者。

4.1 旅游服务的类型

4.1.1 旅游交通服务

交通服务是旅行社产品的重要组成部分，在旅游费用中往往占有很大的比重，特别是长途旅游产品，有时甚至达到旅游者旅行总支出的30%～40%。[①]

按照旅游活动中所使用的交通工具，旅游交通服务分为航空交通服务、铁路交通服务、公路交通服务和水运交通服务四个类型。

① 王洪滨．旅游学概论［M］．北京：中国旅游出版社，2001.

1）航空交通服务

航空交通服务是指旅行社向有关的航空交通部门或企业的定期航班购买飞机票或者组织包机等，为旅游者提供旅行过程中所需的交通服务。航空交通是世界上远程旅游活动中最主要的交通方式，具有快速省时、安全舒适的优点。航空公司所拥有的大中型喷气客机时速可达700～800千米，而且航线直，能够最大限度地缩短旅游交通的距离，适合旅游者在旅游过程中节省交通时间的需求。在旅行社推出的中长途旅游产品中，除个别产品外，多把飞机作为旅游出发地和旅游目的地之间及旅游目的地的各个城市之间的主要交通工具。

旅行社产品中的航空交通服务主要分为定期航班和旅游包机两种形式。

（1）定期航班

定期航班是指民航公司按照对外公布的航班时刻表飞行的民航服务。世界上绝大多数的航空公司提供定期航班服务。飞机严格地按照航班时刻表中规定的时间起飞、飞行和降落。定期航班所提供的服务又可分为单程旅行、往返旅行、环游旅行和不完全来回程旅行四个类型。

①单程旅行。单程旅行是指民航公司向旅游者提供从旅游出发地开始至旅游目的地为止的一种服务。例如，旅游者乘飞机从北京前往洛杉矶旅行，就是一种单程旅行。有时，单程旅行还可以在途中的某个或某几个地方做短暂的停留，如旅游者乘飞机前往洛杉矶的途中，在夏威夷停留两个小时。

②往返旅行。往返旅行是指旅游者乘同一航空公司的班机从旅游出发地启程，前往旅游目的地，然后返回旅游出发地的旅行。旅行的往返路线必须相同，不得随意改变。例如，某旅游团一行17人乘中国国际航空公司的班机从北京出发，前往美国的洛杉矶旅游，并在旅游活动结束后乘该航空公司的班机返回北京。这种旅行就是典型的往返旅行。

许多航空公司给予乘坐该公司班机往返旅行的乘客以一定的价格优惠，从而使旅游者能够节省一些旅行费用，并能免去重新订购飞机票的麻烦。然而，目前一些航空公司已经改变以往提供价格优惠政策的做法，往返机票的价格等于两次单程旅行机票价格的总和。另外，航空公司一般对乘坐飞机进行往返旅行的乘客限定了比较严格的条件，如必须在某一特定时间内乘坐特定航班旅行，或必须在往返旅行过程中乘坐同等级舱位等。因此，往返旅行服务对旅游者的吸引力已经较从前有所下降。

③环游旅行。环游旅行类似于往返旅行，两者之间的主要区别在于：环游旅行的出发路线不同于返回路线，而且乘客可以选择不同的舱位。例如，某旅游者乘坐中国国际航空公司的民航班机从北京出发，途经日本的东京，前往美国的纽约旅游。回国时，该旅游者乘坐同一航空公司的民航班机从纽约出发，途经中国香港返回北京。在赴美国时，该旅游者坐的是头等舱，而回国时，他可能改坐经济舱，这种旅行就是环游旅行。

④不完全来回程旅行。不完全来回程旅行是指旅游者在旅行过程中先是乘坐一段飞机，然后改乘火车、汽车或轮船等交通工具，最后又乘坐飞机的旅行方式。例如，一对新婚夫妇到外地去度蜜月。他们先从上海乘飞机前往北京，然后坐汽车从北京到天津，又从天津乘飞机前往广州，再坐火车前往南昌，最后乘飞机从南昌返回上海。

（2）旅游包机

在旅游旺季时，旅行社常因无法订购到足够的定期航班飞机票而引起旅游者的不满。另外，一些旅游温、冷点地区往往只有少量的正常航班，在旅游者行程之日没有正常航班，使旅游者难以乘坐定期航班前往旅游目的地。这些情况有时会影响旅行社的接待质量，并可能降低旅行社向旅游客源市场推销其产品的能力。旅游包机是解决航空交通运力不足的一条有效的途径。

同步阅读4-1

中国高速铁路

中国高速铁路简称中国高铁，是指中国境内建成使用的高速铁路，为当代中国重要的一类交通基础设施。

根据《高速铁路设计规范》（TB10621-2014）：中国高速铁路是设计速度每小时250千米（含预留）以上、列车初期运营速度每小时200千米以上的客运专线铁路。根据《中长期铁路网规划（2016年）》：中国高速铁路网由所有设计速度每小时250千米以上新线和部分经改造后设计速度达标每小时200千米以上的既有线铁路共同组成。

至2019年底，中国高速铁路营业总里程达到3.5万千米，居世界第一。截至2020年年底，全国铁路营业里程14.6万千米，高速铁路运营里程达3.79万千米，稳居世界第一。截至2021年12月30日，中国高铁运营里程突破4万千米。

资料来源　百度百科．中国高速铁路［Z/OL］．［2023-02-02］．https：//baike.baidu.com/item/%E4%B8%AD%E5%9B%BD%E9%AB%98%E9%80%9F%E9%93%81%E8%B7%AF/5923925？fr=ge_ala.

2）铁路交通服务

铁路交通服务是旅行社向旅游者提供的又一种重要的交通服务方式。铁路客运交通分为普通客车、普通快车、直达快车、特快直达客车、旅游列车、动车组、城际列车、高速铁路（高铁）等类型。各种类型的火车一般设有硬席座位、软席座位、硬席卧铺、软席卧铺及餐车等，是一种颇受旅游者喜爱的中、长途交通方式。目前在我国，火车仍是许多旅游者外出旅行时乘坐的主要交通工具。

铁路客运交通的特点是：①载客多。一列火车一般能够运载上千名乘客。②价格低。在飞机、火车和汽车三种交通工具中，火车票的价格最低。③较安全。与汽车相比，火车的安全系数要高得多。另外，尽管从统计数字看火车事故死亡率高于飞机，但是火车是一种在地面行驶的交通工具，不存在像坐飞机那样有一种悬在空中的心理负担，因此，乘客对火车更为放心。④受季节和气候变化的影响小。火车在专用的铁路上行驶，不管春、夏、秋、冬，一年四季均能行驶，而且在大风、雷雨、大雪等恶劣天气条件下，仍能够正常运行。

铁路交通的不足之处是速度比较慢，长时间乘坐容易使乘客感到疲劳。但是，近年来我国铁路部门不仅几次将火车提速，而且在一些城市之间建设了高速铁路，从而大大提高了火车的运行速度，在一定程度上解决了这一难题。

3）公路交通服务

公路交通服务是指旅行社为旅游者提供的以汽车为交通工具的旅游交通服务方

式，主要用于市内游览和近距离旅游目的地之间的旅行。另外，在一些民航交通和铁路交通欠发达的内陆地区，公路客运交通则成为主要的旅游交通方式。

学习微平台

延伸阅读4-1

汽车是当今世界上使用最多的旅游交通工具。除了旅行社组织旅游团队乘坐大型旅游客车旅行外，旅游者还经常乘坐私人汽车、出租汽车或租赁汽车公司的汽车进行游览观光和城市间的旅行。随着公路网络的建立和发展以及私人汽车拥有量的不断增加，汽车在旅游交通服务中所占的比重越来越大。

公路交通的最大优点是方便。旅游者能够乘汽车前往任何有公路的旅游景点参观游览。另外，旅游者乘坐汽车旅行可以随时在途中下车，游览当地的景点，并且较少受到出发时间的限制。

然而，公路交通的缺点也比较明显：①乘坐汽车旅行的速度和活动范围受到一定的限制，不适应长时间、远距离的旅行；②汽车运载的旅客人数有限，每个旅游者的单位能源消耗比其他交通工具大；③在各种交通工具中，汽车的安全性能最差；④汽车在行驶过程中会排放废气及使用喇叭等，造成空气污染和噪声污染。

4）水运交通服务

水运交通服务是指旅行社为了满足旅游者在各种水域中旅行游览的需求而向内河航运、沿海航运和国际航海等水上客运部门或企业购买的交通服务。水运交通服务所提供的交通工具包括普通客轮、豪华客轮、客货混装船和气垫船等。每种轮船分别设有各种不同等级的舱位供不同类型的乘客选用。目前，尽管旅游者在长途旅行时多选择飞机、火车等交通工具，但是沿海和内河的客运仍然颇受旅游者的青睐。

水运交通具有许多优点：①运载力大。轮船的运载力多超过飞机、汽车等交通工具。一些大型的游轮往往能够装载数百名乃至上千名旅客，远远超过了飞机的运载量。②舒适。客轮在多数水域中行驶十分平稳，而且船上多设有娱乐室、酒吧、餐厅、健身房或健身器械、舞厅等设施。旅游者在船上能够观赏湖光美景、两岸风光或海上日出等景色。当旅游者在沿途旅行的过程中感到疲倦时，又可随时回房间休息，免去了搬运行李和寻找旅馆的麻烦。因此，游船被人们誉为“流动的旅馆”。③价格便宜。在各种交通工具的价格中，乘坐轮船的价格是比较便宜的。按照相同距离和同等级别的票价计算，轮船的票价往往最低。

水运交通的主要缺点是速度慢和受河道、海路吃水深度的限制等。

同步阅读4-2

中国传统四大菜系

中国传统的四大菜系是指鲁菜、川菜、粤菜、淮扬菜。菜系，也称帮菜，是指在选料、切配、烹饪等技艺方面，经长期演变而自成体系，具有鲜明的地方风味特色，并为社会所公认的中国菜肴流派。

中国汉族饮食文化的菜系，是指在一定区域内，由于气候、地理、历史、物产及饮食风俗的不同，经过漫长历史演变而形成的一整套自成体系的烹饪技艺和风味，并被全国各地所承认的地方菜肴。

中国人讲究并善于烹饪，早在春秋战国时期，中国饮食文化中南北菜肴风味就表现出差异。到唐宋时，南食、北食各自形成体系。发展到清代初期时，鲁菜、川菜、粤菜、淮扬菜成为当时最有影响的地方菜，称作四大菜系。

资料来源　百度百科. 四大菜系［Z/OL］.［2022-06-20］. https://baike.baidu.com/item/%E5%9B%9B%E5%A4%A7%E8%8F%9C%E7%B3%BB/7443219? fr=ge_ala.

4.1.2　旅游住宿服务

旅游住宿服务是旅行社产品中又一个重要的部分。除了一日游游客之外，所有的旅游者在外出旅游的过程中都需要住宿方面的服务。在各种旅游者中，探亲访友的旅游者往往住在被探望的亲戚或朋友家里，其他的旅游者则需要在旅游目的地寻找合适的饭店、旅馆。旅行社经常在这方面充当媒介的角色，通过向旅游者提供住宿服务而获得经济收入。

1）旅游住宿服务设施类型

旅游住宿服务设施包括饭店、旅馆、招待所等基本住宿设施和露宿营地、度假村、共管公寓、民宿等辅助性旅游住宿设施。

（1）饭店

饭店是接待旅游者及其他宾客的基本住宿设施之一。饭店可以根据饭店特色、计价方式和设施规模等划分为不同的类型。

①依照饭店特色划分

根据饭店特色划分的饭店类型有：

A.商务型饭店。商务型饭店亦称暂住型饭店，多位于城区，靠近商业中心，以接待商务旅游者为主。这些宾客经济条件较好，文化水平较高，注重交往礼节，讲究身份地位，对价格敏感度不高。商务型饭店不但外观要气派，内部设施也必须富丽堂皇。因此，客房、餐厅的档次要高，各类服务设施，特别是商务所需的设备亦须一应俱全，如国际直拨电话、传真、洽谈室、会议室、商务中心、秘书服务等。商务饭店的最大特点是，回头客源较多，服务项目、服务质量和水准都要为商务旅游者提供极大方便。

B.长住型饭店。长住型饭店供宾客长期居住，其主要市场是住宿期较长的度假宾客或者家庭。长住型饭店与宾客之间有着一种不同于其他类型饭店与宾客的法律关系，这类饭店与宾客通常需要签订租约。长住型饭店的建筑布局与公寓相似但又有所区别，客房多采用家庭式布局，以套房为主，配备适合宾客长住的家具和电器，通常都有厨房设备供宾客自理饮食。这类饭店一般只提供住宿、饮食等基本服务，主要供长期度假者和短期留学生等租用。

C.度假型饭店。度假型饭店以接待游乐、度假的宾客为主。这些饭店多位于海滨、山区、温泉、海岛、森林等地，环境优美、气候宜人，设有各种娱乐体育项目如滑雪、骑马、狩猎、捕钓、划船、潜水、冲浪、高尔夫球、网球等活动吸引游客。疗养型饭店亦属此类。

D.会议型饭店。会议型饭店的主要接待对象是各种会议团体。会议宾客平均每天消费额一般高于度假客人。会议型饭店一般设在大都市和政治、经济中心，或交通发达的旅游胜地，要求设置一个或多个会议厅或大的多功能厅，可根据需要用作会议厅、舞厅或宴会厅，有的饭店还设有展览厅。会议型饭店除应具备相应的住宿和餐饮设施外，还必须配备会议设备，如投影仪、录放像设备、扩音设备及其他先进的通信、视听设备，接待国际会议的饭店还要求具备同声传译装置。

E.公寓型饭店。公寓型饭店内部多采用公寓式布局，配有整套的生活设施及公用的娱乐、健身设施，适合家庭居住。公寓型饭店经营采用“时间分享法”，即由投资者出资兴建，其他人可任意租用其中若干公寓，租期可以为一周、一月、一年、五年甚至更长时间，而且允许转租他人。

F.经济型酒店。经济型酒店是指将客户锁定在中小企业商务人士、休闲及自助游的客人，房价适中的中小规模酒店。经济型酒店的高性价比是其与高档星级酒店竞争的最大优势。经济型酒店通常适合于自助游游客、家庭游游客和普通商务游客。

②依照计价方式划分

根据计价方式划分的饭店类型有：

A.欧式计价饭店。欧式计价饭店是指饭店客房价格仅包括房租，不含食品、饮料等其他费用。世界各地大多数饭店均属于此类。

B.美式计价饭店。美式计价饭店的客房价格包括房租以及每日早、午、晚三餐的费用。

C.修正美式计价饭店。修正美式计价饭店的客房价格包括房租和早餐或晚餐的费用，以便宾客有较大的自由安排白天的活动。

D.欧陆式计价饭店。欧陆式计价饭店的房价包括房租及一份简单的欧式早餐即咖啡、面包和果汁的费用。此类饭店一般不设餐厅。

E.百慕大式计价饭店。此类饭店的房价包括房租及美式早餐的费用。

③根据设施规模划分的饭店类型有：

A.小型饭店。小型饭店的客房一般少于300间，提供一般性的服务，如简单的客房、餐厅、酒吧等，价格也比较低，适合中低收入的旅游者。

B.中型饭店。中型饭店的客房通常为300～600间，有比较理想的休闲娱乐场所，价格较合理，服务项目较齐全，设施较现代化。

C.大型饭店。大型饭店拥有600间以上的客房，设施和服务项目齐备，有康乐中心、健身房、网球场、KTV、各种会议厅、谈判间等。

（2）旅馆

旅馆是指规模较小、设施较简单、价格较低的住宿设施，多用于接待经济型的旅游者和乘坐私人汽车旅行的旅游者。旅馆主要分为城市旅馆、乡间旅舍和汽车旅馆。

①城市旅馆

城市旅馆是指坐落于城镇市区的各种中小型旅游住宿设施。这些旅馆一般设施比较简单，拥有双人间、三人间、四人间甚至有容纳更多宾客住宿的客房。除了部分客房设有卫生和盥洗设施外，多数城市旅馆配备公共卫生和盥洗设施。有些档次较高的城市旅馆设有简单的餐厅，提供饮食，其他多数城市旅馆不设餐厅。城市旅馆一般不具备国家对星级饭店所要求配置的设施和设备，是一种简易型的住宿设施。然而，城市旅馆的房价普遍较低，适合旅游市场中希望节省旅游住宿费用的消费人群的需要，因而受到这些旅游者的欢迎。目前在我国，城市旅馆多用于接待经济型的国内旅游者。

②乡间旅舍

在远离城镇的乡村，存在着一种具有浓郁的乡村气息的旅游住宿设施——乡间旅舍。乡间旅舍多由当地的农民或村镇企业经营，为来农村旅游的旅游者提供住宿和餐食服务。乡间旅舍的住宿和餐饮设施一般比较简陋，但是却带有浓郁的淳厚古朴的风格，颇受追求返璞归真、重回大自然的旅游者的青睐。有些条件较好的乡间旅舍还配备现代化的卫生和盥洗设施，更为旅游者提供了方便。乡间旅舍的房价一般较低，餐食也不贵，对于从城镇来的旅游者具有一定的吸引力。

③汽车旅馆

汽车旅馆又称公路饭店，常见于欧美国家的公路干线上。汽车旅馆的房价比较低廉，以接待乘坐私人汽车旅游的旅游者为主。汽车旅馆的最显著特点是均配有面积较大的停车场地，且与客房的距离很近。汽车旅馆一般规模较小，只有十几间到几十间设施比较简单的客房。少数规模较大的汽车旅馆则可能拥有上百间客房。汽车旅馆多以提供客房为主，少数汽车旅馆配置简易的餐厅。

随着人们生活水平的不断提高，旅游者对汽车旅馆的设施和设备提出了更高的要求。目前，汽车旅馆在设施方面大有改善且趋向豪华，多数可提供现代化的综合服务。

（3）辅助性旅游住宿设施

辅助性旅游住宿设施包括露宿营地、度假村、共管公寓、民宿等，是为了迎合不同旅游者的需要所开发的住宿设施。

①露宿营地

露宿营地一般设在交通方便、环境宜人的游览度假地区，主要接待以汽车为主要交通工具的家庭旅游者。这种设施的市场需求季节性差异很大，许多营地在冬季或淡季停止营业。营地有一定的空间，设有卫生设备，供应冷、热水并提供营地清扫服务。客人在露宿营地住帐篷、房车或其他能够移动的临时食宿设施。现代的帐篷和房车设计合理，布局紧凑，在有限的空间里设置了旅行和度假住宿所需的设备，如床铺和沙发两用设备、卫生间、煤气、冰箱、水池、上下水道、衣柜和行李柜，还配备电视、音响装置等。为了满足度假客人的需要，营地还设有康乐设施，如游泳池、网球场、儿童游乐场、高尔夫球场，并开设酒吧和简单的餐厅。由于露宿营地的气氛自由和谐以及对家庭旅游者来说相当经济实惠，因此已逐渐成为如今比较流行的一种旅游住宿设施。

②度假村

度假村通常由一群乡村式的住宅组成。这些住宅一般采用单元房布局，内有一间或几间卧室并带有卫生间和厨房。度假村中心设有餐厅和酒吧，客人可以自己起火也可以在度假村中心的餐饮设施内就餐。度假村中心还设有较为齐全的体育和娱乐设施，如骑马场、网球场、滑雪场、游泳馆等，此外还经常组织一些娱乐消遣活动吸引度假的客人。

③共管公寓

共管公寓是多人共同拥有产权的一种住宿设施，即某投资者建造一所公寓住宅后将套房按公寓单元出售给个人，购买了公寓产权的个人可以自己使用，也可以在他们不住宿的时候由共管公寓的管理人员负责出租给其他人，产权人分享利润。共管公寓通常配有整套生活设施及公用的娱乐、健身设施，适合家庭使用。

共管公寓的另一种经营方式称为分时多产权或时间分享法，即投资者出资兴建后，其他人可按时间购买其中若干公寓的产权，时间可为一周、一月、一年、五年或更长的时间，同时允许本人不使用时转让给他人。

④民宿

民宿是指利用自用住宅的空闲房间，结合当地人文、自然景观、生态、环境资源及农林渔牧生产活动，为外出或远行的旅客提供个性化住宿的场所。民宿的形式有：民宅、休闲中心、农庄、农舍、牧场等。

2019年7月，文化和旅游部发布了旅游行业标准《旅游民宿基本要求与评价》（LB/T 065—2019），将旅游民宿（homestay inn）定义为“利用当地民居等相关闲置资源，经营用客房不超过4层、建筑面积不超过800m²，主人参与接待为游客提供体验当地自然、文化与生产生活方式的小型住宿设施。”

2）旅游住宿服务设施的等级

旅游住宿服务设施的等级用于反映饭店的豪华程度、设施设备水平、服务范围和服务质量。我国的旅游饭店分为五个星级。

（1）一星级饭店

一星级饭店属于经济等级饭店。这类饭店的设备简单，具备食和宿两个最基本的功能，能满足客人简单的旅行需要，提供基本的服务，并在一些服务项目上采取宾客自我服务的方式。一星级饭店的服务对象主要是经济能力较差的旅游者。

（2）二星级饭店

二星级饭店的设备一般，除具备客房、餐厅等基本设施外，还有小卖部、邮电、理发等简单的综合服务设施，服务质量、设施、装修都比较好。二星级饭店的服务对象为经济能力稍好的旅游者。

（3）三星级饭店

三星级饭店的设备齐全，不仅提供食宿，还有会议室、休息厅、酒吧、咖啡屋、宴会厅、美容厅、舞厅等各种综合服务设施，服务质量较高，收费标准适中。三星级饭店的主要接待对象是中等消费水平的旅游者。

（4）四星级饭店

四星级饭店属于高档饭店。饭店装修豪华，服务设施完备，服务项目多，服务质量优，室内讲求环境艺术，对服务质量、服务员的素质要求非常高。四星级饭店的服务对象多为消费水平较高的旅游者。

（5）五星级饭店

五星级饭店属于豪华饭店或超豪华饭店，其设施和内部装修均十分豪华，并配备最高档的灯具、餐具、客房陈设、健身设备和服务设备。五星级饭店拥有风格独特、设施高档的餐厅，并聘有优秀的厨师。按照规定，五星级饭店必须设有总统套房。

4.1.3　旅游餐饮服务

旅游餐饮服务在旅行社产品中占有重要的地位。旅游者在旅行过程中享受到质量上乘、环境幽雅的餐饮服务，会对旅游目的地和提供旅游服务的旅行社留下美好的印象，并给予高度的评价。

1）旅游者对餐饮服务的评价因素

在旅游目的地，能够向旅游者提供餐饮服务的部门和企业很多，但是旅行社如何选择最适合本旅行社旅游者的餐饮设施却是一个重要的问题。旅行社能否选择适当的旅游餐饮设施，对于提高旅游者的满意程度和扩大旅行社产品的销售具有重要意义。根据联合国派遣到中国旅游管理干部学院的餐饮专家亨利·杜富雷斯的意见，判断一个旅游餐饮设施的质量，应该从以下几个方面进行考察：

（1）餐饮质量

旅游者主要从食品和饮料的选择范围、种类、特殊菜肴或饮料的供应及饭菜和酒水的质量几个方面评价一个餐饮设施的餐饮质量。

（2）服务水平

判断一个餐饮设施的服务水平高低，应该着重考察该设施的服务方式、服务速度、预订设备、服务的可靠性和是否接受旅行社的结账方式。

（3）卫生条件

主要考察餐馆（饭店的餐厅）的各种设备是否符合卫生要求，餐厅和厨房是否干净，操作人员和服务人员在卫生和健康方面是否符合上岗条件。

（4）价格与价值

根据该餐饮设施提供的餐饮产品价格，判断其产品质量是否达到被旅游者所认可的标准，即产品的价格与价值是否相符。

（5）就餐环境

按照餐饮设施的装饰、照明、温度、就餐设备、音响设备、就餐人员构成和餐馆工作人员对宾客的态度等因素，考察该餐饮设施的就餐环境。

2）旅游餐饮服务设施的等级

旅游餐饮服务设施的等级是旅行社为旅游者选择餐饮服务设施的重要依据之一。在我国，除了饭店里的餐厅可根据所在饭店的星级进行判断外，旅行社还可以根据国家颁布的有关标准对其他餐饮服务设施进行选择。根据国家标准，我国饭店以外的餐饮服务设施（酒家、饭庄、餐馆）分成五个等级，分别是特级、一级、二级、三级和地方级。在这些不同级别的餐饮服务设施中，除了地方级的餐饮服务设施标准由各地方有关部门制定外，其他各个级别的标准如下：

（1）特级酒家（饭庄）

特级酒家是在国内外享有很高声誉，有涉外接待服务能力、设施设备先进、环境幽雅、技术力量雄厚、服务水平一流、管理规范化的餐饮企业。

（2）一级酒家（饭庄）

一级酒家（饭庄）是在国内享有较高声誉、有涉外接待服务能力、技术力量强、设施设备好、实行规范服务和规范管理的餐饮企业。

（3）二级酒家（饭庄）

二级酒家（饭庄）是在当地有较高声誉、技术力量较强、设施设备条件较好、实行规范服务和规范管理的餐饮企业。

（4）三级酒家（饭庄）

三级酒家（饭庄）是在当地有一定声誉、技术力量较强、设施设备齐全、实行规范服务和规范管理的餐饮企业。

4.1.4　旅行社接待服务

旅行社接待服务是旅行社产品中的主要内容之一。一次旅游活动成功与否，在很大程度上取决于旅游者对旅行社的接待服务是否感到满意。旅行社的接待服务包括的内容很多，主要有：接送站服务、导游服务、代订当地的住宿与餐饮设施、代订或代为确认交通票据、安排文娱活动、提供行李运送和托运服务、帮助旅游者在当地商店购物等。

4.1.5　旅游吸引物

旅游吸引物是指各种能够吸引旅游者前来欣赏的自然旅游吸引物和人文旅游吸引物。旅游吸引物中包括了游览参观、娱乐和购物三个旅游活动的基本要素，是旅行社产品的核心。在旅行社的产品中，多数是自然旅游吸引物和人文旅游吸引物的组合体。旅行社通过组织旅游者到旅游景点参观、游览，欣赏各种文娱节目和参加各种娱乐活动以及到商店购物，既为旅行社增加了收入，也为有关部门和企业带来了一定的经济效益，同时还能够满足旅游者的旅游需求。

1）旅游景点

旅游景点的范围很广，包括各种能够供旅游者游览和参观的景物。一般来说，旅行社产品中的旅游景点可以划分为国家公园与自然保护区、博物馆、动物园（水族馆）、城市公园、展览会、工业企业、乡村景色等。在这些旅游景点中，少数景点免费对公众开放，其余的景点均需购买门票。

对于旅行社来说，娱乐产品也和旅游景点一样，可以纳入其经营的产品中。旅行社通过安排和组织旅游者欣赏各种娱乐项目，获得一定的经济收入。娱乐设施包括剧场、电影院、体育场馆、KTV、舞厅等。

2）购物场所

近年来，旅游购物已经成为某些旅游者外出旅行的主要动机。某些购物场所或购物环境已经成为一种旅游吸引物。不少旅行社组织旅游者专门前往外地购物，使旅游购物本身成为一种旅行社产品。旅游者在旅行过程中购买那些在其居住地无法获得的商品或能够使其记住旅行经历的纪念品。

4.1.6　其他旅游服务

除了上述的各种旅游服务外，旅行社还在其经营的产品中向旅游者提供旅游咨询、代办旅游保险、代办出境护照和签证等服务。

同步案例4-1

为什么客人不满意?

背景与情境：天丰旅行社接待了一个由20人组成的入境旅游团。为了满足客人品尝当地风味菜的要求，该社安排该旅游团在市中心的一家餐馆就餐。该旅游团被餐馆安排在大厅里用餐。由于该餐馆在当地名气很大，因此，就餐的人很多。客人就座后，服务员端上了茶水和饮料。过了一会儿，服务员又陆续将菜肴端上。菜肴十分可口，服务员的服务也十分热情、周到。餐厅的四周安放了电视机，正在播放当地的一场足球比赛。精彩的场面不时引起就餐的国内客人的喝彩声。有些国内客人还边喝酒边猜拳行令，热闹非凡。另有少数国内客人在就餐时吸烟，袅袅烟雾不时飘到旅游团就餐的餐桌上。

旅游团的客人匆匆吃完饭，立即离开这家餐馆。其中有些客人抱怨旅行社的安排不当，表示要向旅行社的领导投诉。

问题：为什么有些客人会不满意旅行社的就餐安排？

随堂测 4-1

分析提示：旅游者通过餐饮质量、服务水平、卫生条件、价格与价值和就餐环境五项因素对旅游餐饮服务质量进行评价。尽管天丰旅行社安排旅游团就餐的餐馆拥有美味可口的菜肴，服务员的服务水平也算上乘，但是餐馆内播放电视节目显然增加了噪声，影响了客人的就餐情绪。另外，餐馆是公共场所，不应允许客人吸烟，以免影响不吸烟的客人。天丰旅行社在为客人选择餐馆时，忽略了环境因素，引起客人的不满，是应该吸取教训的。

4.2 旅游采购的原则和策略

学习微平台

延伸阅读 4-2

旅行社的产品是一种特殊的产品。在旅行社的产品中，除了导游服务等少数内容由旅行社直接提供外，其余的多数内容均购自其他部门或行业。旅行社将这些内容按照市场的需要组合成各种各样的产品向旅游者推销。因此，旅游服务的采购是旅行社的一项重要业务。

4.2.1 旅游采购的原则

旅行社在其采购业务中，应遵循以下原则：

1）保证供应

保证供应是旅行社在其采购业务中必须遵循的首要原则。旅行社产品主要由购自其他部门或企业的旅游服务项目构成。由于旅行社的产品多数采用预售的方式，因此，一旦旅行社不能从有关的部门或企业购买到已经预售出去的产品所包含的服务内容，就会造成无法履约的后果，引起旅游者的不满和投诉，并给旅行社带来经济损失和声誉损害。例如，旅行社在旅游旺季时未能订到旅游计划上确定的飞机票，使旅游者无法按照原定的旅游计划前往旅游目的地，招致旅游者的不满和索赔。如果旅行社的采购工作不得力，无法保证旅行社产品中所需旅游服务项目的供应，就会给旅行社的产品设计、产品销售、经营利润和在旅游市场上的声誉造成不良的影响，影响旅行社业务的开展，不利于旅行社的生存与发展。因此，旅行社在旅游服务的采购工作中，必须坚持保证供应的原则，设法保证采购到的产品中包含所需的全部内容。

2）保证质量

旅行社在采购各项旅游服务时，不仅要保证能够买到产品所需的全部服务内容的数量，还要保证其所购买的旅游服务全部符合产品所规定的质量。如果旅行社只关心所购买的旅游服务项目的数量，而忽视这些项目的质量，将同样会引起旅游者的不满和投诉。例如，某旅行社在其销售的产品中安排旅游者在其下榻的饭店以外的餐馆品尝当地的风味菜肴。由于旅行社在选择餐馆时没有对该餐馆的饭菜质量做到细致调查和了解，结果旅游者在用餐时发现菜肴质量低劣，拒绝食用，并到当地的旅游质量监督管理部门投诉和提出索赔要求。旅游质量监督管理部门根据有关规定，用该旅行社缴纳的质量保证金对旅游者进行了赔偿。然而，旅游者仍然对该旅行社感到不满。从这个案例中可以看出，旅行社在采购各种旅游服务项目时，必须遵循保证质量的原则，以使旅游者购买到符合旅游合同要求的产品。

3）降低成本

旅行社产品中的主要内容是购自其他旅游服务部门或企业的旅游服务项目，所以购买这些旅游服务项目的价格构成了旅行社产品的主要成本。换句话说，旅行社经营的成败在很大程度上取决于旅行社采购来的各种旅游服务项目的价格。如果旅行社的采购工作得力，采购到的旅游服务项目价格低于其竞争对手，则旅行社就能够在激烈的市场竞争中获胜，获得较多的利润。因此，旅行社必须在保证旅游服务供应和旅游服务质量的前提下，尽量设法降低成本。

4）互利互惠

旅行社的产品质量和价格在很大程度上取决于所采购的旅游服务产品的质量和价格。相关企业的价值链和旅行社的价值链之间的各种联系为旅行社增强其竞争优势提供了机会。旅行社与相关企业的关系，不应该是一方受益而另一方蒙损的零和游戏(Zero Sum Game)，而应该成为一种双方都能受益的关系。因此，旅行社在采购活动中，应该坚持互利互惠的原则，建立起与相关企业和部门之间互利互惠的合作关系，以实现合作最优化和降低总成本的目标。

4.2.2　旅游采购的策略

旅行社与其他旅游服务供应部门或企业之间的关系，是一种商品交换的关系。在市场经济条件下，作为购买一方的旅行社和作为供应一方的其他旅游服务供应部门或企业都应该按照市场规律办事，在互利的基础上达成双方的供求合作。然而，无论是旅行社还是其他旅游服务供应部门或企业，绝大多数都是以营利为目的的经济实体，必然要受到经济利益的驱动，竭尽全力为自己谋求最大的经济利益。因此，在它们之间不可避免地会出现各种讨价还价的活动。在市场经济条件下，这是完全正常的现象。

旅行社作为以营利为目的的旅游企业，理所当然要从本企业的经济利益出发，千方百计维护自己的利益。因此，旅行社在其旅游服务采购活动中，应该根据具体情况，采用不同的采购策略，设法以最低的价格和最小的采购成本从其他旅游服务供应部门或企业那里获得其所需要的各种旅游服务。旅行社的采购人员必须经常研究市场行情，分析旅游市场上的供需状况，了解市场上各种旅游服务的价格，采用各种切实可行的采购策略，以获得最大的经济效益。在旅行社采购中，可以采用的策略包括集中采购、分散采购和建立采购协作网络三种策略。

1）集中采购

集中采购是旅行社在采购中经常使用的一种采购策略。集中采购包括两个方面的含义：第一，旅行社将其各个部门的采购活动集中于一个部门，统一对外采购；第二，旅行社将其在一个时期（一个星期、一个月、三个月、半年甚至一年）营业中所需的某种旅游服务集中起来，全部或大部分投向经过精心挑选的某一个或少数几个旅游服务供应部门或企业，以最大的购买量获得最优惠的价格和最好的供应条件。

集中采购的主要目的是通过扩大采购批量，减少采购批次，从而降低采购价格和采购成本。集中采购策略主要适用于旅游温、冷点地区和旅游淡季。

2）分散采购

分散采购也是旅行社采购活动中经常采用的一种采购策略。分散采购主要适用于两种情况：一是旅游市场上出现供过于求十分严重的情况。在这种情况下，旅行社采取近期分散采购的策略。所谓近期分散采购，是指旅行社在旅游团队或旅游者即将抵达本地时，利用旅游服务供应部门或企业无法通过其他渠道获得大量的购买者，而旅游服务又不能够加以贮存或转移，迫切需要将其大量空闲的旅游服务项目售出以获得急需的现金收入的处境，采取一团一购的方式，尽量将采购价格压低，以最小的代价获得所需的旅游服务供给。二是当旅游服务因旅游旺季的到来而出现供不应求的情况时，旅行社无法从一个或少数几个旅游服务供应部门或企业那里获得其所需的大量旅游服务供应。在这种情况下，旅行社应该采取分散采购的策略，设法从多个同类型旅游服务供应部门或企业获得所需的旅游服务。

3）建立采购协作网络

建立采购协作网络是旅行社在其采购活动中所能够采用的第三种策略。旅行社为了达到保证供应和降低采购价格及采购成本的目的，应该通过与其他旅游服务供应部门或企业联系和协作，建立起广泛而且相对稳定的协作网络。旅行社在建立采购协作网络的过程中，必须坚持三个原则；第一，协作网络必须覆盖面比较广。当一个地区存在大量的旅游服务供应部门和企业时，旅行社应该根据自身的需要和经营实力，尽量同各种旅游服务供应部门和企业加强联系，设法同它们建立合作关系。这样，旅行社就能够获得比较理想的供应渠道，保证旅行社能够以比较合理的价格获得所需要的旅游服务。第二，遵循经济规律，在互利互惠的基础上长期合作。旅行社建立采购协作网络的目的，是发展同相关部门和企业的长期合作关系。因此，旅行社在与这些部门或企业的交往过程中，必须坚持互利互惠的原则，因为只有合作的双方都能够获得利益，这种合作关系才能够长期保持下去。旅行社在采购活动中，应该从长远利益着眼，不应急功近利，为图一时利益而损害对方的利益，也不能乘人之危，利用对方的不利处境迫使对方做出较大的经济利益牺牲。第三，加强公关活动，建立良好的人际关系。旅行社的采购工作要靠本旅行社的采购人员与旅游服务供应部门或企业的销售人员及其他相关人员的通力合作才能够完成。因此，旅行社的有关部门领导和相关人员应该加强公关活动，设法与对方建立起良好的人际关系，使旅行社的采购协作网络能够不断发展壮大。

同步思考4-1

问题：旅游服务采购合同的基本内容是什么？

理解要点：①合同标的；②数量和质量；③价格和付款办法；④合同期限；⑤违约责任。

4.2.3 旅游服务供需关系的调整

在旅行社的采购活动中，采购部门必须根据实际情况及时调整旅游服务的供需关系，处理好同其他旅游服务供应部门或企业的协作关系。

1）调整采购工作重点

除了个别旅游目的地外，绝大多数地区的旅游市场都存在着比较明显的销售旺季和销售淡季。由于旅游市场的供需状况经常变化，旅行社同其他旅游服务供应部门或企业之间的关系也应适时地变动。因此，旅行社必须根据旅游服务供应市场上出现的供需变化，及时调整其采购工作的重点。

在旅游旺季时，大量的旅游者蜂拥而至，往往给某些旅游目的地的旅游服务供应造成巨大的压力，使某些旅游服务（如客房、交通）出现一时的短缺，并使相关的旅游服务供应市场暂时变成卖方市场。这时，旅行社采购的首要任务是保证所需旅游服务的供给，而不是降低所采购的旅游服务项目的价格。在必要时，旅行社的采购部门应该不惜牺牲眼前的部分利益，以较高的价格获得迫切需要的旅游服务项目，以保证旅游合同的实施，让旅游者感到满意。

当旅游淡季到来后，旅游市场上的供给紧张的状况得到缓和，旅游服务供应市场又变为买方市场。这个时候，旅行社采购工作的重点就应该及时转移到降低所采购的旅游服务价格和采购成本上来。旅行社可以利用旅游服务产品的不可转移性和不可贮存性的特点，利用其他旅游服务供应部门或企业营业收入下降，迫切需要客源的心理，在谈判中尽量压低价格，设法获得更多的优惠条件。旅行社通过旅游淡季的采购活动，降低其全年的营业成本，弥补在旅游旺季时为确保旅游服务的供应而付出较高价格所蒙受的损失，提高旅行社的经营利润。

2）调整预订与退订的关系

旅行社产品的销售是一种预约性的交易。旅游者在预订了旅行社的产品后，有时会因各种原因要求取消旅游计划。另外，对于旅游目的地的组团旅行社及各地的接待旅行社来说，它们同旅游客源地的旅行社之间签订的旅游合同并无法律上的约束力。在旅行社实际经营中，旅游客源地的旅行社以各种原因和理由要求临时增加或临时取消旅游计划更是屡见不鲜。由于旅行社产品销售的预约性特点，旅行社必须提前制订旅游服务采购计划，并按照这些计划向相关的旅游服务供应部门或企业预订所需的各种旅游服务项目。这样，一旦出现临时增加旅游计划或临时取消旅游计划时，旅行社就必须向有关的旅游服务供应部门或企业提出临时增订或退订旅游服务项目的要求。由于临时性的增订或退订往往会给提供这种服务的部门或企业带来一定的压力或经济损失，因此，这些部门往往要求提高临时增订的旅游服务的价格或收取一定比例的退订损失的费用。为了尽量减少损失，旅行社应该设法通过友好协商的办法，尽量使对方降低提价的幅度或减少退订损失的费用。

随堂测4-2

4.3 旅游服务采购的程序与方法

在旅游服务的采购过程中，旅行社的采购人员必须善于同各种旅游服务部门和企业打交道。根据市场的供求状况和相关部门或企业的有关规定，在保证旅游服务供给的前提下，设法为旅行社采购到质优价廉的各种旅游服务产品，以保障旅行社的经营活动能够正常顺利地进行。因此，旅行社采购人员必须注重旅游服务采购程序和方法的研究。

4.3.1 交通服务采购

前面已经讲过，在旅行社产品的构成中，交通服务占的比重最大，因此，做好交通服务的采购对旅行社的经营具有重要作用。旅游交通服务采购业务主要包括航空交通服务采购、铁路交通服务采购、公路交通服务采购和水运交通服务采购。

1）航空交通服务采购

航空交通服务采购是指旅行社根据旅行社产品中旅游团队的旅行计划或散客旅游者的委托，为旅游者和旅游团队的领队及全程陪同代购旅游途中所需的飞机票。担任航空交通服务采购任务的旅行社采购人员必须具备有关航空交通服务的各方面知识。这些知识包括有关航空公司使用的各种设施设备、提供的各种服务项目、各种机票价格、国家关于民航运输的有关法律和规定及航空公司的各种相关规定等。在此基础上，旅行社采购人员才能够开展航空交通服务的采购。

飞机票是航空公司和乘坐该航空公司航班的乘客之间的法律文件。航空公司同意按照飞机票上规定的条件向乘客提供航空交通服务，而乘客则以购买该航空公司的飞机票的方式接受飞机票上所规定的各项条件。飞机票上应该完整地记录飞行的路线、所付的金额、飞机票价格的构成以及各种相关的特殊要求和规定。因此，旅行社采购人员在购买飞机票时必须十分细心，仔细检查飞机票上的各项内容。任何看上去微不足道的马虎或失误，都可能给旅游者的旅行带来较大的麻烦，并可能给旅行社造成重大的经济和声誉损失。

航空交通服务采购分为两种形式，即定期航班飞机票的采购和旅游包机的预订。

（1）定期航班飞机票的采购

定期航班飞机票的采购业务包括飞机票的预订、购买、确认、退订与退购四项内容。

①飞机票的预订

航空交通服务的采购始于飞机票的预订。旅行社采购人员在预订飞机票之前，必须了解乘坐飞机的旅游者和提供这种服务的航空公司两个方面的信息，以便能够顺利地预订到旅游者所要求乘坐的飞机航班及相应的座位。旅行社采购人员在向航空公司提出预订要求前，必须掌握有关旅游者的以下相关信息：

A.旅游者的姓名全称。如果旅游者是居住在中国境内的中国公民，并乘坐飞机进行国内旅行，则应该核对旅游者的身份证，记录身份证上的姓名、出生日期、性别、家庭住址、身份证号码；如果旅游者是海外的入境旅游者或居住在中国境内的中国公民到境外旅游，则应该核对旅游者所持的护照，记录护照上的姓名、出生日期、性别、国籍、家庭住址和护照号码，并检查护照及签证是否有效。

B.同行人的有关信息。同行人的有关信息除了其姓名、年龄、性别、国籍、家庭住址和身份证号码（或护照号码）之外，还要了解同行的人数，有无儿童随行。如有儿童随行，则应检查儿童的年龄并记录下来。

C.旅游者的联系电话。它包括旅游者的家庭电话和工作单位电话。

D.旅行目的地。了解旅游者前往的目的地，是否按照原路线返回等。

E.日期。旅游者要求的乘机日期和具体时间。

F.支付方式。旅游者要求采用何种支付方式，如现金、支票、信用卡等。

G.特殊要求。旅游者的特殊要求包括旅游者对座位的要求（如头等舱或经济舱、靠近窗口或靠近过道）、对飞机上用餐的要求（如清真、素食）等。

旅行社采购人员在预订飞机票前，除了需要掌握旅游者的以上信息之外，还必须掌握航空公司相关方面的信息。这些信息包括：

A.飞行设施设备方面的信息。它包括航空公司名称和航班号、飞机机型、能够容纳乘客的最大数量、所提供的服务种类、所使用的机场及飞机起飞和抵达目的地的具体时间。

B.机票价格方面的信息。它包括飞机票的价格、折扣价格及其条件、预订机票的最后期限、退订或改订机票的处罚等。

C.其他服务信息。它包括航空公司关于行李托运和手提行李携带方面的规定，因航空公司方面原因出现飞机推迟起飞、航班取消等情况时，航空公司对旅客在住宿、餐饮等方面安排的规定等。

②飞机票的购买

旅行社采购人员在掌握了全部所需的信息后，便能够向有关的航空公司提出预订和购买飞机票的请求。预订时，旅行社采购人员将填好的“飞机票预订单”按照航空公司规定的日期送至航空公司的售票处。然后，采购人员按照航空公司规定的时间到航空公司的售票处购买飞机票。购票时，采购人员须持现金或支票及乘机人的有效身份证件或旅行社出具的带有乘机人护照号码或身份证号码的乘机人名单等。在取票时，采购人员应认真核对机票上的乘机人姓名、航班、起飞时间、票价金额、前往的目的地等内容。

根据旅行社的经营业务，旅行社采购的飞机票主要有国内客票和国际客票两种。

A.国内客票。国内客票是指旅游者乘坐国内航班飞机旅行的客票，有效期为一年。定期客票自旅客开始旅行之日起计算，不定期客票自填写客票之次日零时起计算。客票只限票上所列姓名的旅客本人使用，不得转让和涂改；否则，客票无效，票款不退。

国内客票分为成人客票和儿童客票。成人客票的价格为全额价格，儿童客票的价格则根据儿童年龄的不同按照成年人客票价格的一定比例计算。已满两周岁未满12周岁的儿童按成人全票价的50%付费；不满两周岁的婴儿按成人全票价的10%付费，不单独占一座位，每一成人旅客只能有一个婴儿享受这种票价；年满12周岁的少年，按成人全票价付费。

B.国际客票。国际客票包括国际旅行的单程客票、来回程客票和环程客票，有效期均为一年。国际客票同国内客票一样，也分为成人客票和儿童客票两种。

③飞机票的确认

有时候，旅游者已经事先自行购买了飞机票，对于这种旅游者，旅行社提供的服务则变成了代旅游者确认飞机上的座位。我国民航部门规定：在国内旅行中，凡持有定妥座位的联程或来回程飞机客票的旅游者，在联程或回程地点的停留时间超过72小时，须在该联程或回程航班飞机离站前两天的中午12时之前办理座位再证实手续；否则，原定机座不予保留。在国际旅行中，已定妥续程或回程国际、地区航班座位的旅客，如在上机地点停留72小时以上，最迟应在班机起飞前72小时对所定座位予以再证实，否则所定座位将自动取消。如在续程或回程地点停留时间在72小时以内，无须办理座位再证实手续。

④飞机票的退订与退购

旅行社采购人员在为旅游团队或旅游者预订或购买飞机票后，有时会遇到因旅游计划变更造成旅游团队的人数减少或旅游者（团队）取消旅行计划等情况。遇到此类情况时，采购人员应及时办理退订或退票手续，以减少损失。

旅行社退订飞机票，一般按照旅行社事先同有关的航空公司之间达成的协议或口头谅解所规定的程序办理。

旅行社退购飞机票，则应按照民航部门的规定办理。我国民航部门规定：旅客在航班规定离站时间24小时以内至2小时以前要求退票，收取客票价10%的退票费；在航班规定离站时间前2小时以内要求退票，收取客票价20%的退票费。

（2）旅游包机的预订

旅游包机是旅行社因无法满足旅游者乘坐正常航班抵达目的地的要求而采取的一种弥补措施。这种情况多发生在旅游旺季的旅游热点地区或正常航班较少的地区。另外，旅行社在接待过程中发生误机事故后也会采取包机的方式将旅游者尽快送达目的地。

当出现需要包机的情况时，旅行社采购人员应立即设法同旅游包机公司或其他航空运输公司联系，通报乘机的人数、日期、前往地点等情况，并询问租赁飞机的费用、所能提供的飞机机型、起飞和降落地点等信息。一旦条件合适，采购人员应该立即向旅行社有关领导请示，经批准后向所选择的旅游包机公司或其他航空运输公司提出包机申请。当包机申请被接受后，采购人员应该立即同对方签订包机协议。

同步案例4-2

如何购买火车票？

背景与情境：J市福利院的王老师受该院院长的委托，计划在7月5日带领福利院的5个孩子前往风景如画的S市旅游。于是，她来到天丰旅行社，请该旅行社帮她预订6张火车票。王老师告诉接待她的旅行社工作人员小刘，和她一起乘火车的孩子中，有2个孩子的身高已经超过了1.6米，1个孩子的身高为1.2～1.4米，2个年龄最小的孩子身高只有1米左右。王老师要求乘坐J市到S市的K253次列车。

问题：小刘应该为他们购买哪些类型的火车票？

分析提示：这是旅行社在提供单项服务业务时经常遇到的情况。根据我国铁路部门的规定，王老师本人是成年人，应该购买全价票，2个身高超过1.6米的孩子也应该购买全价票。1个身高超过1.2米的孩子应该购买半价客票、加快票（K253次为快速列车）和空调票。1个身高不足1.2米的孩子因随同成年人旅行而无须购票，另一个身高不足1.2米的孩子须购买儿童票。因此，小刘应该为他们购买3张全价票，1张半价客票、加快票和空调票及1张儿童票。

2）铁路交通服务采购

火车是旅游者旅行时经常乘坐的另一种交通工具。目前我国多数国内旅游者及部分海外旅游者选择火车作为主要的城市间交通工具。旅行社采购铁路交通服务的关键在于必须保证及时购买到旅游活动所需要的各种火车票。此外，旅行社采购人员还负责代旅游者或旅游团队办理因旅行计划变更造成的增购或减退火车票的业务。

（1）火车票的种类

火车票是旅客乘车旅行的凭证，分为客票和附加票两个类型。其中客票包括软座、硬座、市郊（单程、往返、定期）、棚车客票；附加票包括加快票（特别加快、普通加快）、卧铺票（高级软卧、软卧、包房硬卧、硬卧）、空调票、变径票和补价票。另外，铁路部门对于儿童、伤残军人和学生乘车另有规定。

①小孩减价票

根据我国铁路部门的规定，儿童乘火车时应按照其身高购买相应的火车票。身高超过1.5米的儿童乘车时须购买全价票。身高1.2～1.5米的儿童乘车时，应随同成年人购买座别相同的半价客票、加快票及相应空调票，其行程不得超过随同的成年人的到站。每位成年旅客可以免费携带一名身高在1.2米以下的儿童；超过一名时，超过的人数应购买儿童票。免费乘车的儿童单独使用卧铺时，应购买全价卧铺票，有空调时还应购买半价空调票。

②伤残军人半价票

我国铁路部门规定：现役革命伤残军人，凭中国人民解放军总后勤部签发的“革命伤残军人证”，非现役革命伤残军人，凭省、自治区、直辖市民政部门签发的“革命伤残军人证”，可购买半价软、硬座客票及附加票。

③学生减价票

按照我国铁路部门的规定，遇下列情况，学生可购买学生票（即硬座车的半价客票、加快票和空调票）：

A.正规院校没有工资收入的学生和研究生，家庭居住地和院校不在同一个城市，自费回家或返校时，凭附有加盖院校公章的“减价优待证”的学生证或学校的书面证明，每年可买四次从院校到家或从家到院校所在地车站的硬座车的半价客票、加快票和空调票；

B.从实习地点回家，或从家去实习地点的学生，凭附有“减价优待证”的学生证和院校的书面证明，可购买学生票；

C.应届毕业生从院校回家，凭院校的书面证明，可买一次学生票；

D.新生入学凭院校的录取通知书，可买一次从接到录取通知地点至院校的学生票；

E.学生回家或返校，径路中有一段乘坐其他交通工具，经确认后，也可购买学生票；

F.华侨、港澳学生要求在国内参观、游览或探亲访友时，凭县以上教育机关证明，每年可买两次学生票。

（2）火车票的采购业务

火车票的采购业务包括火车票的预订与购买、退票、车票签证和变更径路。

①火车票的预订与购买

旅行社采购人员在采购铁路交通服务时应首先向铁路售票处提出预订计划，包括订购火车票的数量、种类、抵达车站名称、车次等。然后，采购人员持现金或支票等到售票处购票。

②退票

旅游者的旅行计划变更或取消时，旅行社采购人员应根据铁路部门的下列规定办理退票手续，并交纳退票费：

A.在发站，旅行社须在团体旅游者发车6小时前或散客旅游者尚未乘车时提出退票，并可从铁路部门获得全部车票票价。如果散客旅游者乘坐新型空调车，则须在开车2小时以前办理退票手续。

B.旅游者或其同行人生病，在客票有效期间内，凭医疗单位证明或经车站证实后，可办理退票手续。旅游者在发站的，退还全部车票票价；在中途站的，退还已收票价与已乘区间车票票价的差额。

C.退还带有行李戳迹的客票时，应先办理行李变更手续。

因铁路责任致使旅客退票时，旅行社采购人员应按下列规定办理，并免交退票费：

在发站，列车开车前，退还全部票价，但最迟不超过开车后6小时以内办理；在中途站，退还已收票价与已乘（已使用）区间票价差额，已乘区间不足起码里程时退还全部票价，未乘（未使用）区间不足起码里程时，按起码里程计算。

③车票签证

旅游者如不能按票面指定的日期和车次乘车时，在不延长客票、加快票有效期间和列车有能力的条件下，可办理一次提前或改晚乘车手续。办理改晚乘车手续时，最迟不超过列车开车时。团体旅客必须在开车前6小时以前办理车票签证手续。直达特快车票、新型空调车车票、卧铺票不办理改签业务。

④变更径路

旅游者在中途站或列车内，可要求变更一次径路，但变更径路时应在分歧站以前提出变更声明，并在客票有效期间内能达到站时方可办理。办理变更径路手续时，由铁路有关方面收回原票，换发代用票，补收或退还从分歧站起算的新旧径路里程差额的票价。不足起码里程时，只补收不退还，并核收手续费。退还票价时注明“由到站退款”。

持加快票的旅客，变更径路后新径路没有快车或乘坐低等级列车时，不退还加快票价差额。变更径路后的客票有效期间，从办理站起按新里程重新计算。

3）公路交通服务采购

公路交通服务是旅游交通服务的第三种形式，主要用于市内游览和近距离旅游目的地之间的旅行。在一些航空交通服务和铁路交通服务欠发达的内陆地区，公路交通服务是主要的旅游交通方式。旅行社采购人员在采购公路交通服务时首先应对提供此项服务的旅游汽车公司及其他长途汽车公司进行调查，充分了解公司所拥有的车辆数目、车型、性能、驾驶员的技术水平、公司的管理状况、租车的费用等情况。然后，采购人员将搜集到的有关信息加以整理和分析，从中选出汽车车型、驾驶员技术水平和价格均适合旅行社的需要且管理水平较高的旅游汽车公司或其他长途汽车公司作为公路交通服务的采购对象。最后，采购人员代表旅行社经过谈判同这些公司签订租车协议。

学习微平台

延伸阅读4-3

旅行社采购人员在每次接到旅游者或旅游团队用车计划之后，应根据旅游者的人数及收费标准向提供公路交通服务的汽车公司提出用车请求，并通报旅游者或旅游团队的旅游活动日程，以便汽车公司在车型、驾驶员配备等方面做好准备。为了避免出现差错，采购人员应在旅游者或旅游团队抵达前的2～3天内再次与汽车公司联系，核实车辆落实的情况，由汽车公司将所用汽车的车型、驾驶员的姓名等情况通报旅行社的接待部门。

4）水运交通服务采购

旅行社采购人员在采购水运交通服务时，应根据旅游者或旅游团队的旅行计划和要求，向轮船公司等水运交通部门预订船票，并将填写好的船票订票单在规定日期内送交船票预订处。采购人员在取票时应根据旅行计划逐项核对船票的日期、离港时间、航次、航向、乘客名单、船票数量及船票金额等内容。购票后，如因旅行计划变更造成乘船人数增加或减少、旅行计划取消等情况时，采购人员应及时办理增购或退票手续，保证旅游者能够按计划乘船，同时减少旅行社的经济损失。

4.3.2　住宿服务采购

旅游住宿服务是旅行社产品的重要构成内容之一。旅行社能否通过旅游采购活动获得旅游者所需的住宿服务，反映了旅行社的接待能力。因此，旅行社采购人员应该通过自己的辛勤工作，为旅游者采购到满意的住宿服务，保证旅游者在其旅游过程中获得良好的休息条件，有充沛的体力和精力进行旅游活动。同时，采购人员还应该设法在保证住宿服务供给的前提下，尽量降低采购的成本和服务的价格。

旅游住宿服务采购业务一般包括选择住宿服务设施、选择预订渠道、确定客房租住价格和办理住宿服务预订手续四项内容。

1）选择住宿服务设施

选择住宿服务设施是保证住宿服务质量的重要手段之一。旅行社采购人员必须严格考察饭店、旅馆、客栈等住宿服务设施，并从中选出一批质量好、价格合理、愿意为旅游者提供服务的住宿服务设施，以便能够满足旅游者在旅游过程中的住宿需要。旅行社采购人员通常从以下几个方面考察住宿服务设施：

（1）坐落地点

旅行社采购人员考察的第一个方面是饭店的坐落地点，因为这对接待旅游者具有重要意义。不同类型的旅游者对于住宿设施的坐落地点有着不同的要求和偏好。例如，商务旅游者、停留时间长的旅游者或喜欢购物的旅游者偏爱坐落在市区特别是市中心的饭店，短暂停留的过往旅游者则不大关心饭店的坐落位置。另外，对于那些坐落在城外的住宿设施，旅行社采购人员还应考察饭店附近是否有方便进城的交通服务。

（2）经营方向

采购人员需要考察的第二个方面是住宿设施的经营方向，即该设施的主要接待对象是哪些类型的旅游者。有些饭店以散客旅游者为主要客源，有些饭店以会议旅游者为主要客源，还有些饭店以旅游团队为主要接待客源。采购人员通过调查，可以在住宿服务采购中做到心中有数，针对不同旅游者的特点为其安排下榻之所。

（3）设施设备

采购人员需要考察的第三个方面是饭店、旅馆等的设施和设备情况，了解它们拥有哪些设施和设备。例如，饭店是否配备会议室、商务中心、多功能厅、宴会厅、健身设施等。采购人员可以根据饭店所拥有的设施设备，安排适合的旅游者下榻。

（4）服务类型

采购人员需要考察的第四个方面是饭店所提供的服务类型，了解饭店是否提供本旅行社产品所要求必须具备的服务。例如，以团体包价旅游作为主要经营产品的旅行社采购人员应特别注重饭店的行李运送服务，以便当团体旅游者到达或离开饭店时，饭店能够及时将他们的行李送至下榻的房间或将他们的行李从其所下榻的房间取出送至饭店行李处。

（5）停车场地

采购人员需要考察的第五个方面是饭店是否拥有一定面积的停车场地。以团体旅游产品为主要经营业务的旅行社对停车场地尤为重视，因为团体旅游者多乘坐大型客车旅行游览，饭店在其门前拥有较大面积的停车场能够为旅游者出入饭店提供方便。

2）选择预订渠道

旅行社主要通过组团旅行社、饭店预订中心、饭店销售代表和地方接待社四个渠道预订饭店。

（1）组团旅行社预订

组团旅行社预订，又称直接预订，是指旅行社直接向有关饭店提出预订要求。旅行社在直接预订饭店客房服务时，一般采用信函、传真等方式。这种预订渠道的优点是：①能够直接从饭店获得客房信息，及时掌握饭店客房的出租情况，并直接同饭店达成预订协议，既能够保证旅游者的住房，又能够免去中间环节的费用，降低采购成本。②能够与饭店建立起比较密切的合作关系。随着旅行社与饭店联系的增加，饭店方面对旅行社更加信任，有利于采购业务的进一步开展。

直接预订渠道的缺点是：①采购人员必须同所要预订的各家饭店逐一打交道，不仅在预订时要同它们联系，还包括在随后寄送预订申请、确认住房人数及名单、付房费等方面都要紧密联系，会占用大量的时间和人力资源；②有时，外地的饭店未必了解组团旅行社，因而不愿意向组团旅行社提供最优惠的价格，并可能在交纳租房预订金、付款期限、客房保留截止时间等方面不给予优惠。

（2）委托饭店预订中心预订

如果旅游者要求住在连锁饭店集团所属的饭店，旅行社则可以委托该饭店集团预订中心为其预订所需的客房。许多连锁饭店集团都提供这种业务，如希尔顿国际饭店集团、喜来登饭店集团、洲际饭店集团等。旅行社委托饭店集团预订中心为其预订客房主要有以下优点：①方便。旅行社通过连锁饭店预订中心订房，能够比较方便地获得它所需要的饭店客房。②可靠。旅行社通过连锁饭店预订中心订房可以获得可靠的饭店信息，有利于旅行社扩大产品的销售。

通过连锁饭店预订中心订房的方法也存在某些不足之处：①旅行社在做出通过连锁饭店预订中心订房的决定时，往往意味着旅行社将它对饭店的选择范围限定在拥有复杂的市场营销和预订系统的饭店圈内。也就是说，旅行社为了提高订房的便利性和可靠性，而放弃了一部分选择机会。②尽管旅行社最初的预订是通过预订中心进行的，但是在预订被确认之后，旅行社仍然必须同旅游者将下榻的饭店联系，通过该饭店而不是预订中心办理客房预订状况报告、预交订房预订金等手续。

(3) 委托饭店销售代表预订

委托饭店销售代表订房是旅行社采购住宿服务时采用的第三种渠道。委托饭店销售代表订房的主要好处是饭店销售代表熟悉饭店的各种情况，能够向旅行社采购人员提供有关饭店设施设备、服务项目等详细信息，有利于旅行社采购人员进一步了解该饭店的情况，从而为旅游者选择最佳的住所。

委托饭店销售代表订房的缺点是许多饭店销售代表同时为多家饭店提供销售服务，难以做到对每一家饭店的情况都十分熟悉。另外，饭店销售代表主要经营散客销售业务，对于旅游团队的订房程序不是很熟悉，有时不能完成旅行社委托的团体客房预订任务。

(4) 委托地方接待社预订

许多组团旅行社认为最好委托旅游者前往地区的接待旅行社预订住宿设施，将客房和游览参观、交通、餐饮等服务组合在一起，构成全包价旅游产品。这种方法尤其适用于乡村地区。

旅行社委托接待社预订当地的住宿服务可以获得下列好处：

① 当地的接待社比较熟悉该地区旅游住宿服务的供应状况，并且同许多当地的饭店建立了良好的合作关系，所以，它们能够根据旅游者的不同特点和要求，安排合适的饭店。

② 当地的接待社比较容易了解到该地区旅游住宿设施的预订和出租情况。如果当地的接待社发现向该地区饭店提出预订的旅行社及其他单位、企业比较集中，则能够及时通知委托它进行预订的组团旅行社，尽快交纳预订金，以确保本旅行社招徕的旅游者能够得到充足的客房。

有时候，地处异地的组团旅行社只能通过当地的旅行社才能预订到该地区的饭店客房。

然而，组团旅行社委托当地接待社预订饭店客房也存在一些缺点，主要是：

① 当地的接待社会把饭店对旅行社批量采购所给予的折扣留下一部分作为其代订饭店的报酬。

② 组团旅行社必须委托具有一定经济实力和信誉的当地接待社作为预订渠道；否则，一旦受委托的接待社爽约，组团旅行社将陷入困境。

③ 有些接待社可能会设法迫使组团社接受一家它并不喜欢的饭店作为旅游者的下榻之所。当地的接待社这样做可能是为了获得更多的折扣，或者该饭店与接待社有着某种特殊的关系。这样，接待社就以牺牲组团旅行社和旅游者的利益为代价，为自己赢得了好处。

从以上的分析可以看出，每种预订渠道都具有一定的优点，也都存在着某些不足之处。组团旅行社在选择预订渠道时，必须慎重考虑，选择最恰当的渠道预订住宿服务。

3）确定客房租住价格

饭店客房租住价格是旅行社在采购住宿服务时必须认真考虑的重要因素。饭店客房租住的价格种类很多，采购人员必须熟悉这些价格，以便根据旅游者的要求、旅行社同饭店的合作关系、当地住宿服务市场的供求状况、旅行社提出预订的日期、旅游者入住饭店的日期、在饭店逗留的时间等因素与饭店进行谈判，获得最优惠的价格。

饭店客房的租住价格主要包括以下类型：

（1）门市价格

门市价格是饭店对外公布的客房出租价格，主要适用于接待事先未预订的临时住店的过往客人。

（2）团体价格

这是饭店以低于门市价格一定比例提供给旅行社的客房出租价格，是为旅行社接待的旅游团队提供的优惠价格。

（3）协商价格

这是由旅行社同饭店经过谈判而达成协议后的客房出租价格，一般低于门市价格。

（4）净价格

这是扣除饭店给予旅行社一定的折扣，并加上税收和服务费的客房出租价格。

4）办理住宿服务预订手续

旅行社采购人员在确定了为旅游者安排的饭店后，应该按照下列程序预订客房：

（1）提出租房申请

旅行社采购人员应该向饭店预订部门或向其他预订渠道提出租房申请。

在申请中，采购人员应提供下列信息：①旅行社的名称、需要的客房数量和类型、入住饭店的时间、离开饭店退房的时间、结算的方式；②旅游者的国籍（海外旅游者）或居住地（国内旅游者）、旅游者的姓名或旅游团队的代号、旅游者的性别、夫妇人数、随行儿童人数及年龄；③旅游者在住房方面的特殊要求，如要求住在某个楼层、客房的朝向（临街、向阳）、客房远离电梯间（以避免吵闹）等。

饭店在接到旅行社的租房申请后，如果认为能够按照旅行社提出的要求提供客房，通常会向旅行社发出确认函。确认函里应注明饭店发出的确认号码，即旅行社的预订号码。旅行社所接待的旅游者凭确认函入住饭店。

（2）交纳预订金

饭店通常要求旅行社在接到饭店发出的预订确认函后的一定时间内，向饭店交纳预订金，以确保饭店在规定的时间内为旅行社保留其所预订的客房。每个饭店都有关于预订金交纳的时间、交纳预订金的比例、取消预订的退款比例等事项的规定。采购人员必须熟悉这些规定。如果旅行社未能在规定的时间里交纳预订金，饭店则认为旅行社取消了预订，而将客房出租给其他客户或客人。

（3）办理入住手续

旅游者在预定时间到达饭店后，即可凭旅行社转交的饭店确认函在饭店前厅接待处办理入住手续。

4.3.3　餐饮服务采购

餐饮服务采购是指旅行社为满足旅游者在旅游过程中对餐饮方面的需要而进行采购的业务。旅行社采购人员在采购餐饮服务时应根据旅游者的口味、生活习惯、旅游等级等因素，安排旅游者到卫生条件好、餐饮产品质量高、服务规范、价格公道的餐厅、餐馆就餐。

旅行社采购人员在采购餐饮服务时，可以采用定点采购的办法。定点采购是指旅行社经过对餐饮设施进行考察和筛选后，同被选择的餐厅或餐馆进行谈判，提出有关旅游者就餐的特点、各种旅游者或旅游团队的就餐标准，并要求对方提出详细的菜单。通过谈判，双方达成协议，由这些餐厅或餐馆充当旅行社的定点餐厅。旅行社负责安排旅游者前往这些餐厅或餐馆用餐，有关的餐厅或餐馆负责按照协议的规定和旅行社的就餐标准向旅游者提供相应的餐饮产品和服务。

同步思考 4-2

问题： 旅游者的非基本需求是什么？

理解要点： 购物与娱乐。

4.3.4　游览景点和参观单位服务采购

游览和参观是旅游者在旅游目的地进行的最基本和最重要的旅游活动。做好游览景点和参观单位服务的采购工作对于保证旅游计划的顺利完成具有举足轻重的作用。除了少数特殊游览景点和参观单位外，绝大多数的游览景点和参观单位服务采购由各地的接待旅行社承担。

旅行社采购人员应该对本地区的重要游览景点和参观单位进行考察和比较，并根据不同景点和单位的特点分别同这些景点、单位进行联系，保证旅游者的正常游览参观。如有可能，旅行社应在双方自愿的基础上同它们达成互惠的长期合作协议，争取获得价格上的优惠。

4.3.5　旅游购物和娱乐服务采购

旅游购物和娱乐活动是旅游活动的两个要素。旅行社组织好旅游者的购物和娱乐活动不仅能够满足旅游者在这两个方面的需求，提高他们对旅行社接待工作的满意程度，而且能够为当地增加经济收益和就业机会。旅行社采购人员应该重视旅游购物和娱乐服务的采购业务，对当地的商店和娱乐场所进行详细的调查，筛选出一批信誉好、货色齐全、价格合理的商店和一批质量高、具有特色的娱乐场所，同它们建立长期合作关系。

课程思政 4-1

诱导消费

背景与情境： 强迫或变相诱导游客到指定购物场所消费是某些旅行社的一种惯用套路，成了旅游消费投诉的热点之一。近日，某地市场监管所针对前期游客反映的线索，对辖区内的旅游购物点展开了执法检查。执法人员首先来到该区一家名为“元亨翠裳”的购物店，这里主要经营珠宝、翡翠等饰品。根据此前市文旅局反映的线索，这家门店和某市一家旅行社私下合作，旅行社以“低价游”为噱头，将游客带到门店诱导消费，之后这家门店会从游客的消费金额中抽取部分回扣返给旅行社，已经涉嫌商业贿赂。当执法人员要求店员出示销售台账时，店员却无法提供任何销售记录。这意味着，除了产品的来源去向不可追踪之外，实际销售价格是否合理也不得而知。执法人员现场对商家进行了立案处理。

资料来源 佚名．涉嫌商业贿赂！旅游购物点被查，与旅行社私下合作，拿回扣！[EB/OL]．[2021-04-19]．https：//www.163.com/dy/article/G7TRG5LK05248790.html.

问题：试对诱导消费进行思政研判。

研判提示：诱导消费是商业贿赂。关于商业贿赂，法律是这样界定的：商业贿赂是指经营者以排斥竞争对手为目的，为争取交易机会，暗中给予交易对方有关人员和能够影响交易的其他相关人员以财物或其他好处的不正当竞争行为。本案例中的购物点和旅行社存在“背后回扣”等违法交易，涉嫌商业贿赂，违反了我国《中华人民共和国反不正当竞争法》等相关法律规定，如经查实，必受处罚。

商业贿赂也是腐败。无论是旅行社、商家，还是市场监管部门，都要坚决贯彻落实党的二十大关于全面从严治党战略部署，坚定不移推进反腐败斗争。

随堂测 4-3

4.3.6 旅行社接待服务采购

旅行社接待服务采购是指组团旅行社向旅游目的地旅行社采购接待服务的业务。组团旅行社应根据旅游客源市场的需求及发展趋势，有针对性地在各旅游目的地旅行社中间进行挑选和比较，选择合适的旅行社作为接待社。接待旅行社应该具备以下条件，组团旅行社才能够选择其作为合作伙伴：

1）信誉良好

作为提供接待服务的合作伙伴，接待旅行社必须具备良好的信誉。接待旅行社必须根据事先同组团旅行社达成的合作协议，严格地按照双方商定的接待标准和组团旅行社的旅游接待计划向旅游者提供接待服务。接待旅行社不得以任何借口拒绝履行合作协议，或者不按照双方商定的接待标准提供服务。接待旅行社如因特殊原因，无法落实旅游接待计划所要求的活动内容时，必须及时通知组团旅行社，并在征得组团旅行社的同意后，方可改变原先的接待计划。

2）具有较强的接待能力

接待旅行社必须具有较强的接待能力，能够采购到组团旅行社委托其采购的各项旅游服务，并提供优质的导游服务。

3）具有真诚的合作愿望

接待旅行社必须具有同组团旅行社真诚合作的愿望，积极主动地配合组团旅行社履行与旅游者达成的旅游合同。

4）收费合理

接待旅行社的收费不能过高甚至超过旅游者和组团旅行社的承受能力。接待旅行社不能以各种借口违反事先达成的协议，擅自提高收费标准或增加收费项目，不得随意降低接待服务的标准，损害旅游者和组团旅行社的合法权益。

组团旅行社通过一段时间的考察与合作后，应该设法同那些在上述四个方面均有上乘表现的接待旅行社签订合作协议，建立长期合作关系。

总之，旅行社的采购业务涉及许多企业和部门。旅行社应在确保服务质量的前提下，同相关的旅游服务供应企业和部门建立起互利互惠的协作关系，正确处理旅游服务采购中的各种关系，为旅行社的经营和发展建立起一个高效率、低成本、优质的旅游服务采购网络。

教学互动 4-1

互动问题： 旅游服务采购中，旅游交通和旅游住宿是最重要的两类服务，这两类服务：

①分别包括哪些类型的采购？

②采购的渠道有哪些？

要求： 同“教学互动 1-1”的“要求”。

本章概要

□ 内容提要

本章介绍了旅游服务的类型、旅游服务采购的原则与策略、旅游服务采购的程序与方法。旅游服务包括旅游交通、旅游住宿、餐饮、旅行社接待、旅游吸引物及其他服务等。旅行社采购旅游服务应遵循保证供应、保证质量和降低成本三项原则。旅行社通过集中采购、分散采购和建立采购协作网络等策略保证旅游服务的供应。旅游服务采购程序和方法的研究会使读者熟悉旅行社旅游服务采购的各种策略，并能够灵活运用在实际经营中。

□ 主要概念和观念

▲ 主要概念

旅游服务　旅行社采购策略　采购协作网络　饭店门市价格

▲ 主要观念

旅游服务采购的程序　旅游服务采购的方法　旅游服务采购的策略

□ 重点实务

集中采购　采购协作网络

基本训练

□ 知识训练

▲ 复习题

1）当前世界上使用最多的旅游交通工具是什么，它具有哪些优点？

2）根据《中华人民共和国评定旅游（涉外）饭店星级的规定》，我国的旅游饭店星级如何划分和评定？

3）旅游者对旅游餐饮服务设施进行评价的主要因素有哪些？

4）根据国家标准，我国饭店以外的餐饮服务设施（酒家、饭庄、餐馆）分成哪些等级？

5）旅游服务采购的基本原则是什么？

▲ 讨论题

1）旅行社采购的航空交通服务包括哪些种类？

2）按照饭店特色进行分类，旅游饭店可以分为哪些类型？

3）辅助性旅游住宿设施有哪些种类？

□ 能力训练

▲ 理解与评价

在旅行社经营活动中，旅游服务采购是最基本的业务，如何理解“旅游服务采购的成效，直接关系到旅行社经营的成败”？

▲ 案例题

【训练项目】

案例分析-Ⅳ。

【相关案例】

旅行社打赢了与OTA平台的官司

背景与情境： 2019年12月，厦门某旅行社与某旅游产品销售平台签订《旅游专线（专营）合同》，并依约支付平台管理费。

2020年1月，某平台根据报团游客的数量，向某旅行社下了18个报团出游的订单。但受新冠肺炎疫情影响，其中17个订单后来都取消了，可某旅行社已经先行支出了各项费用共计近16万元。某平台迟迟没有与某旅行社结清费用。

2020年11月18日，某旅行社到法院起诉，请求法院解除某旅行社与某平台签订的《旅游专线（专营）合同》，并要求某平台方退赔各项费用。

2021年1月5日，法院依法判定某旅行社与某平台签订的《旅游专线（专营）合同》，在2020年12月1日即起诉状副本送达某平台之日，正式解除。

法院审理认为，某旅行社与某平台签订《旅游专线（专营）合同》，系双方当事人真实意思表示，内容不违反法律、行政法规的强制性规定，应认定为合法有效。某平台方至今未与某旅行社结算团款以及某旅行社先行垫付的费用，其行为已构成根本违约，理应承担相应的违约责任。现某旅行社要求解除合同，要求退赔某旅行社已经支出的费用，并支付逾期付款的利息，有相应依据，应予支持。

根据《中华人民共和国民法典》的规定，当事人一方未通知对方，直接以提起诉讼的方式依法主张解除合同，人民法院确认该主张的，合同自起诉状副本送达对方时解除。

最终，法院做出一审判决，判定合同解除，某平台方退赔某旅行社相关费用，并支付逾期利息。

资料来源 佚名. 民法典首案，旅行社打赢了与的官司［EB/OL］.［2021-01-21］. https://www.sohu.com/a/445989060_740280.

问题：

1）旅行社通过诉讼方式解除与OTA平台所签订的合同时，是否必须在起诉前通知对方？

2）法院依法判定旅行社与OTA平台的合同解除，如何确定合同解除的时间？

3）结合本案例，分析旅行社与OTA平台合作时应注意哪些方面？

【训练要求】

同第1章“基本训练”中本题型的“训练要求”。

▲ 实训操练

【训练项目】

“集中采购知识”在旅游服务采购中的应用 。

【训练要求】

将班级学生分成若干团队，选取本章“重点实务”中的“集中采购”作为操练项目，进行“‘集中采购知识’在旅游服务采购中的应用”实训操练。

【训练步骤】

1）将班级学生以小组为单位分成若干团队，每个团队确定一人负责。

2）各团队学生结合项目进行分工与协作，就本地旅游产品，以本章“重点实务”中“集中采购”的教学内容为业务规范，进行旅游服务“××旅游产品集中采购”方案设计，撰写《××产品集中采购实施方案》，体验本项目模拟实训的全过程。

3）各团队学生记录本次实训的主要环节，总结实训操练的成功经验、存在的问题及解决的办法，在此基础上撰写《“‘集中采购知识’在旅游服务采购中的应用”实训报告》，并将《××产品集中采购实施方案》作为《实训报告》的“附件”。

4）在班级讨论交流、相互点评与修订各团队的《“‘集中采购知识’在旅游服务采购中的应用”实训报告》。

5）在校园网的本课程平台上展出经过修订并附有教师点评的各团队《“‘集中采购知识’在旅游服务采购中的应用”实训报告》，供学生相互借鉴。

□ 课程思政

【训练项目】

课程思政-Ⅳ。

【相关案例】

旅游过程中交通事故赔偿案

背景与情境：旅客在旅游途中因他人交通肇事致死，而旅行社作为安全保障义务人存在过错，应承担相应的赔偿责任。同时，受害人对损害后果的发生亦有过失的，可适当减轻安全保障义务人的赔偿责任。

原告：宋某、张某。

被告：乌鲁木齐辰光旅行社有限公司（下称辰光旅行社）。

天山区人民法院经审理查明，宋姝颐系二原告的婚生女，出生于1993年9月29日。宋姝颐的姑夫徐谋臣，系新疆兵团二中的援疆教师。二原告委托徐谋臣带宋姝颐至新疆旅游。2003年7月，王曙光、徐谋臣等10名成人、5名儿童与被告达成协议，以王曙光为代表与被告签订了“旅游服务协议”。该协议约定：由被告自2003年7月7日至7月17日组织15名游客进行“南北疆风情游”；10名成人的旅游费，每人为1 500元，大儿童每人为600元；交通工具为空调车；餐费、儿童门票自理；被告2003年7月3日向游客收1 000元，7月6日收9 000元。被告制作了行程表，对于行程中的住宿、景点及参观的项目等都做了安排。随后，游客按行程表乘车旅游。2003年7月14日12时30分，被告的旅游车行驶至塔里木油田62.8千米处时，应游客的要求，被告的司机及导游同意在原计划中无该停车点的地方停车，以便游客下车拍照。宋姝颐下车后横穿马路时，被库车县塔里木运输公司驾驶员李辉驾驶的行驶到该旅游车停车点的新N-12717号金龙中客车碰撞致伤，经抢救无效而死亡。巴音郭楞蒙古自治州塔里木公安局交通警察大队认定李辉、宋姝颐负此起事故的同等责任。2003年8月18日，二原告与塔里木运输公司（下称塔运司）达成赔偿协议，由塔运司赔偿损失32 766元，宋姝颐自负30 400元。二原告已收取塔运司支付的14 097.50元。

原告宋某、张某诉称，2003年7月4日以王曙光为代表的旅游者与被告签订了“旅游服务协议”。该代表团共计15人，有10名成人、5名孩子，5名儿童中有二原告的女儿宋姝颐，约定的旅游时间是自2003年7月7日至2003年7月17日。合同签订后，15位游客在被告导游的带领下至事先约定的各景点游览。2003年7月14日，由于被告对旅游线路安排不合理、司机走错路线，原定进入沙漠100千米的地方游览大沙漠风光，结果未到达目的地中途返回，被告随即在路边原定景点的地方停车，导游未下车组织游览。原告女儿下车穿越马路时被左侧驶来的一辆客车碰撞，送往最近的轮台医院救治，因路途远，抢救无效死亡。原告由于相信被告的管理水平而与被告建立旅游关系，但被告的工作却存在重大过失，致使原告的爱女身亡，为维护原告的合法权益，现起诉至法院，要求被告赔偿原告的住宿费6 573元、伙食费2 631元、通信费1 000元、交通费11 925元、丧葬费5 345元、误工费20 185元、鉴定费200元、医疗费134元、车损1 750元、施救费300元、复印费300元、死亡赔偿金208 680元、精神损失费50 000元，共计309 023元，扣减已赔偿的死亡补偿费14 097.50元，被告赔偿原告共计294 925.50元，并承担诉讼费用。

被告辰光旅行社辩称，旅游的线路及路费是双方在充分协商的基础上达成的一致意见。在旅游中，不存在旅游车行驶路线错误的问题。在游客每次上下车时，导游员都给游客以明确提醒。旅行社已经给所有的游客都投保了10万元的旅游意外保险，其中，对宋姝颐等参加到该团队中旅游的5名儿童均未收费。故旅行社无责任，不同意原告的诉讼请求。

问题：

1）试就该旅行社的这一负面事件做出思政研判。

2）该案例对你有何启示？对旅游服务采购有何启示？

【训练要求】

同第1章“基本训练”中本题型的“训练要求”。

第5章 团体旅游的接待

学习微平台

思维导图5-1

学习目标

通过本章学习，应当达到以下目标：

职业知识：学习和把握“团体旅游接待”的相关概念、业务共性和个性特点，导游人员的类型与选择，团体旅游接待服务的程序与管理，旅游团行李的托运、交接程序与差错处理，以及“同步阅读”等理论与实务知识；能用其指导本章“同步思考”、“教学互动”、二维码“随堂测”和“基本训练”的“知识训练”中各题型的认知活动，正确解答其相关问题，体验本章“初级学习”中专业知识的横向正迁移。

职业能力：点评“旅游旅游，全靠导”，训练专业理解力与评价力；运用本章知识研究相关案例，训练在“团体旅游接待”特定情境下对当事者行为的“多元表征”专业能力和“与人交流”的通用能力；参加“自主学习－Ⅲ”的训练，通过搜集、整理与综合关于“团体旅游接待业务的特点”的前沿知识，依照“文献综述格式、范文及书写规范要求”撰写、讨论与交流《“团体旅游接待业务的特点”最新文献综述》，培养“自主学习”“团队协作”“与人交流”的通用能力；体验本章“高级学习”中专业与通用知识、规则和技能的“重组性”迁移。

课程思政：结合本章教学内容，依照相关规范或标准，对“课程思政5-1”和章后“课程思政－Ⅴ”等案例中的企业及其从业人员行为进行思政研判，激发与“导游员私揽业务”和“人身伤害责任认定”等议题相关的法律思考，促进“立德树人”根本任务的落实，体验其“高级学习”中专业知识与思政元素的协同性重组迁移。

引例：一次成功的旅游团队接待

背景与情境：2016年1月23日，天津康辉国际旅行社有限责任公司的导游员赵某受该旅行社委派，带领一行32人的旅游团队乘飞机离开天津滨海国际机场，前往日本游览观光。

该旅游团系亲子旅游团队，由7个家庭组成。每个家庭都是由父母或祖父母（外祖父母）携带1名或2名未成年人同行。在这些未成年游客中，年龄最小的只有6岁，年龄最大的12岁，全部为小学在校生。

在天津机场出发前，赵某将游客们集中在一起，向他们介绍了自己，并表示非常高兴能够陪同大家出游，愿意为他们提供旅游接待服务，并祝游客们旅游愉快，身体健康。然后，赵某将小游客们集中起来，为他们拍照留念。

赵某带领游客们办理了登机手续，并顺利通过机场的安全检查。在候机厅里，赵某向游客们介绍了此次行程中应注意的事项，并重点介绍了日本的气候条件、风俗习惯、货币汇率、海关规定及重点游览景点。游客们对赵某在出发前的细致入微的工作感到满意。因此，赵某给游客们留下了美好的第一印象，为她此后的接待服务工作的顺利开展打下了良好的基础。

前往日本的飞机于当天下午起飞，到达日本静冈机场时，已经是傍晚。由于该旅行社事先做出安排，静冈机场方面派出专人迎接该旅游团，并向每一位游客赠送了当地风味的蛋糕。游客们立刻感受到了当地人友好的气氛，心情十分愉快。

然而，当旅游团抵达下榻的旅馆后，却发生了一件令人感到不快的事情。按照旅游合同，游客们下榻的旅馆应当免费向游客提供早餐。然而，静冈旅馆的前台人员却认为，他们只向在旅馆有床位的客人提供早餐。与家长同住一室，但不单独占用床位的儿童不能享受免费早餐。家长必须另行付费为他们购买早餐券。旅游团内有两个家庭的随行儿童因年龄较小，没有单独占用床位，店方拒绝向他们提供免费早餐。

这两个儿童的家长立刻向赵某表示不满，认为他们已经为孩子全款支付了旅游费用，应该享受其他未成年游客同等的待遇。何况，他们在与该旅行社签订旅游合同时，接待人员并没有告知他们这一情况。其中的一位家长表示，这次来日本旅游，就是为了让孩子高兴，宁可大人们不吃早餐，也不能亏待了孩子。另一位家长则认为，这是对游客的欺诈行为，回去后要向天津市旅游质量监督管理所投诉。

面对这种情况，赵某也是始料不及。由于时间已晚，店方负责人不在现场，无法交涉。赵某认为，参加该旅游团的很多成年游客之所以不惜付出高于一般旅游团队的费用，正是因为他们看中该旅游团是一个亲子旅游团队，希望能够使他们的孩子通过这次旅游活动，达到增长知识、开阔眼界、结交朋友、愉悦身心的目的。而当地旅馆方面不向没有单独占有床位的未成年游客提供免费早餐的做法，确实让家长从感情上难以接受。由于时间紧迫，作为领队的她无法立即同国内组团社的经办人员取得联系，弄清事情的原委。但是，平息游客的不满情绪，及时解决这个问题是当务之急，而能否妥善解决该问题的关键是设法为两个孩子解决次日早餐券。

赵某当即与前来接站的日本地接社导游员王某商量，将旅馆发给她们的免费早餐券让给游客，自己到附近便利店买些饼干、牛奶等充当早餐。当两个孩子的家长拿到赵某转送的早餐券后，十分感动，连声道谢。在随后的行程中，赵某总是设法解决孩子们免费早餐的问题，使其不再困扰游客。

在整个旅游过程中，赵某总是让地陪导游走在旅游团的最前面，向游客讲解日本文化，而她则紧随在旅游团的后面，提醒游客不要落队，以免走失。她特别注意孩子们的动向，一方面提醒其家长照顾好自己的孩子；另一方面劝阻那些有擅自离团动向的孩子，让他们跟上大家，一起游览观光。赵某还不时拿出一些巧克力糖、曲奇饼干、小橘子等食品，发给每一个小朋友，孩子们都很喜欢她。

当旅游团结束在日本的行程，乘飞机返回天津时，游客们都对赵某在旅途中的照顾表示感谢，孩子们更是依依不舍地向这位可爱的阿姨告别。他们都说，赵某让他们度过了一个愉快而难忘的假期。

资料来源 根据在天津康辉国际旅行社有限责任公司实地调研的资料整理，2020。

上述案例告诉我们，旅游团队的接待是一项十分重要的旅游服务工作，也是旅行社的主要经营业务之一。旅游团接待成功与否取决于旅行社为他们配备的导游员及其服务质量。因此，旅行社经营者必须高度重视这个问题，为每一个旅游团队配备一名像案例中的赵某那样的优秀导游员。

5.1 团体旅游接待业务的特点

团体旅游接待业务是旅行社根据事先同旅游中间商或旅游者达成的旅游合同或协议，对旅游团在整个旅游过程中的交通、住宿、餐饮、游览参观、娱乐和购物等活动提供具体的组织和安排的业务。旅游团队一般分为入境旅游团队、出境旅游团队和境内旅游团队三种类型。旅行社的团体旅游接待业务也相应分成入境团体旅游接待业务、出境团体旅游接待业务和国内团体旅游接待业务三个类型。不同类型团体旅游接待业务既有共性，也存在明显的个性。

5.1.1 团体旅游接待业务的共性

团体旅游接待是旅行社接待业务的主要形式之一，无论是入境团体旅游接待、出境团体旅游接待还是国内团体旅游接待都具有一些基本的相同点。旅行社接待部门和接待人员应该认真研究这些特点，搞好各种旅游团体的接待服务。

1）计划性强

团体旅游接待的第一个显著特点是计划性强。旅游团的旅游计划往往是一个相互连接的整体，旅行过程中的上下站之间衔接十分重要。旅游计划中出现的任何纰漏都可能给整个旅游活动造成严重影响，并会给旅行社和旅游者带来经济损失和心理挫伤。因此，严格按照旅游计划接待团体旅游者是每一个提供接待服务的旅行社的职责。

团体旅游一般均在旅游活动开始前由旅行社同旅游者或旅游中间商签订旅游合同或旅游接待协议。这种合同或协议是旅行社与旅游者的契约性文件，旅行社必须严格按照旅游合同或旅游协议上的规定和要求，认真、全面地安排旅游者在整个旅游期间的交通、住宿、餐饮、游览参观、观赏娱乐节目等活动，并提供符合标准的接待服务。除了不可抗拒的原因外，旅行社不得擅自改变旅游团的旅游线路、旅行时间、服务等级等。如果的确需要对旅游计划进行修改，必须事先征得旅游者的同意。

另外，对于旅游线路中经停的各地接待旅行社来说，它们还必须根据组团旅行社下发的旅游团接待计划，制定旅游团在当地的活动日程，并加以全面落实。旅游接待计划是组团旅行社（包括旅游中间商）同各地接待旅行社之间达成的契约性文件，接待旅行社一旦接受了组团旅行社的接待委托，就必须严格执行旅游接待计划，不得擅自改动，更不允许采取各种手段降低服务标准，损害旅游者的合法权益。

2）技能要求高

团体旅游接待对旅行社接待人员的接待技能要求比较高。尽管散客旅游接待同样需要旅行社接待人员提供技能性强的服务，但是由于团体旅游的人数多，成员之间的关系比较复杂，不少旅游团的旅游者在旅行开始前互不认识，需要在有限的旅游期间内相互适应，因此给旅行社接待工作带来了较大的困难。旅行社在安排团体旅游接待人员时，必须针对旅游团的这一特点，选派责任心强、带团技能高的导游员担任领队、全程陪同或地方陪同。

3）协调工作多

团体旅游接待是一项综合性很强的旅行社业务，需要旅行社在接待过程中及接待工作开始前和结束后开展大量的沟通和协调工作。首先，团体旅游的人数比较多，在旅游目的地停留的时间一般也比较长，通常需要由旅行社同许多其他旅游服务企业共同协作才能够完成接待工作。因此，团体旅游接待涉及多个方面，做好各方面的沟通和协调工作是旅行社圆满完成团体旅游接待工作的重要前提条件。其次，在团体旅游接待集体中，往往由代表客源地组团旅行社的旅游团领队或代表旅游目的地组团旅行社的全程陪同和代表当地接待旅行社的地方陪同组成。他们既要维护各自旅行社的利益，又要共同维护旅游者的利益，因此，需要经常就接待中出现的问题进行磋商，相互协调。最后，旅游团内的旅游者来自四面八方，有不同的生活经历和习惯，所受的教育也不同，他们往往持有不同的价值观，对事物的看法也常会出现分歧。因此，旅行社的接待人员在旅游过程中必须随时注意旅游团内的动向，一旦团内出现分歧或矛盾，应及时调解，保持旅游团内的和谐气氛。

5.1.2　团体旅游接待业务的个性特点

旅行社接待的团体旅游一般分为入境团体旅游、出境团体旅游和国内团体旅游。这些团体旅游的接待工作有相同的地方，也有不同的地方。所谓不同的地方，就是指团体旅游接待的个性特点。旅行社在接待不同类型的旅游团时，不仅要研究团体旅游接待的共性特点，还应注意研究不同类型团体旅游的个性特点，以便提供有针对性的服务。

1）入境团体旅游接待

学习微平台

延伸阅读5-1

入境团体旅游是指由旅行社通过海外旅游中间商招徕和组织的海外旅游团队到中国内地旅行游览的活动。接待入境旅游团队是我国许多从事国际旅游业务的国际旅行社的主要经营业务。通常情况下，入境旅游团队由海外某地启程，从我国某个对外开放的口岸入境，并在境内进行一段时间的游览参观活动，最后从入境的口岸或另外的开放口岸出境返回原出发地。

入境团体旅游接待的主要特点有：

（1）停留时间长

入境旅游团队的第一个特点是在旅游目的地停留的时间比较长。除了少数港澳台同胞来内地旅游的团队外，多数入境旅游团队在中国内地旅游时，通常在几个甚至十几个城市或旅游景点停留。因此，入境旅游团队的停留时间少则一周，多则十几天，少数入境旅游团队曾经创下在华旅游时间长达40多天的纪录。由于在旅游目的地停留的时间长，因此入境旅游团队在旅游期间的消费一般较多，能够给旅游目的地带来比较可观的经济收益。旅行社在接待入境旅游团队时，应针对这个特点，为入境旅游团队安排和落实其在各地的生活服务和接待服务，达到旅游者慕名而来、满意而归的效果。

（2）外籍人员多

入境旅游团队多以外国旅游者为主体，在语言、宗教信仰、生活习惯、文化传统、价值观念、审美情趣等方面均与我国存在较大差异。在由海外华人组成的旅游团队中，不少海外华人及其子女因长期居住在国外，在生活习惯、语言、价值观念等方面也与国外当地居民十分相似。例如，许多来华旅游的海外华人已经不会讲汉语，或根本听不懂普通话。因此，旅行社在接待入境旅游团队时，必须充分尊重他们，选择熟悉其风俗习惯、文化传统并能够熟练地使用外语的导游人员担任入境旅游团队的全程陪同或地方陪同。

（3）预订期长

入境团体旅游的预订期一般比较长，从旅游中间商开始向旅游目的地的接待旅行社提出接团要求起，到旅游团队实际抵达旅游目的地时止，旅行社同旅游中间商之间需要进行多次的通信联系，不断地对旅游团队的活动日程、人员构成、旅游者的特殊要求等事项进行磋商和调整。另外，旅游中间商还要为旅游团队办理前往旅游目的地的交通票预订，申请、领取护照和签证等手续，组织各地的旅游者在规定的时间到指定地点集合，组成旅游团队并搭乘预订的交通工具前往旅游目的地。因此，相对于国内团体旅游，入境团体旅游的预订时间一般比较长，有利于接团旅行社在旅游团队抵达前充分做好各种接待准备，落实各项旅游服务安排。

（4）落实环节多

在各种团体旅游接待工作中，入境旅游团体接待业务要求接团旅行社负责落实的环节最多。入境旅游团在旅游目的地停留的时间比较长、地点比较多，其旅游活动往往涉及旅游目的地的各种有关的旅游服务供应部门和企业。为了安排好入境旅游团的生活和参观游览工作，接待旅行社必须认真研究旅游接待计划，制定出缜密的活动日程，并逐项落实整个旅游过程中的每一个环节，避免在接待中出现重大人为事故。

（5）活动日程变化多

入境团体旅游的活动日程变化比较多，如出发时间的变化、旅游团人数的变化、乘坐交通工具的变化等。因此，接团旅行社在接待过程中应密切注意旅游团活动日程的变化，及时采取调整措施，保证旅游活动的顺利进行。

2）出境团体旅游接待

出境旅游团的接待业务是指我国一些经过特许的经营中国公民自费出国旅游业务的旅行社所组织的中国公民出境旅游团体的接待业务。出境旅游团的接待业务比较简单，主要是委派领队负责对整个旅游计划的实施进行全过程监督，沿途照顾旅游者的生活，担任旅游团出境前和返回境内抵达旅游者的出发地之前的陪同工作。尽管如此，出境旅游团的接待业务仍有其不同于入境旅游团和国内旅游团接待业务的一些特点，这些特点主要是：

（1）活动日程稳定

出境旅游团的活动日程一般比较稳定，除非发生极其特殊的情况，否则它的活动日程很少发生变化。无论是组织出境旅游团的旅行社还是负责在旅游目的地接待的旅行社，都必须严格按照事先同旅游者达成的旅游协议，安排旅游团在境外及境内的各项活动。组织出境旅游的旅行社应委派具有丰富接待经验的导游员担任出境旅游团的领队，负责在整个旅途中关照旅游者的生活。

（2）消费水平高

出境旅游团旅游者的消费水平比较高，他们一般要求在旅游期间乘坐飞机或豪华客车，下榻在档次比较高的饭店，并往往要求在就餐环境比较好的餐厅用餐。此外，出境旅游团旅游者的购物欲望比较强烈，采购商品的数量和价值量均较大。据一些担任过出境旅游团领队的导游员和旅行社经理们反映，我国出境旅游团在旅游目的地的购物消费水平甚至超过来自某些发达国家的旅游者，深受当地购物场所的欢迎。因此，旅行社的领队在陪同出境旅游团在境外旅游期间，应在当地接待旅行社导游人员的配合下，组织好旅游者的购物活动，满足他们的需要。

（3）英语水平比较低

目前我国参加出境旅游的旅游者，除个别人外，英语水平一般比较低，到达境外后，同当地人的交流成为一个严重的问题。有些旅游者由于既不会讲当地语言也不懂英语，结果闹出不少误会和笑话，甚至发生上当受骗的事情。因此，旅行社应选派精通旅游目的地语言或英语的导游员担任出境旅游团的领队，在境外充当翻译，以帮助旅游者克服语言方面的障碍。

同步思考5-1

问题：如何判断旅游接待服务质量的优劣？

理解要点：根据旅游者的满意程度。

3）国内团体旅游接待

国内旅游团队的类型比较多，包括旅游客源地附近的周末旅游、省（自治区、直辖市）内的短途旅游和跨省（自治区、直辖市）的省际旅游。我国的国内团体旅游起步较晚，但发展势头迅猛，发展潜力大，是一种具有广阔发展前景的旅行社产品。旅行社应该注重对国内团体旅游接待业务的研究，总结接待经验，找出其中的规律，为今后的国内团体旅游接待水平的进一步提高打好基础，以便通过优良的接待服务在国内团体旅游市场竞争中取得优势。

国内旅游团的接待业务具有准备时间短、日程变化小、消费水平差别大和讲解难度小的特点。

（1）准备时间短

国内旅游团的预订期一般比较短，而且由于不需要办理护照、签证等手续，因此国内旅游团的成团时间较短。有些时候，从旅游者提出旅游咨询到旅游团成团出发，只需要一周的时间，这使得旅游客源地的组团旅行社来不及用书面形式及时通知旅游目的地的接待旅行社，只能先用电话通知，然后补发书面旅游计划。旅行社在接待国内旅游团时，经常会感觉准备时间不如接待入境旅游团或出境旅游团那样充裕。针对这个问题，一方面，旅行社应在平时对接待人员加强培训，促使他们熟悉国内团体旅游接待的特点和要求，以便在接到旅游接待计划后能够在较短的时间内制定出合理的活动日程，做好各项接待准备；另一方面，旅行社应根据当地旅游资源和本旅行社接待人员的特点，设计出针对不同国内旅游团的接待规范和标准活动日程，使接待人员能够按照接待规范和标准活动日程进行接待准备，提高接待准备工作的效率。

（2）日程变化小

国内旅游者一般对旅游目的地具有一定程度的了解，并能够在报名参加旅游团时对旅游活动日程做出比较理智的选择，因此他们很少在旅游过程中提出改变活动日程的要求。另外，国内旅游者往往把旅行社是否严格按照事先达成的旅游协议所规定的活动日程来安排行程看成旅行社是否遵守协议、保证服务质量的重要标志，所以，他们对旅行社更改活动日程的反感较之入境旅游团和出境旅游团更加强烈。旅行社在接待国内旅游团时，必须注意国内团体旅游接待业务的这一特点，尽量避免修改活动日程。

（3）消费水平差别大

参加国内旅游团的旅游者生活水平不一，既有收入丰厚的个体或乡镇企业家、外企高级管理人员和工程人员、某些经济效益好的企业员工，也有中等收入水平的工薪阶层人士，还有在校的青年学生。不同生活水平的旅游者在旅游消费水平方面的差异很大。例如，有些消费水平高的旅游者可能要求在档次较高的星级饭店下榻和就餐、乘坐豪华客车、增加购物时间；而消费水平较低的旅游者则可能对住宿、餐饮、交通工具等的要求不高，希望增加游览时间，减少购物时间。旅行社在接待不同的国内旅游团时，应根据他们的消费水平和消费特点，在征得旅游团全体成员或绝大多数成员同意的前提下，对活动日程做适当的修改，以满足不同旅游者的需要。

（4）讲解难度小

国内旅游团在游览各地旅游景点时，一般对这些景点事先有一定了解。另外，除了少数年龄较大的旅游者外，多数国内旅游者具有一定的文化水平，能够听懂导游员的普通话讲解，对导游员在讲解过程中所使用的历史典故、成语、谚语、歇后语等比较熟悉，容易产生共鸣。因此，导游员在导游讲解中可以充分运用各种方法，生动地向旅游者介绍景点的情况，而不必像接待入境旅游团那样，因担心文化差异和语言障碍而不得不放弃一些精彩的历史典故介绍，也不必担心旅游者无法理解导游讲解中所使用的各种成语、谚语、歇后语等而影响讲解的效果。

随堂测5-1

同步阅读5-1

2022年度国内旅游数据情况

根据国内旅游抽样调查统计结果，2022年，国内旅游总人次25.3亿，比上年同期减少7.16亿，同比下降22.1%。其中，城镇居民国内旅游人次19.28亿，同比下降17.7%；

农村居民国内旅游人次6.01亿，同比下降33.5%。分季度看，其中一季度国内旅游人次8.3亿，同比下降19%；二季度国内旅游人次6.25亿，同比下降26.2%；三季度国内旅游人次6.39亿，同比下降21.9%；四季度国内旅游人次4.36亿，同比下降21.7%。

国内旅游收入（旅游总消费）2.04万亿元，比上年减少0.87万亿元，同比下降30%。其中，城镇居民出游消费1.69万亿元，同比下降28.6%；农村居民出游消费0.36万亿元，同比下降35.8%。

资料来源　中华人民共和国文化和旅游部财务司．2022年度国内旅游数据情况［EB/OL］．［2023-01-18］．https：//zwgk.mct.gov.cn/zfxxgkml/tjxx/202301/t20230118_938716.html.

5.2 导游人员的管理

除了少数特种旅游团外，旅游团的接待任务通常由导游人员担当。他们受接待旅行社的委派，为旅游团具体安排旅行和游览事项，并提供向导、讲解和旅途服务。旅行社应当注重导游人员的管理，具有良好职业素质和工作态度的导游人员是旅行社团体旅游接待成功的重要保障，也是旅行社接待水平和服务质量的体现。

旅行社对导游人员的管理主要体现在对导游人员的选择和聘用方面。旅行社应当选择那些具有良好思想品德、精通接待业务和拥有健康的体魄的导游人员担任旅游团的接待人员。

5.2.1　导游人员的类型

导游人员是旅行社承担团体旅游接待工作的主要人员，通常称为导游员。按照其服务范围、职业性质和服务对象，导游员分成不同的类型。

1）按照服务范围划分的导游员类型

服务范围是指导游员的工作区域，如旅游团从客源地出发到返回客源地的整个旅行过程、旅游团在旅游目的地的全部旅游过程、旅游团在旅游目的地的某个城市或地区旅游期间、旅游团在某个旅游景点游览参观期间等。根据服务范围，导游员可以划分为领队、全程导游员、地方导游员和定点导游员四个类型。

同步案例5-1

判令旅行社向旅游者做出赔偿

背景与情境：2020年，天丰国际旅行社组织了一个出境旅游团，前往新加坡、马来西亚、泰国和中国香港旅游。该旅行社为了与同在一城市的天立国际旅行社进行竞争，将旅行费用降低，因而导致其利润微乎其微。为了避免蒙受经济损失，天丰国际旅行社的尤总经理决定不派领队随团活动，而是临时指定旅游团内的一名游客充当领队。全团按计划在境外旅行了15天，并顺利地返回境内。

不久，数名游客向当地旅游质量监督管理所投诉，认为天丰国际旅行社没有派领队陪同该团旅行，违反了旅行合同，侵害了旅游者的合法权益，要求予以经济赔偿。旅游质量监督管理所在调查后，认为天丰国际旅行社确实违反了旅行合同和国家的相关规定，判令该旅行社向旅游者做出赔偿。

问题：为什么旅游质量监督管理所判令该旅行社向旅游者做出赔偿？

分析提示：《中国公民出国旅游管理办法》第十条明确规定："组团社应当为旅游团队安排专职领队。"天丰国际旅行社为了与其他旅行社竞争客源，采取降低旅行收费的方法，又违反国家的有关规定，没有派遣领队随团旅行，没有向旅游者提供相应的服务，确实侵害了旅游者的合法权益，应该进行赔偿。

（1）领队

领队是由旅游客源地组团旅行社派出，为出境旅游团在其整个旅游过程中提供陪同服务的导游人员。领队作为旅游团的组织者，在旅游客源地的指定地点迎接参加出境旅游团的各位旅游者，按照组团旅行社事先提供的旅游计划和旅游团成员名单将这些旅游者组织成旅游团，并带领他们前往旅游目的地。到达旅游目的地后，领队充当旅游团的代言人，负责监督和配合当地组团旅行社或接待旅行社派出的导游员履行旅游合同，安排和组织游览活动，促进旅游团内的团结，维护旅游者及客源地组团旅行社的合法权益，并负责旅游团同当地导游员之间的联络工作，保证旅游活动的顺利进行。当旅游团结束在旅游目的地的旅行和游览活动后，领队应负责将整个旅游团平安带回原出发地，促使旅游团的整个旅游活动圆满结束。

（2）全程导游员

全程导游员又称全程陪同，简称全陪，分为入境旅游团全程陪同和国内旅游团全程陪同两种类型。

入境旅游团全程陪同是由旅游目的地组团旅行社派出，负责旅游团在旅游目的地旅行和游览期间向旅游团提供全程导游服务的人员。全程导游员是旅游目的地组团旅行社的代表，是旅游团在旅游目的地期间旅游活动的主要负责人。全程导游员负责按照旅游合同监督和协助各地接待旅行社的地方导游员全面落实各项旅游活动的安排，执行旅游接待计划，协调地方导游员、领队和旅游团之间的关系，保证旅游团在旅游目的地的旅游活动能够顺利进行。入境旅游团的全程导游员一般在旅游团的入境口岸迎接旅游团，负责照顾旅游团在旅游目的地期间的生活和游览活动，并负责旅游团在旅游目的地旅行结束后，送旅游团出境。

国内旅游团全程陪同通常在旅游客源地的指定地点迎接参加旅游团的旅游者，将他们组织成旅游团，陪同旅游团前往旅游合同中规定的各个旅游城市或地区旅行和游览参观，沿途照料他们的生活，监督、协助各地接待旅行社派出的地方导游员全面执行旅游计划，并在旅游活动结束后带领他们返回原出发地。

无论入境旅游团的全程导游员还是国内旅游团的全程导游员，在旅游过程中都可能担任某个旅游城市或某个旅游景点的导游讲解工作。近年来，一些经营国内旅游业务的旅行社取消在某些旅游城市或景点委托当地旅行社提供接待服务的做法，改由该旅行社派出的全程导游员兼任地方导游员或定点导游员，以降低经营成本。

（3）地方导游员

地方导游员也叫地方陪同，简称地陪，是由旅游线路所经停的各地旅行社派出，负责为旅游团在当地游览时提供导游服务的人员。地方导游员是旅游团在当地进行旅游活动的组织者和领导者，负责根据旅游接待计划制定旅游团在当地的具体旅游活动日程，安排和落实旅游团在当地的住宿、餐饮、游览参观、观看文娱节目、购买商品等服务，并担任当地旅游景点的导游讲解工作。在接待入境旅游团时，地方导游员还应提供翻译服务。

（4）定点导游员

定点导游员又称讲解员，是指在博物馆、展览馆或其他重要旅游景点为旅游团提供导游讲解的人员。定点导游员的工作比较单一，只向前来参观或游览的旅游团或旅游者介绍该景点的情况，并回答旅游者提出的有关该景点的问题。

2）按照职业性质划分的导游员类型

在旅行社行业里，凡是为旅游者提供导游讲解和生活服务的人员都可以称为导游员。然而，在实际工作中，有些导游员以向旅游者提供导游服务作为职业，也有些导游员平时从事其他工作，只是在某些时候才担任导游工作。一些导游员专门任职于某一个旅行社，成为该旅行社的固定员工，而另一些导游员虽然也是以提供导游服务为职业，却并不是某个旅行社的固定员工。根据这些特点，导游员可以按照其职业性质划分为专职导游员、兼职导游员和自由职业导游员三个类型。

（1）专职导游员

专职导游员是指长期受雇于某一家旅行社，并承担该旅行社委派的领队、全程陪同或地方陪同等任务的旅行社接待人员。专职导游员是该旅行社的固定员工。我国目前多数旅行社的旅游接待人员都属于专职导游员。

（2）兼职导游员

有些导游员虽然有时从事导游工作，但是他们并不以导游工作收入作为主要收入来源，即不以导游作为他们的主要职业。这些导游员就是兼职导游员，又称业余导游员。兼职导游员往往只在某一个时间段暂时脱离工作岗位，为旅游者提供导游服务。例如，大学里的教师和学生经常利用假期带旅游团到外地、境外旅游，或在当地接待到访的旅游者或旅游团队，开学后，他们就返回学校继续教学或上课，这些人就是典型的兼职导游员。

（3）自由职业导游员

自由职业导游员是指那些以导游为主要职业，但是却不专门受雇于某一家旅行社的导游员。他们已经通过有关机构组织的导游员资格考试，获得了导游资格证书，有些人甚至还是资深导游员。自由职业导游员往往同时与多家旅行社签订合同，按照合同规定的条件为这些旅行社提供服务。当某一家旅行社需要请人为其接待旅游者或旅游团队时，就会同自由职业导游员联系。自由职业导游员在接到通知后，如果当时没有接待其他的旅游者或旅游团，就会前往该旅行社承接这项接待任务。接待任务完成后，自由职业导游员还可以接受其他旅行社的旅游接待任务。旅行社只在导游员接待旅游者期间向其支付工资，其余时间则由自由职业导游员自谋收入。

西方国家的导游员队伍主体由自由职业导游员构成，我国现在也出现了一些自由职业导游员，而且其人数在不断地增长。

3）按照服务对象划分的导游员类型

旅行社导游员还可以根据其所服务的对象划分为国际导游员和国内导游员两种类型。

（1）国际导游员

国际导游员是指以入境旅游团（旅游者）或出境旅游团（旅游者）为服务对象的

导游员。国际导游员必须能够讲一门以上的外语或广东话、闽南话等海外华人所使用的我国地方方言。国际导游员应该熟悉其服务对象的风俗习惯、文化传统、思维方式、价值观念、生活习惯等，以便做好接待工作。

（2）国内导游员

国内导游员是指以国内旅游团（旅游者）为服务对象的导游员。国内导游员通常以汉语普通话为导游语言，但是在接待少数民族旅游团（旅游者）或来自方言区（如广东、福建等地）的旅游团时，导游员最好能够使用该少数民族的通用语言或该方言区的地方方言，以便提高导游讲解的效果，满足那些听或讲普通话有困难的旅游者的需要。

同步思考 5-2

问题：导游服务的特点是什么？

理解要点：导游服务是一种复杂的、高智能的、高技能的服务工作，贯穿于旅游活动的全过程，具有与旅游服务行业中其他服务不同的特点。随着社会的进步和旅游业的发展，其特点也将发生变化。目前，导游服务的特点基本可归纳为四个方面：①独立性强；②脑力与体力高度结合；③复杂多变；④关联度高。

学习微平台

延伸阅读 5-2

5.2.2　导游人员的选择

旅游团的接待成功与否在很大程度上取决于导游人员的工作情况；旅游团对旅游接待工作是否满意，关键在于导游人员的工作态度、整体素质和业务水平能否满足旅游团的需要。在实际接待工作中，常会发生这样的事：尽管旅游者对旅游过程中的某个旅游服务设施不甚满意，但是由于导游人员在旅游途中提供了优质服务，使旅游者对于整个旅游过程感到满意，就可能忽略旅游服务设施的不足。然而，如果导游人员的接待工作发生差错，那么任何优质的旅游服务设施也无法弥补给旅游者造成的伤害。因此，旅行社在为旅游团选择接待人员时必须十分谨慎，从那些基本素质、知识水平和业务能力均优的导游人员中挑选担任旅游团接待任务的人员。

1）导游员应具备的基本素质

导游员的基本素质是指导游员所应具有的良好个人品质。这是导游员胜任旅游团接待工作的必要条件。导游员应该具备的基本素质包括以下九个方面：

（1）热情友好，爱岗敬业

导游员应该性格开朗，待人热情，活泼睿智，富于幽默感，使人看上去心情愉快。导游员在接待过程中应该热情地关心旅游团内的每一位旅游者，经常嘘寒问暖，提供富有人情味的服务，使旅游者产生一种宾至如归的感觉。

导游员应该具有强烈的敬业精神，热爱导游工作，真诚热情地为旅游者服务，精力充沛地投入到旅游团的接待工作中。导游员应该积极发挥自己的聪明才智和主观能动性，不怕吃苦，任劳任怨，出色地完成旅游接待任务，让旅游者高兴而来，满意而归。

（2）态度乐观，不惧困难

导游员在接待旅游团时，经常会遇到各种意想不到的困难，例如，飞机航班延误、旅游途中遭遇车祸、旅游团内有人生病、旅游团内个别旅游者对旅行社的某些安排表示强烈不满等。在困难面前，导游员应该表现出乐观的态度，让旅游者觉得困难并不像想象的那么严重，以增加旅游者克服困难的勇气。因此，导游员必须是一个乐观主义者，一个在任何困难面前都不会丧失信心的人。那种一遇到困难便惊慌失措、怨天尤人的人不可能成为一名合格的导游员。

（3）意志坚定，处事果断

坚定的意志和处事果断的工作作风是导游员成功带领一个旅游团完成旅游活动的重要因素。无论担任领队、全程陪同还是地方陪同，导游员都必须在旅游团面前表现出充分的自信心和抗干扰能力。导游员应该坚定不移地维护旅游团和旅行社的正当权益，坚持要求有关方面严格执行事先达成的旅游合同或其他合作合同。

在遇到比较棘手的问题时，导游员应能保持冷静，头脑清醒，善于透过复杂的现象找到问题的本质，果断地采取适当措施，尽快将问题解决好。

（4）待人真诚，讲求信誉

导游员必须具有待人真诚的品质，无论对旅游团还是对旅行社，都必须讲求信誉，做到言必信、行必果。一切事情必须光明正大，不得背着旅行社同旅游者、旅游中间商或其他旅行社做私下交易。导游员不应做假账，虚报各种开支，也不能欺骗旅游者，损害旅游者的利益。导游员不得讲有关他所服务的旅游团或旅行社的坏话。这样做是十分不明智的，结果只会使人对导游员产生不好的印象。

（5）文明礼貌，举止端庄

整洁的衣着、端庄的仪表和潇洒大方的言行举止会给导游员增添几分气度，而衣着不整、形象邋遢、口出秽言的导游员则易使人觉得不可信任。因此，导游员的衣着必须整洁、得体，仪表应端庄、大方，表情要自然、真诚、稳重，让人看上去总是精神饱满，朝气蓬勃。在接待旅游团的过程中，导游员要讲求礼貌服务，使用礼貌用语，面部应经常带着微笑，使旅游者感到舒心、满意。导游员应努力克服不符合礼仪的生活习惯，切忌对旅游者漠不关心、态度生硬。

（6）顾全大局，团结协作

顾全大局是导游员应具备的基本素质之一。导游员在接待过程中，不可避免地要同许多部门、单位、企业和个人进行合作。在合作的过程中，导游员有时会因各种原因同这些部门、单位、企业或个人发生误会甚至冲突。当这种情况发生时，导游员应该做到以大局为重，在一些非原则性的问题上做出让步，不可意气用事，尽量向对方解释，设法取得谅解，以消除误会，加强双方之间的合作。

另外，导游员应能够在接待过程中经常注意旅游者的情绪，发现不和谐的苗头时，应及时加以调解，使整个旅游团在团结和睦的气氛中顺利度过旅游全过程，留下对旅游活动的美好记忆。

（7）身体健康，心情开朗

导游员应具有健康的身体和心理，精力旺盛，充满朝气。旅游团的接待工作是一项十分繁重的脑力劳动和体力劳动，导游员每天不仅要提供大量的导游讲解服务，还要从生活的各个方面照顾来自不同国家或地区、具有不同文化传统和生活习惯的旅游者。在旅游过程中，导游员经常是全团中第一个起床和最后一个就寝的人，而且还要经常面对各种意想不到的困难，需要不断地解决各种问题，调解各种纠纷，协调各方面的关系。这些工作会消耗导游员大量的体力和精力，有时导游员甚至会感觉心力交瘁。因此，导游员必须是一个身心健康的人。

在身体方面，导游员应体力充沛，能够不间断地进行工作，能够适应各地的不同气候条件和饮食习惯，总是以不知疲倦的精神面貌出现在旅游者面前。在心理方面，导游员应能做到精神愉快，头脑冷静，时刻保持着心理上的平衡，不因一时的挫折而丧失信心，也不被蝇头小利所诱惑。

（8）遵纪守法，依法办事

导游员应成为遵纪守法的模范，自觉地维护国家的各种法律法规，严格地按照旅行社的各项规章制度办事。导游员应该熟悉有关旅游行业和消费者权利的各项法规，能够运用法律保护旅行社和旅游者的正当权益，并勇于同各种违反国家法律和旅行社规章制度的行为做斗争。

（9）勤奋好学，不断进取

导游员应具有强烈的进取精神，勤奋好学，不断用各种知识充实自己的头脑。导游员不仅要努力学习书本知识，还要通过实践进行学习和锻炼，将书本知识同实践经验结合起来，提高自己的知识水平和业务能力。另外，导游员还应虚心向他人学习，向旅行社的同事们学习，向各有关部门、单位和企业的人学习，向旅游者学习，向一切有知识、有实践经验的人学习，不仅学习他们的成功经验，还要了解他们的失败教训，避免重蹈他人的覆辙。

导游员在学习书本知识或他人经验时，切不可照抄照搬，而应通过自己的头脑进行思考和分析，找出适合自己实际条件的知识和经验加以运用，并努力通过不断的学习和实践，总结出具有独创性的经验和理论，用以指导今后的旅游接待工作。

2）导游员应具有的知识

旅游团的接待不仅要求导游员具有乐于为旅游者服务的热情和爱心，还要求他们有较高的知识水平。导游员无论在导游讲解过程中还是在同旅游者平时的交谈时，都会涉及各个方面、各个领域的知识。因此，导游员必须通过学习和实践，获得大量的知识，不断提高自己的知识水平，才能够胜任旅游团的接待工作。

通常，一名合格的导游员应该至少具有以下九个方面的知识：

（1）旅游知识

导游员所从事的是一种旅游工作，其服务对象是旅游者，服务于某一家旅行社或某几家旅行社，并且在接待过程中经常要同各种旅游服务部门、单位或企业打交道。因此，导游员应该学习旅游学的基本知识，了解现代旅游的性质、种类和特点，旅游者的类型及流动规律，旅游资源的功能及特点，旅游业的构成及主要支柱产业，旅游活动所产生的积极和消极影响等。这些旅游知识对导游员做好旅游团的接待工作起着重要的作用，可以促使导游员更好地了解其接待的对象，针对旅游者不同的特点提供有的放矢的服务。

（2）生活常识

生活常识对导游员的旅游接待工作具有很大的帮助，在旅游接待过程中出现的许多问题都可以运用生活常识加以解决。导游员在接待旅游团的工作中所需掌握的生活常识包括两个方面的内容：一是旅行常识，如海关知识、交通知识、通信知识、卫生常识、货币知识、保险知识、急救知识等；二是日常生活常识，如预防疾病的知识、待人接物的知识、选购商品的知识等。其中一部分生活常识可以通过读书、培训等方式获得，而大部分生活常识则需要在日常生活中不断积累。导游员要做“有心人”，平时应留意身边发生的各种事情，经过长期的总结和积累，使自己成为一个生活常识丰富的人。

（3）语言知识

导游员在旅游接待中使用的最重要的工具是语言。熟练地掌握一门以上的外语或方言是以入境旅游团和出境旅游团为主要服务对象的导游员必不可少的任职条件，而接待国内旅游团的导游员则应具有较好的汉语言知识。只有精通接待对象所使用的语言，导游员才能够较好地同旅游者进行沟通，介绍旅游目的地的风土人情、民俗文化，把旅游景点渲染得栩栩如生，增加对旅游者的吸引力，使旅游者对旅行社的接待服务感到满意。

导游员一般在各种学校里学习语言知识。除此之外，导游员还应该在平时加强自学，不断提高语言水平和运用语言的能力。例如，使用外语进行导游的导游员除了到专门教授外国语的学校学习外，还可以在接待外国旅游者时向旅游者请教，学习活的语言。以汉语作为导游工具的导游员则可以通过日常与同事们的交流切磋及在实际导游过程中不断总结来提高汉语言水平。

（4）法律知识

导游员应该具有丰富的法律知识，了解旅游者特别是海外旅游者在我国的法律地位及其权利和义务。导游员应通过学习，熟悉国家的法律法规，尤其需要掌握同旅游接待业务直接相关的专业法律法规，如《旅行社条例》《中华人民共和国消费者权益保护法》等。对于接待出境旅游团的导游员来说，还需要熟悉和掌握旅游目的地国家或地区的有关法律法规。学习和掌握法律知识并不只是为了使导游员成为一个遵纪守法的公民，更为重要的是它可以使导游员在旅游接待工作中自觉地运用法律武器保护旅游者和旅行社的合法权益，减轻或杜绝各种违法行为对旅游者和旅行社造成的侵害。

（5）心理学知识

导游员在接待旅游团的过程中，时刻都要同旅游者，参与接待旅游团的其他人员，不同旅游服务部门、单位、企业的有关人员，以及旅游接待工作相关的其他部门人员打交道。不同的人具有不同的思维方式、价值观念、生活习惯、文化传统等，导游员在与他们相处时应该注意了解对方的心理活动，有的放矢地进行导游讲解，提供旅途生活服务，搞好相互之间的合作，因此，导游员应学习和掌握一些心理学知识。

（6）美学知识

美学知识是导游员需具备的一种重要知识，它能够帮助导游员在旅游团的接待中满足具有各种审美情趣的旅游者的不同审美需求。欣赏旅游目的地国家或地区优美的自然风光，品味那里的文化艺术和民俗风情是旅游者到异国他乡旅游的重要动因。由于不同国家、地区和民族的文化传统不一，异域的许多优美事物中有很多是旅游者平时所不接触、不熟悉的，若不经熟悉这些的人介绍和引导，旅游者往往难以真正领略到其中的奥妙，因此，帮助旅游者最大限度地获得美的享受，就成为导游员义不容辞的责任。导游员应该通过不断的学习，掌握一定的美学知识，学会用生动形象的语言向旅游者介绍美的事物，同时还要因势利导，正确调节旅游者的审美行为，使他们能够得到美的享受。

（7）历史、地理等文化知识

历史、地理等文化知识是导游员在接待旅游团的过程中不可或缺的重要知识。在导游员的导游讲解中，必然会涉及大量的历史、地理等文化知识。这些知识涉及的范围很广，如天文知识、地理知识、中外历史知识、民间传说、历史典故、名人轶事、文学名著等，掌握这些知识对于导游员生动形象地向旅游者介绍旅游景点具有重要意义。因此，导游员应努力学习和积累这些知识，以便能够更出色地完成旅游接待任务。

（8）旅游客源地知识

导游员应该具备关于旅游客源地的知识，如客源地居民的文化传统、风俗习惯、礼仪禁忌、思维方式、价值观念等。通过对旅游客源地情况的了解，导游员在接待过程中可以针对来自不同旅游客源地的旅游者的具体情况，提供满足他们需要的服务。

（9）旅游目的地知识

导游员应了解旅游目的地的概况，熟悉当地旅游设施的基本条件、价格水平、服务方式等情况。导游员需具备的旅游目的地知识包括：①进入和离开该地区的主要交通工具种类、抵离的时间、票价；②当地饭店的数量、档次、坐落地点、客房出租价格、服务项目；③餐馆的数量、风味特点、价格水平、坐落地点；④主要旅游景点的位置、门票价格、开放时间；⑤商店分布情况、旅游纪念品的销售场所和价格水平、当地可供旅游者选购的土特产品名称及基本价格等；⑥当地居民对旅游者的态度，是欢迎旅游者的到来，还是敌视他们的到来；⑦目的地政府对旅游者的态度，有哪些优惠政策，有哪些旅行限制。如系出境团，还应了解目的地国家的货币兑换、海关、边防检查等规定。

3）导游员应具备的能力

旅行社在选择导游员时，不仅要了解他/她的基本素质和知识水平，还要考察他/她的实际能力。旅行社需要考察导游员应具备的能力，包括以下三个方面：

（1）独立工作的能力

旅游团的接待工作是一项独立性十分强的业务工作，导游员接待旅游团的工作通常是在远离旅行社领导和同事们的情况下完成的。导游员在接受陪同旅游团的任务后，一般要独立组织旅游团的游览参观活动，独立做出各种决定，并且往往要独立处理各种棘手的问题。特别是近年来，许多旅行社为了降低接待成本，经常要求一名导游员既承担旅游团的全程陪同工作，又承担做地方导游的任务。国外有些旅行社甚至要求导游员承担旅游团的领队、全程导游员和地方导游员三项任务。因此，导游员必须具有较强的独立工作的能力。具有独立工作的能力已经成为一名合格导游员的必备条件之一。

（2）组织协调的能力

旅游团的接待是一项组织性和协调性都很强的旅行社业务，要求担当此项工作的导游员具有较强的组织能力和协调能力。导游员在接待旅游团的过程中要按照旅游合同制定和执行活动日程，并带领旅游团顺利完成预定的旅游活动。在这个过程中，导游员要做大量的组织工作，将各项活动组织和落实好。此外，导游员在接待过程中需要协调各方面的关系，如旅行社同旅游者的关系；旅行社同饭店、交通、旅游景点等旅游服务供应部门的关系；领队、全程导游员和地方导游员三个方面之间的关系；旅游团内不同旅游者之间的关系；导游员所在的旅行社接待部门同该旅行社的计调部门、销售部门、财务部门等相关部门之间的关系等。导游员在接待中应注意讲究工作方法，根据具体情况采取适当的应对措施。

（3）随机应变的能力

随机应变的能力是导游员在接待旅游团时所应具备的第三种能力。导游员的工作对象既广泛又复杂，导游员需在工作中同各种层次、各种性格、各种风俗习惯和文化传统的旅游者及其他方面的人士打交道。旅游活动中也充满了各种未知因素，这使得接待工作变得更加扑朔迷离、变化多端。因此，导游员应掌握和熟练地运用公共关系知识，提高自身理解能力并能灵活地适应经常变化的环境，随机应变地处理好各种问题，搞好同旅游者及各方面的关系。

学习微平台

聚焦二十大 5-1

随堂测 5-2

同步阅读 5-2

导游人员资格考试

具有高级中学、中等专业学校或者以上学历，身体健康，具有适应导游工作需要的基本知识和语言表达能力的中华人民共和国公民，可以参加导游人员资格考试；经考试合格的，由国务院旅游行政部门或者国务院旅游行政部门委托省、自治区、直辖市人民政府旅游行政部门颁发导游人员资格证书。

资料来源　根据《导游人员管理条例》整理。

5.3 团体旅游接待业务的运行与管理

团体旅游接待业务是由旅游团抵达前的准备接待阶段、旅游团抵达后的实际接待阶段和接待完成旅游团离开后的总结阶段构成的。在这三个不同的阶段中，旅行社应采取不同的方式进行管理，使接待工作圆满完成。

5.3.1 团体旅游接待服务的程序

团体旅游接待服务的程序包括领队的接待服务程序、全程导游员的接待服务程序和地方导游员的接待服务程序三个类型。每个类型的接待程序都涉及前面所提及的三个阶段。

1）领队的接待服务程序

领队是旅游团的领导和代言人，既是旅游团的服务人员，又是旅游者合法权益的维护者。领队在客源地组团旅行社与旅游目的地组团旅行社和接待旅行社，以及旅游团成员同全程导游员和地方导游员之间充当联系人和协调人的角色。

（1）准备接待阶段

领队在旅游团出发前应做好充分的准备工作，以便在随后到来的实际接待阶段能够比较顺利地完成接待任务。在准备阶段，领队应该认真研究旅游团的情况和旅游接待计划，做好各项物质准备，并在旅游团离开旅游客源地前往旅游目的地之前向旅游团介绍旅游目的地的情况。

①熟悉情况。领队在率领旅游团前往旅游目的地之前，应该认真研究该旅游团的旅游计划，以便对即将进行的接待工作做到心中有数。此外，领队还应设法了解有关旅游目的地及当地组团旅行社和各地接待旅行社的情况。一般来说，领队需要了解以下几个方面的情况：

A.旅游团成员的阶层、职业、年龄、性别、身体状况；

B.旅游团内夫妇的人数、随行儿童年龄和人数；

C.旅游团内的重点人物、需要特殊照顾的对象；

D.旅游团在生活、参观等方面的特殊要求；

E.旅游团成员的血型及如果在旅途中遇到意外需要通知的家属姓名和住址；

F.旅游线路及所经停的城市、地区的情况；

G.旅游过程中需要游览和参观的主要旅游景点、单位及其主要特点；

H.旅游目的地组团旅行社的情况；

I.旅游线路经停的各城市或地区负责接待旅游团的旅行社情况；

J.旅游目的地政府的有关规定；

K.旅游目的地各有关城市或地区的旅游设施情况；

L.旅游目的地的民俗风情、生活习惯、宗教信仰、对待外来旅游者的态度等。

②进行物质准备。领队在准备阶段应做好旅游接待工作所需的各种物质准备。这些准备包括：

A.旅游团成员名单、住房分配名单、护照及旅游团集体签证、前往旅游目的地的交通票据；

B.旅游计划文本、旅游过程中参观游览的城市概况、主要景点介绍、旅游地图；

C.文具，包括圆珠笔、铅笔、橡皮、外汇兑换表、中外文对照字典、计算器、笔记本等；

D.生活用品，包括雨衣、雨伞、牙膏、牙刷、毛巾、浴巾、梳子、手电筒、香皂、针线包、闹钟、吹风机、开瓶器等；

E.常用药品、急救包；

F.手提喇叭、备用电池、旅游团队的标志牌、小旗；

G.少量人民币现金和外币现金。

③介绍旅游目的地情况。领队在旅游团启程前往旅游目的地之前，应向旅游团介绍有关旅游目的地的情况及各种注意事项。介绍的内容应包括：

A.旅游目的地的有关情况；

B.旅游线路及线路上的主要旅游景点概况；

C.旅游目的地国家或地区的风土人情；

D.旅游线路沿途各城市或地区的接待条件；

E.旅游目的地国家或地区的法律、法规，当地政府有关旅游方面的政策和规定；

F.旅游目的地居民对外来旅游者的态度；

G.其他有关旅游者应注意的事项。

此外，领队还应向旅游团成员分发一些有关旅游目的地的资料，并提醒旅游者注意遵守客源国海关、动植物检疫等部门对来自旅游目的地的商品、食品等的入境规定。

（2）实际接待阶段

实际接待阶段是指从旅游团乘坐交通工具前往旅游目的地进行旅行和游览之时起，到旅游团完成在旅游目的地的全部旅游活动乘坐交通工具返回原出发地时止，领队陪同旅游团进行旅游活动的全部过程。在这个阶段，领队应主动配合旅游目的地组团旅行社和各地接待旅行社派出的全程导游员及地方导游员，在生活上和游览参观活动中照顾好旅游者，使旅游团的旅游活动获得圆满成功。

领队在实际接待阶段的工作分为启程后第一天的工作、在旅游目的地旅游期间的日常工作和离开旅游目的地返回原出发地整个旅游活动结束的最后一天的工作三项内容。

①第一天的工作。在旅游团预定启程的当天，领队必须根据旅游计划先于旅游者到达旅游团将乘坐的交通工具所在的飞机场、火车站、长途汽车站或水运码头。领队应该向有关部门询问交通工具离开的时间有无变化，并确认该处的洗手间、商店、餐厅等服务设施的坐落地点。

当旅游者到达后，领队应向他们做自我介绍，帮助他们办理登机、乘车或乘船手续和行李托运手续。然后，领队应该与旅游团一起核实旅游计划上的各项内容，并宣布旅游团全体成员在旅行期间应共同遵守的一些规定，如旅途中在汽车上轮换座位、在饭店下榻时房间的分配原则等。领队在此期间应向旅游者表示愿意为他们服务、尽力维护他们的正当权益、随时为他们解决旅途中的各种困难的意愿，使旅游团对领队产生良好的第一印象。做好这一点对领队日后工作的顺利进行具有十分重要的意义。

②日常工作。除了第一天和最后一天的工作外，领队在旅途中其他时间所需从事的工作基本相同。这些工作包括：

A.每天早晨向旅游团通报当天的活动日程；

B.旅游团抵达旅游景点后下车游览时，提醒他们返回汽车的准确时间和地点；

C.在旅游团全部成员回到汽车上之前，先回到上车地点等候旅游者；

D.清点旅游者人数，并通报下面的活动内容；

E.帮助旅游者上下汽车，并提醒旅游者注意过往车辆；

F.在前往下一个旅游景点的途中，如果时间较长，可以讲些小故事、小笑话或组织一些娱乐活动，以活跃车内的气氛，加强旅游团内的团结；

G.抓紧时间同全程导游员或地方导游员核实下一次或第二天的活动日程；

H.当一天的旅游活动结束时，向旅游团通报第二天的活动日程，特别是转天早上要进行的第一个活动的内容及出发时间和乘车地点；

I.当旅游者全部下车后，同其他导游员一起对车内进行一次细致的检查，以防旅游者将物品遗忘在车上。

③最后一天的工作。旅游团结束在旅游目的地的全部旅游活动后返回原出发地的那一天通常是整个旅游计划中全部活动日程的最后一天。这一天非同寻常。经过一段较长时间的旅行和游览活动，无论旅游者还是领队都已经十分疲劳了。他们盼望着早

点赶回家，与家人团聚，有些旅游者还要在第二天赶到公司去上班，因此，大家的情绪都不是很高。

然而，这一天对于领队来说却十分重要。他必须克服旅途上的疲劳，竭尽全力为旅游者提供优质的服务，使旅游团的整个旅游活动善始善终。对于领队，在旅游者离开前给他们留下一个良好的最后印象是十分必要的，它能够让领队及其所代表的旅行社在旅游者心目中的形象保持完美，一旦有机会，他们还会再次找上门来，要求这家旅行社甚至该领队继续为他们提供服务，或者介绍他们的家人、亲戚朋友参加这家旅行社组织的旅游活动。

领队在旅游活动的最后一天所要做的工作很多，主要包括以下几个方面：

A.想方设法调动起旅游者的情绪，让大家高兴起来，愉快地度过这一天，如讲一些幽默的故事和笑话，带领大家唱一些能够令人振奋的歌曲等；

B.尽量帮助旅游者整理行装，提醒旅游者不要将物品或行李遗忘在所乘坐的交通工具上；

C.主动征求旅游者对旅游活动的意见和建议；

D.与旅游者相互交换联系地址或电话，以便日后继续保持联系；

E.代表旅行社举行告别宴会，致欢送词，感谢旅游者一路上所给予的支持与合作，并表达想再度为他们服务的意愿。

（3）总结阶段

送别旅游团后，领队应立即回到旅行社，处理各种遗留事项并就旅游团的接待经过及在途中发生的各种问题和处理的经过进行总结。这就是领队在团体旅游接待程序中的总结阶段。

在总结阶段，领队需要做的工作主要有：

① 处理旅游团接待过程中的各种遗留问题，如旅游者的委托事项、可能的投诉等；

② 向旅行社结清账目，归还启程前从旅行社借的物品；

③ 填写“领队日志”，总结旅游团的接待经过，旅游者的表现及反应，旅游目的地组团旅行社和各地接待旅行社履行旅游计划的情况，全程导游员和地方导游员的服务态度、知识水平、语言表达能力、处理问题的能力及与领队合作的情况等。

学习微平台

延伸阅读5-3

2）全程导游员的接待服务程序

全程导游员是旅游目的地组团旅行社派出的旅游团接待人员，负责监督旅游接待计划的全面落实并在沿途照顾旅游团的生活以及协调领队、地方导游员、司机等旅游接待人员的协作关系等工作。全程导游员的接待服务程序分为准备接待、迎接服务、途中服务和结束工作四个阶段。

（1）准备接待阶段

全程导游员在准备接待阶段的工作主要包括三个方面：熟悉情况、物质准备和与地方导游员联系。

①熟悉情况。全程导游员在接受旅游团的接待任务后，应首先熟悉和研究旅游团的接待计划，熟悉旅游团的情况，研究其性质、特点和人员构成，从而确定接待计划的重点和服务方向。通过旅游接待计划，全程导游员应了解以下情况：

A.旅游团的性质。了解该旅游团是由中国公民组成的国内旅游团还是由海外人士组成的入境旅游团。

B.旅游团的等级。了解该旅游团是全包价旅游团、半包价旅游团、小包价旅游团还是组合旅游团，是豪华等级旅游团、标准等级旅游团还是经济等级旅游团。

C.旅游团的人员构成。了解旅游团成员的姓名、年龄、国籍、民族、职业、性别、夫妻数量、随行的儿童人数及年龄等。

D.旅游目的。了解旅游团进行旅游主要是为了进行哪些活动，如观光、度假、参加会议、奖励旅游、探亲访友等。

E.旅游者特殊要求。了解旅游团内有无需要加以重点照顾或提供特殊服务的旅游者，旅游者在饮食、住宿、参观游览、乘坐交通工具等方面有无特殊要求。

F.旅游服务设施。了解旅游团在境内旅游期间在各地所下榻的饭店和在城市间旅行时所要乘坐的交通工具的情况，如饭店的星级或等级情况，交通工具的类型、等级及在各地的抵离时间等。

G.旅游接待服务。了解各地承担接待任务的旅行社情况，熟悉同它们进行联系的途径，如通信地址、电话号码、传真号码等。

H.旅游线路。了解旅游线路上是否有不对外开放的地方和边境地区。如有上述情况，应通知旅行社的有关部门办理旅行证或边境通行证。

②物质准备。全程导游员在准备接待阶段除了熟悉各种与接待有关的情况，做好精神准备外，还应在物质方面做好准备，以便在以后的几个工作阶段中能够较好地完成接待任务。全程导游员所需准备的物品基本上同领队相同，这里不再赘述。

③与地方导游员联系。在旅游团抵达前一天，全程导游员应主动与负责接待的地方导游员进行联系，了解第一站接待工作的详细安排情况，并确定集合的地点和时间，以便在第二天准时前往旅游团抵达的地点迎接。如果由全程导游员兼任地方导游员，则应亲自同旅游汽车公司调度人员联系，落实接站事宜。

（2）迎接服务阶段

在旅游团抵达旅游目的地的前后一段时间里，是全程导游员接待工作程序中的迎接服务阶段。在这个阶段，针对不同类型的旅游团，全程导游员需要提供不同形式的迎接服务。

①入境旅游团的迎接服务。全程导游员在迎接入境旅游团时，应与地方导游员（如系全程导游员兼任地方导游员，则由全程导游员单独前往迎接）一起提前到达接站地点迎接旅游团。在迎接地点，全程导游员应做好以下工作：

A.在接到旅游团后主动与该旅游团的领队联系，了解并核实旅游团的实际到达人数、旅游团有无特殊要求和需要给予特殊关照的旅游者。

B.与领队、地方导游员和接待旅行社的行李员一起清点和交接行李。

C.代表旅游目的地组团旅行社和个人向旅游团致欢迎词，做自我介绍，表达向全体旅游者提供服务的真诚愿望并预祝旅行顺利愉快。

D.协助地方导游员带领旅游团乘车前往预订的饭店。

当旅游团所乘坐的汽车抵达饭店后，全程导游员应协助地方导游员和领队将旅游团带入饭店。在旅游团进入饭店后，全程导游员的工作主要是：

A.协助旅游团领队办理入住手续；

B.协助有关人员随时处理入住过程中可能出现的各种问题；

C.与领队核对并商定旅游团的活动日程；

D.掌握领队所住房间的房间号和电话号码，以便随时进行联系；

E.掌握旅游团的房间分配名单；

F.掌握饭店总服务台电话号码；

G.同地方导游员确定在紧急情况下联系的方法。

②国内旅游团的迎接服务。参加国内旅游团的多数旅游者按照事先同组团旅行社商定的旅游计划，在规定的时间从组团旅行社所在的城市或地区汇集到双方同意的地点集合，开始旅游活动，因此，全程导游员向国内旅游团提供的迎接服务同其向入境旅游团提供的迎接服务有所不同。在迎接地点，全程导游员主要提供如下服务：

A.进行自我介绍，并代表组团旅行社向旅游者表示欢迎；

B.介绍旅游线路及线路上的主要旅游景点的概况；

C.介绍旅游目的地地区的风土人情；

D.介绍旅游线路沿途各城市或地区的接待条件；

E.介绍旅游目的地居民对外来旅游者的态度；

F.介绍旅游者应注意的其他有关事项；

G.向旅游团成员分发一些有关旅游目的地的资料；

H.为旅游团分配饭店或旅馆的房间；

I.介绍地方导游员，并请他/她向旅游团介绍在当地的活动日程；

J.协助地方导游员办理旅游团入住饭店或旅馆的手续。

（3）途中服务阶段

途中服务阶段是全程导游员向旅游团提供旅游接待服务的主要时期。在这个阶段，担任入境旅游团接待工作的全程导游员应建立起与旅游团领队和地方导游员良好的合作关系，而担任国内旅游团的全程导游员则应同各地的地方导游员进行紧密的合作。全程导游员在旅游途中向旅游团提供的服务主要是监督各地接待旅行社严格按照旅游接待计划向旅游者提供符合合同规定和国家有关的服务标准的导游讲解服务和生活服务。另外，全程导游员还要承担起与各地旅行社联络，以及在城市间旅行时对旅游团进行生活关照和讲解服务的任务。

全程导游员在旅游途中提供的服务主要包括以下几项：

① 做好旅游线路上各站之间的联络工作，通报旅游团的旅游情况及旅游者在参观游览和生活上的特殊要求；

② 协助各地地方导游员的工作，提醒他们认真落实旅游团在当地的抵离交通工具、饭店或旅馆的入住与离店手续、旅游景点的导游讲解服务等；

③ 照顾旅游者的旅途生活，并解答旅游者提出的各种问题；

④ 注意保护旅游者的人身和财物安全，提醒旅游者保管好自己的随身物品及行李、在旅游活动中远离危险地区和物品；

⑤ 征求旅游者对整个旅游接待工作的意见和建议；

⑥ 在旅游团预定的离境口岸为入境旅游团送别，或带领国内旅游团返回原出发

地，代表组团旅行社对旅游者在旅途中的合作致以谢意，并欢迎他们再度光临。

（4）结束工作阶段

全程导游员在送别旅游团后，应尽快返回旅行社，处理结束工作阶段的各种事务。在这个阶段，全程导游员所要做的工作有：

① 结清账目。全程导游员在回到旅行社后，应立即到财务部门结清各种账目，退还在准备接待阶段所借的款项，上交在各地旅行期间向当地旅行社提交的旅游费用结算单副本，并解释在途中所发生费用的具体情况。

② 处理遗留问题。全程导游员应协助旅行社领导处理好旅游过程中发生事故的遗留问题，认真办好旅游者的委托事项。

③ 填写“全陪日志”。全程导游员应认真、按时填写“全陪日志”，实事求是地总结接待过程中的经验和教训，详细、真实地反映旅游者的意见和建议。

④ 归还所借物品。全程导游员在返回旅行社后应及时向有关部门归还因接待旅游团所借的各种物品，如行李箱、话筒、标志牌（旗）等。

3）地方导游员的接待服务程序

地方导游员由旅游目的地接待旅行社派出，负责具体执行旅游接待计划，在地方旅游过程中起着关键的作用。地方导游员应在当地的旅游接待过程中，根据旅游接待计划和全程导游员反映的意见及建议，做好旅游团在当地的食宿、购物、娱乐等活动的安排，落实旅游团离开当地前往其他地方的交通工具票据的预订或确认事宜，并提供优质的导游讲解服务。地方导游员的接待服务程序分为准备接待、迎接服务、导游讲解及生活服务和结束工作四个阶段。

（1）准备接待阶段

地方导游员在领受接待旅游团的任务后，应充分、及时地做好各方面的准备工作，以便在旅游团到来后能够向他们提供良好的服务。在准备接待阶段，地方导游员主要做好以下四个方面的工作：

①研究旅游接待计划。地方导游员应该在领受接待任务后，立即着手研究组团旅行社发来的旅游接待计划和其他相关信息。在研究计划的过程中，地方导游员应着重了解以下内容：

A.旅游团的性质、接待等级、接待规格、人员构成等；

B.旅游团的抵离日期和具体时间，所乘航班（车次、船次）；

C.旅游团在当地所住的饭店或旅馆的预订方式（旅游者自订、海外旅游中间商代订、旅游目的地组团旅行社代订、委托当地接待旅行社代订等）；

D.旅游团在当地旅游期间有无特殊要求（会见当地政府、企业界、学术界及其他有关人士），是否探亲访友，是否需要提前进行安排；

E.领队和/或全程导游员的姓名及联系方法；

F.旅游团的组团旅行社名称和联系人员。

②安排和落实旅游活动日程。在完成对旅游接待计划的研究后，地方导游员应根据该计划和全程导游员所提供的信息，制定出旅游团在当地活动的具体日程。活动日程是对旅游接待计划的具体化，应包括以下内容：

A.旅游团的名称及代号；

B.旅游团抵离当地的日期、时间和航班（车次、船次）；

C.每日外出参观游览的出发时间，参观游览项目、就餐地点、自由活动时间、购物时间和商店名称、晚间活动时间和场所名称等；

D.所下榻的饭店名称；

E.接待人员姓名；

F.旅行社接待部门联系人姓名和电话号码。

地方导游员在制定活动日程后，应尽快同有关部门联系，以便落实活动日程上的各项内容。如有必要，地方导游员应该前往某些旅游服务设施，亲自落实关键的服务项目安排，确保万无一失。

③知识准备。知识准备是地方导游员在准备接待阶段所需进行的重要准备内容。尽管各方面知识的积累主要应依靠平时的学习，然而，在旅游团到来之前，地方导游员仍应抓紧时间多准备一些同此次接待有关的知识。当接待专业旅游团时，地方导游员应在专业知识方面做好充分的准备，如果接待的是入境旅游团，还应在外语专业词汇方面进行准备。如果旅游团将参观游览新的旅游景点，地方导游员则应亲自前往新的旅游景点了解情况，如该景点的对外开放时间、合理的游览线路、休息场所、洗手间的位置和是否收费等。

④物质准备。地方导游员还应在准备接待阶段做好各种物质准备，如向旅行社有关部门借用手提喇叭、旅行社标志牌（旗），领取导游图和餐馆、景点、娱乐场所的结账单以及少量现金，带好导游证、胸卡、名片、记事本等；同旅行社计调部门联系，核实旅游团将下榻的饭店或旅馆、旅游团用餐地点、参观单位的预订、旅游团行李运送、旅游团离开当地前往下一站所乘交通工具及接站和市内活动时所用车辆的落实情况；同司机联系，提供活动日程并确定出发接站的时间和地点。

（2）迎接服务阶段

在迎接服务阶段，地方导游员应按照顺序做好下列工作：

① 出发接站前，再次核实旅游团所乘交通工具抵达当地的确切时间，并通知旅行社的行李员；

② 在旅游团抵达当地前半小时到达接站地点，并与司机商定停车等候的位置；

③ 当旅游团乘坐的交通工具抵达后，应持接站标志牌（旗）站立在醒目的位置上，迎接旅游团的到来；

④ 旅游团出站后，主动上前同旅游者及领队和全程导游员打招呼，进行自我介绍，向他们表示热烈欢迎；

⑤ 与领队和全程导游员核实旅游团成员的实到人数和托运的行李件数，并与旅行社行李员办妥行李交接手续；

⑥ 及时引导旅游者上车，协助旅游者就座，并清点人数，待全部人员到齐后，请司机发车；

⑦ 致欢迎词并进行沿途导游讲解，在汽车行驶到旅游团预订下榻的饭店或旅馆的附近时，向旅游团介绍饭店或旅馆的概况；

⑧ 旅游者下车并进入饭店或旅馆后，引导他们办理入住手续，介绍饭店或旅馆的各项服务设施及其位置、营业时间、用餐时间和就餐形式；

⑨ 旅游团的行李抵达后，与行李员进行核对，协助将行李送至旅游者房间；

⑩ 同旅游团领队、全程导游员一起商定旅游团在当地活动安排并及时通知每一位旅游者；

⑪ 掌握领队和旅游团其他成员的房间号码，并根据旅游者的要求，安排第二天叫早服务；

⑫ 带领旅游团到餐厅用好第一餐。

课程思政 5-1

导游员私自承揽导游业务的处罚

背景与情境：刘莉莉是某旅游学院的导游专业学生。上学期间，她听说导游员接待旅游团到商店购物可以获得大量的回扣。于是，她便参加并通过了国家的导游员资格考试，获得了导游员资格证书。某年“五一黄金周”期间，刘莉莉私自到飞机场承揽旅游团，并带领该旅游团到非定点商店购物，获得了不菲的回扣。正当她暗自高兴时，当地的旅游执法大队将其查获，并对其处以2.5万元的罚款。刘莉莉不服，遂向省文化和旅游厅提出行政复议。省文化和旅游厅经过调查，认为刘莉莉的行为触犯了国家的有关法规，应该受到惩处。旅游执法大队的处罚决定合法，驳回了刘莉莉的申请。

问题：本案例中刘莉莉的行为是否合法?

研判提示：国务院颁布的《导游人员管理条例》第十九条规定：“导游人员未经旅行社委派，私自承揽或者以其他任何方式直接承揽导游业务，进行导游活动的，由旅游行政部门责令改正，处1 000元以上3万元以下的罚款；有违法所得的，并处没收非法所得。”刘莉莉违反国家法规，私自承揽旅游团并安排旅游者到非定点商店购物，是一种严重违法的行为，应该受到处罚。

（3）导游讲解及生活服务阶段

导游讲解及生活服务阶段是地方导游员的主要工作时间。一般来说，地方导游员应在每次活动之前的10分钟到达预定的集合地点督促司机做好出发前的准备工作。旅游者上车后，地方导游员应及时清点人数，向旅游者报告当日的重要新闻、天气情况、活动安排和午晚餐的就餐时间及地点。

当全部旅游者到齐后，地方导游员应请司机发车，并开始介绍沿途的风景、建筑物等。到达景点后，地方导游员应介绍景点的历史背景、风格特点、地理位置和欣赏价值，并告知旅游者在景点的停留时间、集合地点和游览注意事项。在游览过程中，地方导游员应始终同旅游者在一起活动，注意旅游者的安全，随时清点人数，以防旅游者走失。与此同时，地方导游员还应使用生动形象的语言向旅游者讲解景点情况，使旅游者得到美的享受。

除导游讲解服务外，地方导游员还必须在旅游者就餐、购物和观看文娱节目时提供相应的服务，如介绍餐馆和菜肴特色、酒水类别、餐馆设施、当地商品特色、节目内容及特点，回答旅游者的各种问题，解决随时出现的问题等。

旅游团结束在当地参观游览活动的前一天，地方导游员应向有关部门确认交通票据和离站时间，准备好送站用的旅游车和行李车，与领队或全程导游员商定第二天叫早、出行李、用早餐和出发的时间，并提醒旅游者做好离开饭店或旅馆前的有关准备。

在旅游团离开饭店或旅馆，乘车前往飞机场（火车站、船舶码头）前，地方导游员应主动协助饭店或旅馆与旅游者结清有关账目，与领队、全程导游员和接待旅行社的行李员一起清点行李，办好行李交接手续，然后招呼旅游者上车。上车后，地方导游员应清点人数，并再次提醒旅游者检查有无物品或旅行证件遗忘在房间里。

当为旅游团送站的旅游车到达飞机场（火车站、船舶码头）后，地方导游员应与领队、全程导游员和接待旅行社的行李员交接行李，帮助旅游者办理行李托运手续，并将交通票据和行李托运票据移交给全程导游员、领队或旅游者。旅游团离站前，地方导游员应该致欢送词，感谢旅游者在当地停留期间所给予的合作，诚恳地征求旅游者对当地接待工作的意见和建议，并祝愿旅游者旅途愉快。如果旅游团乘坐国内航班（火车、轮船）离开当地前往国内其他城市或地区旅行，地方导游员需等到旅游者所乘的交通工具启动后，才能离开送别地点。如果旅游团乘坐国际航班离境，地方导游员则应将旅游者送至海关，与旅游者告别。当旅游者进入海关后，地方导游员即可离开送别地点。

（4）结束工作阶段

送走旅游团后，地方导游员应及时返回旅行社，认真妥善地处理旅游团在当地参观游览时遗留下的问题，对旅游者的委托事项按规定处理，与旅行社结清账务，归还所借物品，做好旅游团在当地活动期间的总结工作，并填写地方“陪同日志”。

5.3.2　团体旅游接待的管理

团体旅游接待是许多旅行社的主要经营业务之一，也是这些旅行社重要的经营收入来源之一。旅行社团体旅游接待的水平高低将直接影响到旅行社的最终经济效益和旅行社在旅游市场上的声誉。因此，旅行社必须注重对团体旅游接待的管理。旅行社团体旅游接待管理主要体现在建立标准化接待服务程序和接待过程管理两个方面。

1）建立标准化接待服务程序

建立标准化接待服务程序是旅行社加强团体接待管理的重要手段之一。为了保证团体旅游接待服务的质量，旅行社根据国家有关部门或行业协会颁布的标准，结合本地区和本企业的实际情况，制定标准化团体旅游接待服务程序。这种接待程序一旦建立，旅行社所有接待人员都必须按照程序规定的内容向团体旅游者提供标准化的导游讲解服务和其他相应的服务。

目前，我国正式颁布的与旅行社接待服务有关的质量标准主要有《导游服务规范》（GB/T 15971—2010）、《旅行社国内旅游服务规范》（LB/T 004—2013）等。其是我国旅行社制定标准化接待服务程序的主要依据。不同的旅行社可以根据这些文件的规定，将本旅行社的接待服务程序进一步具体化。一般说来，旅行社制定的标准化接待服务程序应包括以下内容：

① 实行“三定”，即将旅游者安排到定点旅馆住宿、定点餐馆就餐、定点商店购物，并确保向旅游者提供符合合同规定的服务。

② 采取必要措施以保证旅游者人身财产安全；完善行李交接手续，保证旅游者

行李运输安全和准确无误。

③ 接待旅游团的导游员必须通过全国导游人员资格考试，取得国务院旅游行政管理部门或者国务院旅游行政管理部门委托省、自治区、直辖市人民政府旅游行政管理部门颁发的导游人员资格证书，并在接待旅游团前做好一切接待准备工作。

④ 制定旅游活动日程时，应将文娱活动作为固定节目安排。

⑤ 热情接待所有旅游者，做到一视同仁，不得以旅游者的国籍、民族、种族、肤色、职业、性别、年龄、宗教信仰等为理由歧视他们。

标准化接待服务程序一经建立，旅行社的接待部门便应严格地加以贯彻执行，接待人员不得以任何理由拒绝履行它所规定的服务内容。旅行社管理人员应该加强对导游员和其他接待服务人员的培训，使他们熟悉接待服务程序的各项内容和质量标准，严格按照程序向旅游团提供标准化服务。此外，旅行社接待部门和质量管理部门的有关人员还应定期检查和不定期抽查接待人员的实际接待工作，发现问题，立即纠正。同时，接待部门和质量管理部门的负责人还应该经常就接待服务程序征求导游员和旅游者的意见，不断地加以补充和完善。

2）接待过程管理

接待过程管理是旅行社接待部门根据标准化接待服务程序对旅游团接待过程中的各个阶段所实施的管理。由于接待过程中各个阶段具有各自不同的特点，因此，各个阶段的管理重点也存在一些差异。通常，旅行社接待部门分别按照接待过程中准备接待阶段、实际接待阶段和总结阶段的不同特点对其进行侧重点不同的控制和管理。

（1）准备接待阶段的管理

旅行社接待部门在准备接待阶段所实施的管理包括委派适当的接待人员和检查接待工作的准备情况两个方面。

①委派适当的接待人员

接待部门在接到本旅行社销售部门或客源地组团旅行社发来的旅游计划后，应根据计划中对旅游团情况的介绍和所提出的要求，认真挑选最适合担任该旅游团接待工作的导游员。为了做到这一点，接待部门负责人应在平时对该部门导游员的性格、能力、知识水平、身体条件、家庭情况、思想状况等进行全面了解，做到心中有数。当接待任务下来时，接待部门负责人便能够根据旅游团的特点，比较顺利地选择适当的导游员承担接待任务。例如，在接待专业旅游团时，接待部经理应选择在该专业领域具有一定知识的导游员担任接待人员，以便在接待过程中能够以其较为丰富的专业知识使旅游者感到熟悉和亲切，增加共同语言，有利于导游员更好地为旅游者提供接待服务。又如，在接待主要由中年女性组成的旅游团时，接待部经理则应为她们挑选一位年龄相仿、对商店购物比较在行的女导游员。这类导游员比较理解旅游者的心理，能够提供具有针对性的服务，使旅游者感到满意。

②检查接待工作的准备情况

接待部门经理应在准备接待阶段注意检查承担接待任务的导游员准备工作的进展情况和活动日程的具体内容。对于进展较慢的导游员，应加以督促；对于活动日程中的某些不适当安排，应提出改进意见；对于重点旅游团的接待计划和活动日程，应予以特别关照；对于经验较少的新导游员，则应给予具体的指导。总之，接待部经理应通过对接待工作的准备情况进行检查来及时发现和堵塞漏洞，防患于未然。

（2）实际接待阶段的管理

实际接待阶段是指从旅游团抵达本地开始旅游活动，到旅游团结束在本地的活动离开本地前往其他城市或地区为止的阶段。这个阶段是旅行社接待管理的最重要时期。由于担任接待工作的导游员往往单独带领旅游团活动，接待部门难以随时保持对接待人员的控制，而接待过程中发生的问题又多集中在这个阶段，因此，这一阶段的管理是旅行社接待管理工作中最困难也是最薄弱的环节。旅行社接待部经理应该特别重视这个阶段的管理，使旅游团的接待服务工作能够顺利完成。

实际接待阶段的管理包括建立请示汇报制度和接待现场抽查与监督两项内容。

①建立请示汇报制度

旅游团队接待工作是一项既有很强的独立性又需要由旅行社加以严格控制的业务工作。一方面，担任旅游团接待工作的接待人员特别是导游人员应具有较强的组织能力、独立工作能力和应变能力，以保证旅游活动顺利进行。那种动辄请示汇报、不肯动脑筋或不能动脑筋、不主动想办法解决问题，遇到困难绕着走的人不能够胜任独立接待旅游团的重任。另一方面，凡事不请示、不汇报，特别是遇到旅游接待计划须发生重大变化的情况也不请示，擅作主张，甚至出了事故隐匿不报的做法也是错误的。为了加强对旅游团接待过程的管理，旅行社应根据本旅行社和本地区的具体情况，制定出适当的请示汇报制度。这种制度既要允许接待人员在一定范围内和一定程度上拥有随机处置的权力，以保证接待工作的高效率，又要求接待人员在旅游活动过程中遇到一些重大变化或发生事故时及时请示旅行社相关管理部门，以取得必要的指导和帮助。只有建立和坚持这种适当的请示汇报制度，才能保证旅游团的接待工作顺利进行。

②接待现场抽查与监督

除了建立适当的请示汇报制度以保证接待人员能够将接待过程中发生的重大情况及时准确地传达到旅行社接待部门，使接待部经理和旅行社总经理等有关管理人员能够随时掌握各旅游团接待工作的进展情况外，旅行社还应建立旅游团接待现场抽查和监督的制度，由接待部经理或旅行社总经理等人在事先未通知的情况下，亲自到旅游景点、旅游团下榻的饭店或旅馆、就餐的餐馆等旅游团活动的场所，直接考察导游人员的接待工作情况并向旅游者了解对接待工作及各项相关安排的意见，以获取有关接待方面的各种信息。旅行社接待管理人员通过现场抽查和监督，可以迅速、直接地了解接待服务质量和旅游者的评价，为旅行社改进服务质量提供有价值的信息。

（3）总结阶段的管理

总结阶段的管理主要是通过对接待过程中的各种经验教训进行总结及对旅游者提出的关于接待人员的表扬和投诉进行处理，增强接待人员的思想认识、知识水平和业务能力，以提高旅行社团体旅游接待的整体水平。旅行社在总结阶段的管理方式主要是建立接待总结制度及处理旅游者的表扬和投诉。

①建立接待总结制度

为了达到提高旅游团接待工作效率和服务质量的目的，旅行社应建立总结制度，要求每一名接待人员在接待工作完成后对接待过程中发生的各种问题和事故、处理的方法及结果、旅游者的反应等进行认真总结，必要时应写出书面总结报告，交给接待部经理。接待部经理应认真仔细地阅读这些总结报告，宣传其中的成功经验，供其他接待人员学习借鉴；并对接待中出现的失误加以总结，提醒其他人员在今后的接待工作中尽量避免犯同样的错误。通过总结，以期达到教育员工和提高接待水平的目的。

此外，接待部经理还可以采用其他方式对旅游团接待过程进行总结。例如，旅行社接待部经理可以采用听取接待人员当面汇报，要求接待人员就接待过程中发生的重大事故写出书面总结报告，抽查接待人员填写的“陪同日志”“全陪日志”“领队日志”等接待记录等方式进行总结。通过这些总结方式，旅行社接待管理人员能够更好地了解旅游者接待情况和相关服务部门协作情况，及时发现问题，采取补救措施。

总之，旅行社接待管理人员通过总结旅游团接待情况，不断积累经验，以便进一步改进产品，提高导游人员业务水平和完善协作网络。

②处理旅游者的表扬和投诉

处理旅游者对导游员接待工作的表扬和投诉是总结阶段中旅行社接待管理的另一项重要内容。一方面，旅行社通过对优秀工作人员及其事迹的宣传，可以在接待人员中树立良好的榜样，激励旅行社接待人员不断提高自身素质；另一方面，接待管理人员通过对旅游者提出的针对导游员接待工作投诉的处理，既教育了受批评的导游人员本人，也是对其他接待人员的鞭策，使大家在今后的接待工作中不再犯类似的错误。

随堂测 5-3

同步阅读 5-3

出境旅游领队对旅游者个人信息与肖像权的保护

领队应尊重旅游者个人隐私及旅游者相关权益，不泄露旅游者个人信息；应有意识地保护旅游者的肖像权，未经旅游者同意，不应以任何形式公开发布含有旅游者肖像的图片。

资料来源　中华人民共和国文化和旅游部．出境旅游领队服务规范［Z/OL］．［2022-09-29］．https：//zwgk.mct.gov.cn/zfxxgkml/hybz/202302/t20230210_939033.html.

5.4 团体旅游的行李业务

团体旅游者在外出旅行时往往会携带较多的行李，因此，行李的托运和运输成为旅行社团体旅游接待的一项重要业务。旅行社能否在接待过程中处理好旅游团的行李问题，会直接影响到旅游团在旅游活动中的情绪及对旅行社提供的接待服务质量的评价。当旅行社妥善地处理了旅游团的行李问题，使旅游者在整个旅游过程中不再为行李问题担忧时，他们就会更加愉快地按照旅行社安排的活动日程游览和参观；反之，如果旅游团的行李发生丢失、破损、被盗等情况，旅游者就会无心继续参加旅行社为他们精心安排的各种旅游活动。因此，旅行社接待部门必须十分重视团体旅游的行李业务。

5.4.1 行李的托运

托运旅游团的行李是指旅行社在旅游团乘坐飞机、火车、轮船等长途交通工具进行城市间旅行时代其办理行李托运手续的业务。旅行社一般在其计调部门或接待部门设立行李员岗位，专门负责这项业务。在我国，绝大多数旅游团的行李是通过民航部门或铁路部门进行托运的。

1）民航部门行李托运

旅游团在境内和境外旅行时经常选择飞机作为交通工具，其行李也同时交给有关的民航部门承运。旅行社的行李员应根据民航部门的有关规定，及时为旅游团办理行李托运手续。针对民航部门托运旅客行李，国内航线和国际航线有不同的规定。

（1）国内航线的行李托运

乘坐飞机在国内航线旅行的多为入境旅游团在旅游目的地旅游期间的城市间旅行、国内旅游团在境内的旅行和出境旅游团从居住地前往出境口岸或从入境口岸返回居住地的旅行。旅行社行李员在为这些旅游团办理行李托运手续时应注意以下几点：

① 持头等舱票的旅游者，每人可随身携带两件行李；持公务舱、经济舱票的旅游者，每人可随身携带1件行李；每件行李的体积不得超过20厘米×40厘米×55厘米，总重量不得超过5千克。

② 旅游者携带的物品超过上述规定的件数、重量或体积限制的，应按照规定作为托运行李托运。

③ 持头等舱成人票或儿童票的旅游者，每人可免费交运行李40千克。

④ 持公务舱成人票或儿童票的旅游者，每人可免费交运行李30千克。

⑤ 持经济舱成人票或儿童票的旅游者，每人可免费交运行李20千克。

⑥ 持婴儿票的旅游者不享受免费托运行李的待遇。

⑦ 交运的行李必须包装完善、锁扣完好、捆扎牢固，并能承受一定压力。对包装不符合要求的行李，民航部门有权拒运或不承担行李损坏的赔偿责任。

⑧ 交运的行李中不得夹带易燃、易爆、易腐蚀、有毒、放射性物品，可聚合物质，磁性物质及其他危险物品。

⑨ 交运的行李中不得夹带机密文件、资料、外交信袋、有价证券、货币、汇票、贵重物品、易碎易腐物品，以及其他需要专人照管的物品。

（2）国际航线的行李托运

旅行社组织和接待出境旅游团时，其行李员还要负责为乘坐国际航线航班的旅游团代办行李托运手续。国际航线对行李托运的规定是：

①持一等票价客票的旅游者，每人可享受免费交运行李40千克。

②持公务票价客票的旅游者，每人可享受免费交运行李30千克。

③持经济客票的旅游者，每人可享受免费交运行李20千克。

④按成人票价10%付费的婴儿，不享受免费交运行李的待遇。

⑤在中美、中加国际航线上飞行的民航公司实行计件免费行李托运。其具体做法是：

A.持一等和公务票价客票的旅游者，每人可免费交运2件行李，每件行李的三边之和不得超过62英寸（158厘米）；

B.持经济和旅游折扣票价客票的旅游者，每人可免费交运2件行李，每件行李的三边之和不得超过62英寸（158厘米），但两件行李之和不得超过107英寸（273厘米），每件行李最大重量不得超过32千克；

C.按成人票价10%付费的婴儿可免费交运1件行李，但三边之和不得超过45英寸（115厘米）；

D.旅游者可免费交运全折叠式或轻便婴儿车或婴儿手推车1辆。

⑥随机交运的行李应有承受一定压力的包装，应封装完整、锁扣完善、捆扎牢固。对包装不符合要求的行李，民航部门有权拒运或不承担行李损坏的赔偿责任。

⑦交运的行李中不得夹带易燃、易爆、易腐蚀、有毒、放射性物品，可聚合物质，磁性物质及其他危险物品。

⑧交运的行李中不得夹带中华人民共和国和有关国家法律、政府命令和规定禁止出境、入境或过境的物品及其他限制运输的物品。

⑨交运的行李中不得装有货币、珠宝、金银制品、票证、有价证券和其他贵重物品。

2）铁路部门行李托运

学习微平台

延伸阅读5-4

旅游团因乘坐火车进行城市间旅行时，一般将行李随身带进所乘坐的车厢，按照铁路部门的规定整齐地放在车厢内的行李架上。有时候，由于所带的行李过多或过重，旅行社行李员应提供代办行李托运手续的服务，由铁路部门按照规定将旅游团交运的行李放到其所乘列车的行李车上随旅游团一同运往目的地。

办理列车行李托运手续时，旅行社行李员应将旅游团交运的行李提前运到火车站，并持旅游团的火车票到行李托运处办理行李托运手续。其主要步骤为：

① 向火车站行李托运处的有关人员出示旅游团的火车票，并提出托运行李的申请；

② 经同意后，将交运的行李交行李托运处人员过磅；

③ 按照交运行李的重量向行李托运处交纳托运费；

④ 向行李托运处有关人员索取行李托运票。

5.4.2 旅游团行李的交接程序

交接行李是旅行社行李员同旅游团的领队、全程导游员和地方导游员之间在运送和清点旅游团的行李方面的一项重要工作。旅游团行李交接的程序分为接受行李和运送行李两个部分。

1）接收行李程序

旅行社行李员按照旅游活动日程的安排，准时到达旅游团即将抵达的飞机场（火车站或码头），主动与接待该旅游团的导游员进行联系，准备接收行李。接收行李程序分为接收乘坐国际航班入境的旅游团行李和接收乘坐国内航班的旅游团行李两种程序。

（1）接收入境旅游团行李

旅行社行李员在接收乘坐国际航班入境的旅游团行李时，应等旅游者将行李从集中地领出后，与领队、全程导游员和地方导游员一起清点行李件数。地方导游员在行李卡上签字后，由行李员将行李装上行李车，及时送到旅游团下榻的饭店或旅馆。

（2）接收国内航班旅游团行李

在接收乘坐国内航班抵达的旅游团行李时，行李员应主动向陪同该旅游团的领队或全程导游员索要行李卡，并持行李卡向机场行李处领取行李。领出行李后，行李员应对照行李卡认真清点行李。清点无误后，行李员应将行李全部装上行李车，并及时送到旅游团下榻的饭店或旅馆。

旅行社行李员在将旅游团行李送到饭店或旅馆后，必须与饭店、旅馆的行李员办理行李清点和交接手续。

同步阅读5-4

有关铁路旅客运输损害赔偿的规定

《中华人民共和国铁路法》第十七条规定：铁路运输企业应当对承运的货物、包裹、行李自接受承运时起到交付时止发生的灭失、短少、变质、污染或者损坏，承担赔偿责任：

①托运人或者旅客根据自愿申请办理保价运输的，按照实际损失赔偿，但最高不超过保价额。

②未按保价运输承运的，按照实际损失赔偿，但最高不超过国务院铁路主管部门规定的赔偿限额；如果损失是由于铁路运输企业的故意或者重大过失造成的，不适用赔偿限额的规定，按照实际损失赔偿。

托运人或者旅客根据自愿可以向保险公司办理货物运输保险，保险公司按照保险合同的约定承担赔偿责任。

托运人或者旅客根据自愿，可以办理保价运输，也可以办理货物运输保险；还可以既不办理保价运输，也不办理货物运输保险。不得以任何方式强迫办理保价运输或者货物运输保险。

2）运送行李程序

旅游团离开本地前往外地或境外旅行时，负责接待的旅行社应提供运送行李的服务。运送行李的程序包括下列内容：

（1）旅行社行李员到接待部或计调部领取工作任务单；

（2）行李员按照任务单上规定的时间准时乘行李车到达旅游团下榻的饭店或旅馆；

（3）同饭店或旅馆的行李员或总服务台有关人员办理行李交接手续，并在行李清点无误后，在行李卡上签名；

（4）将行李全部装上行李车，运往飞机场（火车站或码头）；

（5）如果运送乘坐国内航班旅行的旅游团行李，行李员应在飞机预定起飞时间前一个半小时将行李运到飞机场，办理行李托运手续；

（6）如果运送乘坐国际航班旅行的旅游团行李，行李员应在飞机预定起飞时间前两个小时将行李运到飞机场，并协助旅游者办理行李拴牌和过磅事宜。

同步思考5-3

问题：民航部门的行李声明价值指的是什么？

理解要点：根据民航部门规定，旅客托运行李每千克价值超过人民币50元时，可以办理行李声明价值，民航收取声明价值附加费。声明价值不能超过行李本身的实际价值。每一位旅客的行李声明价值最高限额为人民币8 000元。如此行李丢失，民航部门按声明价值赔偿。

5.4.3 行李差错的处理

旅行社行李员应协助接待旅游团的导游员妥善处理旅游接待过程中发生的行李差错。这是提高旅行社接待工作质量的一个重要方面，同时也是行李员义不容辞的责任。行李差错主要包括行李丢失、行李漏接或错送和行李破损等几种情况。

1）行李丢失的处理

行李丢失是指旅游团托运的行李在运输途中或交接过程中出现的丢失现象。造成行李丢失的原因主要有：

（1）承运旅游团行李的航空公司、铁路、公路、水运等部门未能将行李及时运到目的地或在途中将行李丢失；

（2）旅行社行李员在运送行李时将行李丢失；

（3）饭店行李员在把行李送往旅游者下榻的房间途中将行李丢失。

在上述三种情况中，第二种情况属于旅行社方面的责任。如果无法将丢失的行李找回，则应由旅行社负责赔偿旅游者的损失。第二种和第三种情况极少发生，较为常见的是第一种情况。无论旅游者行李丢失的原因如何，旅行社行李员应该积极主动协助旅行社的接待人员和有关部门进行查找。

2）行李漏接或错送的处理

造成旅游团行李漏接或错送的原因有三个：

（1）旅行社行李员因工作疏忽，未能按时接送行李或因未按有关规定进行行李交接而造成行李漏接或错送；

（2）由于航班、车次等发生变化造成行李漏接；

（3）由于行李车发生意外事故造成行李漏接。

行李漏接或错送会给旅游者的旅游活动造成不便，因此，无论事故是由哪一种原因造成的，旅行社行李员都应该积极设法找回行李，并向旅游者致歉以取得旅游者的谅解。

3）行李破损的处理

旅行社行李员在交接行李或运送行李时如果发现破损的行李，应立即设法予以解决。如果由于交通部门或饭店方面在托运或搬运行李的过程中造成行李破损，旅行社行李员应协助旅游者和导游人员及时同这些部门交涉，要求予以修理或赔偿。如果由于旅行社方面在运送行李时不慎造成行李破损，则应向旅游者道歉并负责修理或赔偿。

教学互动5-1

互动问题：旅游接待过程中有时会发生行李差错。

①导致这种差错出现的主要原因有哪些？

②应该如何处理？

要求：同“教学互动1-1”的“要求”。

随堂测5-4

本章概要

□ 内容提要

本章介绍了团体旅游接待业务的特点、导游人员的管理原则和方法、团体旅游接待业务的运行与管理程序及团体旅游的行李业务。团体旅游接待业务分为入境团体旅游接待、国内团体旅游接待和出境团体旅游接待三种类型，各有不同的特点和要求。导游员是团体旅游接待的关键，其积极的工作态度、较高的整体素质和优良的业务水平是旅游服务质量的重要保证。因此，导游员的选择和管理是旅行社的一项重要工作。团体旅游接待业务的运行程序包括旅游团抵达前的准备接待阶段、旅游团抵达后的实际接待阶段和接待完成旅游团离开后的总结阶段。团体旅游的行李业务则包括旅游团的行李托运、交接和差错处理，是旅行社团体旅游接待任务圆满完成的重要保障。

□ 主要概念和观念

▲ 主要概念

团体旅游接待业务　领队　全程导游员　地方导游员　实际接待阶段　接待过程管理

▲ 主要观念

导游人员的类型　导游人员应具备的知识　团体旅游接待服务的程序　行李的托运

□ 重点实务

导游管理　行李差错处理

基本训练

□ 知识训练

▲ 复习题

1）导游人员应具备哪些基本素质？

2）导游人员应具备哪些方面的知识？

3）导游人员应具备哪些能力？

4）团体旅游接待服务中全程导游员的接待程序是什么？

5）团体旅游接待服务中地方导游员的接待程序是什么？

▲ 讨论题

1）团体旅游接待业务的共性是什么？

2）划分导游员类型的依据是什么？

3）团体旅游接待管理主要体现在哪些方面？

□ 能力训练

▲ 理解与评价

网络上经常见到“旅游旅游，全靠导游”这句话。请给以解释？

▲ 案例题

【训练项目】

案例分析-V。

【相关案例】

游客未按规定时间集合，旅行社反被告了！法院驳回！

背景与情境：游客宋某父子及赵某父子共四人，参加天津某旅行社组织的北京奥林匹克公园一日游，于当日上午11点到达目的地奥林匹克公园，导游要求15：00集合，宋某等四人因孩子在返回集合点途中需要方便，于15：30到达集合地点，此时导游车已离去，游客只得自行返津。

回津后，宋某向天津市旅游质量监督管理所（以下简称质监所）投诉，要求旅行社退还全部旅游费用135元、违约金135元，并承担其自行返津费用220元、精神损失费每人2 000元，共计8 490元。

对此，旅行社辩称：

返程之前，导游已向全车游客明确告知返程的具体时间和地点。15：00到达集合地点时，四名游客没有按时间要求到达，是游客自身原因违约。

旅行社是在15：30左右，由车上所有游客签字确认后才发车的，已超过30分钟，如果继续等待则会损害其他游客的合法权益。

质监所在听取了双方的意见后，提出了如下意见：

根据游客陈述的情况，游客没能随团返津是因为游客未能在规定时间到达集合地点，而非因旅行社原因造成的，故质监所不能认定旅行社存在赔偿责任。

宋某等人不服质监所的裁决，遂向当地人民法院提起诉讼。法院经过审理，认为原告宋某等人（以下简称原告）和被告某旅行社系旅游合同关系。因原告、被告签订了书面的旅游合同，因此应当按照合同的约定确定双方的权利、义务。原告填写的报名表背面的提示第4条写明："返程时，须按规定时间提前到达集合地点，如未按时搭乘返程交通工具，其返程交通费用自行解决。"四原告中有两名小学生可能会出现一些不可预料的情况，但原告宋某及赵某系成年人，应当打出时间量，提前返回。而四原告超过集合时间到达指定地点，属于违约，对此应当承担相应的违约责任。被告出于对其他游客合法权益的保护，征得了其他游客的同意，并向原告履行了告知义务，对此被告没有违约行为，因此原告的诉讼请求没有法律依据，本院不予支持。

据此，法院判决：依照《最高人民法院关于民事诉讼证据的若干规定》第二条、《中华人民共和国民法典》的规定，驳回原告的诉讼请求，本案诉讼受理费25元，由原告承担。

资料来源　国家旅业网．周法|游客未按规定时间集合，旅行社反被告了！法院驳回！[EB/OL]．[2023-03-08]．https：//www.sohu.com/a/651443337_376259.

问题：

1）本案例中，旅行社的导游员没有继续等候宋某等游客，导致他们自行返津。旅行社是否需要为此承担合同违约责任？

2）法院为何驳回了游客的诉讼请求？

3）假定你站在旅行社的立场上，请指出它应如何妥善处理游客迟到的问题？

【训练要求】

同第1章"基本训练"中本题型的"训练要求"。

▲ 自主学习

【训练项目】

自主学习-Ⅲ。

【训练步骤】

1）将班级同学组成若干“自主学习”训练团队，每队确定一人负责。

2）各团队根据训练项目需要进行角色分工与协作。

3）通过校图书馆、院资料室和互联网，查阅“文献综述格式、范文及书写规范要求”和近三年关于“团体旅游接待业务的特点”研究的前沿学术文献资料。

4）综合和整理“团体旅游接待业务的特点”研究的前沿学术文献资料，依照“文献综述格式、范文及书写规范要求”，撰写《“团体旅游接待业务的特点”最新文献综述》。

5）在班级交流各团队的《“团体旅游接待业务的特点”最新文献综述》。

6）在校园网的本课程平台上展出经过修订并附有教师点评的各组《“团体旅游接待业务的特点”最新文献综述》，供学生相互借鉴。

□ 课程思政

【训练项目】

课程思政-Ⅴ。

【相关案例】

自费旅游项目中的人身伤害责任认定

背景与情境：旅行社在安排旅游日程时，除安排集体旅游项目外，一般会安排部分自费项目。旅行社在安排自费项目时，应尽诚实经营者的审慎注意义务和警示说明义务，确保自费项目符合保证游客人身、财产安全要求，并对自费项目中可能危及人身、财产安全的事宜给予游客充分明确的告知。游客在参加自费项目时，应根据自身情况尽可能理智地选择是否参加自费项目，并遵守自费项目中有关保障人身、财产的安全措施及规定。如游客在参加自费项目时造成人身伤害或财产损失，法院应根据旅行社、游客履行上述义务的情况认定各自的责任。

［案情］

原告：熊自平

被告：四川省中国国际旅行社（以下简称省国旅）

原告熊自平要求省国旅退还其旅游费用2 120元，赔偿其医疗费用等各项损失35 110元及后续费用5 000元，于2005年10月8日向成都市锦江区人民法院提起诉讼。

原告熊自平诉称，2004年9月24日，熊自平与省国旅签订了一份“四川省国内旅游组团合同”，约定：熊自平参加省国旅组织的红原、九曲等地10月1日至4日的旅游。2004年10月2日，省国旅导游根据行程安排，带熊自平等旅游者到红原草场骑马，结果熊自平骑马时被马摔下并被踢伤，后被同行旅游者及导游送至当地医院抢救，但由于当地医院条件差，熊自平又被紧急送回成都华西医院医治。经几次住院治疗，华西医院诊断熊自平的嗅觉丧失，无法恢复。2005年5月23日，经熊自平委托，四川西南司法鉴定中心评定原告为九级伤残。故向本院提起诉讼，请求判令省国旅退还熊自平旅游费用2 120元，省国旅赔偿熊自平医疗费用等各项损失35 110元，省国旅赔偿熊自平后续费用5 000元。

被告省国旅辩称，省国旅与熊自平之间组团旅游属实。省国旅全面履行了合同义务和法定附随义务，不存在违约行为。熊自平的损失是由熊自平与第三人之间的合同产生，与省国旅没有任何关联性。故请求驳回熊自平所有的诉讼请求。

资料来源 马曾．熊自平诉四川省国旅旅游合同纠纷等案的法律分析［D/OL］．兰州：兰州大学，2012.

问题：

1）请结合所学知识，谈谈自己对本案例的看法。

2）案例中熊自平的诉讼行为能否成功？有什么依据？

3）案例中省国旅的辩称是否合理？有什么依据？

4）你如何看待游客在自费项目中人身伤害的责任认定问题？

【训练要求】

同第1章“基本训练”中本题型的“训练要求”。

第6章 散客旅游的经营

● 学习目标

通过本章学习，应该达到以下目标：

职业知识：学习和把握“散客旅游经营”的相关概念、散客旅游产品的类型、各类旅游产品的服务要求、票务中心的设立、加入开账与结算计划的程序，票务中心的业务程序，以及“同步阅读”“延伸阅读”等理论与实务知识；能用其指导本章“同步思考”、“教学互动”、二维码“随堂测”和“基本训练”的“知识训练”中各题型的认知活动，正确解答其相关问题，体验本章“初级学习”中专业知识的横向正迁移。

职业能力：点评“智者乐水，仁者乐山”，训练专业理解力与评价力；运用本章知识研究相关案例，训练“散客旅游经营”特定情境下对当事者行为的“多元表征”专业能力和“与人交流”的通用能力；通过“‘票务业务知识’在旅行社经营中的应用”实训操练，训练相应专业技能和“团队协作”“与人交流”“解决问题”等通用能力；体验本章“高级学习”和“实践学习”中专业知识与相关规则的“重组性”迁移和专业技能的阶段性生成。

课程思政：结合本章教学内容，依照相关规范或标准，对“课程思政6-1”和章后“课程思政-Ⅵ”等案例中企业及其从业人员的行为进行思政研判，激发与“违规经营”和“赔偿责任”等议题相关的法律思考，促进“立德树人”根本任务的落实，体验其“高级学习”中专业知识与思政要素的协同性重组迁移。

学习微平台

思维导图6-1

引例：八喜文化旅游集团的散客业务

背景与情境：山东省青州市八喜文化旅游集团有限公司的前身是八喜文化旅游有限公司，是一家以科技引领数字赋能的农文旅融合发展的产业集团。该集团的董事长王美香女士从散客旅游人数迅速增长的事实中，敏锐地发现了新的商机。在她的倡导下，该旅游集团大力开发散客旅游产品，为前来青州市的外地人和青州市本地居民外出提供各种单项旅游服务项目。王董事长认为，为广大的散客提供优质服务，其本身就是对该旅游集团品牌的最好宣传，胜过任何一种形式的促销活动。今天只购买一个单项服务项目的散客，明天很可能就是购买该旅行社包价旅游产品的人。与此同时，王董事长发现，许多外地人来青州市的主要目的是与当地一些企业洽谈业务，而与他们进行商业合作的企业在接待他们时往往因缺乏接待经验，不得不在代他们预订饭店客房、餐厅座位或交通票据时，按照门市价格购买，使他们付出较高的价格。另外，由于这些企业平时没有建立起旅游采购协作网络，没有定点的旅游供应渠道，在旅游旺季时，往往难以保证其客人得到所需要的旅游服务。

王董事长认为，当地企业的这种困境给该旅游集团提供了显露身手的机会，是难得的发展机遇。因此，她主动同当地的企业进行联系，提出愿意为企业代订各种旅游服务，保证这些企业的客人都能够得到及时和良好的服务，保证他们能够以较低的价格得到较好的饭店客房、餐厅座位和交通票据，并保证不向他们收取手续费或其他任何费用。王董事长的提议得到了青州市许多企业的响应，它们纷纷委托该旅游集团为其客人代订各种旅游服务项目。

得到众多企业的授权后，该旅游集团利用其旅游采购渠道和成熟的旅游采购经验，与当地的饭店、餐厅、航空票务中心等旅游服务部门进行谈判。由于该旅游集团运用了集中采购的策略，使得许多旅游服务供应部门将其看成是潜力很大的客户，纷纷给出优惠的价格和可靠的服务供应，希望成为该旅游集团的主要供应商。在此形势下，该旅游集团在与旅游服务供应部门的讨价还价中取得了优势地位，得到了十分优惠的价格和稳定的旅游服务供给。该旅游集团把从旅游供应部门获得的利益转让一部分给委托其代订旅游服务的客人，使他们感到该旅游集团确实让他们得到了实惠，是值得信赖的合作伙伴，愿意与其长期合作，从而该旅游集团得到了稳定的客源。与此同时，该旅游集团将剩余的优惠转化为自己的收入，提高了经济效益。

资料来源　作者根据对青州市八喜文化旅游集团有限公司的实地调查情况整理，2023。

上述案例告诉我们，散客旅游已经成为当今国内外旅游市场上的一个重要组成部分，旅行社经营者必须正视现实、创新思路、与时俱进，通过开发新颖的散客产品满足游客的需要，同时为旅行社带来可观的经济效益。

6.1 散客旅游产品的类型

散客旅游产品是相对于团体旅游而言的，它们的最大区别是产品的销售对象不同。一般说来，团体旅游产品是旅行社向某个旅游团体销售的产品，如团体包价旅游，而散客旅游产品则以零散的旅游者作为主要的服务对象。目前，随着散客旅游的日益发展，越来越多的旅行社已经认识到散客旅游产品巨大的市场潜力，加大散客旅游产品的研制和开发力度，推出种类繁多、颇具吸引力和发展前景的散客旅游产品。

旅行社经营的散客旅游产品种类很多，主要有交通集散地接送服务，代办交通票据和文娱票据，代订饭店客房及餐饮服务，代客联系参观游览项目，代办出国签证和入境签证，代办旅游保险，提供旅游咨询，组织“一日游”“半日游”等选择性旅游项目等。根据业务性质，上述各项产品大致划分为单项委托业务、旅游咨询业务和选择性旅游业务三种类型。旅行社通过向旅游者提供这些服务，获取经营收入。

6.1.1 单项委托业务

单项委托业务是旅行社经营的重要散客旅游产品，主要包括受理散客旅游者来本地旅游的委托业务、受理散客旅游者赴外地旅游的委托业务和受理散客旅游者在本地的单项旅游委托业务。

1）受理散客旅游者来本地旅游的委托业务

旅游者在外地委托当地的旅行社办理前来本地旅游的业务，并要求本地的旅行社提供该旅游者在本地旅游活动的接待或其他旅游服务。旅行社散客部工作人员应在接到外地旅行社的委托通知后，立即按照通知的要求办理旅游者所委托的有关服务项目。如果旅游者要求旅行社提供导游接待服务，散客部应及时委派本部门的导游员或通知接待部委派导游员前往旅游者抵达的地点接站并提供相应的导游讲解服务和其他服务。

如果旅行社认为无法提供旅游者所委托的服务项目，应在接到外地旅行社委托后24小时内发出不能接受委托的通知。

2）受理散客旅游者赴外地旅游的委托业务

多数旅行社规定，散客旅游者应在离开本地前三天到旅行社办理赴外地旅游的委托申请手续。旅行社散客部在接到旅游者提出的委托申请后，必须耐心询问旅游者的旅游要求，认真检查旅游者的身份证件。如果旅游者委托他人代办委托手续，受托人必须在办理委托时出示委托人的委托信函及受托人的身份证件。

旅行社散客部人员在为旅游者办理赴外地旅游委托手续时，应根据旅游者的具体要求，逐项填写委托代办支付券。填好后，散客部人员将委托代办支付券的第一联和第二联交给旅游者，将第三联和第四联留下。

旅游者在旅行社办理旅游委托后又要求取消或变更旅游委托时，应至少在出发前一天到旅行社办理取消或变更手续，交纳加急长途通信费并承担可能由此造成的损失。对于取消旅游委托的旅游者，旅行社经办人员应收回委托代办支付券，并将其存档。

3）受理散客旅游者在本地的单项旅游委托业务

有的时候，散客旅游者在到达本地前并未办理任何旅游委托手续，只是当他到了本地后，由于某种需要到旅行社申请办理在本地的单项旅游委托手续。旅行社散客部工作人员在接待这些旅游者时，应首先问清旅游者的委托要求，并讲明旅行社所能提供的各项旅游服务项目及其收费标准。然后，根据旅游者的申请，向其提供相应的服务。如果旅游者委托旅行社提供导游服务，旅行社应在旅游者办妥委托手续并交纳费用后，及时通知接待部门委派导游员或派遣本部门的导游员为旅游者服务。

同步阅读6-1

文旅部等多部门：支持旅行社开发露营旅游休闲产品

2022年，文化和旅游部等多部门印发《关于推动露营旅游休闲健康有序发展的指导意见》，其中明确提出，做大做强露营旅游休闲上下游产业链，提升全产业链整体效益。引导露营营地规模化、连锁化经营，孵化优质营地品牌，培育龙头企业。鼓励支持旅居车、帐篷、服装、户外运动、生活装备器材等国内相关装备生产企业丰富产品体系，优化产品结构。创新研发个性化、高品质露营装备，打造国际一流装备品牌。培育露营产业资讯培训、规划设计等专业机构。鼓励露营餐饮、活动组织等配套服务企业创新产品服务。支持旅行社开发露营旅游休闲产品，开展露营俱乐部业务，强化互联网平台等渠道分销和服务能力建设。

资料来源 盼盼. 文旅部：引导露营营地规模化、连锁化经营，培育龙头企业[EB/OL]. [2022-11-21]. https: //zixun.focus.cn/550132b5158ef3f6.html.

6.1.2 旅游咨询业务

旅游咨询业务是旅行社散客部工作人员向旅游者提供各种与旅游有关的信息和建议的服务。这些信息和建议包括的范围很广，主要有旅游交通、饭店住宿、餐饮设施、旅游景点、各种旅游产品价格、旅行社产品种类等方面。虽然旅行社在提供旅游咨询服务时并不向旅游者收取费用，但是旅行社通过提供咨询服务往往可以引导旅游者购买本旅行社的产品，是旅行社扩大产品销售范围和提高经营收入的一条重要渠道。

旅游咨询服务分为电话咨询服务、网上咨询服务、人员咨询服务和移动客户端咨询服务。

1）电话咨询服务

电话咨询服务是指旅行社散客部人员通过电话回答旅游者关于旅行社产品及其他旅游服务方面的问题，并向其提供购买本旅行社有关产品的建议。散客部人员在提供电话咨询服务时应做到以下两点：

（1）尊重顾客

散客部人员在接到旅游者打来的咨询电话时，应该表现出对顾客的尊重，要认真倾听他们提出的问题，并耐心地给予恰当的回答。回答时声调要友好和气，语言应礼貌规范。

（2）积极主动

学习微平台

延伸阅读6-1

散客部人员在提供电话咨询服务时应积极主动，反应迅速。在圆满地回答顾客问题的同时应主动向旅游者提出各种合理的建议，抓住时机向他们大力推荐本旅行社的各种产品。

2）网上咨询服务

网上咨询服务是指旅行社散客部人员在旅行社的网站或网页上通过互动方式答复旅游者提出的关于旅游方面和旅行社产品方面的各种问题，并提供各种旅游建议的服务方式。旅行社散客部的网上咨询服务应做到语言明确、简练规范、字迹清楚。

3）人员咨询服务

人员咨询服务是指旅行社散客部人员接待前来旅行社门市柜台进行咨询的旅游者，回答他们提出的有关旅游方面的问题，向他们介绍旅行社散客旅游产品，提供旅游建议。在提供人员咨询服务的过程中，散客部人员应做到以下两点：

（1）热情友好

在咨询过程中，散客部门市柜台的接待人员应热情友好，面带微笑，主动进行自我介绍，仔细认真地倾听旅游者的询问，并耐心地进行回答，与此同时，还应该有条不紊地将旅游者的问题和要求记录下来。此外，还应向旅游者提供有关的产品宣传资料，让旅游者带回去阅读，以便加深旅游者对本社及其产品的印象，为旅行社争取客源。

（2）礼貌待客

旅行社散客部的门市柜台接待人员必须礼貌待客，给旅游者一种宾至如归的感觉。礼貌待客显示了旅行社人员的良好素质和对顾客的尊重，会给旅游者留下良好的第一印象。

4）移动客户端咨询服务

移动客户端咨询服务是指旅行社利用公众号、朋友圈等向旅游者提供旅游咨询服务的形式。随着智能手机的普及，移动客户端已经成为旅行社提供旅游咨询服务的重要途径。

同步思考6-1

问题：散客导游服务有哪些类型？

理解要点：

①按照旅游活动方式划分，可分为团体活动导游服务和零星散客活动导游服务；

②按照付费方式划分，可分为散客包价导游服务和选择性导游服务。

6.1.3　选择性旅游业务

选择性旅游业务是指由旅行社为散客旅游者所组织的短期旅游活动，如小包价旅游的可选择部分，散客的市内游览，晚间文娱活动，品尝风味，到近郊及邻近城市旅游景点的“一日游”“半日游”“多日游”等项目。根据国际旅游市场的发展趋势和我国实行双休日制度后出现的周末远足、旅游的热潮，不少旅行社已将目光转移到散客旅游这一大有潜力的新市场，纷纷推出各种各样的散客旅游产品，以提高旅行社的经济效益和社会效益，扩大知名度。我国有些地区甚至出现了专营散客旅游产品的旅行社。

开展选择性旅游业务，关键在于销售和接待两个环节。

1）选择性旅游的销售

旅行社销售选择性旅游产品的主要渠道是散客部的门市柜台，此外，还有外地的旅行社、饭店、旅游交通部门、海外经营出境散客旅游业务的旅行社等销售渠道。旅行社在销售选择性旅游产品方面应做好以下三个方面的工作：

（1）设立门市柜台

门市招徕是组织选择性旅游的主要途径。旅行社应根据散客的客源结构、旅行习惯等特点，有针对性地开展门市招徕业务。除了在旅行社散客部所在地设立门市柜台外，旅行社还应设法在当地的飞机场、火车站、长途汽车站、水运码头、旅游饭店及闹市区设立销售柜台招徕散客旅游者。

（2）建立销售代理网络

建立销售代理网络是旅行社销售选择性旅游产品的另一种途径。旅行社应与国内其他地方的旅行社建立相互代理关系，代销对方的选择性旅游产品。此外，旅行社还应设法与海外经营出境散客旅游业务的旅行社建立代理关系，为本旅行社代销选择性旅游产品。

（3）设计选择性旅游产品

旅行社应针对散客旅游者的特点设计出各种适合散客旅游者需要的选择性旅游产品。这些产品中包括“半日游”“一日游”“多日游”等包价产品，游览某一景点、品尝地方风味、观赏文娱节目等单项服务产品，“购物游”等组合旅游产品。选择性旅游产品的价格应为“拼装式”，即每一个产品的构成部分均有各自的价格，包括产品的成本和旅行社的利润。旅行社将这些产品目录放在门市柜台或赠送给代销单位，供旅游者选择。

2）选择性旅游的接待

接待购买选择性旅游产品的旅游者是散客旅游业务的另一个重要环节。由于选择性旅游具有品种多、范围广、订购时间短等特点，因此，选择性旅游的接待工作比团体包价旅游更为复杂和琐碎。旅行社在选择性旅游的接待业务中应重点抓好以下两个方面的工作：

（1）及时采购

由于选择性旅游产品的预订期极短，因此，旅行社的采购工作应及时、迅速。旅行社应建立和健全包括饭店、餐馆、景点、文娱场所、交通部门等企业和单位的采购网络，确保旅游者预订的服务项目能够得以实现。此外，旅行社还应经常了解这些企业和单位的价格、优惠条件、预订政策、退订手续等情况及其变化，以便在保障旅游者的服务供应前提下，尽量降低产品价格，扩大采购选择余地，提高旅行社的经济效益。

（2）搞好接待

选择性旅游团队多由来自不同地方的散客旅游者临时组成，一般不设领队或全程陪同。因此，与团体包价旅游团队的接待相比，选择性旅游团队的接待工作的难度较大，需要配备经验比较丰富、独立工作能力较强的导游人员。在接待过程中，导游人员应组织安排好各项活动，随时注意旅游者的反应和要求，在不违反对旅游者的承诺和不增加旅行社经济负担的前提下，对旅游活动内容做适当的调整。

同步案例6-1

向挑剔的客人提供咨询

背景与情境：一天，一位中年女士来到设在旅行社门市一条街的天丰国际旅行社。散客部的李晓雯立刻上前向她热情地打招呼，请她坐下。随后，小李礼貌地问她需要了解哪些情况。这位女士向小李询问到我国香港旅游的旅行费用和包价内容，小李一一做了介绍。不料，这位女士不客气地打断小李的介绍，开始指责天丰国际旅行社的报价太高，包价的内容又太少，还说隔壁的地茂旅行社的价格更优惠，而且包价的内容也更多。她滔滔不绝地说了10多分钟，但是并没有起身离开的意思。小李微笑着望着她，不断地点头，认真倾听。等她说完，小李便耐心地向她解释。小李没有反驳这位女士对天丰国际旅行社的批评，也没有指出地茂旅行社的旅行安排档次较低，所以其报价相对低的问题，而是详细地向她介绍本旅行社的旅行安排档次较高，能够确保旅游者旅行舒适、安全，使旅游者得到高水平的导游服务等特点。最后，小李诚恳地对这位女士说："您能够对不同的旅游报价进行比较，说明您是一位经验丰富的旅游者。因此，我想您一定理解较好的旅游服务能够使旅游者获得更美好的旅游经历的道理。不管您参加哪一家旅行社的旅游活动，我都祝您旅行愉快。"这位女士笑了，说："姑娘，我想参加你们的旅游团一定很愉快。请你为我们全家三口办理手续吧。"

问题： 小李的行为给了我们什么启示？

分析提示： 向旅游者提供旅游咨询服务是一项讲究接待艺术的工作，接待人员必须在客人面前显得彬彬有礼。不论客人如何挑剔，接待人员都应该有耐心，认真倾听客人的意见。如果客人对本旅行社的产品提出与事实不符的批评，也不要当面反驳客人，而应该耐心地说明本旅行社产品的优点，使客人能够做出理智的选择。

随堂测 6-1

6.2 票务业务

随着旅行社散客业务的发展，代客订购交通票据已成为旅行社的一项重要业务。目前，许多旅行社已经把代客订购交通票据作为一个重要的收入来源。在国外，不少旅行社更是以代客订购交通票据尤其是飞机票作为主要的经营业务。我国也有很多的旅行社建立起票务中心，作为航空公司的客票代售点，直接向旅游者出售飞机票。因此，旅行社经营者必须注重票务业务的经营和管理。

6.2.1 票务中心的设立

设立票务中心是旅行社开展票务业务的重要步骤。目前，我国旅行社设立的票务中心主要经营飞机票的代销业务，有些票务中心还兼营火车票、长途汽车票或轮船票的代销业务。这里主要介绍航空票务中心的业务。

1）航空票务中心的类型

根据国家的有关规定，我国航空票务代理分为一类航空票务代理和二类航空票务代理两个类型。

（1）一类航空票务代理

一类航空票务代理是指具有经营代售国际航线和国内航线飞机票业务资格的旅行社票务中心。它有权代售国际航线航空客运飞机票和中国香港、中国澳门、中国台湾地区航线航空客运飞机票以及其他国内航线航空客运飞机票。

（2）二类航空票务代理

具有经营代售国内航空客票业务资格的旅行社票务中心属于二类航空票务代理。二类航空票务代理有权代售除中国香港、中国澳门、中国台湾地区航线以外的国内航线航空客运飞机票。

2）设立航空票务中心的条件

根据国家的有关规定，我国旅行社设立航空票务中心需要具备以下条件：

①具有独立的营业场所；②拥有适当的通信器材，如电话、传真机、计算机等；③拥有3名以上经过民航管理部门或民航管理部门授权的航空公司举办的专业培训并获得航空运输销售代理业务岗位合格证书、销售代理人员证书或岗位培训证书的专职销售人员；④具有一类航空票务代理资格的旅行社票务中心拥有的注册资金不少于150万元人民币；⑤具有二类航空票务代理资格的旅行社票务中心拥有的注册资金不少于50万元人民币。

3）设立航空票务中心的程序

学习微平台

延伸阅读6-2

具备上述条件的旅行社可以申请设立航空票务中心，其具体程序是：

①建造、购买或租赁独立的营业场所；②购置电话、传真机、计算机等通信器材；③招聘拥有航空客票销售代理资格的人员或选送适当人员参加民航部门举办的专业培训；④由会计师事务所出具注册资金的验资证明；⑤申请设立一类航空票务代理资格的旅行社持用于经营航空票务代理业务的营业场所产权证明或租赁证明、通信器材的购买发票、上岗人员资格证书、会计师事务所出具的验资证明和设立票务中心的申请报告向中国民用航空总局提出申请；⑥申请设立二类航空票务代理资格的旅行社持用于经营航空票务代理业务的营业场所产权证明或租赁证明、通信器材的购买发票、上岗人员资格证书、会计师事务所出具的验资证明和设立票务中心的申请报告向中国民用航空地区管理局（如华北地区管理局、东北地区管理局等）提出申请；⑦民航管理部门审核并批准后领取经营证书，持经营证书到当地市场监督管理部门登记，申领营业执照；⑧到所在地银行开立账户。由于票务中心隶属于旅行社，是旅行社的一个下属部门，所以不需要单独办理税务手续。

6.2.2 开账与结算计划

开账与结算计划（Bank Settlement Plan，BSP）是国际航空运输协会（International Air Transport Association，IATA）于1978年提出的用于规范民用航空公司销售航空客票程序的销售结算系统。开账与结算计划的采用对减少过去由于不同航空公司各自印制飞机票给票务代理在代销过程中造成的混乱和给旅客造成的不便起到积极的作用，有利于航空客票销售的标准化和程序化。

旅行社申请加入开账与结算计划必须具备一定的条件并获得有关方面的审核批准。加入开账与结算计划的具体程序为：

1）申请加入国际航空运输协会

申请加入开账与结算计划的旅行社必须是国际航空运输协会的成员，只有加入国际航空运输协会，旅行社才有资格申请加入开账与结算计划及开展中性航空客票经营销售代理业务。因此，旅行社在申请加入开账与结算计划之前，应首先申请加入国际航空运输协会。旅行社申请加入国际航空运输协会的程序是：

（1）参加培训

根据国际航空运输协会的规定，凡申请加入该组织的旅行社必须参加其指定机构的业务培训。在我国，国际航空运输协会委托中国国际航空公司、中国东方航空公司和中国南方航空公司对申请单位和人员进行业务培训。因此，我国境内旅行社可选择参加上述三家航空公司中的任何一家公司所举办的培训班或培训课程。培训合格后，由该公司颁发国际航空运输协会认可的国际客运代理人批准通知书和上岗资格证书。

另外，旅行社也可以选择参加由国际航空运输协会直接举办的业务培训，经考试合格后，获得由该组织颁发的培训结业证书。

（2）办理担保手续

根据国际航空运输协会的规定，申请加入该组织的旅行社还需到其所在地的省、自治区、直辖市一级的中国工商银行办理担保手续，由银行出具“不可撤销的担保函”。

（3）提出申请

凡希望获得国际航空运输协会成员资格的旅行社应首先向该组织的有关部门提出加入申请。在我国，旅行社应向国际航空运输协会驻中国办事处提出申请。在申请书中应注明旅行社的名称、类别、注册资金、营业地点、经营范围、法定代表人姓名等，说明申请加入国际航空运输协会的原因，并附有培训结业证书、上岗资格证书、代理人批准通知书、银行担保函等证明文件。国际航空运输协会对提出申请的旅行社进行审查，经审查合格，可批准其加入该组织，成为其正式成员。

2）申请加入开账与结算计划

旅行社经审查合格，被批准加入国际航空运输协会后，便可向开账与结算计划驻北京办事处提出加入该计划的申请。旅行社在申请时应呈交申请书、各种证明文件、国际航空运输协会批准证书等文件材料。经审核批准后，旅行社便正式加入了开账与结算计划，可向国际航空运输协会领取代理航空客票销售业务专用的中性航空客票。该种客票上只有国际航空运输协会的标记，而无任何航空公司的标记。

6.2.3 票务中心的业务程序

旅行社通过代售旅游交通票据，一方面向旅游者提供服务，另一方面获得营业收入。根据经营业务不同，票务中心的业务程序可划分为航空客票代售程序、铁路客票代售程序和水运客票代售程序。下面以航空客票代售程序为例。

票务中心的航空客票代售程序包括准备客票、预订客票、销售客票、退票和销售结算五项内容。

（1）准备客票

经营航空客票代售业务的旅行社票务中心应首先将航空客票准备好，以便随时能够向前来购票的旅游者提供其所需要的飞机票。旅行社从开账与结算计划领取空白的中性航空客票，即没有任何航空公司名称和标记，只印有国际航空运输协会标记的航空客票。

（2）预订客票

航空客票的预订分为电话预订和人员预订两种方式。

① 电话预订。电话预订是指旅游者通过电话向旅行社票务中心预订某次航班飞机票。票务人员在接到旅游者的电话预订时，应首先问清旅游者的姓名、国籍、性别、工作单位、拟乘坐的航班日期、前往的目的地、舱位等级、付费方式等情况；然后，根据计算机网络上所显示的航班座位预订状况，向旅游者提供有关航班的所属航

空公司名称、飞机票价格、起飞时间、到达目的地时间等信息，供旅游者选择。如果旅游者确定乘坐某个航班，票务人员应为其进行预订并通知取票的时间和手续。

② 人员预订。有时，旅游者本人或委托他人前往票务中心预订航空客票。票务人员在接待他们时，应仔细询问旅游者前往的目的地、出行日期、所要求乘坐的飞机舱位等级、付费方式等情况，并耐心回答旅游者提出的各种问题。然后请其按照机票预订单上的内容逐项填写。填好后，票务人员应认真核对，并认真查验其身份证、护照、港澳居民来往内地通行证或台湾居民来往大陆通行证等身份证件。经查验无误后，应为旅游者预订其所要求日期的航班座位，并告知旅游者取票的具体时间和手续。

如果旅游者所订日期的航班无座位，票务人员应向旅游者提供临近日期的座位情况，供其选择。经旅游者认可后，请其自行改写乘机日期。

同步阅读6-2

国内航线乘机免费随身携带物品

乘客在旅行期间可以免费自行携带零星小件物品乘机。航空公司对体积及重量有限制。每位头等舱旅客可随身携带两件行李，总重量不得超过5千克；每位公务舱和经济舱旅客可随身携带一件行李，重量不得超过5千克。打火机、液体、刀具等不得作为随身携带物品带上飞机。

通用航空短途运输只允许旅客随身或在手提行李中携带符合标准要求的含锂电池电子设备、充电宝及备用锂电池，不得托运。旅客在飞行过程中不得使用充电宝，须确保充电宝始终处于关闭状态并防止意外启动。

满足以下条件的锂电池可随身或作为手提行李携带：

①仅限旅客个人自用目的携带的。②由锂电池驱动的小型含锂电池设备，主要包括：便携式电子设备，如手表、计算器、照相机、手机、手提电脑、便携式摄像机等；便携式电子吸烟装置，如电子香烟、电子烟、电子烟斗等。③设备所需的备用锂电池（含充电宝）。④其作为随身或手提行李携带时，锂电池额定能量限制如下：锂电池额定能量应不超过100Wh。如果大于100Wh但不超过160Wh，需经通用航空企业运营人批准后，方可携带，且最多携带2块。超过160Wh的，禁止携带。

（3）销售客票

旅行社票务中心在得到旅游者确认的前提下，即可向其销售客票。目前，我国的绝大多数国内航线都采用电子客票，一些国际航线还在使用纸质客票。

课程思政6-1

违规经营受到处罚

背景与情境：天丰国际旅行社为了扩展经营业务范围，经民航管理部门的批准，设立了航空票务中心。该中心共有5名业务人员，均经过民航管理部门的培训获得了航空运输销售代理业务岗位合格证书。2000年3月，其中2名业务员退休，2名业务员调离。票务中心又招聘了3名业务员，其中的一人拥有岗位合格证书。该中心一直合法经营，热情周到地为客人服务，多次受到客人的表扬。另外，票务中心的经济效益也很好，为旅行社创造了可观的利润。然而，在航空管理部门对各票务中心进行年检时，却以违规经营为由对票务中心进行了处罚。

问题：该票务中心为什么会受到处罚？

研判提示：根据我国民航业的管理规定，票务中心必须拥有3名以上经过民航管理部门或民航管理部门授权的航空公司举办的专业培训并获得航空运输销售代理业务岗位合格证书、销售代理人员证书或岗位培训证书的专职销售人员。天丰国际旅行社的票务中心虽然在设立时拥有5名具有岗位合格证书的业务人员，但是随后因退休、调动等原因造成目前该中心拥有岗位合格证书的业务人员已不足法定人数，属于违规经营。因此，民航管理部门对其进行处罚是完全合法的。

（4）退票

旅游者在购买航空客票后因某种原因到票务中心退票时，票务人员应热情接待，并协助其办理退票手续。

① 由于民航原因，如天气恶劣、飞机故障等造成航班延误或取消，导致旅游者退票时，应免收退票手续费，但应详细注明退票原因。

② 旅游者由于自身方面的原因要求退票时，票务人员应查验乘机人的身份证件，并通过计算机预订网络核对航空客票上乘机人的姓名、航班、乘机日期及票号。确认无误后，将其座位取消，并请乘机人在退款单上签名后退款。

（5）销售结算

票务中心应根据其所代理的航空公司或开账与结算计划所签订的协议，定期结算。其具体程序为：

① 根据销售航空客票情况，编制综合销售报表；

② 将销售佣金上交旅行社财务部门；

③ 将综合销售报表和销售票款寄送开账与结算计划驻北京办事处；

④ 由开账与结算计划驻北京办事处分别同有关航空公司结算。

教学互动6-1

互动问题：在向旅行社进行旅游咨询时有很多种方式。

①主要有哪几种方式？

②每种方式的优劣之处是什么？

要求：同“教学互动1-1”的“要求”。

随堂测6-2

本章概要

□ 内容提要

本章介绍了旅行社散客业务的类型和票务业务的内容及操作程序。旅行社的散客业务包括单项委托服务、旅游咨询和选择性旅游三大类型。代客订购交通票据已成为旅行社的一项重要业务，成为其一个重要的收入来源。开账与结算计划的采用对减少过去由于不同航空公司各自印制飞机票给票务代理在代销过程中造成的混乱和给旅客造成的不便起到积极的作用，有利于航空客票销售的标准化和程序化。

□ 主要概念和观念

▲ 主要概念

单项委托服务业务　旅游咨询　选择性旅游　开账与结算计划

▲ 主要观念

旅游咨询业务的分类　票务中心的业务程序

□ 重点实务

旅游咨询　票务业务

基本训练

□ 知识训练

▲ 复习题

1）什么是散客旅游业务？它包括哪些类型的旅游活动？

2）旅行社应具备哪些条件，才能够设立航空票务中心？

3）旅行社设立航空票务中心的程序是什么？

4）旅行社申请加入开账与结算计划的程序有哪些？

5）航空客票的代售程序有哪些？

▲ 讨论题

1）单项委托服务业务包含哪些项目？

2）旅行社经营选择性旅游产品的关键是什么？

3）旅游咨询服务包括哪些类型？

□ 能力训练

▲ 理解与评价

孔子说："智者乐水，仁者乐山。"请结合旅游知识谈谈你的理解。

▲ 案例题

【训练项目】

案例分析－Ⅵ。

【相关案例】

采用移动数字媒体开展散客旅游产品促销活动

背景与情境：某旅行社曾经是一个以旅游团队组织与接待为主营业务的旅行社。然而，随着旅游市场的发展，越来越多的旅游者对于团体旅游所具有的自由度较小、日程安排比较呆板等缺点感到厌烦，转而追求出行时间更为自由、日程安排比较随意的散客旅游产品。该旅行社的门市接待人员也反映，近年来，不少前来咨询的散客旅游者更加偏爱自由行等旅游产品，而对团体旅游产品的关注度减弱。

这种情况引起了该旅行社经营者的高度重视。他们及时开会研究，做出了调整企业经营业务方向的决策。为此，该旅行社成立了散客部，专门负责散客旅游产品开发、市场开拓、产品销售等工作。

首先，该旅行社设计出了一批自由行、亲子游、家庭和睦游、一日游、周末郊游等产品。其次，该旅行社认真地分析了偏爱此类产品的主要消费群体是青年游客、背包游客、青年家庭游客、朋友圈游客等，并研究了这些消费群体主要的消费特征、出游决定方式、获取旅游信息的主要渠道等市场特征，并制定了相应的市场开拓策略，付诸实施。最后，在产品销售渠道的选择上，该旅行社决定不在报纸、电视、广播电台等传统大众传播媒体上做散客旅游产品的广告宣传，也不过多地进行人员推销。取而代之的是，他们利用微信公众号、微信朋友圈等移动数字媒体进行产品促销，并获得了较佳的成绩。

问题：

1）该旅行社为什么弃用传统大众传播媒体，而采用移动媒体进行散客旅游产品的促销活动？

2）请说明该旅行社采用移动数字媒体开展散客旅游产品促销活动的利弊？

【训练要求】

同第1章“基本训练”中本题型的“训练要求”。

▲ 实训操练

【训练项目】

“票务业务知识”在旅行社经营中的应用。

【训练要求】

参观旅行社票务中心，观察那里的业务人员处理订票、售票、退票的工作程序。

【训练步骤】

1）将班级以小组为单位学生分成若干团队，每队确定一人负责。

2）各团队人员结合项目进行分工与协作，就本地旅游产品选择当地一家旅行社的票务中心，以本章“票务业务”教学内容为专业规范，分别观察、分析和判断业务人员处理订票、售票、退票等工作程序的规范程度。

3）各团队学生记录观察到的情况和分析、判断的结果，总结本次实训的成功经验、存在的问题及解决的办法，在此基础上撰写《“‘票务业务知识’在旅行社经营中的应用”实训报告》，将相关记录作为《“‘票务业务知识’在旅行社经营中的应用”实训报告》的“附件”。

4）在班级讨论交流、相互点评与修订各团队《“‘票务业务知识’在旅行社经营中的应用”实训报告》。

5）在校园网的本课程平台上展出经过修订并附有教师点评的各组《“‘票务业务知识’在旅行社经营中的应用”实训报告》，供学生相互借鉴。

□ 课程思政

【训练项目】

课程思政-Ⅵ。

【相关案例】

老年游客跟团旅游途中猝死，家属起诉旅行社

背景与情境：2022年4月，家住浙江省海宁市的六旬老人赵大伯报名参加了某旅行社组织的三清山旅游活动。然而，在旅游活动期间发生了意外。赵大伯突然昏厥，送医院后经抢救无效身亡。

赵大伯的家属伤心之下，将某旅行社告上了海宁市人民法院。（作为原告的）赵大伯的家属孙女士起诉称，事发当天，赵大伯在乘坐大巴车前往景区的途中，曾经多次感到身体不适，但未引起导游员的重视。

大巴车在历经8个小时后到达旅游目的地。不久，赵大伯突然昏厥。此时，导游员只是嚎啕大哭，没有采取急救措施。等到救护车赶到后，赵大伯被送往医院，经抢救无效后死亡。

孙女士认为，某旅行社作为专业的旅游服务提供者具有营利性质，但却在组织旅游活动中没有提供专业导游服务和必要的应急物品，应该承担赔偿责任。所以，她要求某旅行社赔偿损失960 000余元。

（作为被告的）某旅行社在庭审时觉得很委屈。他们在答辩时称："在整个旅游过程中，我们不存在任何过错。另外，在事后调查时发现，赵大伯是患有疾病的。这一点他在报名参团的时候隐瞒了，没有告知我们。"

证人王大妈在庭审时说："汽车8点钟从长安镇出发，担任领队的导游员说他前一天带团比较累，要在（大巴车的）前面（前排座位上）休息，有事情就叫他。（大巴车）在高速公路上行驶了半个多小时的时候，赵大伯说（他）自己觉得闷，从后（排）座（位）换到前（排）座（位）。我问他要紧吗？他说不要紧，胃有点不舒服。到了吃午饭的地方，地陪导游（员）加入进来。赵大伯吃了半碗饭，去了趟厕所，回来在给大家分（发）香烟的时候，突然倒地了。地陪导游（员）打了120，救护车来了，赵大伯还是走了。"

事故发生后，原、被告曾在司法所协商由被告对原告方做出人道主义赔偿40 000元。

［分歧］

在本案中，双方争议的焦点是，被告作为旅行（活动）的经营者是否需要对赵大伯的死亡承担赔偿责任。

［法院判决］

法院认为，被告某旅行社无须担责。原因有以下几点：首先，赵大伯在旅行过程中未能正确认识和注意自身健康状况，是发生本起事故的重要原因。赵大伯是由于自身身体状况引起的猝死，而不是在旅行过程中遭受其他侵害。赵大伯在参团报名时也没有把身体情况告知旅行社。

其次，在车程中，赵大伯对自身不适描述为"闷""胃痛"，在他人询问就医时亦表示"不用了"。旅游大巴在高速行驶过程中，一次是在服务区停车休息，另一次应赵大伯要求下高速（公路）休息。可见，被告作为旅游经营者，在发现旅游者身体不适后停车休息，已经履行了适当的照顾义务。事发后，地陪导游（员）拨打120急救电话，采取了及时的救护措施。原告方赵大伯的家属主张被告未尽安全保障义务、未及时救助等，法院不予采信。

目前，判决已经生效。

资料来源　国家旅业网．周法|大伯跟团出游不幸身亡，旅行社被判免责［EB/OL］．［2023-03-01］．https：//www.sohu.com/a/648077850_376259.

问题：

1）请结合所学知识对本案例进行分析。

2）随着我国进入老龄化社会，旅行社经营者应在哪些方面注重对这一特殊游客群体履行安全保障义务？请根据国家的相关法律予以分析。

3）本案例给我们什么思政启示？

【训练要求】

同第1章“基本训练”中本题型的“训练要求”。

第7章 旅游投诉与旅游事故的处理

学习目标

通过本章学习，应当达到以下目标：

职业知识：学习和把握“旅游投诉与旅游事故处理”的相关概念，旅游投诉的产生原因、预防和处理，旅游计划变更的原因与处理，旅游事故的类型、预防与处理，旅游突发事件的类型、防范与处理，以及“同步阅读”等理论与实务知识；能用其指导本章“同步思考”、“教学互动”、二维码“随堂测”和“基本训练”的“知识训练”中各题型的认知活动，正确解答其相关问题，体验本章“初级学习”中专业知识的横向正迁移。

职业能力：点评“人之所以爱旅行，不是为了抵达目的地，而是为了享受旅途中的种种乐趣”，训练专业理解力与评价力；运用本章知识研究相关案例，训练在“旅游投诉与旅游事故处理”特定情境下对当事者行为的“多元表征”专业能力和“与人交流”的通用能力；参加“自主学习－Ⅳ”的训练，通过搜集、整理与综合关于“旅游突发事件处理研究”的前沿知识，依照“文献综述格式、范文及书写规范要求”撰写、讨论与交流《“旅游突发事件处理研究”最新文献综述》，培养“自主学习”“团队协作”“与人交流”的通用能力；体验本章“高级学习”中专业与通用知识、规则和技能的“重组性”迁移。

课程思政：结合本章教学内容，依照相关规范或标准，对“课程思政7-1”和章后“课程思政－Ⅶ”等案例中的企业及其从业人员行为进行思政研判，激发与“强迫购物”和“旅游合同纠纷”等议题相关的法律思考，促进“立德树人”根本任务的落实，体验其“高级学习”中专业知识与思政元素的协同性重组迁移。

学习微平台

思维导图7-1

引例：出国旅游意外受伤，起诉旅行社被判驳回

背景与情境：某年9月，退休后的陈女士与老同事一起报团参加了上海某旅行社提供的俄罗斯、北欧四国10晚12日游，并一次性支付了旅游费、小费、项目自费共计2万余元。9月13日，陈女士等人顺利到达俄罗斯首都莫斯科，大家一扫旅途的疲惫，兴致勃勃地参观了当地的风景名胜。

次日下午，旅行社安排游客乘坐火车前往圣彼得堡。由于距离开车还有几个小时，导游介绍大家去当地的金店游玩。陈女士等人在导游的陪同下逛完金店赶到火车站时，发现距离火车出发的时间已经很近了，在导游的催促下，游客们纷纷一路小跑，赶到站台后一拥而上。由于火车上下楼梯和站台之间缝隙较大，仓促间，陈女士在登临火车时踏空摔倒。经过就医治疗确定为右肋软组织挫伤，为治疗花费380元。

回国后，陈女士将某旅行社诉至法院，认为该旅行社的导游临时安排购物，且没有提醒游客火车与站台之间的缝隙，导致其仓促登上火车时踩空摔伤。某旅行社的过错行为与其受伤之间存在因果关系，请求法院判令某旅行社赔偿旅游费、小费、项目自费、医疗费及精神损失费等共计25 000余元。

某旅行社辩称，作为旅游经营者，对游客的警示应仅指在特定的旅游环境中应该注意的事项，不包括生活常识。上下楼梯和进出火车车厢时应注意缝隙，是日常生活常识。陈女士摔伤是由于自己没有尽到注意义务。这是一起意外事件，该旅行社不构成侵权。事发后，该旅行社的导游主动将陈女士送入医院救治，未发生严重伤情。陈女士随后也继续跟团旅行。

案件的争议焦点在于陈女士的受伤与某旅行社的导游临时安排购物致登车时间仓促，以及未就火车上下楼梯与站台之间较大空隙进行提示或警告侵权行为是否存在因果关系。

法院认为，导游临时安排购物与陈女士受伤之间并不存在必然因果关系。陈女士作为一名具有完全民事行为能力的成年人，应当知道上下火车时注意相关事项，确保自身的安全，对此，导游无须做出和警告。因此，陈女士要求赔偿旅游费、小费、项目自费、精神损失费、律师费的诉请不予支持，但某旅行社自愿赔偿陈女士医疗费380元予以准许。

案件评析：

《中华人民共和国旅游法》规定旅行社对游客有安全保障义务，但这一义务是有限度的。它限于旅行社合理的预见范围内，以及能够采取管理和防范措施的范围内。非旅行社合理预见的以及非旅行社能够采取防范措施的安全事故，不能由旅行社承担责任。

上述游客摔伤的案例中，旅行社导游的活动安排与游客受伤之间不存在必然的因果关系，旅行社没有侵权行为。因此，法院没有支持游客的赔偿诉求。

资料来源　国家旅业网. 周法|出国意外摔伤，起诉旅行社被判驳回［EB/OL］.［2023-02-22］. http：//www.guojialvye.com/.

7.1 旅游投诉

旅游投诉是指旅游者或旅游中间商因其自身或他人的旅游合法权益受到侵害而向有关方面提出投诉，请求处理的行为。通常，旅游者提出的投诉主要涉及其自身的旅游合法权益，而旅游中间商提出的投诉多为维护其所招徕或组织的旅游者的旅游合法权益。旅游投诉分为向旅行社提出的投诉和向旅游行政管理部门提出的投诉，投诉的形式包括书面投诉和口头投诉。本书所讨论的旅游投诉主要指旅游者或旅游中间商向旅行社提出的投诉。

7.1.1 旅游投诉产生的原因

旅游投诉是由于旅游者或旅游中间商对旅行社所提供的服务感到不满或失望，而向旅行社提出的批评意见。旅行社对于旅游者或旅游中间商的投诉必须十分重视。旅行社经营者应首先了解造成旅游投诉的原因。在正常的旅行社经营过程中造成旅游投诉的原因包括旅游服务部门的原因和旅行社自身的原因两大类。

1）旅游服务部门的原因

在旅游者提出的投诉中，有相当一部分投诉涉及旅行社之外的其他旅游服务部门或企业，如旅游交通、住宿与餐饮、游览景点、娱乐场所、购物商店等。虽然这些投诉并非因旅行社自身的原因所引起，但是旅行社如果处理不当，同样会使旅游者感到不满，给旅行社造成声誉上的恶劣影响。因此，旅行社必须重视造成这类投诉产生的原因，并加以妥善解决。

旅游服务部门造成旅游者投诉的原因主要来自以下几个方面：

（1）旅游交通方面

旅游交通是旅行社产品的重要组成部分，对旅游者在旅游过程中能否顺利进入和离开旅游目的地起着至关重要的作用。旅游者在旅游过程中能否乘坐旅游合同中规定的交通工具，其服务是否安全、准时、规范，对于旅游活动能否取得成功具有重大影响。当旅游者乘坐干净舒适的交通工具，既安全又准时地抵达或离开旅游目的地时，当旅游者享受着司乘人员的优质服务时，他们往往会对整个旅程增添几分好感。相反，如果旅游者面对肮脏破旧的交通工具，提心吊胆地在颠簸的路面上或空中旅行，而司乘人员的态度又十分恶劣，旅游者游玩的兴致将会被彻底破坏。近年来，一些旅行社经常因为旅游交通方面的原因遭到旅游者的投诉，给旅行社的声誉造成严重的影响，带来巨大的经济损失。旅游者向旅行社提出关于旅游交通服务方面的投诉主要涉及以下三种情况：

① 抵离不准时。交通工具抵离不准时常会给旅游者的旅游活动带来不便甚至造成严重损失，从而严重地损害了旅游者的利益，经常招致旅游者的投诉。

② 途中服务质量低劣。有些交通部门、企业或司乘人员认为其任务就是简单地将旅游者按照计划或合同按时运送到目的地，不重视提高服务质量，在服务过程中态度生硬粗暴或懒懒散散，对于旅游者提出的合理要求熟视无睹、不闻不问，引来旅游者的不满和投诉。

③ 忽视安全因素。安全是旅游者旅行期间十分关心的一个因素。有些交通部门、

企业或司乘人员只关心本部门、企业的经济利益，忽视飞行安全或行车安全，给旅游者的生命财产造成损失，是旅游者投诉的一个重要原因。

（2）旅游住宿服务方面

旅游住宿服务质量不尽如人意也是旅游者向旅行社提出投诉的一个重要原因。一般来说，以下四个方面服务的欠缺是引起旅游者对旅游住宿服务方面的投诉的主要原因：

① 设施设备条件差。有些饭店或旅馆的设施设备比较陈旧，维护保养差，给旅游者的休息带来诸多不便，导致旅游者提出投诉。

② 服务技能差。服务技能差也是造成旅游者对饭店或旅馆不满的一个原因。有些饭店或旅馆由于对服务人员的服务技能培训缺乏足够的重视，或者贪图一时的经济利益而大量雇用没有经过正规服务技能培训的临时工或实习生，并让这些人单独上岗为客人服务。由于这些人缺乏服务经验，服务技能差，无法向旅游者提供符合规范的服务，导致旅游者的不满和投诉。

③ 服务态度差。服务态度差是导致旅游者投诉饭店、旅馆等旅游住宿服务设施的又一个原因。一些饭店、旅馆的服务人员缺乏职业道德，不尊重顾客，对旅游者态度生硬，说话时要么爱理不理，要么出言不逊，甚至为了一点小事就与旅游者大吵大闹。还有的服务人员在向旅游者提供服务时敷衍搪塞，不负责任。旅游者由于无法忍受他们的恶劣态度，于是向旅行社提出投诉。

④ 卫生条件差。卫生条件差往往是由于酒店管理不善，忽视对有关部门和员工的教育，不重视维护饭店、旅馆的卫生环境造成的。有些饭店、旅馆的经营者片面强调经济效益的重要性，为了降低经营成本，大量裁减承担客房、公共卫生区、餐厅等处卫生工作人员的数量，使得卫生工作难以正常进行。还有的饭店、旅馆经营者重视面上卫生，忽视平常不容易引起人们注意的地方，结果导致这些地方成了卫生死角，变成藏污纳垢的地方。而正是这些角落里滋生的蚊蝇、蟑螂等出现在旅游者下榻的客房或餐厅里，使旅游者感到无法忍受，提出投诉。

（3）旅游餐饮服务设施方面

旅游餐饮服务设施包括接待旅游者的饭店、旅馆里的各种餐厅和各种社会餐馆。旅游者在餐饮服务设施就餐时，通常希望这些设施能够提供优雅的就餐环境、美味可口的菜肴和规范的餐厅服务。然而，有些时候，某些餐厅或餐馆由于各种主观或客观原因，未能向旅游者提供其所期望的全部或部分餐饮服务内容，招致旅游者的不满，并向旅行社提出投诉。造成旅游者投诉的主要原因有：

①菜肴质量低劣。造成菜肴质量差的原因主要有三种：一是厨师没有按照菜谱上规定的主、副料配比进行烹调，造成菜肴的质量下降；二是厨师的烹饪技术差，做出的菜肴口味与规定不符；三是菜肴的分量不足，引起旅游者的不满。

②就餐环境恶劣。有些餐馆或餐厅的就餐环境比较差，如餐厅里摆放的餐桌、餐椅已经损坏，餐厅未加修理仍让客人使用；餐厅里的卫生条件差，出现蚊蝇、蟑螂等害虫；餐具没有清洗干净；厨房与餐厅隔离较差，导致厨房里烹饪的味道跑到餐厅里，影响客人就餐的心情等。

③服务态度差。餐厅或餐馆的服务人员服务态度差主要表现在：

A.对待客人冷若冰霜，对客人提出的要求不予理睬或寻找借口不予办理；

B.服务时懒懒散散，不主动向客人介绍本餐厅的特色产品，客人询问时，表现出不耐烦的神情；

C.服务态度恶劣，与客人大吵大闹；

D.对待客人不能一视同仁，对某些客人曲意逢迎，而对另一些客人则不予理睬。

学习微平台

延伸阅读7-1

④服务技能差。有些餐厅为了节省员工工资开支，大量雇用未经专业培训、服务技能较差的实习生或临时工，并让他们单独为旅游者服务。尽管在这些人当中不乏热心为旅游者服务的人员，但是由于缺乏必要的专业训练，他们往往无法提供规范的餐厅服务，有的甚至给旅游者造成损失，如将菜汁溅在旅游者身上，将旅游者点的菜肴上错桌等，招致旅游者的不满和投诉。

（4）其他旅游服务部门方面

除了上述部门或企业因其服务欠佳造成旅游者投诉外，其他一些旅游服务部门如游览景点、娱乐场所、购物商店等也会因服务质量低下引起旅游者向旅行社提出投诉。

2）旅行社自身的原因

旅游者除了因旅游服务部门服务质量不佳向旅行社提出投诉外，有时还会因旅行社自身服务质量不高而向旅行社管理人员提出投诉。由于旅行社自身原因造成旅游者投诉主要表现在以下几个方面：

（1）旅游活动日程安排不当

旅行社在安排旅游者的活动日程时应注意松紧适度、劳逸结合，游览参观项目应注意多样性，尽量照顾到多数旅游者游览的需求。然而，有些旅行社在制定活动日程时，不注意旅游者的实际需要，只根据以往的经验或只考虑旅行社自身的利益，结果造成旅游者的不满。

旅行社往往在以下几个方面对旅游活动安排不当：

① 活动内容重复。有些旅行社在安排旅游者的活动日程时只考虑本地区的特色，而没有综合考虑整条旅游线路上各地的旅游景点情况，造成旅游活动内容重复。

② 活动日程过紧。活动日程过紧是旅游者向旅行社投诉的原因之一。有些旅行社的接待人员在安排旅游者的活动日程时，不顾旅游者年龄偏大等特点，将旅游活动日程安排过紧，有时甚至安排旅游者一天参观三四个规模较大的游览景点，结果造成旅游者要么疲劳不堪，要么走马观花、无暇欣赏。

③ 活动日程过松。活动日程过松也是旅游者向旅行社提出投诉的一个原因。有些旅行社在安排活动日程时，过分强调了旅游者年龄结构偏大等特点，将活动日程安排得稀稀松松，往往是早上很晚才出发，下午很早就将旅游者送回饭店，使旅游者感到旅行社不负责任，浪费旅游者的时间和金钱。

（2）接待人员工作失误

旅行社接待人员的工作失误是造成旅游者投诉的另一个重要原因。在接待旅游者的过程中由于旅行社接待人员服务态度差或服务技能差使旅游者产生不满而向旅行社提出投诉往往在旅游者的投诉中所占的比例最大，应当引起旅行社管理者的高度重视。

旅行社接待人员的工作失误主要有以下几种：

① 擅自改变活动日程。有些旅行社的接待人员在接待过程中，未经与旅游者或领队商量并征得他们同意，也未向旅行社有关领导请示，便擅自将活动日程做大的变动。

② 不提供导游服务。有些导游员将旅游者领到游览景点后，不是按照旅游合同的规定向旅游者提供导游讲解服务，而是游而不导，或只做简单的介绍之后便不再理睬旅游者，或者在前往游览景点及从游览景点参观结束返回饭店的途中，与司机聊天或打瞌睡，不进行沿途导游讲解。

③ 造成各种责任事故。有些旅行社接待人员工作责任心不强，麻痹大意，遇事敷衍搪塞，造成漏接、误机、误车、误船、行李丢失或损坏等责任事故，给旅游者的旅游活动带来不便和损失。

④ 服务态度恶劣。有些旅行社接待人员不尊重旅游者，在接待过程中不热情，态度生硬，经常顶撞旅游者或与旅游者大吵大闹。还有的接待人员在接待过程中厚此薄彼，对旅游者不能做到一视同仁，使部分旅游者产生受歧视的感觉。

同步思考7-1

问题：旅游投诉时效是多长时间？

理解要点：依照《旅游投诉处理办法》的规定，向旅游投诉管理机关请求保护合法权益的投诉时效期为90天。

7.1.2　旅游投诉的预防

旅游投诉是旅游者对旅行社所提供的旅游服务或产品中所包含的其他旅游服务部门或企业服务感到不满的一种反映，对于旅行社的声誉和经营效果均有一定的损害。因此，旅行社应该尽量设法避免旅游者的投诉，把可能引起旅游者投诉的各种因素加以化解，使旅游者对旅行社及其产品的投诉降至最低。一般来说，旅行社为降低旅游投诉率，应从加强质量管理和加强质量教育两个方面入手。

1）旅行社质量管理

抓好质量管理是旅行社降低旅游者的投诉率、提高旅行社及其产品在旅游市场上的声誉和竞争力的有力保证。旅行社应该努力提高其产品和服务质量。由于旅行社向旅游者提供的服务涉及旅行社产品设计、开发与销售、旅游服务采购和旅游接待服务等多个环节。因此，旅行社的质量管理必须是全方位的管理，即产品质量管理、采购质量管理和接待质量管理。

（1）产品质量管理

旅行社产品质量管理是保证旅行社在旅游接待过程中能够使旅游者感到满意的前提。旅行社的管理者在产品质量管理的过程中应重点抓好产品的设计、促销和销售这三个环节的质量管理。

①产品设计质量管理。旅行社的产品设计质量，一般是指旅游线路和旅游节目设计安排的质量。产品设计的质量管理应侧重于下列几个方面：

A.旅游线路安排是否合理。旅行社在产品设计方面应注意避免旅游线路中出现不必要的重复或往返，减少旅游者因过多的线路重复或往返而产生厌烦情绪。如发现确实存在不必要的重复或往返，应设法加以适当调整。

B.产品内容是否符合旅游者的需要。旅行社所设计的旅游线路和节目中的各个项目必须真正符合旅游者的需要，能够使旅游者通过游览和参观得到生理上和心理上的满足。如果发现有些项目徒有虚名，不能达到旅游者的期望，则应予以删除，并代之以真正符合旅游者需要的项目。

C.交通工具能否得到切实保障。旅行社在检查其产品设计时，应注意所安排的交通工具是否能够得到切实的保障。鉴于我国目前的交通状况，旅行社管理者在对产品设计进行质量管理时应特别加以注意。一般来说，根据我国多数地区的交通条件，旅游者的城市间交通工具不应安排为过路列车或航次较少的民航航班，以避免在旅游旺季时因火车票或飞机票供应紧张而不能保证旅游者按计划抵离。

D.游览项目有无雷同。游览项目雷同是旅行社产品设计的大忌，必须设法避免。旅行社管理者应认真核对旅游线路中各地方节目的安排，一旦发现雷同节目，应及时加以改正。

②产品促销质量管理。产品促销质量管理是指对旅行社的广告等宣传促销内容的管理。旅行社必须实事求是地促销，如实地向旅游者介绍产品的内容。尽管一些旅行社采用夸大其词的广告宣传等促销手段吸引旅游者，但是旅游者在旅游过程中往往能够比较容易地发现受骗上当，并对旅行社产生强烈的不信任感。因此，旅行社管理者如发现本旅行社的促销中存在任何与事实不符的宣传内容，应坚决予以剔除。

③产品销售质量管理。产品销售质量管理是为了避免在日后的接待过程中旅游者因对旅行社产品价格产生怀疑而投诉。旅行社管理者在产品销售质量管理方面应着重了解产品的销售价格是否合理，有无价格不符的情况。如果发现旅行社产品价格与实际服务内容之间存在较大的偏离时，应设法予以调整。

（2）采购质量管理

采购质量管理是指旅行社对饭店、餐馆、交通部门、游览景点、娱乐场所、购物商店、接待旅行社等单位的服务质量实施监督和管理。旅行社必须通过实地考察、旅游者信息反馈等方式确定确实能够为旅游者提供高质量服务的旅游服务供应部门或企业，并将它们确定为长期的协作伙伴。旅行社采购质量管理的主要内容有：

① 服务设施。采购质量管理的第一项内容是检查旅游服务供应单位的服务设施情况。良好的服务设施是提供优质服务的首要条件。任何旅游服务都不可能脱离一定的设施条件而存在。因此，旅行社管理者应经常到一些主要的旅游服务供应单位实地考察，了解设施设备情况。如果发现某个旅游服务供应单位的设施设备不具备接待旅游者的条件，则应坚决将其从旅游服务采购名单中删除，不能向其采购任何旅游服务设施，以保证旅游接待的质量。

② 服务质量。旅游服务供应单位提供的服务是否符合国家、行业的标准，能否达到旅行社产品的要求和满足旅游者的期望是旅行社采购质量管理的第二项重要内容。旅行社管理者应通过导游员、旅游者的反馈意见和实地考察，检查各个旅游服务供应单位的服务质量。对于那些服务质量好的单位，旅行社应该加强与它们的合作，建立长期的供销关系；对于那些服务质量存在一定差距的单位，应向其指出其服务上的差距，并提出改进的意见，经过一段时间的考察，发现确实改正了，服务质量明显

提高了并已达到有关标准的，旅行社可以同其建立合作关系；对于那些服务质量较差，经指正后仍不改正或改进程度较小，无法达到有关标准和不能满足旅游者要求的单位，旅行社应终止同它们的合作关系，不再从那些单位采购服务产品。

（3）接待质量管理

旅游接待是旅行社产品消费的实际过程，也是旅游者评价旅行社及其产品的主要依据。旅游接待由旅行社直接控制，其质量的优劣直接体现了旅行社的管理水平。因此，接待质量管理是旅行社质量管理的重点。

旅行社对接待质量的管理主要集中在以下三个方面：

① 服务态度的管理。旅行社接待质量管理应首先从端正接待人员尤其是导游人员服务态度入手。良好的服务态度能够对旅游者产生一种强烈的吸引力，而恶劣的服务态度则会对旅游者产生一种排斥力。旅行社管理者应通过现场抽查、向旅游者调查等方式考察和了解接待人员的服务态度。对于那些服务态度热情、受到广大旅游者喜爱的接待人员应予以适当的表扬和奖励，鼓励他们继续努力为旅游者提供热情周到的服务；对于那些服务态度较差的接待人员，应向他们提出严肃的批评，要求他们立即改正；对于少数服务态度恶劣、屡教不改的接待人员，则应坚决将其撤离接待岗位。

② 导游讲解水平的管理。导游讲解是旅游接待业务的核心，其水平高低直接影响旅游者对旅行社服务质量的评价。旅行社管理者通常采取现场抽查的方式检查导游员的导游讲解水平。旅行社通过对导游人员的导游讲解水平的监督和管理，发现其中可能存在的不足并加以纠正，以确保旅游者享受到高质量的旅游接待服务。

③ 业务能力的管理。旅游接待人员的业务能力包括独立实施日常旅游接待的能力和处理各种突发事件的能力，是旅游接待业务顺利完成的重要保证。旅行社管理者应通过日常的观察和定期考核，检验接待人员的业务能力，并做出适当的评价，以便量才适用。对业务能力强的人员给予比较重要和比较复杂的接待任务，而将比较容易的接待任务交给那些业务能力相对比较弱的人员。同时，旅行社管理者还应注意不断对具有不同业务能力的人员进行具有针对性的业务培训，使业务能力较强的人得到进一步的提高，并使那些业务能力相对较弱的人经过一段时间的培训和锻炼，逐步胜任更加复杂和重要的接待任务。

2）旅行社质量教育

旅行社产品质量和服务质量的高低取决于提供这些产品和服务的员工们的工作质量，而员工们工作质量的优劣又受制于他们的素质和水平。没有高素质、高水平的员工就不可能产生高质量的产品和服务。因此，旅行社必须设法建立一支具有强烈的质量意识的员工队伍，以保障其旅游接待服务的质量。尽管旅行社能够采用各种先进的质量管理制度和质量监督措施来检查和规范员工的服务，以保证他们向旅游者提供优质的服务，但是确保旅行社每一位员工都能够自觉地向旅游者提供高质量服务的最有效的途径是加强对员工的质量教育。所以，旅行社管理者必须重视对全体员工的质量教育，使他们牢固地树立质量第一的观念。

旅行社质量教育应包括质量意识教育、职业道德教育、法治教育和业务知识教育四个方面。

（1）质量意识教育

强烈的质量意识是确保旅行社员工提供高质量旅游服务的先决条件。在质量意识教育中，应使旅行社全体员工提高对服务质量的认识程度、重视程度和自觉程度，树立保证质量的责任感、使命感和紧迫感。

旅行社进行质量意识教育，还应从员工们自身利益的角度向他们阐明服务质量与企业和员工个人利益之间的关系，使他们了解其个人利益与旅行社的生存和发展密切相关，而旅行社的生存与发展则依赖其向旅游者提供的服务质量，良好的服务质量是旅行社在旅游市场上建立竞争优势的最重要资源，是旅行社经营成功的关键，决定着旅行社的生死存亡，同时关系到每一位旅行社员工的切身利益。通过质量意识教育使员工们确立服务就是旅游资源、就是企业的生命和经济效益的观念，自觉树立“质量第一”和“旅游者至上”的服务思想。

（2）职业道德教育

旅行社应加强职业道德教育，使员工们树立起正确的职业道德观念。通过职业道德教育，使员工们更加热爱旅游服务工作，在旅游接待工作中顾全大局，相互协作，坚持文明服务、礼貌待客，向旅游者提供优质的旅游接待服务。

（3）法治教育

法治教育是旅行社质量教育的一个重要方面。旅行社应强化员工们的法治观念，使他们熟悉和掌握国家发布的《中华人民共和国消费者权益保护法》《旅行社条例》《中华人民共和国旅游法》等法律法规，明确旅行社的职责和旅游者的权利，自觉地树立遵纪守法的观念和依法维护旅游者合法权益的观念。通过法治教育，使员工们能够在旅游接待过程中，运用法律武器保护旅游者的合法权益，制止各种侵害旅游者合法权益的行为，切实保障旅游服务的质量。

（4）业务知识教育

旅行社业务是知识和技能的服务，其质量的高低同提供这种服务的员工是否拥有丰富的业务知识和服务技能之间存在着必然联系。因此，旅行社应通过业务知识教育，提高员工们的知识水平和业务能力，使他们能够在旅游服务过程中向旅游者提供高质量的服务。旅行社管理者在业务知识教育中应着重培养和提高员工们的文化素养和服务技能，使他们具有较为丰富的历史、地理、文学、美学、旅游学、心理学等方面的知识，并使他们熟练地掌握旅行社的专业业务知识和接待技能，成为具有渊博的业务知识和熟练的服务技能，能够为旅游者提供高质量、高水平服务的优秀接待人员。

同步阅读7-1

旅游投诉纠纷仲裁平台工作职责

旅游投诉纠纷仲裁平台主要承担以下职责：一是宣传通过仲裁方式解决旅游投诉纠纷的特点和优势，鼓励和引导旅游市场主体在合同中明确或事后达成仲裁协议，拓宽旅游投诉纠纷处理渠道，不断扩大仲裁的社会影响力；二是研究制定适宜旅游投诉纠纷处理的仲裁规则，提升旅游投诉纠纷仲裁的专业化、规范化水平；三是代表仲裁机构受理旅游者与旅游经营者之间或者旅游经营者之间的民商事投诉纠纷而提出的仲裁申请，提请仲裁机构组庭依法依规公正及时对旅游投诉纠纷案件进行调解、裁决；四是出台《旅游纠纷快速调解仲裁规则》，引导旅行社规范旅游合同适用该规则。

资料来源　中华人民共和国文化和旅游部市场管理司．文化和旅游部办公厅 司法部办公厅关于开展旅游投诉调解与仲裁衔接试点工作的通知［Z/OL］．［2021-06-11］．https：//zwgk.mct.gov.cn/zfxxgkml/scgl/202106/t20210622_925866.html.

7.1.3　旅游投诉的处理

尽管旅行社管理者不愿意接到旅游投诉，并想方设法使旅游者对旅行社提供的产品和服务感到满意而不提出投诉，然而，在实际旅游经营过程中，仍然会有一些旅游者由于各种原因向旅行社或旅游行政管理部门提出投诉。换言之，旅游投诉是不可避免的。不同的旅行社之间只有旅游投诉率的高低之分，而绝不存在有无旅游投诉的区别。这是因为，不同的旅游者具有不同的价值观念，对事物的评价尺度不一致，参加旅游的动机各不相同，对旅行社提供的产品和服务的看法也会不一样。在一些旅游者看来是十分满意的服务，对另一些旅游者而言可能就是不可原谅的过错。

另外，对于旅行社来说，旅游投诉既是一件坏事，也是一件好事。我们说旅游投诉是一件坏事，是因为只有当旅游者对旅行社的工作感到不满意或失望时才会向旅行社提出投诉。投诉表明旅行社的产品或服务还存在某些缺点和不足，有待旅行社管理者去改进。同时，我们说旅游投诉是一件好事，因为这反映了旅游者对旅行社的关心和爱护。旅行社管理者不应害怕旅游者以口头或书面形式向旅行社提出投诉，因为它一方面可以使旅行社管理者认识到他们向旅游者提供的产品和服务在哪些地方存在问题，以便能够及时得以改进；另一方面，旅游者向旅行社提出口头或书面投诉说明旅行社尚能够为旅游者所接受，旅游者还在对它寄予希望。对于旅行社来说，最可怕的事情莫过于旅游者以“脚的形式”向旅行社投诉，既不向旅行社抱怨，也不向有关方面反映，只是简单走开，从此不再光顾这家旅行社，并劝告其他人也不要参加这家旅行社组织的任何旅游活动。旅行社管理者必须设法避免遭到旅游者以“脚的形式”投诉。

因此，旅行社管理者必须重视对旅游投诉的处理，把它作为一项重要任务抓好。旅行社处理旅游投诉时应注意以下两方面：

1）了解旅游者投诉的心理

旅行社管理者应了解旅游者投诉时的心理状态，以便有针对性地予以解决，使旅游者能够比较满意地接受旅行社的处理结果。一般来说，旅游者投诉时主要有以下三种心理状态：

（1）要求尊重的心理

有些旅游者向旅行社提出投诉是因为他们认为没有受到旅游接待人员或其他旅游服务人员的尊重，或尊重得不够，所以向旅行社管理者提出投诉以维护其尊严。这种旅游者多属事业上取得了一定成就或拥有一定社会地位的人士。他们往往十分看重别人对待他们的态度。如果旅游接待人员或其他旅游服务人员对他们很尊重，他们通常就会从心理上感到满足，而一旦有人有意或无意地表现出对他们的不尊重，他们就会感到格外委屈，难以容忍。

具有要求尊重心理的旅游者在投诉时的目的主要是通过投诉获得其所希望得到的

尊重，而对于经济补偿则不大重视，也不关心旅行社管理者是否会严肃处理被投诉的有关人员。有的时候，当投诉者从旅行社管理者那里得到尊重的表示后，甚至会请求不要惩罚被投诉者。旅行社管理者应针对这种旅游投诉者的心理特征，在处理其投诉时主动表示对其遭遇的同情，并对其表示较高的敬意，使其感到旅行社确实尊重他们，以消除他们的不满。

（2）要求发泄的心理

要求发泄是另外一些旅游者投诉时的心理状态。他们因对旅游接待人员或其他旅游服务人员的服务感到不满，觉得受了委屈或虐待，希望向别人诉说其心中的不快。这种人在投诉时或喋喋不休、反复诉说其不幸遭遇，或态度激动、使用激烈的语言对被投诉者进行指责。

具有要求发泄心理的旅游者提出投诉的主要目的是向旅行社管理者发泄其胸中的不满和怨气。当他们的怨气发泄完毕，并得到某种安慰后，往往会获得心理上的满足，而不再提起赔偿的要求。有些旅游者甚至还会对其在投诉时使用的激烈语言感到后悔和歉意。旅行社管理者在接待这种旅游投诉者时，应针对其心理特点，耐心地倾听其投诉，不要急于安抚对方，也不要为了急于弄清事情的真相而打断对方。当投诉者将所要说的话全部讲完后，旅行社管理者应给予适当的安慰。一般情况下，旅游者会对这种处理方法感到比较满意。

（3）要求补偿的心理

还有一些旅游者，其提出投诉的主要动机是要求得到一定的补偿。这种要求补偿的心理可能是物质性的，例如希望旅行社向其退还部分旅游费用；也可能是精神性的，例如希望旅行社管理者向其道歉。

旅行社管理者在处理这类投诉时，应根据对投诉心理的分析和掌握，加以适当的处理。如果确实因旅行社接待服务的失误给旅游者造成了经济损失或精神损失，可以适当地给予一定的经济补偿或赔礼道歉。如果旅游者因误会而向旅行社投诉，则可以婉转地加以解释，以消除误会。同时，旅行社还可以向其赠送一些小礼品，以满足其要求补偿的心理。

2）旅游投诉的处理程序

旅行社管理者能否妥善地处理旅游投诉，反映了其管理水平的高低。具有较高管理水平的旅行社管理者通常能够在处理旅游投诉的过程中，既平息了旅游者的怨气，消除了他们对旅行社的不满，又能够转变旅游者对旅行社的看法，赢得旅游者的信任，使坏事变成好事；相反，如果旅行社管理者对旅游投诉处理不当，很可能会激化矛盾，使旅游者更加不信任旅行社，甚至会向旅游行政管理部门提出投诉或向司法部门提起民事诉讼，给旅行社的声誉造成严重的不良影响。因此，旅行社管理者必须重视对旅游投诉方法和技巧的运用，以便达到减少或消除旅游者的不满、维护旅行社在市场上良好形象的目的。

虽然不同的旅行社在处理旅游投诉时所采取的方法和技巧不尽相同，但是多数旅行社按照下列步骤处理旅游投诉：

（1）倾听投诉

旅游投诉分书面投诉和口头投诉两种形式。旅行社管理者在接到旅游者的书面投诉时，应仔细阅读其来信，总结出投诉的要点。在接待口头投诉的旅游者时，管理者应耐心倾听旅游者讲述的意见。倾听旅游者投诉时，应做到：①端正态度。旅行社管理者在倾听投诉时应态度严肃，给旅游者一种认真对待其投诉的印象，切不可面带微笑，使投诉者误认为管理者没有把他的意见放在心上，或产生被嘲笑的感觉。②认真倾听。旅行社管理者在倾听旅游者投诉时不应打断旅游者的叙述，无论旅游者的投诉理由是否正当，都必须让他把话讲完，必要时还要引导他将埋藏在内心的怨气和不满全部发泄出来。③头脑冷静。管理者在接待旅游者投诉时必须保持冷静的头脑，不管旅游者的情绪如何激动，都不得同其争吵或对其进行指责。

（2）询问情况

旅行社管理者在倾听旅游者的投诉后，应首先表示对其遭遇的同情，使旅游者感到管理者通情达理，愿意解决其所投诉的问题，以得到心理上的安慰。然后，管理者应就旅游者投诉中尚未讲清楚的关键情节进行询问，以便了解旅游者投诉的事实。最后，管理者应就旅游者能够坦诚地向旅行社反映情况表示感谢，指出这是对旅行社的信任和爱护，并答应尽快对旅游者所提出投诉的事实进行调查和处理，并将处理结果反馈给旅游者。

（3）调查事实

旅行社管理者应立即着手对旅游者投诉所涉及的人员和事情经过进行调查核实。在弄清事实的基础上，采取适当的方法进行处理。

（4）进行处理

旅行社管理者在对旅游者投诉的事实调查清楚的基础上，应根据具体情况对旅游者的投诉进行妥善处理。对于涉及旅行社员工的投诉，如果经过调查，发现旅游者的投诉与事实相符，应立即采取适当的措施，按照旅行社的有关制度和规定对当事人进行批评教育，情节严重并造成严重影响或经济损失的，还应根据错误的严重性和造成的后果给予扣发奖金、暂停接待工作、赔偿经济损失、通报批评、行政记过、留社察看、解聘或开除等处分。

对于涉及其他旅游服务供应部门或企业的投诉，经过调查证明确属该部门或企业责任的，则应通过适当渠道向该部门或企业的有关领导反映。如果发现该部门或企业屡次出现旅游者因同类情况进行投诉，旅行社则应减少或停止与其合作，不再采购其服务或其他旅游产品。

（5）答复处理结果

旅行社管理者在完成对旅游投诉的处理之后，应及时将处理结果以口头或书面的形式通知旅游者。在答复时应诚恳地向旅游者表示歉意，希望能够得到谅解，并愿意继续为其提供优质服务。如果处理结果涉及经济赔偿，旅行社还应征求旅游者的意见，以适当的渠道和方式进行赔偿。如果经过调查发现旅游者的投诉与事实出入较大，属于旅游者的误会，旅行社管理者则应向旅游者做实事求是的解释，并欢迎他/她今后继续关心和监督旅行社的服务质量。

旅游投诉得到妥善处理后，旅行社管理者应将旅游者投诉的原因和处理结果向旅行社的有关部门和人员公布，以提高员工对服务质量重要性的认识。同时管理者还应根据旅游者的投诉，对出现问题的地方进行检查，以提高服务质量。

（6）记录存档

旅行社应将旅游投诉的内容和处理经过做详细真实的记录，并存入档案，以备将来必要时核对。

同步案例 7-1

荒唐的投诉

背景与情境：某旅行社组织旅游者乘汽车前往著名旅游风景区——九寨沟旅游。途中，部分旅游者提出要去卫生间。因此，导游员就请司机将汽车停靠在公路旁，让客人下车去“方便”。下车时，导游员叮嘱客人不要到其他地方去，以免耽误出发时间。

游客王某下车后没有去卫生间，而是登上了公路旁的一个小土丘。在那里，他看见了一条卧在地上的狗。出于好奇，王某随手从地上拣起一根木棍捅狗。狗正在晒太阳，所以对他未予理睬。王某觉得没趣，便放下木棍，走过去用脚踢狗。这下，他把狗惹怒了。狗从地上一跃而起，向王某扑过来。王某躲闪不及，被狗咬伤，狼狈地逃下土丘。

导游员发现王某受伤，立刻将他扶上汽车。在王某的要求下，导游员拦截了一辆从风景区返回的旅游车，将他送到城里的医院进行治疗。

一个月后，王某来到旅行社，指责旅行社未能保护他的安全，致使他被狗咬伤，要求旅行社赔偿他各种损失共计10万元人民币。在旅行社拒绝了他的要求后，王某便向旅游质量监督管理所投诉。旅游质量监督管理所在调查全部人证、物证后，认为王某的投诉要求于法无据，不予支持。王某随后向当地的法院提起诉讼。法院经过调查后认为，旅行社在王某受伤的整个过程中无过错，遂判决王某败诉。

问题：本案例中，旅行社是否应该承担责任？

分析提示：客人擅自离队被狗咬伤不是旅行社提供服务中的过错，属不可预测的意外事故。旅游质量监督管理所和法院正确认定旅行社不予赔偿，维护了旅行社的合法权益。

随堂测 7-1

7.2 旅游计划变更

由于旅游活动受外界因素影响很大，旅行社和旅游者或旅游中间商签订的旅游计划常会发生变化，而旅行社接待部门和接待人员及其他有关部门和人员必须能够在较短的时间里采取各种适当的应变计划以妥善地解决因旅游计划变更给旅游者和旅行社造成的不便；否则，旅行社可能蒙受意想不到的声誉和经济方面的损失，也会给旅游者带来各种不便和麻烦。因此，如何处理好旅游计划变更所造成的问题是摆在每一位旅行社管理者面前的重大课题。

7.2.1 造成旅游计划变更的原因

旅行社制订的旅游计划是旅行社同旅游者或旅游中间商之间的契约性文件，是旅行社向旅游者提供各种旅游服务产品和收取各项服务费用的依据，也是旅游者或旅游中间商在旅游过程中维护其合法权益的重要凭证。在正常情况下，旅游计划一经制订，并得到双方的认可，就不得由任何一方擅自改动或不予执行。然而，在旅行社的实际经营中，由于各种原因造成旅游计划变更的情况时有发生。旅游计划变更主要由以下五种原因造成：

1）旅游团成员变化

旅游团成员变化是引起旅游计划变更的主要原因之一。某些原定参加旅游团的人因各种原因（如突然生病、死亡、家庭出现变故等）在旅游活动开始前放弃参加旅游团或在旅游过程中决定提前退出旅游团并立即返回出发地，或者有人在旅游团即将出发时要求加入旅游团或在旅游途中要求加入旅游团都会引起旅游计划的变更。例如，散客包价旅游团因新的旅游者的加入可能变成团体包价旅游团，使旅行社在安排旅游团的饭店客房和旅行交通工具等方面均需做出相应的调整。

2）旅游时间变化

旅游时间变化也会引起旅游计划的变更。旅游时间的变化通常是旅游者由于某种原因临时决定推迟原定的启程时间，从而导致旅游计划发生变化。

3）旅游活动变化

旅游者在出发前突然决定取消旅行或旅游者临时决定组成旅游团前往某个旅游目的地都会使旅游计划发生变化，出现旅行社业务中常见的临时退团和临时加团的现象。

学习微平台

延伸阅读7-2

4）交通情况变化

有时候，旅行社制订的旅游计划可能因交通情况变化而发生变更，如民航部门因气象条件恶劣或机械故障决定推迟航班的起飞时间或取消航班的飞行，使旅行社无法按照原定计划组织旅游者前往旅游目的地或下一站旅行，因而被迫改变旅游计划。

5）其他方面变化

其他方面变化包括自然灾害、政治动乱、经济危机等。这些变化会迫使旅行社变更其原先制订的旅游计划。

7.2.2　旅游计划变更的处理

旅游计划变更通常会迫使旅行社改变旅游团的旅游线路或活动日程，一般会出现四种变化：①旅游团被迫缩短在某地的游览时间；②旅游团被迫延长在某地的游览时间；③旅游团在所经各地的游览时间不变，但需调整某些旅游项目；④旅游团被迫取消某地的旅游活动。

遇到旅游计划变更时，旅行社接待人员和管理者均应随机应变，及时制订出应变计划，并通知旅游团领队、全程导游员。如果应变计划涉及增加费用问题，还应征求组团旅行社或旅游中间商的意见。在取得他们同意的前提下，才能将应变计划付诸实施。

由于旅游计划的变更，常会导致旅游团活动日程及内容的改变，因此，旅行社在处理此类事件时应根据具体情况采取不同的方法解决因旅游计划变更造成的后果。

1）旅游团缩短在某地的游览时间

如果旅游计划的变更造成旅游团被迫缩短在某地的游览时间，旅行社应采取下列措施：

① 服务采购部门或接待部门及时通知该旅游团下榻的饭店或旅馆，缩短在那里

的入住时间；

② 服务采购部门或接待部门及时通知饭店或餐馆，退订旅游团不再需要的餐饮；

③ 由服务采购部门退订旅游团原订的交通票据，并购买新的交通票据；

④ 服务采购部门或接待部门及时通知下一站接待旅行社有关旅游团抵达时间的变化；

⑤ 负责接待该旅游团的导游员应及时将旅游计划被迫改变的情况通知旅游者并做好解释工作，以获得旅游者的谅解；

⑥ 负责接待该旅游团的导游员应尽量抓紧时间，将计划内的游览景点都让旅游者观赏到，如果确有困难，无法使旅游者观赏到全部预订的游览景点，则应安排他们游览和参观本地最有代表性、最具特色的景点，以便使其能够基本上了解本地的旅游景观；

⑦ 在生活上应对旅游团加以适当的补偿，如在用餐时加菜、加酒，或赠送具有本地特色的小纪念品；

⑧ 必要时，可由旅行社部门经理或总经理出面诚恳地向旅游团表示歉意，使旅游团满意而归；

⑨ 如果涉及费用问题，旅行社应根据原先与旅游者或旅游中间商签订的旅游合同和旅游团在本地实际发生的费用情况，将未使用的旅游费用退还给旅游者或旅游中间商。

2）旅游团延长在某地的游览时间

由于旅游计划的变更造成旅游团在某地的游览时间延长时，旅行社应采取以下措施：

① 服务采购部门或接待部门及时通知该旅游团下榻的饭店或旅馆，延长在那里的入住时间；

② 服务采购部门或接待部门及时通知饭店或餐馆，增订旅游团的餐饮；

③ 由服务采购部门退订旅游团原订的交通票据，并购买新的交通票据；

④ 服务采购部门或接待部门及时通知下一站接待旅行社有关旅游团抵达时间的变化；

⑤ 负责接待该旅游团的导游员应及时将旅游计划被迫改变的情况通知旅游者并做好解释工作，以获得旅游者的谅解；

⑥ 负责接待该旅游团的导游员应努力使旅游团在本地的游览活动充实、富有意义，并对活动日程做适当的调整，增加一些能够引起旅游者兴趣的游览或参观景点，适当增加晚间活动时间，使旅游者在延长的时间段里仍然过得愉快、满意，避免给旅游者留下浪费时间的印象；

⑦ 在生活上应对旅游团加以适当补偿，如在用餐时加菜、加酒，或赠送具有本地特色的小纪念品；

⑧ 必要时，可由旅行社部门经理或总经理出面诚恳地向旅游团表示歉意，使旅游团满意而归；

⑨ 如果旅游团在延长本地的游览时间发生较多的费用而旅行社又无法全部承担，旅行社可以采取同旅游中间商或组团旅行社协商的方式加以解决，或者向旅游者讲清

实际费用发生的情况，争取旅游者的谅解，并在此基础上通过向旅游者现收的方式来解决这一问题。

3）改变旅游团在某地的活动日程内容

有时候，旅游计划的变更并不影响旅游团在某地停留的时间，但却需要改变活动日程，即放弃旅游计划上所规定的某些游览项目，并代之以其他游览项目。对于这种变更，旅行社应该通过接待该旅游团的导游员向旅游者耐心地解释，求得他们的谅解。导游员应以优质的导游讲解服务来激发旅游者对替代景点的游兴，以减少他们未能游览原计划景点的遗憾。

4）取消某地的旅游活动

有时候，旅游计划的变更会使旅游团被迫取消在旅游目的地的某一个城市的全部旅游活动。遇到这种情况时，如系入境旅游团，组团旅行社应立即通知海外旅游中间商，并在旅游中间商同意改变旅游计划后，及时向旅游团做好解释工作，以求获得旅游者的理解。如系国内旅游团或出境旅游团，组团旅行社应及时通知有关的接待旅行社，并向旅游团解释改变旅游计划的原因，设法取得旅游者的谅解。

同步思考7-2

问题：旅行社收取旅游者预付款后，因旅行社的原因不能成行而又未及时通知旅游者的，应负什么责任？

理解要点：根据《旅行社服务质量赔偿标准》的规定，旅行社与旅游者订立合同或收取旅游者预付旅游费用后，因旅行社原因不能成行的，旅行社应在合理期限内通知旅游者，否则按下列标准承担赔偿责任：

①国内旅游应提前7日（不含7日）通知旅游者，否则应向旅游者全额退还预付旅游费用，并按下述标准向旅游者支付违约金：出发前7日（含7日）至4日，支付旅游费用总额10%的违约金；出发前3日至1日，支付旅游费用总额15%的违约金；出发当日，支付旅游费用总额20%的违约金。

随堂测7-2

②出境旅游（含赴台游）应提前30日（不含30日）通知旅游者，否则应向旅游者全额退还预付旅游费用，并按下述标准向旅游者支付违约金：出发前30日至15日，支付旅游费用总额2%的违约金；出发前14日至7日，支付旅游费用总额5%的违约金；出发前6日至4日，支付旅游费用总额10%的违约金；出发前3日至1日，支付旅游费用总额15%的违约金；出发当日，支付旅游费用总额20%的违约金。

7.3 旅游事故

旅行社接待部门除了应做好日常旅游接待服务工作外，还必须处理好接待过程中发生的各种旅游事故。虽然旅游事故发生的概率比较小，但是一旦发生，往往会对旅游者的旅游活动、旅游者对旅行社的印象和评价、旅行社在旅游市场上的声誉及旅行社的经济效益产生较大的影响。因此，旅行社管理者及接待人员应高度重视旅游事故的防范和处理，以便维护旅游者和旅行社的利益。

7.3.1 旅游事故的类型

根据造成事故的原因及对旅游者所产生的影响，旅游事故可以划分成三个类型，即旅行社工作事故、旅游者个人事故和旅游安全事故。

1）旅行社工作事故

旅行社工作事故是指旅行社接待人员及其他有关人员在接待过程中出现疏忽和失误所造成的事故，包括漏接旅游者、错接旅游者和使旅游者误机（车、船）事故。

（1）漏接旅游者

漏接旅游者简称“漏接”，是指旅游者已经按照旅游计划抵达旅游目的地，而旅行社派出的接待人员未能按时赶到飞机场、火车站或码头迎接旅游者，致使旅游者焦急等待并造成心情不愉快的事件。造成漏接事件的原因很多，包括旅行社接待人员准备工作不细致、责任心不强；上下站的旅行社之间或接待旅行社内部人员之间沟通不及时；天气原因或交通工具故障，迫使旅游者临时更换其他航班、车次或船次提前或滞后抵达。最后一种原因造成的漏接事件比较罕见，属于非旅行社责任事故。其余两种原因造成的漏接均为旅行社的工作失误。

（2）错接旅游者

错接旅游者简称“错接”，多发生在旅游团接站的时候。旅行社接待人员误将本应由其他旅行社或本旅行社其他人员接待的旅游团作为自己应接待的旅游团接走。错接事件是接待人员的工作疏忽引起的，即在接待前没有认真核实客源地组团旅行社或旅游中间商的名称、旅游团代号、旅游团人数与领队姓名，而只因其中一两项内容与旅游计划相似就认为是所要接待的旅游团。错接是旅行社接待人员的一种工作失误。

（3）使旅游者误机、误车、误船

学习微平台

延伸阅读7-3

旅行社接待人员由于疏忽大意或工作差错导致旅游者未能够按照旅游计划确定的航班、车次、船次离开本地，被迫延长在本地停留时间的事件称为误机、误车、误船事故，是一种比较严重的工作失误。这种工作失误不仅会对旅游者造成不利的影响和损失，也会给旅行社造成重大的经济损失。

2）旅游者个人事故

旅游者个人事故是指旅行社在接待旅游者的过程中，由旅游者个人的原因所造成的、没有危及旅游者生命或造成重大财产损失的事故。旅游者个人事故通常包括旅游者丢失旅行证件、钱物及旅游者走失三种类型。

（1）旅游者丢失旅行证件

旅行证件是旅游者在旅行期间用于证明其身份的证明。旅游者在旅行时必须随身携带合法和有效的身份证件，以便在出入边境、国境及乘坐飞机、火车、轮船时向边防检查机关和机场（火车站、码头）等处安全检查机关出示并接受检查。由于旅游者的身份不同，前往的旅游目的地各异，所持的旅行证件也不同。入境的外籍旅游者和出境的中国旅游者在旅行过程中所需携带的旅游证件为护照、签证或集体签证、旅行证；中国香港、澳门地区的居民除外籍人士外，回内地探亲或旅游时，应持港澳居民来往内地通行证；中国台湾居民来大陆旅游需持台湾居民来往大陆通行证；中国公民在境内旅游时则应持身份证。它们是不同类别旅游者旅行中必备的交有关方面查验的重要证件，必须随身携带。若不慎丢失或被窃，会给旅行带来许多麻烦。

（2）旅游者丢失钱物

旅游者初到一地时，人地生疏，环境不同，甚至语言不通，会产生一种孤独感和不安全感，存在拘谨心理和戒备心理，因而在行动上处处谨慎小心。随着时间的推移，旅游者逐渐对周围的环境熟悉起来，原来的拘谨心理和戒备心理逐渐消失，代之而来的是某种程度的懒散心理。有些旅游者自由散漫、丢三落四，丢失钱物的现象也开始出现。在这个时期，旅游者丢失现金或物品的情况时有发生，这会给旅游者的旅行生活带来不便，导致他们情绪低落，给旅行社的接待工作带来一定困难。

（3）旅游者走失

旅游者走失有两种情况：一是游览过程中走失；二是自由活动时走失。造成第一种情况的原因有：①导游员未向旅游者讲清停车位置、在游览景点的停留时间和游览路线导致旅游者走失；②旅游者对某项事情发生兴趣，在不知不觉中掉队或忘记了在游览景点的停留时间。导致第二种情况的主要原因是旅游者在单独外出活动时因迷路而无法返回所下榻的饭店或旅馆。

3）旅游安全事故

旅游安全事故是指在旅游过程中涉及旅游者人身、财产安全的事故。旅游安全事故分为轻微事故、一般事故、重大事故和特大事故四个等级（见表7-1）。此外，旅游安全事故还可以根据事故的内容划分为不同的事故类型（见表7-2）。

表7-1 旅游安全事故等级分类

旅游安全事故等级	对旅游者人身造成伤害的程度	对旅游者财产造成伤害的程度
轻微事故	旅游者轻伤	经济损失在人民币1万元以下
一般事故	旅游者重伤	经济损失在人民币1万元（含1万元）至10万元之间
重大事故	旅游者重伤、致残或死亡	经济损失在人民币10万元（含10万元）至100万元之间
特大事故	多名旅游者死亡	经济损失在人民币100万元以上，或性质特别严重，产生重大影响

表7-2 旅游安全事故类型

事故类型	造成事故的原因	事故的种类	对旅游者造成的危害
交通事故	交通工具故障 驾驶员操作失误 旅游者行为不当	飞机失事 火车出轨或相撞 轮船失事 汽车相撞、翻车 旅游者被过往车辆撞伤（死）	造成旅游者受伤、致残或死亡 旅游者财产蒙受严重损失 旅游活动受到严重影响

续表

事故类型	造成事故的原因	事故的种类	对旅游者造成的危害
治安事故	各种犯罪分子作案	偷窃 诈骗 骚扰 抢劫 凶杀	旅游者财产蒙受损失 旅游活动受到干扰 旅游者生命受到威胁
火灾事故	有关人员疏忽大意 犯罪分子作案	饭店或旅馆失火 餐馆失火 游览景点失火 娱乐场所失火 购物商店失火	旅游者生命受到威胁 旅游者财产蒙受损失 旅游活动受到影响
食物中毒事故	食物变质 食物不卫生 犯罪分子作案	轻度食物中毒 重度食物中毒	旅游者身心健康受到影响 旅游者生命受到威胁 旅游活动受到影响

根据事故的内容，旅游安全事故可以划分为旅游交通事故、旅游治安事故、旅游火灾事故和食物中毒事故四种类型。

（1）旅游交通事故

旅游交通事故是指旅行过程中因交通工具故障、驾驶员操作失误或旅游者个人行为不当造成旅游者受伤或死亡的事故。在旅游交通事故中，不少属于重大或特大事故，如飞机失事、火车出轨或相撞、轮船失事、汽车相撞或翻车等，严重威胁了旅游者的生胁和财产安全。

（2）旅游治安事故

旅游治安事故是指在旅游过程中发生，对旅游者的生命或财产构成威胁或造成损害的各种治安事故。旅游治安事故涉及的范围较广，如旅游者在旅游过程中受到骚扰、诈骗，所带财物被盗、被抢，旅游者被伤害或被杀等。这些事故的发生会使旅游者的身心健康和生命财产受到损害或威胁，严重地影响旅游活动的进行。

（3）旅游火灾事故

饭店火灾事故是旅游火灾事故中最为严重的事故之一，是指旅游者下榻的饭店因防火意识薄弱、消防管理疏漏、工作人员操作失误、自然灾害引发或犯罪分子纵火等原因造成的饭店失火。饭店火灾事故往往严重威胁或伤害旅游者的生命和财产安全，并对旅游活动造成严重的负面影响。

（4）食物中毒事故

食物中毒是指旅游者在旅游过程中因食用变质或不卫生食物造成的中毒事故。食物中毒事故往往对旅游者的身体健康造成损害，轻者导致旅游者呕吐、腹泻，重者可使旅游者残疾或死亡。

同步阅读7-2

旅行社服务质量赔偿标准

①旅行社未经旅游者同意，擅自将旅游者转团、拼团的，旅行社应向旅游者支付旅游费用总额25%的违约金。解除合同的，还应向未随团出行的旅游者全额退还预付旅游费用，向已随团出行的旅游者退还未实际发生的旅游费用。

②在同一旅游行程中，旅行社提供相同服务，因旅游者的年龄、职业等差异增收费用的，旅行社应返还增收的费用。

③因旅行社原因造成旅游者未能乘坐预定的公共交通工具的，旅行社应赔偿旅游者的直接经济损失，并支付直接经济损失20%的违约金。

④旅行社安排的旅游活动及服务档次与合同不符，造成旅游者经济损失的，旅行社应退还旅游者合同金额与实际花费的差额，并支付同额违约金。

⑤导游或领队未按照国家或旅游行业对旅游者服务标准提供导游或者领队服务，影响旅游服务质量的，旅行社应向旅游者支付旅游费用总额1%至5%的违约金，本赔偿标准另有规定的除外。

⑥旅行社及导游或领队违反旅行社与旅游者的合同约定，损害旅游者合法权益的，旅行社按下述标准承担赔偿责任：

A.擅自缩短游览时间、遗漏旅游景点、减少旅游服务项目的，旅行社应赔偿未完成约定旅游服务项目等合理费用，并支付同额违约金。遗漏无门票景点的，每遗漏一处旅行社向旅游者支付旅游费用总额5%的违约金。

B.未经旅游者签字确认，擅自安排合同约定以外的用餐、娱乐、医疗保健、参观等另行付费项目的，旅行社应承担另行付费项目的费用。

C.未经旅游者签字确认，擅自违反合同约定增加购物次数、延长停留时间的，每次向旅游者支付旅游费用总额10%的违约金。

D.强迫或者变相强迫旅游者购物的，每次向旅游者支付旅游费用总额20%的违约金。

E.旅游者在合同约定的购物场所所购物品系假冒伪劣商品的，旅行社应负责挽回或赔偿旅游者的直接经济损失。

F.私自兜售商品，旅行社应全额退还旅游者购物价款。

⑦旅行社违反合同约定，中止对旅游者提供住宿、用餐、交通等旅游服务的，应当负担旅游者在被中止旅游服务期间所订的同等级别的住宿、用餐、交通等必要费用，并向旅游者支付旅游费用总额30%的违约金。

7.3.2 事故的预防

何事故一旦发生，都是不幸的，不仅为身处异国他乡的旅游者造成暂时的不快和困难，带来烦恼和痛苦甚至是灾难，也给旅行社增添了很多麻烦和困难。因此，旅行社管理者应努力设法避免事故的发生或尽量减少事故的出现，采取各种预防措施，将事故消灭在萌芽状态。

1）旅行社工作事故的预防

旅行社工作事故会给旅游者带来各种不便甚至损失，影响旅行社的声誉并造成一定的经济损失。因此，旅行社管理者应加强对员工的教育并采取各种措施减少或杜绝工作事故的发生。

（1）建立和健全规章制度

为了预防工作事故发生，旅行社应建立和健全各种规章制度，规范旅游接待工作程序和监督机制，要求全体接待人员必须严格按照接待程序提供旅游服务，任何人不得违反旅行社制定的规章制度和接待程序，确保旅游接待工作标准化、规范化，从根本上减少或杜绝工作事故的发生。

（2）加强对接待人员的教育

加强对接待人员的教育是保证旅游接待工作顺利进行、防止旅游接待工作事故发生的重要保障。新员工上岗前，旅行社接待部门或其他相关部门应组织他们认真学习旅行社关于旅游接待工作的规章制度，了解和熟悉旅游接待程序。此外，旅行社管理者和有关部门还应利用淡季的培训机会，对所有旅游接待人员进行教育，提高他们对工作事故所造成危害的认识，增强责任心，自觉地遵守旅游接待规章制度，避免因思想麻痹导致工作事故发生。

（3）认真处理工作事故

对已经发生的工作事故进行认真处理是预防类似事故发生的重要手段。旅行社管理者在事故发生后，应及时调查事故发生的原因，并在查明之后对有关责任部门和责任人按照规章制度予以严肃处理，绝不能姑息迁就，搞“下不为例”。通过对事故及其责任人的处理，教育全体旅游接待人员，使他们认识到因违反旅游接待程序而造成工作事故所应承担的责任。

（4）适当调整接待人员

旅行社管理者应定期考察接待部门及其人员，并对其职业道德、工作能力、接待业务水平等做出实事求是的评价。对于爱岗敬业、具有较强工作能力和较高接待业务水平的人员，应放手任用，让他们承担各种旅游者尤其是重点旅游者、专业旅游者、大型旅游团等的接待工作；对于那些工作责任心差、工作能力弱、业务水平低，屡经教育仍不改正，经常出现旅游接待工作事故或因其自身原因造成重大工作事故的人员，应坚决调离接待岗位。

（5）开展接待业务培训

开展接待业务培训是预防接待工作事故发生的重要途径。旅行社管理者应利用淡季培训和事故处理等机会加强对接待人员的接待业务培训。培训的方式多种多样，既可以聘请有关的专家来旅行社授课或参加旅游院校组织的旅游接待业务培训，也可以邀请其他旅行社的接待人员来旅行社介绍他们的接待经验和预防工作事故发生的方法，还可以组织本旅行社的接待人员进行接待业务经验交流。通过培训，旅游接待人员的接待业务水平和工作能力会得到一定程度的提高，使今后的接待工作中减少或避免工作事故的发生。

2）旅游者个人事故的预防

虽然旅游者个人事故主要由旅游者的原因造成，旅行社接待人员无须承担责任，但是这类事故同样会给旅游者的旅游活动和旅途生活带来不便和损失，并给旅行社的旅游接待工作及其效果带来一定的麻烦和不利影响。因此，旅行社接待人员必须重视对旅游者个人事故的预防。

旅游者个人事故的预防可以采取以下措施：

（1）重视预报工作

预报工作是预防一般性事故的一个有效方法。旅游接待人员应在每天早上出发前往游览景点时，向旅游者预报当天的全部活动日程。抵达每一个游览景点时，还应再次介绍该景点的地理位置、计划停留时间、旅游大客车的停车地点、计划离开景点的时间、下一个景点或就餐餐馆的名称及在景点游览时应注意的其他事项等。通过预报和介绍，旅游者能够充分了解当天的旅游线路和活动日程及其进行的顺序，有利于防止旅游者走失。

（2）做好提醒工作

做好提醒工作是预防各类一般性事故发生的重要手段。旅游接待人员应经常提醒旅游者，注意保管好旅行证件和钱物，并防止走失。接待人员应在以下场合提醒旅游者：①在游览过程中应注意跟紧，不要掉队，以免走失；②在游览参观或外出购物时不要将护照、身份证等旅行证件带在身上，以防丢失；③注意保管好随身钱物；④记住所乘汽车的特征和车号。

（3）注意旅游者的行踪

导游员在游览景点讲解的过程中应随时注意观察旅游者的行踪。如果发现个别旅游者因照相或仔细观看某个景物而掉队时，应停下来等候片刻，并招呼他/她跟上旅游团，以免走失。

3）旅游安全事故的预防

在旅游接待过程中，安全始终是一个值得高度重视的问题。一旦这类事故发生，不仅给旅游者个人带来伤害和损失，对其他旅游者也会造成不良影响，而且会给旅行社带来经济损失，并影响旅行社的声誉和形象。因此，接待人员在接待旅游者的过程中，必须努力维护旅游者的人身和财产安全，尽量避免旅游安全事故的发生。

（1）旅游交通事故的预防

旅游交通事故在各种旅游安全事故中发生的频率最高，应该引起旅行社接待人员的高度重视。然而，某些类型的交通事故，如飞机失事、火车出轨或相撞、轮船失事等是接待人员无法预防的，只能在发生事故之后加以妥善处理。尽管如此，还是有一部分旅游交通事故是能够通过各种方式预防的，如某些公路交通事故。预防这些事故的发生能够给旅游者和旅行社带来较大的利益，接待人员应该尽量采取适当的措施避免事故的发生。

接待人员可以采取的预防措施包括以下内容：

① 妥善安排活动日程，为旅游者前往各游览景点或飞机场、火车站、码头等处留有充分的行车时间，避免驾驶员因时间紧迫而高速行驶造成交通事故；

② 出车前提醒驾驶员检查车况，发现事故隐患时，必须及时更换车辆；

③ 提醒驾驶员行车时要注意交通安全，不能开快车，尤其在交通拥挤、时间紧促时，在窄路、山区行车时或在遇到雨、雪、雾等恶劣天气条件时，要随时注意前方路况，谨慎驾驶；

④ 劝阻驾驶员不要开“英雄车”“斗气车”；

⑤ 阻止驾驶员酒后驾车或疲劳驾驶；

⑥ 阻止非本车司机驾车。

（2）旅游治安事故的预防

旅行社接待人员在旅游接待过程中应随时保持警惕，注意周围的环境，发现可疑情况，应及时采取适当措施，带领旅游者迅速撤离危险区域。另外，接待人员还应经常提醒旅游者注意安全，防止治安事故的发生。具体地讲，旅行社接待人员可利用下列方法预防各类旅游治安事故：

① 提醒旅游者不要将大量的现金放在手提包里，装有现金的钱夹应放在上衣里面贴胸的口袋里，并最好扣上纽扣，以防被窃。

② 提醒旅游者不要将贵重物品放在饭店的客房里，而应把它们存放在饭店为住店客人专门提供的保险柜里。

③ 提醒旅游者对身边的可疑人员提高警惕。在繁华的街道上行走时，应特别留心那些故意撞到旅游者身上或总是在旅游者身边挤来挤去的人，因为在他们中间很可能藏着伺机行窃的小偷。

④ 在机场、车站、码头等处，导游员和行李员应随时照看旅游者集中起来的行李，不能离开视野片刻。

⑤ 在行车路上，提醒驾驶员不要随意停车让无关人员上车。如遇不明身份者拦车，不得停车。

⑥ 在旅游景点停车游览时，应提醒驾驶员关好车门、车窗。

⑦ 旅游者住进饭店或旅馆后，提醒他们不要将房号告诉陌生人，也不要让陌生人或自称饭店维修人员随便进入房间。

⑧ 提醒旅游者不要在房间内与陌生人兑换外币。

⑨ 旅游者在自由活动期间单独外出时，应提醒他们注意安全，不要到偏僻的地方，要遵守交通规则，注意路上的过往车辆。

⑩ 提醒旅游者晚间在房间休息时，如有人敲门，不要随便开门。离开房间或睡觉时要将房门锁好。如遇紧急情况可用房间里的电话拨打饭店总机或110报警。

（3）旅游火灾事故的预防

这里主要介绍饭店火灾事故的预防。在旅游接待过程发生的火灾事故中，饭店失火较为常见。这是一种严重的旅游安全事故，火灾一旦发生，会给旅游者的生命和财产安全带来严重威胁并可能造成重大损失。因此，接待人员必须提高警惕，在接待过程中时刻注意对火灾事故的预防。

然而，旅行社接待人员并非饭店员工，不能直接干预饭店的消防工作，因此，仅靠旅行社接待人员的努力是无法真正预防或杜绝火灾事故的。他们对饭店火灾事故的预防工作所能做的只是在火灾发生后，如何组织和带领旅游者安全迅速地离开火场，避免旅游者蒙受损失，或设法将火灾给旅游者造成的损失降到最低。

旅行社接待人员可以采取下列措施，减轻火灾发生给旅游者带来的损失：

① 当旅游团进入饭店并办理好入住手续后，应向饭店的前台服务员了解该饭店的火灾报警系统的位置和功能、操作方法。

② 确定太平梯和安全出口的位置，熟悉饭店一旦失火时旅游者安全转移的线路。

③ 掌握旅游者所住房间的号码等，以便在发生火灾时能够及时通知所有的旅游者。

④ 提醒旅游者了解并牢记从其所住的房间到安全出口之间相隔的房门数目。因为一旦发生火灾，浓烟将使人无法看清道路，只能摸索前进。旅游者如果能够记住房间到安全出口之间的房门数目，将有利于迅速找到安全出口，及时离开火场。

⑤ 提醒旅游者在住进房间后，及时对房内的设施和设备进行检查，确定是否有壁架，熟悉窗户的开关方式和方向及与邻近建筑物的距离或连接情况。

⑥ 提醒旅游者仔细阅读客房的房门后面张贴的安全撤离示意图及其说明。

⑦ 告诫旅游者不要在床上吸烟，睡觉前应将未吸完的香烟掐灭，放入烟灰缸内。

⑧ 告诫旅游者应将客房房门的钥匙放在固定的地方，以便在黑暗中能够轻而易举地找到钥匙，打开房门逃生。

⑨ 告诫旅游者不得携带易燃易爆物品。如确实带有此类物品，应交给饭店有关部门妥善保管，不能带进客房。

（4）食物中毒事故的预防

食物中毒是一种严重的旅游安全事故，主要是由于旅游者食用了腐败变质或不卫生的食品或饮料所引起的。食物中毒的潜伏期短、发病快，轻者引起旅游者呕吐、腹泻，影响旅游者参加旅游活动的情绪，甚至迫使他们中断旅游计划，提前返回居住地；重者会导致旅游者残疾或死亡。食物中毒事故不仅会对旅游者造成严重的危害，还会给旅游目的地和旅行社的声誉带来不利影响。因此，旅行社接待人员应采取适当措施，切实保障旅游者用餐卫生和安全，防止食物中毒事故的发生。

旅行社接待人员为预防旅游者食物中毒所能够采取的措施包括：

① 坚持安排旅游者在经过有关部门审查合格的定点餐馆就餐。

② 劝阻旅游者在个体小摊上购买食品或饮料。

③ 提醒旅游者在用餐时注意饭菜的质量。如发现变质或有异味的饭菜，应立即要求餐馆方面予以撤换。

④ 提醒旅游者不要饮用过期或出现大量沉淀物的饮料。

⑤ 劝阻旅游者食用腐烂、变质或不卫生的水果。

⑥ 除在某些高档饭店外，告诫旅游者不要饮用自来水。

课程思政7-1

购物不达标准不给房卡？

背景与情境： 2023年2月6日，有网友爆料称参加广西一旅行团时被强制购物，未达消费标准导游不给房卡，随后该消息引起广大网友关注，并冲上社交平台的热搜榜单。据了解，该旅行团团费为398元，大部分游客年龄为70～80岁。

该团行程显示，整个行程共7天6晚，游览线路包含3座城市、10余个购物点。相关视频显示，游客陈先生虽然报名前知道这是购物团，但在报名时旅行社并没有告知要消费多少钱，也从没提到过最低的消费标准。直到旅行第二天，导游才告知每人必须消费满400元，否则将不给住宿房卡，因此与团内另一游客发生冲突。

此外，该旅行团导游黄女士在视频中表示，发生冲突的原因是对方仅消费了100元，消费金额过低导致团费不足以承担酒店住宿一晚的费用。黄女士称，虽然行程表中未明确标明有“最低消费标准”，但游客们应该是“心知肚明的”。“您交几百来块钱一路吃喝，但凡有正常思维能力的人，都知道要履行购物义务的”，黄女士说。

据桂林市文化广电和旅游局官方微博2月8日消息，桂林旅游局通报，就“购物团消费不达标不给房卡”一事，经初查，桂林万邦国际旅行社、导游涉嫌“不合理低价游”和强迫或变相强迫购物。目前，支队正加快对该案的查办。

资料来源　国家旅业网. 周法|购物不达标准不给房卡，官方通报旅行社涉嫌违规，从严查处！[EB/OL]. [2023-02-08]. https: //www.sohu.com/a/638506210_376259.

问题：结合案例，对旅行社强迫游客购物的违规行为进行分析。

研判提示：《中华人民共和国旅游法》明确规定，旅行社严格遵守国家的相关法律法规，不得采取强迫游客购物等手段违规经营，否则将受到处罚。

7.3.3　事故的处理

尽管各家旅行社均制定各种规章制度和接待程序，以防止各种旅游事故的发生，但是“树欲静而风不止”，在旅游接待过程中，无论旅行社接待人员的经验如何丰富、业务水平如何高、接待时如何敬业，也无论旅行社制定的各种规章制度如何严密、接待程序如何规范、预防事故发生的措施如何有力，事故总会或多或少地出现。这并非意味着旅行社为防止事故所进行的教育培训和制定的规章制度、接待程序、预防措施毫无用处，因为它们确实使事故发生的概率降低，从而使旅游者和旅行社都获益匪浅。然而，任何规章制度、接待程序、预防措施和教育培训都不可能完全杜绝事故的发生。因此，在事故发生后，旅行社管理者应设法加以妥善处理，将事故造成的损失降到最低，并将事故可能造成的不良影响限制在最小的范围内。这就是旅行社管理者研究事故处理方法的意义所在。

处理事故的方法根据事故的不同性质和特点而有所不同。

1）旅行社工作事故的处理方法

旅行社工作事故的处理包括对漏接事故、错接事故和误机（误车、误船）事故的处理。其具体处理方法为：

（1）漏接事故的处理

旅行社接待人员在处理漏接事故时，无论是否是旅行社方面的责任，都应本着“顾客第一”和“服务至上”的原则，积极主动处理好漏接事故，设法安抚因漏接事故而受到影响的旅游者的不满情绪。针对不同原因造成的漏接事故，旅行社接待人员应采取下列不同的措施：

① 如果漏接事故是由旅行社接待人员或其他人员工作疏忽或内部沟通不及时所造成的，接待人员应向旅游者诚恳地赔礼道歉，求得旅游者的谅解。旅游者在本地游览期间，接待人员应积极地采取弥补措施，以提供更加热情周到的生活服务和更加生动精彩的导游讲解等方式，逐步消除因漏接而给他们造成的不愉快。

② 如果漏接事故是由于旅游中间商、组团旅行社在旅游者所乘交通工具或出发

时间变更后未及时通知接待旅行社所造成的，事故的责任并非应由接待旅行社承担。尽管如此，接待人员应该认识到，旅游产品是由多方面的服务组成的，无论是哪个环节出了差错，都会影响到产品的质量。对于旅游者来说，他们是从旅行社购买的旅游产品，无论是哪个方面的原因造成的漏接都是不应该的。因此，在旅游者抱怨时，接待人员应该勇于代人受过。除了客观地讲明情况外，还要向旅游者表示歉意，并要努力做好导游服务工作，减少不利影响。

③ 如果因交通工具出现故障或天气原因，旅游者临时更换其他航班（车次、船次）提前或滞后抵达造成旅行社漏接事故，接待人员应实事求是地向旅游者说明原委，但是不能直接说旅行社不承担任何责任，而是应该提供热情周到的服务，照顾好旅游者在当地旅游期间的生活和游览活动，使旅游者不因漏接事故而影响其参加旅游活动的情绪。

④ 如果接待人员按照旅游计划上规定的时间抵达机场（火车站、码头）后，发现旅游者所乘坐的航班（车次、船次）发生延误，未能接到旅游者时，应该立即和旅行社接待部内勤人员联系，查明原因，并将变更情况及时通知饭店等有关部门，以便采取适当的应变措施，减少或避免损失。

（2）错接事故的处理

错接事故分为两种：一是同一家旅行社派出接待不同旅游者的两位接待人员因工作失误在接站时相互错接了属于对方的旅游者；二是属于不同旅行社的接待人员在接站时相互错接了对方所应接待的旅游者。这两种错接事故的处理方式各不相同。

① 同一家旅行社的接待人员错接应由对方接待的旅游者时，一般无须再交换所接待的旅游者，而应尽心尽力地按照实际接到的旅游者旅游计划为旅游者服务，而且无须向旅游者说明原委，因为旅游者在抵达前并不知道应该由谁负责接待他们；

② 不同旅行社接待人员之间发生错接事故时，双方必须交换所错接的旅游者，并向旅游者实事求是地说明情况，诚恳地道歉。

（3）误机（误车、误船）事故的处理

误机（误车、误船）事故发生后，旅游者不能按计划离开本地或离境，旅游者不满和沮丧是可想而知的，旅行社必然招致旅游者的抱怨和指责。同时，误机（误车、误船）事故也会给旅行社增加工作量和带来经济损失。旅行社管理者和接待人员必须采取各种必要的补救措施，妥善安排旅游者在本地滞留期间的生活和活动，力争缓解他们的不满情绪，使不利影响减小到最低。

旅行社管理者在处理误机（误车、误船）事故时，应采取以下补救措施：

① 立即设法与机场（火车站、码头）联系，争取安排旅游者乘最近班次的交通工具离开；

② 如果无法获得当天其他航班（车次、船次）的交通票据，可设法购买最近期的飞机票（火车票、船票），使旅游者尽快赶赴旅游计划中的下一站；

③ 如果时值旅游旺季，旅行社无法购买到近期的正常航班（车次、船次）的交通票据，可采取包机（车厢、船）或改乘其他交通工具的方式，使旅游者能够尽快前往下一站；

④ 旅游者无法立刻离开本地时，必须稳定旅游者的情绪，妥善安排他们在当地滞留期间的食宿、游览等事宜；

⑤ 及时通知下一站做必要的变动；

⑥ 旅游者离开后，要认真查清造成事故的原因和责任并处理好善后事宜。

2）旅游者个人事故的处理方法

对于旅游过程中由于旅游者个人原因造成的丢失旅行证件、钱物及旅游者走失等事故，旅行社虽然无须承担任何责任，也无须赔礼道歉或赔偿经济损失，但是应该从同情和关心旅游者的立场出发，积极协助旅游者处理好这类事故。

（1）旅游者丢失旅行证件事故的处理

当旅游者丢失其旅游证件时，接待人员应向其详细了解丢失的经过，帮助他/她冷静地回忆是否错放在什么地方，并协助其寻找。如经过寻找仍无法找到，则应积极协助旅游者办理领取新旅行证件的手续。

由于旅行社接待的旅游者来自不同的国家或地区，所属的国籍各不相同，因此，他们在旅游过程中所持的旅行证件也不一样。例如，在入境旅游者当中，有持外国护照的外籍旅游者，也有持中国护照的华侨、持特区居民身份证件的中国香港和澳门同胞及持台湾居民来往大陆通知证的台湾居民；在中国公民旅游者中，也有持护照的出境旅游者和持身份证的国内旅游者。因此，旅行社接待人员在处理旅游者丢失旅行证件事故时，应根据旅游者的具体情况，协助他们解决好这个问题。

① 如果旅游者是外籍人士，所丢失的旅行证件为外国护照，则应由当地接待旅行社开具证明，旅游者持证明到当地公安机关报失，然后持公安机关证明至所在国驻华大使馆或领事馆申请新护照，最后持新护照到公安机关办理签证手续。

② 如果华侨旅游者丢失中国护照，则由接待旅行社开具遗失证明，再持遗失证明到省、自治区或直辖市公安机关或获得授权的其他公安机关报失，申请新护照，然后至侨居国驻华大使馆或领事馆办理入境签证手续。

③ 中国香港或澳门同胞在内地旅游期间丢失身份证件，应由接待旅行社开具遗失证明并由丢失者持此证明到遗失地的市、县公安机关挂失。公安机关出入境管理部门经审查后签发一次性有效的中华人民共和国出入境通行证。

④ 中国台湾居民在祖国大陆旅行时不慎丢失台湾居民来往大陆通知证后，应向当地的中国旅行社或户口管理部门或侨办报失，并由以上部门核实后发给一次性有效的中华人民共和国出入境通行证。

⑤ 中国公民在国内旅游期间丢失身份证，应由遗失地负责接待的旅行社出具遗失证明，并由丢失者持证明到当地公安机关挂失，公安机关经核实后开具身份证明。

（2）旅游者丢失钱物事故的处理

当旅游者向旅行社接待人员反映其在旅行期间不慎丢失钱物时，接待人员应首先详细了解丢失钱币的类别与数量或失物的形状、特征与价值，丢失的大致时间与地点，弄清楚确系丢失还是错放了地方，帮助他/她一起回忆。如确系丢失，应迅速向有关部门报案，同时向接待旅行社有关负责人报告。

接待人员应做好对丢失钱物旅游者的安慰工作，请其留下姓名和联系地址，以便找到时方便归还。根据旅游者丢失钱物的具体情况，接待人员还应采取下列措施：

① 如果旅游者丢失现金后，旅游过程中的生活发生一定的困难时，接待人员可协助其给家里打电话，请家人迅速汇寄部分现金，以保证其旅游活动得以正常进行。

② 如果旅游者丢失信用卡，接待人员应提醒其尽快用电话通知发行该信用卡的银行或公司。有些信用卡发行银行或公司提供在数小时内给持有人补发临时信用卡的服务，多数信用卡银行或公司则要等旅游者返回居住地后，再补发新卡。

③ 如果旅游者丢失旅行支票，接待人员应协助其及时与发售公司联系。许多发售旅行支票的公司提供昼夜值班的补发旅行支票服务。如果旅游者保留购买旅行支票时带有序号的购买收据，发售的公司可以立即通过其设在当地的服务中心给旅游者补发部分或全部旅行支票。如果旅游者没有随身携带购买收据，则发行公司需要经过几天的核实后，再补发旅行支票。

④ 如果入境旅游者丢失其在入境时已向海关申报过的贵重物品，接待人员应协助其持旅行社证明到当地公安部门开具丢失证明书，以便出境时海关查验或向保险公司索赔。

（3）旅游者走失事故的处理

旅行社接待人员发现旅游者走失后，可采取以下措施寻找旅游者：

① 向走失旅游者的旅行同伴或与其住在同房间的其他旅游者询问其走失的大概时间和地点，以便设法寻找。

② 如果经过一段时间的寻找仍未发现走失的旅游者，可请求游览地或饭店所在地派出所、管理部门或管区公安机关给予帮助。

③ 随时与饭店保持联系，查问走失者是否已自行回到饭店。

④ 找到走失的旅游者后，如系接待人员的责任，应向走失者赔礼道歉；若责任在走失者，应问清情况，进行安慰，并提醒其以后如何防止走失。

3）旅游安全事故的处理方法

旅行社接待人员在处理旅游安全事故时，必须保持头脑冷静，不因所处的环境十分危险而惊慌失措，也不因所面临的局面错综复杂而判断失误。接待人员应充分利用平时所积累的经验和生活常识，依据旅行社和其他有关方面的有关规定，妥善处理各种旅游安全事故。

（1）旅游交通事故的处理

旅游交通事故是指旅行社在接待旅游者过程中因所乘交通工具出现故障、驾驶员操作不当或旅游者个人疏忽所造成的事故，包括发生在空中、铁路、公路、水面的各种事故。在飞机、火车或轮船上遇到交通事故时，旅行社接待人员应带领旅游者服从有关人员的指挥，设法及时脱离危险区域。同这几类交通事故相比，发生在公路上的旅游交通事故在旅行社的接待过程中出现的概率比较高，因而成为旅行社接待人员处理的主要旅游交通事故。因此，这里着重介绍公路旅游交通事故的处理方法。

当公路旅游交通事故发生时，接待人员应立刻采取如下措施：

① 立即组织现场人员进行抢救，特别是重伤旅游者，要对其止血、包扎，进行初步处理；

② 设法打电话呼叫救护车或拦车将受伤人员送往最近的医院抢救；

③ 指定专人保护现场，尽快通知公安交通管理部门派人调查处理；

④ 在公安交通管理部门人员未到之前，如因组织抢救工作需要移动物证时，应做出标记；

⑤ 公安交通管理部门人员对事故进行调查时，接待人员与驾驶员应实事求是地介绍事故发生的情况，不得隐瞒和推卸责任；

⑥ 将受伤人员送往医院后，接待人员要迅速向旅行社领导报告事故与人员受伤情况，听其指示，要求派车将未受伤和轻伤旅游者接回饭店或继续旅游活动，同时做好旅游者的安抚工作；

⑦ 旅行社管理者与接待人员要前往医院看望住院治疗的旅游者，表示慰问；

⑧ 对事故中死亡的旅游者，应按有关死亡事故处理程序妥善处理。

事故处理后，接待人员要写出书面报告，内容包括事故情况、原因、处理经过、旅游者的反映等，报告要详细、实事求是。

（2）旅游治安事故的处理

旅游治安事故往往对旅游者的生命财产造成一定的威胁和损害，可能严重影响旅游者的情绪并给旅行社的接待工作带来困难。如果处理不当，还会加重旅游者所蒙受的精神创伤和经济损失，并对旅行社的声誉造成不利的影响。因此，旅行社接待人员必须妥善处理各种旅游治安事故。

旅行社接待人员处理旅游治安事故时，可根据具体情况，采取下列措施：

① 当犯罪分子向旅游者行凶、偷盗或抢劫旅游者钱物时，在场的接待人员应毫不犹豫地挺身而出，保护旅游者，迅速将旅游者转移到安全地点，并积极配合当地公安人员和在场群众缉拿罪犯，追回赃物、赃款。

② 如果旅游者在事故中不幸受伤，应立即组织抢救，及时送往医院治疗。

③ 如果罪犯在作案后逃脱，接待人员应立即向当地公安部门报告案件发生的时间、地点、经过，作案人的特征（性别、年龄、体型、长相、衣着等），受害旅游者的姓名、性别、年龄、国籍、伤势，损失物品的名称、件数、大小、型号以及特征等，努力协助公安人员迅速破案。

④ 尽快向旅行社主管领导汇报事故发生的情况，包括出事地点，时间，旅游者姓名、性别、年龄、受害情况，现在何处、现状如何，受理案件的部门名称、地点、电话号码及办案人姓名等，请领导指示。

⑤ 接待人员应迅速写出事故情况报告。报告的内容应包括受害者姓名、性别、年龄，受害者情况，脱险情况，采取了哪些紧急措施，报案及公安部门侦破情况，作案人的基本情况，受害者及其他旅游者的目前情况，有何反映和要求等。

（3）旅游火灾事故的处理

这里主要介绍饭店火灾事故的处理。当旅游者下榻的饭店发生火灾时，接待人员应当立即行动起来，设法带领旅游者迅速脱离火场。在处理饭店火灾事故过程中，接待人员应当按照下列要求处理事故：

① 发现火情后，应立即将饭店失火的消息通知所接待的全体旅游者；

② 听从饭店人员的统一指挥，有条不紊地引导旅游者迅速疏散；

③ 告诫住在不同房间里的旅游者用手触摸房门，如果房门很热，不要将其打开，应躲在房间里等待救援；

④ 如果某个旅游者的房间里出现火情，而旅游者一时又无法逃离房间时，可引导旅游者自救，如将脸贴近墙壁，用湿毛巾捂住口鼻，用厚重衣物压灭火苗，泼水降温等，保住性命，等待救援；

⑤ 如果某个旅游者的房间被大火封门，无法逃生时，可通过电话告诉他用浸湿的被褥、衣物等堵塞门缝，泼水降温，呼救待援；

⑥ 看到旅游者身上着火时，应提醒他就地打滚压灭火苗，或用厚重衣物覆盖在身上将火苗扑灭；

⑦ 当旅游者撤离房间后，应迅速带领他们通过安全出口疏散，千万不能搭乘电梯或随意跳楼；

⑧ 在撤离过程中，如果必须穿过浓烟逃生，应指导旅游者用浸湿的衣物披裹身体，捂住口鼻，贴近地面；

⑨ 旅游者脱离火场后，应立即组织抢救受伤者，重伤者要迅速送往医院；

⑩ 将受伤旅游者安顿好后，应采取各种措施稳定其他旅游者的情绪，帮助他们解决因火灾造成的生活上的困难，并继续组织好旅游活动，协助领导处理善后事宜并写出详细的书面报告。

（4）食物中毒事故的处理

旅行社接待人员在发现旅游者出现头晕、肚痛、恶心、呕吐、腹泻等食物中毒症状时，应及时采取救助措施。这些措施包括：

① 立即用车将食物中毒的旅游者送医院抢救；

② 如果一时无法找到车辆，可打电话请120急救中心派救护车前来抢救；

③ 在赴医院途中，应当让中毒者多喝水，以加速排泄，缓解毒性；

④ 当食物中毒的旅游者经治疗脱离危险后，接待人员应陪同旅行社有关领导到医院看望，表示慰问；

⑤ 及时写出书面报告，如实记述事故发生的全部经过。

随堂测7-3

7.4 旅游突发事件[①]

7.4.1 旅游突发事件的类型

旅游突发事件（以下简称突发事件），是指突然发生，造成或者可能造成旅游者人身伤亡、财产损失，需要采取应急处置措施予以应对的自然灾害、事故灾难、公共卫生事件和社会安全事件。根据突发事件的性质、危害程度、可控性以及造成或者可能造成的影响，突发事件一般分为特别重大、重大、较大和一般四级。

1）特别重大突发事件

根据《旅游安全管理办法》第四十条，特别重大突发事件是指以下三种情形：①造成或者可能造成人员死亡（含失踪）30人以上或者重伤100人以上；②旅游者

① 本节内容根据文化和旅游部颁布的《旅游安全管理办法》编写。

500人以上滞留超过24小时，并对当地生产生活秩序造成严重影响；③其他在境内外产生特别重大影响，并对旅游者人身、财产安全造成特别重大威胁的事件。

2）重大突发事件

根据《旅游安全管理办法》第四十一条，重大突发事件是指下列三种情形：①造成或者可能造成人员死亡（含失踪）10人以上、30人以下或者重伤50人以上、100人以下；②旅游者200人以上滞留超过24小时，对当地生产生活秩序造成较严重影响；③其他在境内外产生重大影响，并对旅游者人身、财产安全造成重大威胁的事件。

3）较大突发事件

根据《旅游安全管理办法》第四十二条，较大突发事件是指下列三种情形：①造成或者可能造成人员死亡（含失踪）3人以上10人以下或者重伤10人以上、50人以下；②旅游者50人以上、200人以下滞留超过24小时，并对当地生产生活秩序造成较大影响；③其他在境内外产生较大影响，并对旅游者人身、财产安全造成较大威胁的事件。

4）一般突发事件

根据《旅游安全管理办法》第四十三条，一般突发事件是指下列三种情形：①造成或者可能造成人员死亡（含失踪）3人以下或者重伤10人以下；②旅游者50人以下滞留超过24小时，并对当地生产生活秩序造成一定影响；③其他在境内外产生一定影响，并对旅游者人身、财产安全造成一定威胁的事件。

学习微平台

延伸阅读7-4

7.4.2 突发事件的防范与处理

为了保障旅游活动的顺利进行，旅行社经营者必须高度重视突发事件的防范与处理。因此，旅行社应关注政府相关部门发出的安全风险提示，并采取适当的措施，防范突发事件的发生，或在突发事件发生后，进行妥善处理。

1）安全风险的提示与对策

（1）安全风险提示制度

根据《旅游安全管理办法》，国家建立旅游目的地安全风险（以下简称风险）提示制度。安全风险提示制度包括提示风险等级、风险提示信息内容和风险发布时间。

① 风险等级。根据可能对旅游者造成的危害程度、紧急程度和发展态势，风险提示级别分为一级（特别严重）、二级（严重）、三级（较重）和四级（一般），分别用红色、橙色、黄色和蓝色标示。风险提示级别的划分标准，由文化和旅游部会同外交、卫生、公安、国土、交通、气象、地震和海洋等有关部门制定或者确定。

② 风险提示信息内容。风险提示信息应当包括风险类别、提示级别、可能影响的区域、起始时间、注意事项、应采取的措施和发布机关等内容。

③ 风险发布时间。一级、二级风险的结束时间能够与风险提示信息内容同时发布的，应当同时发布；无法同时发布的，待风险消失后通过原渠道补充发布。三级、四级风险提示可以不发布风险结束时间，待风险消失后自然结束。

（2）旅行社应采取的对策

风险提示发布后，旅行社应当根据风险级别采取下列四项措施：①四级风险，加强对旅游者的提示。②三级风险，采取必要的安全防范措施。③二级风险，停止组团或者带团前往风险区域；已在风险区域的，调整或者中止行程。④一级风险，停止组团或者带团前往风险区域，组织已在风险区域的旅游者撤离。

2）突发事件的防范

为了减少突发事件给旅行社和旅游者造成的损失，旅行社经营者应采取强有力的措施，加强对突发事件的防范。旅行社可以采取以下五项措施：

（1）建立健全安全管理制度

旅行社应建立和健全安全管理制度，从而使突发事件的防范工作能够有法可依，有章可循。旅行社经营者应当做好以下五项工作：①建立安全管理制度和责任体系，并保证安全工作的资金投入；②所开发和经营的旅游项目、为旅游项目所选择的旅游服务场所及设施设备应当符合有关安全法律、法规及强制性标准的要求；③定期检查企业安全措施的落实情况，及时排除安全隐患；④按照规定及时向所在地人民政府或者人民政府有关部门报告可能发生的突发事件及采取安全防范措施的情况；⑤依法制定突发事件应急预案，与所在地县级以上地方人民政府及其相关部门的应急预案相衔接，并定期组织演练。

（2）强化员工安全服务培训

加强员工的安全服务意识是防范突发事件和减少风险损失的必要保障。旅行社经营者应当做好：①对从业人员进行安全生产教育和培训，保证从业人员掌握必要的安全生产知识、规章制度、操作规程、岗位技能和应急处理措施，知悉自身在安全生产方面的权利和义务；②建立安全生产教育和培训档案，如实记录安全生产教育和培训的时间、内容、参加人员以及考核结果等情况。

（3）配备合格的从业人员

为了加强突发事件的防范，旅行社应配备合格的从业人员。旅行社经营者应当做好以下四项工作：①选择配备必要的安全和救援人员；②从事特种旅游项目的人员（如登山旅游、探险旅游）必须按照国家有关规定经专门的安全作业培训，取得相应资格；③未经安全生产教育和培训合格的旅游从业人员，不得上岗作业；④发现履行辅助人提供的服务不符合法律、法规规定或者存在安全隐患的，应当予以制止或者更换。

（4）实行风险监测与安全评估

风险监测和安全评估是旅行社防范突发事件的重要措施。旅行社经营者应当做好以下三项工作：①对其提供的产品和服务进行风险监测和安全评估；②必要时应当采取暂停服务、调整活动内容等措施；③依法履行安全风险提示义务。

（5）提高对旅游者的安全服务水平

为旅游者提供安全可靠的旅游接待服务，提高安全服务水平，是旅行社防范突发事件的重要目的之一。为了达到此目的，旅行社经营者应当做好以下五项工作：①主动询问与旅游活动相关的个人健康信息，要求旅游者按照明示的安全规程，使用旅游设施和接受服务，并要求旅游者对旅行社经营者采取的安全防范措施予以配合；②在组织和接待旅游者过程中，合理安排旅游行程；③向合格的供应商订购产品和服务；④经营高风险旅游项目或者向老年人、未成年人、残疾人提供旅游服务时，根据需要采取相应的安全保护措施；⑤为出境旅游者制作安全信息卡。安全信息卡应当包括旅游者姓名、国籍、出境证件号码、紧急情况下的联系人和联系方式等信息，并由旅游者自行填写血型、过敏药物和重大疾病等信息。安全信息卡应使用中文和目的地官方语言（或者英文）填写，并交由旅游者随身携带。

3）突发事件的处理

突发事件发生后，旅行社应根据《旅游安全管理办法》的相关规定，予以妥善处理。

（1）突发事件的报告

旅行社应根据《旅游安全管理办法》的规定，建立相应的报告制度。具体的报告程序是：①当突发事件发生后，在现场的旅行社人员应当立即向派遣他/她的旅行社负责人报告；旅行社负责人接到报告后，应当于1小时内向发生地县级旅游主管部门、安全生产监督管理部门和负有安全生产监督管理职责的其他相关部门报告；旅行社负责人应当同时向单位所在地县级以上地方旅游主管部门报告。②情况紧急或者发生重大、特别重大旅游突发事件时，现场有关人员可直接向发生地、旅行社所在地县级以上旅游主管部门、安全生产监督管理部门和负有安全生产监督管理职责的其他相关部门报告。③突发事件发生在境外的，旅游团队的领队应当立即向当地警方、中国驻当地使领馆或者政府派出机构，以及旅行社负责人报告。旅行社负责人应当在接到领队报告后1小时内，向单位所在地县级以上地方旅游主管部门报告。

（2）救援与善后

当突发事件发生后，旅行社应根据现场情况，积极进行或参与救援及善后工作。旅行社应做好以下三个方面的工作：①救助旅游者。旅行社经营者及其现场人员应当采取合理、必要的措施救助受害旅游者，控制事态发展，防止损害扩大。②配合政府的处置工作。旅行社经营者应当按照履行统一领导职责或者组织处置突发事件的人民政府的要求，配合其采取的应急处置措施，并参加所在地人民政府组织的应急救援和善后处置工作。③做好境外处置工作。突发事件发生在境外的，旅行社及其领队应当在中国驻当地使领馆或者政府派出机构的指导下，全力做好突发事件应对处置工作。

教学互动7-1

互动问题：对旅行社来说，旅游投诉既是一件坏事，也是一件好事。

1）这句话有什么道理？

2）旅行社应该如何对待旅游投诉？

要求：同“教学互动1-1”的“要求”。

随堂测7-4

本章概要

□ 内容提要

本章介绍了旅游投诉产生的原因、预防及处理投诉的程序、造成旅游计划变更的原因及处理方式、旅游事故的类型、事故产生的原因、预防事故发生及事故发生后应采取的处理方法、旅游突发事件的类型、旅游安全风险提示、旅游突发事件的防范与处理。由于旅游投诉会直接或间接影响旅行社的声誉，旅游责任事故则会引起旅游者对旅行社的反感，因此，旅行社的经营者必须高度重视旅游投诉和旅游责任事故的预防。一旦旅游投诉或旅游责任事故发生，则应该积极妥善处理。旅游计划的变更和意外事故也会带来负面影响，需要旅行社认真对待。此外，旅游突发事件的防范与处理也是旅行社经营者必须了解和掌握的基本知识和技能。

□ 主要概念和观念

▲ 主要概念

旅游投诉　产品质量管理　采购质量管理　接待质量管理　旅行社工作事故　旅游安全事故　旅游安全风险提示　旅游突发事件

▲ 主要观念

旅游投诉产生的原因　旅行社接待质量管理措施　旅游计划变更的原因　旅游事故的类型　旅游突发事件的类型　旅游安全风险　风险提示的等级

□ 重点实务

旅游投诉　旅游事故预防　旅游突发事件的防范与处理

基本训练

□ 知识训练

▲ 复习题

1）如何预防旅游投诉的频繁发生？

2）旅游者投诉时一般具有哪些心理状态？

3）处理旅游计划变更的方法有哪些种类？

4）旅游安全事故分为几个等级？划分的标准是什么？

5）旅行社应如何预防事故的发生？

6）旅游目的地安全风险提示的级别由哪些颜色标示？

▲ 讨论题

1）造成旅游者投诉的原因有哪些？

2）造成旅游计划变更的主要原因有哪些？

3）旅游者个人事故产生的原因主要有哪些？

4）突发事件发生后，旅行社应做好哪些救援与善后工作？

□ 能力训练

▲ 理解与评价

歌德曾说：“人之所以爱旅行，不是为了抵达目的地，而是为了享受旅途中的种种乐趣。”请结合所学知识谈谈你的理解。

▲ 案例题

【训练项目】

案例分析-Ⅶ。

【相关案例】

旅游组织者取消旅游，游客索赔

背景与情境：2011年7月28日，游客甲在乙的网站上预订2011年8月2日6时45分出发的浙江“仙境传奇”——神仙居—景星岩—灵江源漂流四星纯玩三日游，并全额付款，乙当时与甲确认且在7月29日将合同、发票送到甲家中。至8月2日都无人通知甲计划有变更。当甲于8月2日6时45分到达出发点时，未见旅游大巴和导游员。甲即与乙联系，被告知此次旅行被取消。后甲和乙多次就赔偿事宜协商，在赔偿数额上双方无法达成一致。于是，甲起诉至法院，要求：

（1）判令被告乙（以下简称被告）向原告甲（以下简称原告）书面赔礼道歉，并在被告官网首页刊登7天；

（2）判令被告返还原告旅游费1 568元；

（3）判令被告支付原告出租车费58元；

（4）判令被告赔偿原告精神损失费2 000元。

经审理，法院做出如下判决：

（1）被告乙应于本判决生效之日起10日内返还原告甲旅游费1 568元；

（2）被告乙应于本判决生效之日起10日内赔偿原告甲出租车费58元；

（3）被告乙应于本判决生效之日起10日内赔偿原告甲313.60元；

（4）原告甲的其他诉讼请求不予支持。

资料来源　邓德智，傅林放，张建融．旅行社诉讼案例精选［M］．北京：旅游教育出版社，2013：10-12.

问题：

1）本案例中，法院是否认定旅游组织者乙违约？

2）法院判令乙向甲赔偿313.60元的依据是什么？

【训练要求】

同第1章“基本训练”中本题型的“训练要求”。

▲ 自主学习

【训练项目】

自主学习-Ⅳ。

【训练步骤】

1）将班级同学组成若干“自主学习”训练团队，每队确定一人负责。

2）各团队根据训练项目需要进行角色分工。

3）通过校图书馆、院资料室和互联网，查阅“文献综述格式、范文及书写规范要求”和近三年关于“旅游突发事件处理研究”的前沿学术文献资料。

4）综合和整理“旅游突发事件处理研究”的前沿学术文献资料，依照“文献综述格式、范文及书写规范要求”，撰写《“旅游突发事件处理研究”最新文献综述》。

5）在班级交流各团队的《“旅游突发事件处理研究”最新文献综述》。

6）在校园网的本课程平台上展出经过修订并附有教师点评的各组《“旅游突发事件处理研究”最新文献综述》，供学生相互借鉴。

□ 课程思政

【训练项目】

课程思政-Ⅶ。

【相关案例】

旅游合同纠纷

背景与情境：

原告：王林祥，男，43岁，江苏省扬州市江都区成人学校教师，住扬州市江都区。

原告：陈卫东，女，37岁，江苏省江都区电信局职工，系原告王林祥之妻。

二原告委托代理人：郭建明、陈进华，江苏省扬州擎天律师事务所律师。

被告：江苏省扬州市雄都旅行社，住所地：扬州市江都区。

法定代表人：陈跃一，该旅行社经理。

委托代理人：滕梅森、王登山，江苏省扬州天任律师事务所律师。

原告王林祥、陈卫东因与被告江苏省扬州市雄都旅行社（以下简称雄都社）发生旅游合同纠纷，向江苏省扬州市中级人民法院提起诉讼。

二原告诉称：被告在组织旅游中不履行安全告知义务，以致原告之子王呈在海滨浴场玩耍时死亡。被告还没有按规定在出发前为旅游者办理每人30万元的旅游意外保险，以致王呈死亡事故发生后，原告不能获得保险公司理赔。请求判令被告给付原告30万元保险金额的损失，赔偿精神抚慰金、人身损害赔偿金20万元。

被告辩称：原告王林祥和其子王呈去海滨浴场游泳，既不是被告安排的旅游项目，也不在被告安排的时间内。王呈死亡后，原告已从事故单位海滨浴场获得赔偿。王呈死亡与被告无关，不能由被告承担责任。按照中国人寿保险公司江苏分公司的旅游意外保险适用条款，王呈不满16周岁，不能参加保险；而且王林祥交纳的旅游费用中，也不包含王呈在内几名小孩的保险费。原告要求被告承担赔偿责任，缺乏法律依据，应当驳回其诉讼请求。

扬州市中级人民法院经审理查明：

2019年8月2日，原告王林祥到被告雄都社联系外出旅游事宜。根据雄都社提供的旅游行程分解表，双方口头达成了8月3日至7日游览普陀山等地的旅游合同。王林祥预付了10个人的旅游费7 000元。旅游行程分解表中注明，旅游价格包含了人身保险费。

8月3日上午，被告雄都社组织包括原告王林祥等10人在内的旅游团出发。8月5日晚，该旅游团在普陀山下的一个饭店住宿后，原告王林祥及其子王呈（14岁）与其他人等到距饭店不远的普陀山海滨浴场游玩。18时30分左右，王呈不慎被海浪卷走，直至同月9日尸体才被找到。为此，海滨浴场赔偿了王林祥浴场门票保险金额5万元和其他费用3万元。

原告王林祥回江都后，在处理王呈的善后事宜时发现，被告雄都社在旅游团出发前并未给王呈投保，而是事后补办的投保手续，保险公司拒绝给王林祥理赔。为此，王林祥与雄都社发生纠纷。

另查明：2019年8月6日，被告雄都社在中国人寿保险公司江都支公司为王呈等

9人办理了旅游意外保险。保险单注明：被保险人数为9人，保险项目为意外伤害，保险费9人合计为108元，保险金额合计为270万元，保险期间为3天。

以上事实，有双方当事人的陈述，庭审笔录，雄都社旅游行程分解表，雄都社收取王林祥交纳的旅游预付款凭证，同行旅游的陈小祥、滕家明、黄益林、徐萍等证人的证词，雄都社与中国人寿保险公司江都区支公司于2019年8月6日订立的旅游（团体）意外保险合同抄件，国务院发布的《旅行社条例》，文化和旅游部颁布的《旅行社责任保险管理办法》，中国人寿保险公司江苏分公司苏保寿发（2019）119号和52号文件，王呈的户籍证明，普陀山海滨浴场门票以及舟山市公安局普陀山分局关于王呈失踪及尸体发现过程的情况说明，海滨浴场向王林祥支付门票保险金额5万元和赔偿金3万元的凭证等证据证明。所有证据经质证，可以作为认定事实的根据。

资料来源　佚名．王林祥、陈卫东与扬州市雄都旅行社违反旅游合同引起的赔偿损失案［EB/OL］．［2011-08-31］．http：//www.fabang.com/a/20110831/406481.html.引文有改动。

问题：

1）结合所学知识，对本案例进行分析。

2）参考《中华人民共和国民法典》和《旅行社条例》，对本案例中发生的旅游事件进行审判，并指出依据。

3）此案例带给我们什么思政启示？

【训练要求】

同第1章“基本训练”中本题型的“训练要求”。

第8章 旅游者生病、死亡与旅游保险

学习目标

通过本章学习，应该达到以下目标：

职业知识：学习和把握“旅游者生病、死亡与旅游保险”的相关概念，旅游者生病的预防与救护，旅游者死亡事件的处理程序、遗体和善后处理，旅行社责任保险的内容、办理与赔付程序，以及“同步阅读”“延伸阅读”等理论与实务知识；能用其指导本章“同步思考”、“教学互动”、二维码“随堂测”和“基本训练”的“知识训练”中各题型的认知活动，正确解答其相关问题，体验本章“初级学习”中专业知识的横向正迁移。

职业能力：点评“旅行虽颇费钱财，却使你懂得社会”，训练专业理解力与评价力；运用本章知识研究相关案例，训练“旅游者生病、死亡与旅游保险”特定情境下对当事者行为的“多元表征”专业能力和“与人交流”的通用能力；通过“‘旅游保险知识’在旅行社运营中的应用”实训操练，训练相应专业技能和“团队协作”“与人交流”“解决问题”等通用能力；体验本章“高级学习”和“实践学习”中专业知识与相关规则的“重组性”迁移和专业技能的阶段性生成。

课程思政：结合本章教学内容，依照相关规范或标准，对“课程思政8-1”和章后“课程思政-Ⅷ”等案例中企业及其从业人员的行为进行思政研判，激发与“事故索赔”和“游客意外死亡”等议题相关的旅游法规思考，促进“立德树人”根本任务的落实，体验其“高级学习”中专业知识与思政元素的协同性重组迁移。

学习微平台

思维导图8-1

引例：游客旅途中意外身亡，三个儿子将旅行社告上法庭

背景与情境：某年，八旬的老蒋与20余位老友一起报名参加了由上海某国际旅行社有限公司组织的旅游。该次旅游线路途经日照、青岛、威海、烟台、蓬莱、连云港等地，行程共计五天四夜，价格为499元/二人，另外，旅行社还为旅游者办理了10元/人的意外保险。出行前，旅行社同老蒋签订了高龄人士参团免责书，告知65周岁以上老人或自身患有疾病的老人不适宜参加该行程，如坚持前往，因自身原因发生意外情况，由老蒋自负责任，自行承担相关费用，不追究旅行社的责任和经济赔偿。

当年11月8日15时30分，旅行团到达日照海滨旅游景区，旅行社组织部分旅游者参加计划外的乘坐游船活动，老蒋并未参加该项目，并在海边等待。

当天18时左右，在旅行团到达旅馆时，老蒋便被发现有抽搐、言语不清的状况。旅行社的导游员拨打了120急救电话，于当晚19时28分将老蒋送入医院治疗，其被诊断为脑梗死、癫痫发作、冠心病及高血压病。当晚，老蒋的三个儿子便赶往日照，并要求返回上海医院继续进行治疗。11月9日9时30分，老蒋出院，11时左右，老蒋在返家途中死亡。

老蒋的三个儿子（以下简称原告）将上海某国际旅行社有限公司（以下简称被告）诉至法院。原告认为，被告安排行程时间不够合理，让老人在海滩上等待时间过长，没有尽到相关的注意义务。在老人发病之后，被告并未在第一时间组织安排救助，也不愿垫付相关医疗费用，导致老人无法得到及时有效的救助，从而最终引发老人的死亡。

被告表示，老蒋的死亡系其自身疾病引发，被告已经告知了相关旅行风险，已经尽到了注意和救助义务，老蒋在旅行前也已签订高龄人士参团免责书，表明其对风险自担。被告并不存在过错，不应该承担赔偿责任。

法院经审理后认为，本案中，老蒋的死亡系由其自身疾病引发，虽被告在旅行前已明确告知高龄老人旅游存在的风险，但该风险客观存在，并不能因此减少被告的注意、服务等义务。被告从发现老蒋身体不适到安排其入院治疗，经历较长时间，就医期间也未垫付过相应的医疗费用，时间上存在延误治疗的情况，故应推定为被告注意义务的缺失，存在过错。综合考虑，法院酌定被告承担15%的赔偿责任，向原告支付5.5万余元赔偿金。

资料来源 国家旅业网．周法|游客旅途中意外身亡，三个儿子将旅行社告上法庭［EB/OL］．［2022-12-14］．https：//www.sohu.com/a/617246969_376259.

8.1 旅游者生病

旅行社所接待的旅游者来自不同的国家或地区，其所居住的国家或地区的生活环境、气候条件、水土条件等与旅游目的地往往存在很大的差异。旅游者当中的许多人属于旅游目的地居民所属民族以外的其他民族，其生活习惯与旅游目的地的居民也常有很大的区别。特别是在旅游过程中，旅游者经常早起晚睡，长途旅行，有时还要跋山涉水，体力消耗很大，稍不留神就会生病。而旅游者远行在外，一旦生病，往往难

以像在家中那样得到充分的休息，使身体能尽快恢复。另外，有些旅游者在启程参加旅游活动前，已经患有某种疾病，在旅游过程中由于劳累过度，使病情加重，也影响其旅游活动。

虽然在旅游过程中发生旅游者生病的事件在旅行社的接待工作中经常出现，但是旅行社能否妥善处理此类事件对于旅行社顺利履行其同旅游者之间所签订的旅游合同具有重要影响。因此，旅行社管理者及其所派出的接待人员应该本着对旅游者负责的态度，设法协助旅游者预防疾病的发生，并在旅游者生病时，从人道主义的立场出发，积极帮助旅游者就医，使他们能够在医务人员的帮助下，尽早恢复健康。

8.1.1　旅游者生病的预防

在旅游中生病不仅对生病的旅游者本人来说十分不幸，无法尽情享受旅行社及其他旅游服务部门所提供的各种旅游服务，也难以欣赏旅游目的地的自然风光和人文景观，同时也会给旅行社的接待工作带来困难，影响旅行社的接待服务效果。如果旅游者因病卧床或住院，会被迫中断在旅游目的地的旅游计划，提前返回原出发地，对旅游者本人和旅行社都会造成一定的经济损失。尽管旅游者在旅游活动中生病是难以避免的，但是如果采取某些预防措施，是能够减少旅游者在旅游过程中生病的机会的。旅行社接待人员应该设身处地地为旅游者着想，帮助旅游者预防各种疾病的发生。

旅行社对接待过程中旅游者生病的预防工作应从以下几个方面入手：

1）调整旅游活动日程

旅行社接待人员在实施旅游活动日程时，应根据天气变化、旅游者的身体状况和劳逸程度等因素对原先制定的活动日程进行适当调整，以便使旅游者避免因过度劳累或受冷、受热等原因在旅游活动中生病。

（1）根据天气变化调整日程

旅行社接待人员应随时注意天气变化，经常查看天气预报。一旦了解到天气将发生比较大的变化，应在征得旅游者同意的前提下，对某些活动内容做适当的调整。

同步案例 8-1

适当调整活动日程

背景与情境：2000 年元旦，天丰国际旅行社接待一个来自东南亚地区的旅游团。接待人员通过收听当地气象预报，得知转天将有寒流侵入该地区，气温将下降 6℃～12℃。根据原定的旅游活动日程，该旅游团将前往郊区的一个露天景点游览。考虑到这些旅游者来自炎热的东南亚地区，一时难以适应突然来临的寒冷天气，容易引起感冒等病症，因此，接待人员及时向旅游者讲清需要改变活动日程的原因，建议将日程调整为先游览市内的博物馆，等到第三天气温稍有回升后再前往郊外的景点游览。在获得旅游者同意的情况下，接待人员改变了活动日程，但是并没有使旅游者失去欣赏旅游合同中约定的游览景点的机会，也减少了旅游者因受风寒患病的机会，使旅游者感到很满意。

问题：旅行社在什么情况下可以调整旅游日程安排？

分析提示：一般情况下，旅行社必须严格按照其与旅游者签订的旅游合同上双方确定的活动日程安排旅游活动，但是，当遇到严寒、酷暑、暴风雨等恶劣天气时，旅行社的接待人员应该把维护旅游者的身体健康和日后旅游活动能够顺利进行作为出发点，在取得游客理解的基础上，适当对活动进行调整，避免游客生病，促进整个旅游计划顺利实施。

（2）根据旅游者的身体状况调整活动日程

从事接待业务的旅行社，尤其是旅游目的地入境口岸的接待旅行社，应该根据旅游者身体状况对旅游活动日程做适当调整，以预防旅游者生病。在旅游者到达之前，旅行社的接待人员难以对旅游者的身体状况做出十分肯定的判断，因而也无法确定旅游者的身体状况是否能够顺利完成旅游活动日程上规定的各项旅游活动。在实际接待工作中，接待人员有时会遇上旅游者因活动日程安排得比较紧张，而他们的身体状况又不能够适应引发旧病的情况。

一般来说，旅行社的接待人员在制定活动日程时，应坚持劳逸结合、松紧适度的原则，但是，由于每个人的体质不同，对新环境的适应能力不同，对活动日程安排的感受也不一样。当某些身体条件较好的旅游者认为活动日程安排较松时，另一些旅游者则可能由于其身体状况较差而感到吃力。因此，接待人员在旅游者到达本地后，应根据多数旅游者的身体状况，对活动日程做适当的调整。接待人员应特别注意旅游者当中是否有患心脏病、高血压等慢性疾病者，并对他们予以特别的关照。如果旅游者中上年纪的人较多，则应在向他们解释清楚，取得他们理解和同意的前提下，适当将一些不太重要的景点取消或缩短在那里的游览时间，把省下的时间用于重点游览项目的参观上。

（3）根据旅游者的疲劳程度调整活动日程

学习微平台

延伸阅读8-1

旅行社的接待人员应注意旅游者的疲劳程度，并据此适当调整活动日程。这种情况往往发生在旅游活动的结束阶段。随着旅游活动进入尾声，许多旅游者开始感到疲劳，这时旅游者的身体免疫力因疲劳而降低，是容易生病的阶段。接待人员应适当地放慢活动的节奏，根据旅游者的疲劳程度适度压缩一些不太重要的旅游项目的游览时间。在征得旅游者同意的情况下，取消个别景点的游览，以保证旅游者能够有足够的休息时间，降低患病的可能性。

2）在生活安排上预防旅游者患病

在生活安排上，旅行社接待人员可采取以下措施，预防旅游者生病：

（1）饮食方面

多数旅游者对旅游目的地的环境比较生疏，缺乏对当地一些疾病的免疫力，十分容易感染上这些疾病。另外，旅游者还会由于对当地的水土不服或对当地食品不适应而生病。例如，日本旅游者常年食用比较清淡的食物，刚到中国旅行时，十分喜爱享有盛誉的中国佳肴。然而，随着时间的推移，他们当中有人会因中国食物中含油脂较多而引起肠胃不适，出现腹泻等症状。又如，某些地区的水中含有较多的矿物质，来自其他地区的旅游者饮用后会感到腹胀。

为了预防这些情况的发生，旅行社接待人员应提醒旅游者：

① 不要饮用自来水管里的生水，可饮用烧开的水、茶水或咖啡；

② 不要生食某些蔬菜；

③ 肉类食品和鱼类食品应煮熟后再食用，并且尽量趁热食用。

此外，接待人员在安排旅游者餐食时，可告诫餐馆适当减少动物油、味精等。

（2）药品方面

旅行社接待人员不应将随身携带的药品送给旅游者使用，但是，接待人员应该提醒旅游者准备一些下列药品，以备旅游过程中使用：

① 预防中暑的药品；

② 预防晕机（晕车、晕船）的药品；

③ 预防皮肤晒伤的药品；

④ 预防感冒的药品；

⑤ 治疗腹泻的药品。

此外，旅行社安排旅游者前往热带地区旅游时，应提醒他们携带一些驱虫剂，因为那里的蚊蝇会传染疾病。如果旅游者没有携带驱虫剂，可建议他们在当地商店购买。对于患有心脏病、高血压、糖尿病等慢性疾病的旅游者，还应提醒他们备足预防这些疾病发作和治疗这些疾病的药品。

（3）游览活动方面

旅行社接待人员在导游讲解过程中还应根据当时的天气、地形等具体情况，适当调节游览活动的节奏，尽量避免旅游者发生日光灼伤、中暑、冻伤、摔伤等情况。为此，接待人员应该做到：

① 在夏季时，不要在中午带旅游者到阳光强烈的游览景点或海滩，防止日光灼伤旅游者的皮肤或发生旅游者中暑的状况。

② 在我国北方地区旅游时，冬季不要让旅游者在露天场所停留时间过长，以防冻伤。

③ 在山区的景点游览时，应尽量选择比较平坦的路线，并劝阻个别旅游者在崎岖不平的小路上行走或在悬崖峭壁附近逗留，以防摔伤或碰伤。

④ 如果必须在炎热的夏季到露天景点游览，应注意劳逸结合，避免让旅游者长时间在烈日下活动，在导游讲解的过程中适当安排旅游者到阴凉的地方或树荫下做短暂的休息，以预防中暑。

同步思考8-1

问题：游客患一般疾病的处理方式有哪些？

理解要点：①劝其及早就医并多休息；②关心游客的病情；③向游客讲清看病费用自理；④严禁导游人员给患者用药。

8.1.2　旅游者生病的救护

尽管旅行社接待人员竭尽全力照顾旅游者，预防在旅游过程中旅游者生病，但是仍会出现旅游者生病或受伤的情况。在许多情况下，旅游者生病或受伤并非因接待人员工作疏忽、照顾不周所造成，但是，一旦发生了旅游者生病或受伤的事情，接待人员必须责无旁贷地对其加以救护。一般来说，最好的救护方式是尽快将生病或受伤的旅游者送往附近的医院，请医务人员进行救治，然而，接待人员掌握一些现场救护知识和技术，有利于争取宝贵的时间，缓解旅游者的病情或伤势以及减缓病情或伤势的进一步恶化。

1）晕机（晕车、晕船）病人的救护

有些旅游者由于睡眠不足或身体不适，在乘坐飞机、汽车或轮船旅行时出现晕机、晕车或晕船的症状，如恶心、头昏、腹胀、呕吐等。遇到这种情况，接待人员应设法在所乘坐的交通工具上寻找一块比较平坦的地方，让其平卧，或让其坐在较平稳的座位上休息。如果是乘坐飞机长途旅行，则应请乘务员协助处理。

2）中暑病人的救护

旅游者长时间地处在暴晒、高热、高湿热环境中容易发生中暑，对此，接待人员应予以高度的重视。在旅游过程中，如果发现旅游者中有人出现大汗、口渴、头昏、耳鸣、眼花、胸闷、恶心、呕吐、发烧等症状，应考虑其是否为中暑。接待人员可将中暑的旅游者置于阴凉通风处，让其平躺，并解开其衣领，放松其裤带。如有可能，接待人员可让中暑的旅游者饮用含盐饮料。如发现旅游者发烧，应使用冷水为其擦身散热，并服用必要的防暑药物。旅游者的中暑症状缓解后，可让其静坐（卧）休息。如果中暑的旅游者出现神志不清甚至昏迷的症状，应立即送往医院救治。

3）骨折病人的救护

旅游者有时会因发生车祸或不慎摔倒造成骨折，一旦发生此类事故，旅行社接待人员应尽快将其送往医院救治。如果接待人员懂得一些骨折救护知识，应做力所能及的初步处理，以减轻受伤旅游者的痛苦。在事故发生现场，接待人员可采取如下办法对骨折的旅游者进行救护：

（1）止血

如果旅游者受伤的部位出血，即为开放性骨折。这时，接待人员应及时采取措施止血。常用的止血方法有：①手压法，即用手指、手掌、拳在伤口靠近心脏一侧压迫血管止血；②加压包扎法，即在创伤处放厚敷料，用绷带加压包扎；③止血带法，即用弹性止血带绑在伤口近心脏的大血管上止血。

（2）包扎

接待人员在完成对伤口的止血后，应及时包扎伤口，以防感染。包扎前最好用清水或生理盐水对伤口进行清洗。包扎时动作要轻柔，松紧要适度，绷带的结口不要在创伤处。

（3）上夹板

伤口包扎好以后，为了防止受伤的骨头错位，可设法对受伤的部位进行固定。接待人员可就地取材，利用平整的木片、树枝等作为夹板将受伤的部位固定。上夹板时，应设法固定两端关节，避免转动骨折肢体。

4）心脏病猝发病人的救护

旅游者在旅游过程中心脏病猝发时，接待人员切忌急着将患者抬或背着去医院，而应让其就地平躺，头略高，并从其衣服的口袋中寻找备用药物，让其服用。同时，接待人员应迅速同附近医院联系或呼叫120救护中心，请求速派医生前来救治。旅游者的病情稍稳定后，应立即将其送往医院救治。

5）蝎、蜂蜇伤病人的救护

如果旅游者被蝎、蜂蜇伤，接待人员应设法将毒刺拔出，用口或吸管吸出毒汁，然后用肥皂水、5%苏打水或3%淡氨水洗敷伤口，并让其服用止痛药。如果接待人员或旅游者具有一些中草药知识，可用大青叶、蒲公英、两面针等捣烂，敷在伤口上面。如果病人的病情严重，应及时送往医院抢救。

同步阅读8-1

饭馆（餐厅）卫生标准值见表8-1。

表8-1　**饭馆（餐厅）卫生标准值**

项目	标准值	项目	标准值
温度（℃）	18~20	可吸入颗粒（mg/m³）	≤0.15
相对湿度（%）	40~80	空气细菌数	
风速（m/s）	≤0.15	a.撞击法（cfu/m³）	≤4 000
二氧化碳（%）	≤0.15	b.沉降法（个/皿）	≤40
一氧化碳（mg/m³）	≤10	照度（Lx）	≥50
甲醛（mg/m³）	≤0.12	新风量（m³/（h·人））	≤20

资料来源　国家旅游局旅游质量监督管理所. 旅游质量监督管理工作实用手册［M］. 北京：中国旅游出版社，2001.

随堂测8-1

8.2 旅游者死亡

在旅游接待过程中，旅游者死亡的事件很少发生，属于偶发性事件。然而，一旦旅游者在旅游过程中死亡，会对其他旅游者的情绪产生消极影响，如果旅行社对此类事件处理不当，还会引起旅游者的亲属和其他旅游者对旅行社的不满，损害旅行社在旅游市场上的良好形象。因此，旅行社管理者必须高度重视对旅游者死亡事件的处理工作，本着人道主义精神和对旅游者高度负责的态度，妥善处理旅游者死亡事件，使死者亲属得到安慰，让其他旅游者感到旅行社确实以旅游者的利益为重，处处关心和维护旅游者的合法权益，以维护和提高旅行社的形象。

8.2.1　旅游者死亡事件的处理程序

无论旅游者是因病正常死亡还是因旅游安全事故造成的非正常死亡，旅行社的接待人员都必须保持头脑清醒，按照国家的法律法规和旅行社的有关规定，沉着冷静地处理旅游者的死亡事件。一般情况下，当旅游者在旅游过程中病故或因交通、治安、火灾、食物中毒等事故死亡时，负责接待该旅游者的旅行社应采取措施予以妥善处理，其具体程序是：

1）及时报告

旅行社的接待人员在发现旅游者死亡后，应及时向有关部门和领导报告，请示处理意见。如果死者的亲属或陪同该旅游者的领队同在现场，接待人员还应主动征求他们的意见。旅游者死亡的地点不同，接待人员应采取的措施略有差异：

① 如果旅游者在旅途中死亡，接待人员必须尽力保护好现场，同时迅速向接待旅行社的有关领导报告旅游者死亡经过，请示处理办法。

② 如果发现旅游者在饭店内死亡，接待人员应立即向饭店的有关负责人、保卫部门、驻店医生等报告，请求他们前来检查旅游者是否确实死亡，并设法查清其死亡的原因。

③ 主动征求在场的死者亲属或旅游团领队的意见。

2）通知死者亲属

旅游者在旅游过程中死亡后，如其亲属未随行，旅行社应根据旅游者的国籍，采取不同的方式尽快将其死亡的消息通知其亲属：

① 出境旅游者或国内旅游者在旅游过程中不幸病故或因事故死亡后，旅行社应设法以电话、传真、电报或信函等形式及时通知其亲属。

② 入境的外籍旅游者在我国境内旅游时病故或因事故死亡后，旅行社应请陪同该旅游者的领队与死者所在国驻华使领馆联系，通知其亲属。同时接待旅行社应尽快通知国内组团社，并请国内组团社及时将此情况通知组织该旅游者来华旅游的境外组团社。

3）办理有关手续

旅游者病故或因事故死亡后，负责接待该旅游者的旅行社应协助死者亲属、旅游团领队或死者所在国驻华大使馆或总领事馆办理有关手续。这些手续包括：

① 如旅游者系正常死亡，即因病死亡，应请承担治疗或抢救工作的医院出具相关证明。这些证明包括：A.由县或县级以上医院出具的死亡证明书；B.如死者生前曾住院治疗或抢救，则可由其亲属出面，要求医院提供诊断书或病历摘要。

② 如旅游者系非正常死亡，即因某种事故身亡，应请参加抢救的主治医生向死者亲属、领队、使领馆代表及旅行社代表等报告抢救经过，并出具下列证明：A.抢救工作报告；B.诊断证明书；C.法医出具的死亡鉴定书。

4）遗体解剖

因病正常死亡者或死因明确的非正常死亡者，一般不需做尸体解剖。如果死者亲属或其所属使领馆要求解剖，可予以同意，但是必须提交下列两项书面请求之一：

① 由死者亲属提出并签名的遗体解剖书面请求；

② 由死者所属的外国驻中国大使馆或总领事馆有关官员签名的遗体解剖书面请求。

遗体解剖书面请求应一式数份，分别由有关方面保存。

同步思考8-2

问题： 游客乘火车旅行途中不幸因车祸死亡，铁路运输企业是否应承担赔偿责任？

理解要点： 是。事故造成人身伤亡的，铁路运输企业应当承担赔偿责任；但是人身伤亡是不可抗力或者受害人自身原因造成的，铁路运输企业不承担赔偿责任。违章通过平交道口或者人行过道，或者在铁路线路上行走、坐卧造成的人身伤亡，属于受害人自身的原因造成的人身伤亡。

8.2.2 遗体处理

已故旅游者居住在实行火葬地区的，旅行社应协助其亲属在当地进行火化，并将骨灰带回其居住地。对于不实行火葬的少数民族旅游者，旅行社应协助其亲属将死者的遗体就近埋葬或运回其原居住地埋葬。

海外旅游者去世后，旅行社应根据其亲属的意愿及旅游者所属国家或民族的风俗习惯，协助有关方面对其遗体进行妥善处理。旅游者遗体处理的具体方式有：

1）遗体火化

下列旅游者的遗体可火化：

① 死者亲属以书面形式提出遗体火化请求的；

② 死者所在国驻中国大使馆或总领事馆以书面形式提出遗体火化请求的；

③ 遗体已经腐烂的；

④ 旅游者因患检疫传染病死亡的。

2）骨灰运送

旅游者的亲属要求将已故旅游者的骨灰由他们带回或运送回国时，旅行社有关人员应协助其办好相关手续，并提示其向海关、卫生检疫、边防检查等部门出示下列证明：

① 由医院提供的死亡证明书或由法医出具的死亡鉴定书；

② 由丧葬部门出具的火化证明书。

3）遗体运送

如果死者亲属要求将尸体运送回国，在运送前，除应办理上述有关手续外，还须办理如下手续：

学习微平台

延伸阅读8-2

① 由医院对遗体做防腐处理，并出具尸体防腐证明书；

② 由殡仪馆成殓并出具装殓证明书；

③ 由防疫部门检疫后出具棺柩出境许可证明书。

在遗体火化或运送出境前，旅行社、当地旅游局或政府有关部门可为死者举行简单的追悼仪式；若死者亲属要求举行宗教祭祀仪式，可尊重其习俗。

8.2.3　善后处理

旅游者死亡的善后处理包括旅游者的遗物处理、保险赔偿和总结工作三项内容。

1）旅游者的遗物处理

旅游者死亡后，旅行社有关人员应妥善处理其遗物。旅行社接待人员或由旅行社总经理（部门经理）指派的人员负责清点已故旅游者的遗物。其具体处理方法包括：

① 清点时须有死者亲属、偕同人员或其所在国驻中国大使馆、总领事馆的代表在场；

② 清点结束后，应将所清点的全部遗物开列清单，并请有关人员签字；

③ 向死者亲属、偕同人员或其所在国驻中国大使馆、总领事馆的代表交接遗物；

④ 接收遗物者须开出收据，注明接收时间、地点、在场人员等，并经有关人员签字后办理公证手续；

⑤ 如果死者生前留下遗嘱，应将遗嘱拍照或复制，并将遗嘱的原件交死者亲属或其所在国驻中国大使馆、总领事馆的代表。

2）保险赔偿

如果旅游者系因重大旅游安全事故而死亡，接待旅行社要协助保险公司办理旅游者旅游意外伤害保险赔偿。

3）总结工作

各种善后处理结束后，接待社应写出“死亡善后处理情况报告”，上报地方文化和旅游局及文化和旅游部、外事办公室、公安厅（局）、外交部，内容包括死亡原因、抢救措施、诊断结果、善后处理情况、其他旅游者反映、经验教训等。

同步阅读8-2

交通事故中发生人身伤亡的赔偿

《中华人民共和国道路交通安全法》第七十六条规定：机动车发生交通事故造成人身伤亡、财产损失的，由保险公司在机动车第三者责任强制保险责任限额范围内予以赔偿；不足的部分，按照下列规定承担赔偿责任：

（1）机动车之间发生交通事故的，由有过错的一方承担赔偿责任；双方都有过错的，按照各自过错的比例分担责任。

（2）机动车与非机动车驾驶人、行人之间发生交通事故，非机动车驾驶人、行人没有过错的，由机动车一方承担赔偿责任；有证据证明非机动车驾驶人、行人有过错的，根据过错程度适当减轻机动车一方的赔偿责任；机动车一方没有过错的，承担不超过10%的赔偿责任。

随堂测8-2

交通事故的损失是由非机动车驾驶人、行人故意碰撞机动车造成的，机动车一方不承担赔偿责任。

8.3 旅游保险

为了保障旅游者和旅行社的合法权益，促进旅游业的健康发展，2010年7月29日国家旅游局颁布《旅行社责任保险管理办法》，自2011年2月1日起施行。《旅行社责任保险管理办法》要求从事旅游业务经营活动的旅行社，必须投保旅行社责任保险。

8.3.1 旅行社责任保险的内容

1）旅行社责任保险的含义

旅行社责任保险，是指以旅行社因其组织的旅游活动对旅游者和受其委派并为旅游者提供服务的导游或者领队人员依法应当承担的赔偿责任为保险标的的保险。

2）保险责任

旅行社责任保险的保险责任，应当包括旅行社在组织旅游活动中依法对旅游者的人身伤亡、财产损失承担的赔偿责任和依法对受旅行社委派并为旅游者提供服务的导游或者领队人员的人身伤亡承担的赔偿责任。

具体包括下列情形：

（1）因旅行社疏忽或过失应当承担赔偿责任的；

（2）因发生意外事故旅行社应当承担赔偿责任的；

（3）国家旅游局会同中国保险监督管理委员会（以下简称中国保监会）规定的其他情形。

3）保险期限

旅行社责任保险的保险期限为一年。

4）责任限额

旅行社在组织旅游活动中发生上述 2）中所列情形的，保险公司依法根据保险合同约定，在旅行社责任保险责任限额内予以赔偿。

责任限额可以根据旅行社业务经营范围、经营规模、风险管控能力、当地经济社会发展水平和旅行社自身需要，由旅行社与保险公司协商确定，但每人人身伤亡责任限额不得低于 20 万元人民币。

课程思政 8-1

旅游发生事故未索赔，旅行社承担赔偿责任

背景与情境：2018 年元旦，刘凡与爱人参加旅行团前往泰山度假，不想因雨天路滑，刘凡不慎在石阶上摔倒，致使右小腿骨折，住进了医院，并在病床上足足待了 4 个多月才大致康复出院，支付了 16 000 多元的医疗费。最近，刘凡听别人说，他们这种旅游应该有旅行社责任保险，于是刘凡将旅游合同找出翻看，并没有发现关于这一内容的条款。刘凡便立即联系旅行社，旅行社拒绝赔偿。

问题：刘凡能否从旅行社得到赔偿？请分析依据。

研判提示：刘凡的医疗费及其他损失应由旅行社承担相应的赔偿责任。我国文化和旅游部发布的《旅行社责任保险管理办法》第二条规定：在中华人民共和国境内依法设立的旅行社，应当依照《旅行社条例》和本办法的规定，投保旅行社责任保险。本办法所称旅行社责任保险，是指以旅行社因其组织的旅游活动对旅游者和受其委派并为旅游者提供服务的导游或者领队人员依法应当承担的赔偿责任为保险标的的保险。

学习微平台

延伸阅读 8-3

8.3.2　旅行社责任保险的办理

旅行社投保旅行社责任保险的，应当与保险公司依法订立书面旅行社责任保险合同（以下简称保险合同）。旅行社与保险公司订立保险合同时，双方应当依照《中华人民共和国保险法》的有关规定履行告知和说明义务。订立保险合同时，保险公司不得强制旅行社投保其他商业保险。保险合同成立后，旅行社按照约定交付保险费。保险公司应当及时向旅行社签发保险单或者其他保险凭证，并在保险单或者其他保险凭证中载明当事人双方约定的合同内容，同时按照约定的时间开始承担保险责任。保险合同成立后，除符合《中华人民共和国保险法》规定的情形外，保险公司不得解除保险合同。保险合同成立后，旅行社要解除保险合同的，应当同时订立新的保险合同，并书面通知所在地县级以上旅游行政管理部门，但因旅行社业务经营许可证被依法吊销或注销而解除合同的除外。

8.3.3　旅行社责任保险的赔付程序

事故发生后，旅行社应及时向保险公司提出赔偿或给付保险金。

1）提供有关资料

旅行社因旅游者的行李损坏、丢失、被盗或旅游者人身受到意外伤害、死亡，向保险公司提出索赔要求时，应提供有关资料。

（1）行李损坏

旅行社因旅游者的行李在旅游过程中受到损坏向保险公司索赔时，须提供下列资料：

① 旅游者对行李损坏情况的书面说明；

② 接待人员填写的索赔申请书；

③ 如接待人员在规定的保险金额范围内替旅游者修理或购买了新的包装物，应提供相关发票，发票正本应请旅游者签字；

④ 旅游团的接待计划。

（2）行李丢失或被盗

旅行社因旅游者行李丢失或被盗向保险公司索赔时，须提供下列资料：

① 由行李丢失或被盗者填写说明，同时列出所丢失的物品清单及物品金额；

② 接待人员填写的索赔申请书；

③ 旅游团的接待计划；

④ 行李被盗，应尽可能取得当地公安部门或饭店保卫部门的证明。

（3）人身意外伤害

旅游者受到人身意外伤害索赔时，旅行社须向保险公司提供以下四项资料：

① 保险范围内各项支出的发票正本，包括陪同人员送旅客就医的出租车费（须说明路线及日期），病人挂号、住院、手术、药品、化验、透视等费用发票正本，不包括护理、伙食、营养费；

② 接待人员填写的索赔申请书；

③ 医院或急救中心开具的诊断证明；

④ 旅游团的接待计划。

（4）人身意外伤亡

旅游者在旅游过程中遇到人身意外伤亡事故时，旅行社须提供以下五项资料，以向保险公司索赔：

① 保险范围内各项支出的发票正本（即在医院抢救所支出费用等）；

② 医院或急救中心出具死亡原因的证明（正本、副本均可）；

③ 接待人员填写的索赔申请书；

④ 旅游团的接待计划；

⑤ 如属意外事故造成的死亡，要有当地有关部门出具的事故报告。

2）办理索赔手续

旅行社在将索赔所需的各项有关资料准备齐全后，由旅行社财务部根据旅行社同保险公司签订的保险协议，向保险公司提出索赔申请。

保险公司收到赔偿保险金的请求和相关证明、资料后，应当及时做出核定；情形复杂的，应当在 30 日内做出核定，但合同另有约定的除外。保险公司应当将核定结果通知旅行社以及受害的旅游者、导游、领队人员；对属于保险责任的，在与旅行社达成赔偿保险金的协议后 10 日内，履行赔偿保险金义务。

因抢救受伤人员需要保险公司先行赔偿保险金用于支付抢救费用的，保险公司在接到旅行社或者受害的旅游者、导游、领队人员通知后，经核对属于保险责任的，可以在责任限额内先向医疗机构支付必要的费用。

同步阅读8-3

船主对旅客责任保险赔偿额见表8-2。

表8-2 船主对旅客责任保险赔偿额表

项目	伤害程度	按保单规定赔偿最高额度的百分比（%）
（一）	身故（失踪不能作为意外身故，但船只失事而致完全灭失的不在此限定）	100
（二）	全身瘫痪（必须终身卧床或永久丧失工作能力）	100
（三）	丧失两肢（指自手腕或足踝关节以上分离丧失）或双目失明，或丧失一肢及一目失明	100
（四）	丧失一肢或一目失明	50
（五）	丧失手指、足趾（每手、脚的）：	
	（1）丧失四指	40
	（2）丧失拇指全部	25
	（3）丧失拇指一节或食指全部	10
	（4）丧失食指一节或两节，或者中指全部	6
	（5）丧失中指一节或两节，或无名指、小指全部	3
	（6）丧失无名指、小指一节或两节	1
	（7）丧失脚趾全部	15
	（8）丧失大趾全部	5
	（9）丧失大趾一节或其他任何一趾的全部	2
	（10）丧失大趾以外任何一趾的一节	1
（六）	其他伤残如耳聋、断骨等	参照医院证明另定

资料来源 根据中国人民银行1996年发布的《船主对旅客责任保险条款》整理。

教学互动8-1

互动问题：旅游过程中经常会出现旅游者生病的情况。

①如果出现这种情况，导游员应如何处理？

②应如何避免此类情况的发生？

要求：同“教学互动1-1”的“要求”。

随堂测8-3

本章概要

□ 内容提要

本章介绍了旅游者生病的预防和处理方法、旅游者死亡的处理、旅游保险的办理和索赔程序。旅行社的接待人员应在活动日程安排和旅游接待过程方面注意劳逸结合，对老年旅游者、身体虚弱的旅游者和儿童旅游者应重点加以关照。旅行社责任保险是保证旅行社合法权益和旅游者合法权益的重要因素，必须做好保险的办理和索赔工作。

□ 主要概念和观念

▲ 主要概念

旅游者遗体解剖　旅行社责任保险　保险期限

▲ 主要观念

旅游者生病的预防　旅游者生病的救护　旅行社责任保险赔付程序

□ 重点实务

旅行社责任保险办理程序　旅行社责任保险赔付程序

基本训练

□ 知识训练

▲ 复习题

1）旅游者在旅游过程中生病时，旅行社的接待人员应如何处理？

2）旅游者死亡事件的处理程序包括哪些步骤？

3）旅游者死亡后，其遗体的处理方法有哪些类型？

4）如何办理旅游者遗体运送事宜？

5）如何办理旅行社责任保险手续？

▲ 讨论题

1）旅行社应如何预防旅游者在旅游过程中生病？

2）造成旅游者在旅游过程中死亡的主要原因有哪些？

3）旅行社责任保险包括哪些内容？

□ 能力训练

▲ 理解与评价

曾经有人说过："旅行虽颇费钱财，却使你懂得社会。"请结合所学知识谈谈你的理解。

▲ 案例题

【训练项目】

案例分析－Ⅷ。

【相关案例】

旅游过程中游客死亡事件的处理

背景与情境：某年10月1日，天津中国国际旅行社导游员刘宪平陪同一美国旅游团在天津游览观光。团内的旅游者艾尔曼·里瓦特先生因突发脑出血昏倒。刘宪平见状立即联系急救中心，将里瓦特先生送往医院抢救。虽经医生大力抢救，终因病情过重，里瓦特先生不治身亡。在将游客送往医院的同时，刘宪平及时向旅行社副总经理李疾风汇报了事件的整个经过，并请示处理意见。

李总经理立即指示，由于里瓦特先生的夫人未随团旅行，因此，立即由旅行社销售部设法通知美国驻华使馆，请其通知里瓦特夫人。同时，由刘宪平向实施抢救的主治医生索要死亡诊断证明，并妥善保管里瓦特先生的遗物。

里瓦特夫人赶到天津后，刘宪平前往接站并安排她在天津友谊宾馆下榻。稍事休息后，刘宪平立即安排汽车，陪同里瓦特夫人前往医院。由于旅行社领导安排妥当，刘宪平服务热心周到，里瓦特夫人十分满意。离开天津时，她向刘宪平和旅行社的李总经理表示感谢。

问题：

1）刘宪平和李疾风在处理旅游者死亡事故的过程中使用了哪些专业知识？

2）假定你是导游员，在遇到此类情况时应采取什么程序和措施？

【训练要求】

同第1章“基本训练”中本题型的“分析要求”。

▲ 实训操练

【训练项目】

“旅游保险知识”在旅行社运营中的应用。

【训练要求】

到一家旅行社实地了解责任保险的办理和赔付处理情况，观察该旅行社保险办理和索赔处理的全过程，并分析和判断该过程的规范程度。

【训练步骤】

1）将班级学生分成若干团队，每团队确定一人负责。

2）各团队学生结合项目进行分工与协作，到不同旅行社分别了解其责任保险办理和赔付处理情况，并以本章“保险办理”和“索赔处理”的实务教学内容为业务规范，分析和判断该旅行社业务人员保险办理和索赔处理的规范程度。

3）各团队学生记录并汇总分别了解到的情况和分析判断结果，总结实训操练的成功经验、存在的问题及解决的办法，在此基础上撰写《“‘旅游保险知识’在旅行社运营中的应用”实训报告》，并将相关记录作为《“‘旅游保险知识’在旅行社运营中的应用”实训报告》的“附件”。

4）在班级讨论交流、相互点评与修订各组的《“‘旅游保险知识’在旅行社运营中的应用”实训报告》。

5）在校园网的本课程平台上展出经过修订并附有教师点评的各组《“‘旅游保险知识’在旅行社运营中的应用”实训报告》，供学生相互借鉴。

□ 课程思政

【训练项目】

课程思政–Ⅷ。

【相关案例】

旅行社对游客意外死亡应否承担赔偿责任

背景与情境：2×05年8月1日，郭彬的儿子郭一峰代表郭彬等6位亲属与被告常州民航航空旅行社签订旅游合同，约定郭彬、蒋霞等6人参加被告组织的青岛、蓬莱、烟台、威海五日游，旅游费用为每人798元，另付保险费10元，保险类别是旅行社责任保险、个人意外险，双方对违约责任等其他事项做了约定。合同签订后，郭彬等人支付了旅游费用，并于8月4日随旅行社组织的团队外出旅游。8月6日，旅游团到达威海国际海水浴场游玩，郭彬自愿参加了海滨浴场下海游泳活动。其间，郭彬因突发昏迷等症状被送往威海金海湾医院救治，诊断结论为：脑出血。被告在郭彬出现意外后要求下海游客在“下海自愿书”上签名，以此证明游泳活动是游客自选的自愿参加的项目，被告已履行了向游客告知安全自负的义务。该“下海自愿书”上郭彬的签名是其未成年的亲属陶维琦在郭彬出现意外送医院后代签的字。郭彬经医院抢救无效于2×05年8月14日死亡。郭彬的三子女放弃相关的索赔权利，由郭彬的妻子蒋霞向华安财产保险股份有限公司常州中心支公司及旅行社提起保险合同纠纷之诉。2×06年3月，法院判决华安财产保险股份有限公司常州中心支公司赔付给蒋霞意外伤害保险金65 000元、意外医疗赔偿金5 000元、丧葬费赔偿金10 000元。2×06年6月，蒋霞再次提起诉讼，要求常州民航航空旅行社依照《民法典》《中华人民共和国消费者权益保护法》《江苏省消费者权益保护条例》的规定承担旅游合同违约赔偿责任，要求判令被告退还旅游费1 596元，支付医疗费12 669.60元、死亡赔偿金173 240元。

被告辩称，被告已经全面履行了合同约定的义务，组织旅游活动不存在任何过错。游客下海游泳属于游客自选项目，不是旅游的项目范围，同时被告对下海的危险性多次进行了告知，尽到了合同中约定的风险提示义务。原告之夫明知自己的年龄和身体状况而从事不适当的户外活动，本身存在重大过错。原告之夫旅游后反映了身体不适，被告及时处置，及时送往医院，尽到了相应的救助义务。原告之夫死亡的后果是由其自身疾病引起，属于被告无法预料及控制的情形，故其死亡的后果与被告无关。原告已经因在被告处投保的意外险获得了医疗费、丧葬费、死亡赔偿金共计80 000元。双方订立合同中约定原告同意被告违约的赔偿责任按《旅游服务质量保证金存取管理办法》执行，原告诉请不符合相应的规定。合同履行过程中发生旅游不能的情形并非被告过错，被告在上次诉讼中已经表示同意退还部分旅游费，但原告不来办理，故诉讼费不应由被告承担。综上，请求法院依法驳回原告的诉讼请求。

资料来源　邵洁．旅行社对游客意外死亡应否承担赔偿责任［EB/OL］．［2006-11-02］．https：//www.chinacourt.org/article/detail/2006/11/id/223212.shtml.

问题：

1）分析案例，指出案例涉及的主要旅游法规知识。

2）结合所学知识，分析游客受到人身伤害情况下旅行社应该如何处理。

3）结合所学知识，对本案例进行研判并指出依据。

4）此案例给我们什么思政启示？

【训练要求】

同第1章“基本训练”中本题型的“训练要求”。

第9章　旅行社的财务管理

● 学习目标

通过本章学习，应当达到以下目标：

职业知识：学习和把握“旅行社财务管理”的相关概念，旅行社业务核算与结算，旅行社流动资产管理和固定资产管理，旅行社成本费用构成分析、核算与控制，旅行社营业收入构成管理和利润分析与管理，以及“同步阅读”“延伸阅读”等理论与实务知识；能用其指导本章“同步思考”、“教学互动”、二维码“随堂测”和“基本训练”的“知识训练”中各题型的认知活动，正确解答其相关问题，体验本章“初级学习”中专业知识的横向正迁移。

职业能力：点评“在市场竞争日益激烈的今天，一些旅行社即使赔钱也要推出新产品”，训练专业理解力与评价力；运用本章知识研究相关案例，训练在“旅行社财务管理”特定情境下对当事者行为的“多元表征”专业能力和“与人交流”的通用能力；参加“自主学习－V”的训练，通过搜集、整理与综合关于“旅行社资产管理”的前沿知识，依照“文献综述格式、范文及书写规范要求”撰写、讨论与交流《“旅行社资产管理”最新文献综述》，培养“自主学习”“团队协作”“与人交流”的通用能力；体验本章“高级学习”中专业与通用知识、规则和技能的“重组性”迁移。

课程思政：结合本章教学内容，依照相关规范或标准，对章后“课程思政－Ⅸ”案例中的企业及其从业人员行为进行思政研判，激发与“追欠团款”议题相关的法律与维权思考，促进“立德树人”根本任务的落实，体验其“高级学习”中专业知识与思政元素的协同性重组迁移。

学习微平台

思维导图9-1

引例：因疫情无法出行，变更行程可止损

背景与情境：北京游客张某于2021年7月上旬报团参加张家界5日游，行程日期为7月31日至8月4日。因7月下旬张家界出现疫情，张某于7月30日向旅行社提出退团，要求旅行社退还全部旅游费用。

旅行社认为，游客未能出行是因不可抗力导致的，旅行社需扣除已实际发生且不可退还的费用。张某认为不是自身原因解除合同，故不同意扣除款项。张某投诉至北京市旅行社服务质量监督管理所，要求旅行社全额退款。

北京市旅行社服务质量监督管理所工作人员分析认为，本案目的地为中高风险地区，旅行社不得组团前往，游客取消行程属于因不可抗力原因解除合同。根据《中华人民共和国旅游法》第六十七条："因不可抗力或者旅行社、履行辅助人已尽合理注意义务仍不能避免的事件，影响旅游行程的，按照下列情形处理：

（一）合同不能继续履行的，旅行社和旅游者均可以解除合同。合同不能完全履行的，旅行社经向旅游者做出说明，可以在合理范围内变更合同；旅游者不同意变更的，可以解除合同。

（二）合同解除的，组团社应当在扣除已向地接社或者履行辅助人支付且不可退还的费用后，将余款退还旅游者；合同变更的，因此增加的费用由旅游者承担，减少的费用退还旅游者。"

结合本案，旅行社表示酒店、汽车公司、餐饮款项可以在一年内延期使用，若游客要求退团退费，则要扣除30%的款项作为实际损失。经调解，双方达成和解，游客可在未来一年内选择同线路出游，旅行社不再另行收取费用。

资料来源 文化和旅游部旅游质量监督管理所. 因疫情无法出行 变更行程可止损［EB/OL］.［2021-10-20］. https：//www.sohu.com/a/496201245_376259.

上述案例告诉我们，受疫情影响，不少旅游行程被取消或变更，涉疫退团退费、行程变更等旅游投诉纠纷有所增加。因不可抗力导致游客无法出游，旅行社与游客可以选择变更合同的方式，减少双方的损失。旅行社和游客应注意：

（1）因不可抗力原因无法出行，游客可考虑变更合同。游客可以改变出游日期或出游目的地，签署协议对原旅游合同做出书面补充与修改，从而最大程度上减少双方的损失。

（2）旅行社向游客做出说明，可以在合理范围内变更合同；游客不同意变更的，可以解除合同。若解除合同，旅行社应扣除已实际发生且不可退还的费用后，将剩余款项退还游客。

（3）变更行程时旅行社不得有更多附加限制条件，游客可自由选择变更后的行程线路。游客选择旅游线路与其他参团游客具有同等权利。游客变更合同的，因此增加的费用由游客承担，减少的费用需退还游客。

9.1 旅行社会计核算

旅行社会计核算以货币作为计算尺度，利用专门方法全面、系统、连续地反映经营业务的过程和经营成果。通过会计核算，旅行社管理者对经营活动进行事先、事中和事后的分析与检查，揭示经济效益的好坏，查明各种影响因素及其影响程度，以便进行经营活动的预测、决策和计划，总结经验和教训，明确经济责任。旅行社的会计核算包括业务核算和结算业务两项内容。

9.1.1 旅行社业务核算

由于不同的旅行社所经营的业务有所不同，其业务核算的内容也存在一定的差异，因此，各类旅行社的业务核算均有其各自的特点。旅行社业务核算主要分为组团业务核算和接待业务核算两大类型。其中，一些旅行社以组团业务核算为主，另一些旅行社以接待业务核算为主，还有一些旅行社兼有组团业务核算和接待业务核算。

1）组团业务核算

组团业务核算主要包括审核报价、核算组团收入和核算组团成本等内容。由于组团业务对旅行社的客源起着十分重要的作用，而且组团业务能够为旅行社带来明显的经济效益，因此，旅行社对其核算应予以高度重视。

（1）审核报价

审核旅行社销售人员对外报价是组团业务核算的一项重要内容。旅行社的财务部门根据旅游团（者）的旅游活动日程、旅游团队的等级及旅行的时间对销售人员填制的报价单进行审核。审核的内容主要是：报价的淡季、旺季价格是否正确；报价单上的各项价格是否准确、全面；报价在时间上、空间上是否一致等。

（2）组团收入核算

组团社通过招徕旅游团（者）和组织旅游团（者）进行旅游获得的收入称为组团营业收入。这种营业收入主要由综合服务费、房费、餐费、城市间交通费和专项附加费等构成。

组团社分为旅游客源地组团社和旅游目的地组团社，二者的组团收入来源不同。

旅游客源地组团社的组团收入主要来自旅游者及某些部门或企业。旅行社在接受旅游者的旅游要求时，必须坚持“先收费，后接待”的原则，要求旅游者在出发前的规定时间内交付全部旅行费用，否则取消其参加旅游团的资格。这是因为，客源地旅行社是在同旅游者个人打交道，对其无任何约束力。如果旅行社允许旅游者先参加旅行社所组织的旅游活动，待旅游活动结束后再向旅游者收取旅游费用的话，有时会出现旅游者在参加旅游活动后拒绝付款或只付部分旅游费用的情况。一旦出现这种情况，旅行社向旅游者催讨欠款的成本将会比较高，有时甚至会使旅行社无法收回欠款或所收回的欠款不足以抵销催款的费用，给旅行社造成较大的经济损失。

旅游目的地组团旅行社的情况则不同。它是在同客源地组团旅行社做生意，是旅行社之间的业务往来。由于旅游市场是买方市场，市场竞争十分激烈，各家旅行社都在千方百计寻找客源。在这种条件下，如果目的地组团旅行社坚持要求对方遵守“先收费，后接待”的原则，可能会导致客源地组团旅行社转而寻求其他合作伙伴，将其所招徕的旅游客源交给愿意向其提供商业信用的目的地的其他旅行社，从而丧失部分甚至全部客源，遭受重大的经济损失。因此，旅游目的地组团旅行社在同旅游客源地组团旅行社进行合作时，可以允许其在旅行团的旅行活动结束后再付款。然而，这种做法虽然能够增加客源，但是可能导致旅游目的地组团社的资金被占压的时间过长，增加坏账损失的风险。

旅游客源地组团旅行社或旅游目的地组团旅行社在核算其组团收入时，都应该根据其与旅游者或旅游客源地组团旅行社达成的旅游协议，认真审核其所付的旅游费用或付款承诺。如果发现其所付费用少于旅游协议上双方同意的数目，应立即指出并要求对方将少付的旅游费用补上。

（3）组团成本核算

组团成本核算是考核旅行社在经营中的成本开支，从中发现不合理的支出，并采取相应的措施予以纠正，以达到降低成本和增加企业经济效益的目的。组团成本中绝大部分为旅行社从各旅游服务供应部门采购旅游服务的费用，亦称为营业成本或直接成本。旅行社在核算其组团成本时，检查的重点是所采购的旅游服务是否是按照采购合同上双方同意的价格进行结算的。在实际工作中，为了便于操作，旅行社往往采用下面的方法来计算其营业成本：

营业成本=营业收入-毛利 （9.1）

毛利=旅游团（者）的人数×停留天数×人天计划毛利 （9.2）

旅行社在核算其组团成本时，还应该根据接待计划和全程陪同填写的各地支出情况预先逐团列支，待各地接待社将结算单寄到后再分别列入各结算单位的结算账户。旅行社的组团成本主要由组团外联成本、小包价成本、劳务成本和其他服务成本构成。营业成本的内容基本是与营业收入的内容相对应发生的。

2）接待业务核算

接待旅游者是旅行社的另一项重要业务。接待业务收入是许多旅行社的重要经济来源之一，对于以接待为主要业务的旅行社更是如此。因此，做好接待业务核算是旅行社的一项重要核算业务。

（1）审核结算通知单

结算通知单是接待旅行社向组团旅行社收取接待费用的凭证，由旅游者的全程陪同填写并由接待的地方陪同签字。如果旅游者没有配备全程陪同，则由接待该旅游者的地方陪同负责填写结算通知单。结算通知单转交给财务部门后，由财务部门根据接待计划、变更通知等有关文件对结算通知单的内容进行逐项审核。审核的重点是：组团社名称、旅游者人数、等级、抵离的时间、活动项目、计价标准等与接待计划和变更通知是否一致；各项费用计算是否正确；填写项目是否齐全；有无陪同人员的签字确认。

（2）接待收入核算

核算接待收入是接待旅行社业务核算的一个重要内容。接待业务收入主要由综合服务费、房费、餐费、城市间交通费和专项附加费等构成。接待旅行社在计算接待收入时，应根据同组团旅行社事先确定的结算方法计算出因接待组团社委托接待的旅游者而应得到的综合服务费收入及其他各项收入。接待旅行社在计算各项费用时，应注意旅游团所属的等级和接待的季节，以避免出现诸如少要款项，错算旅游者接待标准、等级及季节差价等差错。

（3）成本费用核算

接待旅行社在审核其营业成本时，应按照收入与支出配比的原则认真进行成本核算，严格审核应付给饭店、餐馆、汽车公司、旅游景点等的款项，做到“分团结算，一团一清”。对盈利少的团要严格审核，对亏损的团要查出原因。在核算成本费用时，接待旅行社可根据自身业务的特点，采用单团成本核算、批量成本核算等方法。

同步思考9-1

问题：“一团一清”的结算方法有哪些益处？

理解要点：一些旅行社采用“一团一清”的结算方法，可以使旅行社尽快收回欠款、减少坏账损失，还有助于对该旅游团的经济效益进行分析。

学习微平台

延伸阅读9-1

9.1.2　旅行社结算业务

在旅行社行业中，除少数新建旅行社和部分信誉较差的旅行社在向其他旅行社及各种旅游服务供应部门或企业采购旅游服务时，必须采用现金支付方式外，多数旅行社利用商业信用进行结算。因此，在旅行社之间和旅行社与其他旅游服务供应部门或企业之间产生了大量因赊购或赊销而造成的应收账款和应付账款。旅行社结算业务就是指对应收账款和应付账款的结算。

旅行社同其他旅游服务供应部门或企业之间的结算一般根据旅行社事先达成的协议进行，内容比较简单，所以在此不再赘述。本节主要介绍旅行社之间的费用结算业务。结算的内容包括综合服务费、房费、餐费、城市间交通费、门票费和专项附加费。

根据旅游季节及旅游过程中发生的不同情况，旅行社的结算业务分为正常情况的结算业务和特殊情况的结算业务。

1）正常情况的结算业务

旅行社之间正常情况的结算业务分为综合服务费和其他旅游费用两大部分。

（1）综合服务费

综合服务费的结算业务包括审核结算内容和确定结算方式。

①审核结算内容。旅行社财务人员在审核综合服务费结算内容时，应对照旅游计划和陪同该旅游团（者）的导游员所填写的结算通知单，对所需结算的各项费用进行认真审查。旅行社之间结算所涉及的综合服务费一般包括市内交通费、杂费、领队减免费、地方导游费、接待手续费和接待宣传费等。其计算公式为：

综合服务费=实际接待旅游者人数×实际接待天数×人天综合服务费价格　　(9.3)

旅游团内成年旅游者的人数达到16人时，应免收1人的综合服务费；旅游者所携带的2～12周岁（不含12周岁）的儿童，应按照成年旅游者标准的50%收取综合服务费；12周岁（含12周岁）以上的儿童、少年旅游者按照成年旅游者标准收取综合服务费；2周岁以下的儿童在未发生费用的情况下，不收取综合服务费；如果发生费用，由携带儿童的旅游者现付。

②确定结算方式。旅游者在一地停留时间满24小时的，按1天的综合服务费结

算；停留时间超过24小时未满48小时的部分和停留时间未满24小时的，按照有关标准结算。其具体结算标准见表9-1。

表9-1 综合服务费结算

地点	综合服务费（扣除餐费）(%)
用早餐（7时）地点	33
用午餐（12时）地点	34
用晚餐（18时）地点	33

（2）其他旅游费用

其他旅游费用包括旅游者的房费、餐费、城市间交通费、门票费和专项附加费，其中后三项费用统称为其他费用。

①房费。房费分自订房和代订房两种。自订房房费由订房的单位或旅游者本人直接向饭店结算。代订房房费由接待旅行社结算。其结算公式为：

房费=实用房间数×实际过夜数×房价 (9.4)

在实际经营中，旅行社一般为旅游团队安排双人房间。有时，旅游团队因人数或性别原因可能出现自然单间。例如，某旅游团队共有17名旅游者，共需9间客房而非8间客房；又如，某旅游团队共有20名旅游者，内有11名妇女，需要11间客房而非10间客房。由此而产生的房费差额可根据事先达成的协议由组团旅行社或接待旅行社承担。

旅行社应按照饭店的规定在旅游团队（者）离开本地当天12时以前办理退房手续。凡因接待旅行社退房延误造成的损失由接待旅行社承担；如果旅游者要求延迟退房，则由旅游者直接向饭店现付房费差额。

②餐费。餐费的结算有两种形式：一种是将餐费（午、晚餐）纳入综合服务费一起结算；另一种是将餐费单列，根据用餐人数和次数结算，其计算公式为：

餐费=用餐人数×用餐次数×用餐标准 (9.5)

③其他费用。在结算其他费用时，应根据双方事先达成的协议及有关的旅游服务供应企业和单位的收费标准以优惠标准处理。

2）特殊情况的结算业务

旅行社在组团或接团过程中往往会发生一些特殊的情况并相应地反映到会计核算中。旅行社应根据不同的情况分别加以妥善处理。

（1）跨季节的结算

我国的旅行社多以每年的12月初至转年的3月底作为旅游淡季，其余的月份作为旅游旺季或平季。旅游者在一地停留的时间恰逢旅游淡季与旺季交替时，旅行社应按照旅游者在该地实际停留日期的季节价格标准分段结算。

（2）等级变化的结算

① 因分团活动导致等级变化。旅游团在成行后因某种特殊原因要求分团活动并因此导致旅游团等级发生变化时，应按分团后的等级收费或结算。结算的方式有两种：一种是由旅游者现付分团后新等级费用标准和原等级费用标准的差额；另一种是

接待旅行社征得组团旅行社同意后按新等级标准向组团旅行社结算。

② 因部分旅游者中途退团造成等级变化。参加团体包价旅游团的旅游者在旅行途中因特殊原因退团，造成旅游团队因退团后人数不足 10 人而发生等级变化时，原则上仍按旅游团的人数和等级标准收费和结算，退团的旅游者离团后的费用由旅游者自理。

（3）晚间抵达或清晨离开的旅游团队结算

团体包价旅游团队在晚餐后抵达或早餐后离开某地时，接待旅行社按照人数和等级标准向组团旅行社结算接送费用。其计算公式为：

接送费用=人数×计价标准　　　　(9.6)

同步阅读 9-1

固定成本

固定成本，又称固定费用，相对于变动成本，是指成本总额在一定时期和一定业务量范围内，不受业务量增减变动影响而能保持不变的成本。固定成本总额只有在一定时期和一定业务量范围内才是固定的，这就是说固定成本的固定性是有条件的。这里所说的一定范围叫作相关范围。如业务量的变动超过这个范围，固定成本就会发生变动。

资料来源　百度百科．固定成本［Z/OL］．［2022-09-13］．https：//baike.baidu.com/item/%E5%9B%BA%E5%AE%9A%E6%88%90%E6%9C%AC/3350848？fr=ge_ala.

随堂测 9-1

9.2　旅行社资产管理

资产管理是旅行社财务管理的一项重要内容。资产是旅行社所拥有的全部资本的具体化。旅行社凭借其所拥有的资产，经营各种旅游产品，并获得预期的经济收益。虽然旅行社的资产构成同饭店、车船公司等其他旅游企业基本相同，主要包括流动资产、固定资产、无形资产和其他资产，但是各种资产所占的比例与其他旅游企业相差甚远，具有一定的特殊性。因此，旅行社的资产管理方式亦有别于其他旅游企业。

目前，我国多数旅行社的资产管理的重点是流动资产管理和固定资产管理。

9.2.1　流动资产管理

流动资产是指旅行社可以在一个营业周期（通常为一年）内将其转变成为现金或者耗用的资产。流动资产是旅行社业务经营活动不可缺少的重要条件之一。同旅游业的其他资产相比，旅行社的流动资产在其总资产中占有较大的比重。因此，控制流动资产的规模和内部构成比例、加速流动资金周转便成为旅行社财务管理的重要内容。

旅行社的流动资产主要由四个部分构成，即货币资产、生息资产、债权资产和存货资产（由于旅行社很少涉及存货，所以此项内容不详述）。

1）货币资产管理

旅行社的货币资产主要包括现金和银行存款。它是旅行社所有资产中最具有流动性的一种资产。现金经常用于向旅游供应部门和企业采购各种旅游服务，支付旅行社各类劳务费用及其他各种费用，偿还到期的债务等；银行存款则主要用于旅行社的各种经济往来与结算、发放工资和补充旅行社的库存现金等。现金虽然具有较强的支付能力，但在未使用前不能给旅行社带来任何利润，相反，旅行社还需要承担一定的筹资成本；旅行社将现金存入银行所获得的利息也是微乎其微的。因此，在保证旅行社业务经营活动顺利进行的前提下，旅行社必须设法缩短现金周转的时间，减少实际占用的现金总量。旅行社在货币资产管理中主要采取下列措施：

（1）确定旅行社的现金库存限额

随着社会主义市场经济的逐步确立，许多银行已经不再为旅行社核定库存现金的限额。因此，旅行社必须根据本企业在日常经营活动中的需要，确定库存现金的数量。旅行社日常开支所需的现金数量要适宜，既不能出现经营中现金短缺的现象，也不能造成资金的闲置和浪费。

（2）严格控制现金使用范围

除以下各项款项可用现金支付以外，旅行社不能随意扩大现金使用的范围。

能够支付现金的范围是：①职工工资、各种工资性津贴和支付给个人的各种奖金；②各种劳保、福利费用以及国家规定的对个人的其他现金支出；③个人劳动报酬，包括稿费、讲课费及其他专门工作报酬；④出差人员必须随身携带的差旅费；⑤结算起点以下的零星支出；⑥确定需要现金支付的其他支出。

（3）严格现金收支管理

旅行社应将现金收入于当日送存开户银行。旅行社现金支出不得坐支，即不得从本企业的现金收入中直接支付。如因特殊情况需要坐支现金的，须报开户银行审核批准。

（4）加强银行存款管理

按照国家有关规定，旅行社作为经营企业必须在所在地的银行开立账户（分为人民币存款和外汇存款）。为保证银行存款与旅行社日记账所记业务及金额的一致性，旅行社财务人员应定期与银行对账。银行则应定期编制对账单，列明旅行社在一个会计期间内通过银行实际收付的资金。旅行社应将日记账与对账单进行认真的核对，如发现不符，要及时查明调整。旅行社对其银行存款要加强管理，不准出租、出借账户，不准套取银行信用，不准签发空头支票或远期支票。

（5）严格控制现金支出

旅行社应充分利用商业信用所提供的方便，减少现金的占用时间，从而达到节约现金的目的。旅行社应严格控制现金支出，尽量避免在应付账款到期日之前支付现金，并设法减少某些不必要的开支或推迟支付的时间。

同步思考9-2

问题： 为什么旅行社应注重流动资产的管理？

理解要点： 因为旅行社资产的主要构成是流动资产。

2）生息资产管理

为了减少因在企业内保持超出日常开支所需的货币资金而蒙受的利润损失，旅行社应将其暂时闲置的货币资金投资于生息资产。生息资产亦称短期有价证券或者金融资产，主要包括期限在一年以下（含一年）的国库券、商业票据、银行承兑汇票和可转让定期存单等。生息资产一般具有三个特点：①能够在短期内变成现金；②能够产生较（银行存款等）多的利息；③市场风险小。

由于生息资产具有以上优点，因此又常被看成“准现金”，但是，生息资产有时候也会出现因为货币市场上供求关系的变化引起价格的波动；在个别情况下，某些票据会发生违约等风险情况，这些都是旅行社的管理者应予以注意的。

学习微平台

延伸阅读9-2

3）债权资产管理

旅行社的债权资产主要指应收账款，应收账款在旅行社的流动资产中占有较大的比重。这是因为在目前的旅游客源市场条件下，多数旅行社难以坚持“先收费，后接待”的原则，这导致在接待旅游者的预定计划实现以后，往往不能够立刻将接待收入以现金的形式收进来。这些收入需经过一系列的结算过程才能最后收回。在此期间，旅行社被占用的资金称为应收账款。

加强债权资产的管理对于旅行社具有重要意义。债权资产的管理主要采取以下两种措施：

（1）制定和执行正确的信用政策

旅行社的债权资产状况取决于旅行社制定的信用政策及其执行情况。当信用政策宽松时，债权资产和旅行社的业务量往往会增加，一方面容易导致边际利润的增加和市场占有率的扩大；另一方面容易造成账款回收的管理费用及坏账损失的增加。当信用政策紧缩时，一方面可以减少回收应收账款的管理费用及坏账损失的风险；另一方面不利于边际利润的增加和市场占有率的扩大。因此，旅行社必须根据自身所处的市场条件及客户的资信状况，制定适当的信用政策。

① 制定信用政策。旅行社制定信用政策主要是根据不同的客户规定出相应的赊账信用标准、赊销的条件及收取账款的程序。对新客户，应该先进行充分的资信调查，设法了解其财务状况，以便决定是否向其提供信用。对已经同旅行社建立了良好的信用关系而且向旅行社输送大量旅游者的老客户，只要没有大幅度增加赊欠的账款，旅行社就可以继续提供信用。

② 规定赊销的条件。在我国目前的旅游市场条件下，旅行社为了扩大市场占用率，吸引更多的客户从而获得更大的边际利润，可以采用国际上通用的方法，允许部分客户在一定的条件下先接待客人后收费。然而，这种赊销信用经常是无担保的，而且多数客户不在旅行社所在地。当客户无力偿付欠款时，旅行社虽有权索取账款，但因没有担保物，使旅行社承担了很大的风险。因此，旅行社在允许客户欠款时，应该规定赊销的条件，如为了鼓励客户尽快付款可做出在一定期限内付款能够享受现金折扣的规定，规定赊欠账款的最长期限，给不同的客户规定不同的赊欠最高限额等，以减少可能发生的坏账损失。

③ 规定收取应收账款的程序。为了减少坏账损失，旅行社应该规定出一套收取应收账款的程序。例如，旅行社应在一笔应收账款刚过偿付期时，立即给客户发函或打电话催收欠款。如经过数次催收后客户仍拖欠，旅行社可以停止向其提供赊销信用直至诉诸法律解决。催收客户欠款需支付一定的费用，旅行社应对这些费用规定适当的标准。当继续催收账款已经成为得不偿失的事情时，旅行社应该停止对其催收而将

这笔账款经报批后，作为坏账损失处理。

（2）应收账款的管理方法

旅行社管理应收账款的方法主要包括比较应收账款的回收期、分析账龄和定期检查客户的应收账款。

①比较应收账款的回收期。旅行社将应收账款的实际回收期同规定回收期进行对比，找出差距，分析问题所在，以便采取相应的纠正措施。比较两者差距的计算公式为：

$$\text{实际回收期同规定回收期的差距}=\text{实际回收期}-\text{规定回收期} \tag{9.7}$$

$$\text{应收账款实际回收期}=\frac{\text{应收账款平均余额}\times\text{计算期天数}}{\text{当期赊销收入净额}} \tag{9.8}$$

$$\text{平均日赊销额}=\frac{\text{本期赊销总额}}{\text{本期天数}} \tag{9.9}$$

②分析账龄。旅行社可将所有赊销客户所欠应收账款按时间长短的顺序编制成表，分析其中拖欠时间超过规定回收期的客户的拖欠原因，确定客户的信用程度。旅行社可以根据所分析的结果采取相应的措施，以避免可能发生的坏账损失。

③定期检查客户的应收账款。旅行社在应收账款的管理中，可以采取定期检查客户应收账款偿付情况的办法。检查的主要内容包括客户对本旅行社招徕客源的重要程度及占旅行社总接待量的比重、应收账款的支付情况、客户未能偿付欠款的原因。通过检查，旅行社可以对客户进行信用评价，判断发生坏账的可能性并根据客户的信用程度重新确定向其提供的信用条件。

同步案例9-1

账龄分析

背景与情境：为了加强对应收账款的管理，天丰国际旅行社定期对应收账款进行账龄分析，6月和7月的应收账款账龄情况见表9-2。

表9-2　**天丰国际旅行社6月和7月应收账款账龄情况**

账龄	6月份	7月份
30天以内	63	59
31～90天	22	16
91～180天	11	14
180天以上	4	11

问题：从账龄分析来看，天丰国际旅行社的应收账款存在哪些问题？

分析提示：从上面的账龄分析可以看出，天丰国际旅行社的客户拖欠时间有所延长，尤其是拖欠时间超过半年的应收账款占全部赊销额的比例上升了7个百分点，说明应收账款的催收工作亟须加强，以降低发生坏账损失的风险。

9.2.2　固定资产管理

固定资产是指使用年限在一年以上的房屋、建筑物、机器、机械、运输工具和其他与生产经营有关的设备、器具、工具等。旅行社固定资产相对于其他旅游部门（如旅游交通部门、旅游住宿部门等）而言是较少的，主要是房屋、建筑物和运输工具等。

旅行社对固定资产的管理，主要应从以下几个方面入手：

1）固定资产折旧的计提

（1）固定资产计提折旧的范围

计提折旧的固定资产包括房屋和建筑物，在用的机器设备、运输车辆，季节性停用、修理停用的设备，融资租赁的设备，以经营租赁方式租出的固定资产。

不准计提折旧的固定资产包括房屋、建筑物以外的未使用、不需用的机器设备，以经营租赁方式租入的固定资产，已提足折旧仍继续使用的固定资产和未提足折旧提前报废的固定资产，国家规定不提取折旧的其他固定资产（如土地等）。

（2）固定资产计提折旧的方法

旅行社计提折旧的方法一般分为两种，即平均年限法（直线法）和工作量法。

①平均年限法。平均年限法又称为直线法，是我国目前最常用的计提折旧方法。旅行社采用平均年限法计提固定资产的折旧时，先以固定资产的原始成本扣除净残值，然后按照固定资产的预计使用年限平均分摊计算每年或每月的折旧额和折旧率。这是一种较为简易的折旧计提方法，通常用于房屋等建筑物和贵重办公设备的折旧计提。平均年限法的计算公式为：

$$\text{年折旧率}=\frac{1-\text{预计净残值率}}{\text{固定资产的预计使用年限}}\times 100\% \quad (9.10)$$

$$\text{月折旧率}=\frac{\text{年折旧率}}{12} \quad (9.11)$$

$$\text{月折旧额}=\text{固定资产原始价值}\times\text{月折旧率} \quad (9.12)$$

固定资产净残值率，一般按照固定资产原值的3%～5%确定。

《中华人民共和国企业所得税法实施条例》第六十条规定：除国务院财政、税务主管部门另有规定外，固定资产计算折旧的最低年限如下：房屋、建筑物，为20年；飞机、火车、轮船、机器、机械和其他生产设备，为10年；与生产经营活动有关的器具、工具、家具等，为5年；飞机、火车、轮船以外的运输工具，为4年；电子设备，为3年。

②工作量法。有些固定资产（如接待旅游者的大客车）在不同的经营期间使用的程度不均衡，发生的磨损程度也相差较大，难以用平均年限法确定其每年的折旧额。对于这类资产，旅行社可以采用工作量法来计提折旧。工作量法是一种以固定资产的具体使用时间或使用量为自变量，且与年限无绝对直接依存关系的折旧方法。这种折旧计提方法适用于汽车等固定资产。工作量法的计算公式为：

$$\text{单位工作量折旧额}=\frac{\text{原值}\times(1-\text{预计净残值率})}{\text{预计总工作量}} \quad (9.13)$$

2）固定资产的处理

（1）修理费用的提取

旅行社发生的固定资产修理费用，计入当期成本费用。对数额较大、发生不均衡的修理费用，可以分期摊入成本费用，也可以根据修理计划分期从成本中预提。

（2）固定资产盘亏、盘盈及报废的处理

对盘亏及毁损的固定资产，应按原价扣除累计折旧、过失人及保险公司赔款后的差额计入营业外支出。

对出售或清理报废固定资产变价净收入（变价收入、残料价值减清理费用后的净额）与固定资产净值（原价减累计折旧）的差额，计入营业外收入或营业外支出。

同步阅读9-2

速动比率

速动比率又称酸性测验比率，是指速动资产与流动负债的比率。它是衡量企业流动资产中可以立即变现用于偿还流动负债的能力。

随堂测 9-2

其计算公式为：

速动比率=速动资产÷流动负债　　(9.14)

式中：速动资产=流动资产-预付账款-存货

资料来源　百度百科．速动比率［Z/OL］．［2023-05-23］．https：//baike.baidu.com/item/%E9%80%9F%E5%8A%A8%E6%AF%94%E7%8E%87？fromModule=lemma_search-box.

9.3　成本费用管理

成本费用管理是旅行社财务管理的一项重要内容。旅行社所经营的产品中，大部分来自其他旅游服务部门，如旅游交通、饭店、餐馆、游览景点等。旅游者从旅行社所提供的产品中享受到的各种旅游服务主要是旅行社代其从有关旅游服务部门或企业购买的，因此，旅游者付给旅行社的旅游费用中，绝大部分又由旅行社转付给那些部门或企业。另外，旅行社在经营过程中还会发生许多销售费用和管理费用。据有关资料统计，在许多旅行社的销售收入中，用于支付各种成本和费用的款项往往占旅行社全部销售收入的80%～90%。也就是说，旅行社的绝大部分销售收入都被成本抵销。因此，旅行社的管理者必须高度重视成本费用的管理，通过对成本费用的控制来提高经营利润。

旅行社管理者在成本费用管理过程中，应按照社会主义市场经济条件下客观经济规律的要求，特别是价值规律的要求，对旅行社的经营成本进行计划、控制、核算和分析，以促进旅行社人、财、物的合理利用，不断降低经营成本，提高经济效益。

9.3.1　成本费用构成分析与核算

旅行社成本费用分析包括研究成本费用的构成和按照单团或部门批量对成本费用进行的分析。在此基础上，旅行社应根据本企业的具体情况实行单团成本费用核算或部门批量成本费用核算。

1）成本费用构成

旅行社的成本费用主要由营业成本、销售费用、管理费用和财务费用构成。

（1）营业成本

旅行社的营业成本是指在经营过程中发生的各项直接支出，包括房费、餐费、交通费、文娱费、行李托运费、票务费、门票费、专业活动费、签证费、陪同费、劳务费、宣传费、保险费、机场建设费等代收代付的费用。

（2）销售费用

销售费用是指旅行社各营业部门在经营中发生的各项费用，包括运输费、装卸费、包装费、保管费、保险费、燃料费、水电费、展览费、广告宣传费、邮电费、差旅费、洗涤费、清洁卫生费、低值易耗品摊销、物料消耗、经营人员的工资（含奖金、津贴和补贴）、职工福利费、服装费及其他销售费用。

（3）管理费用

管理费用是指旅行社组织和管理经营活动而发生的费用，以及由旅行社统一负担的费用，包括公司经费、工会经费、职工教育经费、劳动保险费、待业保险费、劳动保护费、董事会费、外事费、租赁费、咨询费、审计费、诉讼费、绿化费、土地使用费、土地损失补偿费、技术转让费、研究开发费、税金、燃料费、水电费、折旧费、修理费、无形资产摊销、低值易耗品摊销、开办费摊销、交际应酬费、坏账损失、存货盘亏和毁损、上级管理费及其他管理费用。

（4）财务费用

财务费用是指旅行社为筹集资金而发生的费用，包括旅行社在经营期间发生的利息净支出、汇兑净损失、金融机构手续费及筹资发生的其他费用。

2）成本费用分析

成本是影响旅行社经济效益的一个重要因素。在营业量一定的前提下，营业成本越低，经济效益就越高。对成本分析可以按核算的要求实行单团成本分析和部门批量成本分析。

（1）单团成本分析

单团成本分析的前提是实行单团成本核算。为了达到控制成本、提高旅行社经济效益的目的，应采取以下几个步骤：

① 在综合分析市场状况和旅行社自身经营状况的基础上编制成本计划，制订出一套分等级的成本计划并以此作为衡量旅行社经济效益的标准。

② 将单团的实际成本与计划成本进行对比，找出差异。对于差异较大的旅游团要逐项进行分析，找出导致成本上升或下降的原因并加以改进。

③ 加强信息反馈，把在成本分析中发现的差异及其原因及时报送给有关领导和部门，以便加强对成本的控制。

（2）部门批量成本分析

接待业务量较大的旅行社应实行部门批量成本分析和核算，将不同部门接待的旅游团作为成本核算的对象，进行成本的归集和分配，核算出各个部门接待一定批量旅游者的成本水平和经济效益。旅行社在进行成本分析和核算时应采取以下几个步骤：

① 编制各部门接待一定批量旅游者的计划成本及计划成本降低额（率），核算出实际成本及实际成本降低额。

② 按照部门接待旅游者数量变动、产品结构变动、成本变动三方面进行因素替

代分析，找出各因素的影响程度。

③ 将信息反馈给有关部门，采取措施，扭转不利因素的影响。

3）成本费用核算

旅行社成本费用核算可以根据旅行社的经营规模和范围分别实行单团核算和部门批量核算。

（1）单团核算

单团核算是指旅行社就接待的每一个旅游团（者）为核算对象进行经营盈亏的核算。单团核算有利于考核每个团队的经济效益，有利于各项费用的清算和考核，有利于降低成本，但单团核算的工作量较大，一般适用于业务量较小的旅行社。

（2）部门批量核算

学习微平台

延伸阅读9-3

部门批量核算是指以旅行社的业务部门在规定期限内接待的旅游团（者）的批量为核算对象进行的核算。

按部门批量核算虽不像单团核算那样详细，但它能从不同的侧面反映出旅行社经营的盈亏状况，为开拓市场、改善经营管理提供依据。这种核算方法适用于业务量较大的旅行社。

9.3.2 成本费用的控制

成本费用控制是指旅行社在经营过程中，按照事先制定的成本目标，对旅行社日常发生的各项经营活动按照一定的原则，采用专门的方法进行严格的管理和监督，把各项成本费用控制在一个容许的范围之内的成本费用管理方法。成本费用控制是旅行社实行成本费用管理的重要步骤之一。旅行社通过对产品设计、产品开发、旅游服务采购、产品销售与促销和旅游接待等方面的成本和费用形成过程进行监督和分析，及时纠正所发生的偏差，把经营成本限制在目标决策的范围内，以保证目标成本的实现。

1）制定成本费用标准

旅行社在经营过程中需要付出大量的成本费用，以获得预期的经营收入。如果成本费用过高，会使旅行社的经营利润大幅度下降，甚至造成亏损。因此，旅行社管理者必须根据本企业的实际情况和经营目标，参照其他旅行社的成本费用水平，制定出本旅行社的成本费用标准，这是旅行社成本控制的首要步骤。旅行社制定成本费用标准的方法主要有分解法、定额法和预算法。

（1）分解法

分解法是指将目标成本和成本降低目标按成本项目进行分解，明确各成本项目应达到的目标和降低的幅度。在此基础上，把各成本项目的分解指标按部门进行归口分解。然后，各部门再把成本指标落实到各个岗位或个人，再由各个岗位或个人分别制定各项费用支出的目标和措施，对分解指标进行修订。修订后的各项指标要以实现目标成本为标准，进行综合平衡。经过综合平衡以后，即可形成各项成本费用开支的标准。

（2）定额法

定额法是指旅行社首先确定各种经营成本或费用的合理定额，并以此为依据制定成本费用标准。凡是能够直接确定定额的成本或费用，都应制定标准成本。不能直接确定定额的成本费用，也要比照本行业平均水平确定成本费用开支标准限额，用以控制盲目的费用开支。

（3）预算法

预算法是指把经营成本划分为同销售收入成比例增加的变动费用、不成比例增加的半固定成本费用或半变动成本费用以及与销售收入增减无关的固定费用，按照业务量来分别制定预算，作为成本控制标准。业务量不同，其成本费用预算也不一样，因此，可以针对不同的业务量制定弹性预算。

2）日常控制

旅行社应当在日常经营管理中，按照预先制定的成本费用标准，严格控制各项消耗和支出，并根据已产生的误差，及时进行调整，以指导当前的经营活动。旅行社成本费用的日常控制主要包括建立成本控制信息系统、实行责任成本制度和进行重点控制三项措施，并通过这些措施对旅行社的经营管理成本费用实行全过程、全面、全员的控制。

（1）建立成本控制信息系统

旅行社应该通过建立成本控制信息系统来对经营活动过程中产生的成本费用进行成本控制。成本控制信息系统主要包括三个部分：①成本指标、标准、定额等输入系统；②核算、控制、反馈系统；③分析预测系统。三个系统构成一个整体，对成本信息发挥提供、传递与反馈的作用，成为成本控制的有效手段。

（2）实行责任成本制度

为了加强对成本的控制，旅行社应实行责任成本制度。把负有成本责任的部门作为成本责任中心，对可控成本负完全责任。通过实行责任成本制度，可以把经济责任落实到旅行社内部各个部门，推动各部门控制其所负责的成本。

（3）进行重点控制

旅行社管理者应在日常成本费用控制中对占成本比重较大的部门或岗位、成本降低目标较大的部门或岗位和目标成本实现较难的部门或岗位进行重点控制。按照确定的标准，对这些部门或岗位的成本费用进行检查和监督，以降低成本费用，提高经营利润。

3）检查与考核

旅行社管理者应定期对各部门控制其成本费用情况及整个旅行社的成本费用控制情况进行检查和考核。在检查与考核过程中，旅行社管理者应着重做好以下几项工作：

① 检查成本计划的完成情况，查找和分析产生成本差异的原因；

② 评价各部门和个人在完成成本计划过程中取得的成绩和不足，按情况给予应有的奖励和惩罚；

③ 总结经验，找出不足，提出解决办法，为进一步降低经营成本提供资料和先进经验，为修订标准提供可靠的参数，促进成本控制方法的科学化、标准化。

以上成本控制的三项内容是紧密联系、循环往复的。每循环一次，成本控制标准都应有所改善，成本控制手段都应更加科学化。其关系如图9-1所示。

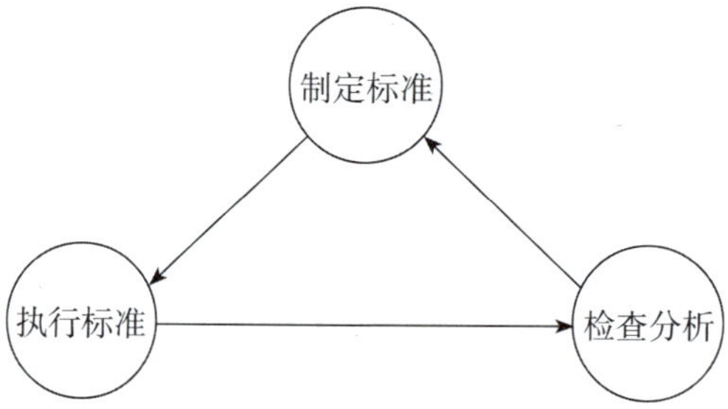

图9-1　旅行社成本费用控制流程

随堂测9-3

同步思考9-3

问题： 为什么有些旅行社的利润表中的财务费用是负数？

理解要点： 财务费用是指旅行社在银行存款所产生的利息收入。

9.4 营业收入与利润管理

作为以营利为目的的旅游企业，旅行社通过向旅游者提供各种旅游服务获得其所期待的营业收入和利润。为了取得持续的经营和发展，旅行社必须拥有足够的资金。旅行社在经营过程中获得的利润就是旅行社经营和发展所必需的资金来源之一。利润来源于旅行社的营业收入，只有营业收入增加了，利润才可能增加。同时，利润又是旅行社在一定时期内的经营成果，利润的多寡反映了旅行社经营水平的高低。因此，旅行社管理者必须重视对营业收入和利润的管理。

9.4.1 营业收入的构成管理

营业收入是反映旅行社经济效益的基本指标之一，是旅行社利润的主要来源。持续稳定地取得营业收入是保证旅行社经营活动持续进行的重要条件，是实现资金循环、加速资金周转的重要环节。旅行社在经营过程中，利用其营业收入来补偿经营活动中产生的各种成本和费用，并实现一定的利润。营业收入的多少直接关系到旅行社财富的积累，是旅行社增强自我发展能力、扩大经营规模、提高员工物质生活水平的必要前提。因此，旅行社要顺利地实现其经营目标，必须搞好营业收入的管理。

1）营业收入的构成

旅行社的营业收入是指旅行社在一定时期内向旅游者提供服务而获得的全部收入。旅行社的营业收入主要由以下几个部分构成：

（1）综合服务费收入

它是指为旅游团（者）提供综合服务所取得的综合服务收入，包括导游费、餐饮费、市内交通费、全程陪同费、组团费和接团手续费。

（2）房费收入

它是指旅行社为旅游者代订饭店的房间后，按照旅游者实际房间等级和过夜天数收取的住宿费用。

（3）城市间交通费收入

它是指旅游者为旅游期间在旅游客源地与旅游目的地之间及在旅游目的地的各城

市或地区之间乘坐各种交通工具所付出的费用而形成的收入。

（4）专项附加费收入

其主要是指旅行社向旅游者收取的汽车超公里费、风味餐费、游江（湖）费、特殊游览门票费、文娱费、专业活动费、保险费、不可预见费等收入。

（5）单项服务收入

其主要指旅行社接待零散旅游者和委托代办事项所取得的服务收入、代理代售国际联运客票和国内客票的手续费收入以及代办签证收费等收入。

2）营业收入的管理

在旅行社的营业收入中，代收代支的款项占了很大的比重。这是旅行社在业务经营方面区别于其他旅游企业的一个重要特点。旅行社在核算其营业收入时，应根据这一特点加强管理，对其进行准确的确认和时间上的界定。

（1）确认营业收入的原则

按照国家的有关规定，旅行社在确认营业收入时应实行权责发生制。根据权责发生制，旅行社在符合以下两个条件时，可确认其获得了营业收入：①旅行社已经向旅游者提供了合同上所规定的服务；②旅行社已经从旅游者或者组团旅行社处收到价款或取得了收取价款权利的证据。

（2）界定营业收入实现时间的原则

由于旅行社经营的旅游产品不同，其营业收入实现的时间也各异。根据有关规定，旅行社营业收入实现时间的界定原则为：

① 入境旅游。旅行社组织境外旅游者到境内旅游，以旅游者离境或离开本地的时间作为确认其营业收入实现的时间。

② 国内旅游。旅行社组织国内旅游者在国内旅游，接团旅行社应以旅游者离开本地的时间、组团旅行社应以旅游者旅行结束返回原出发地的时间作为确认其营业收入实现的时间。

③ 出境旅游。旅行社组织中国公民到境外旅游，以旅游者旅行结束返回原出发地的时间作为确认其营业收入实现的时间。

9.4.2　利润分析与管理

利润是旅行社在一定时期内经营活动的最终财务成果，是旅行社经营活动的效率和效益的最终体现。它不仅是反映旅行社经营状况的一个基本指标，也是考核、衡量旅行社经营成果与经济效益的最重要标准。旅行社在一定时期内取得多少利润，反映了旅行社获取利润的能力和经营管理的水平，并直接影响其日后在旅游市场上的地位，对旅行社的生存和发展起着举足轻重的作用。因此，旅行社管理者必须重视对利润的分析和管理。

1）利润的构成

旅行社的利润由营业利润、投资净收益和营业外收支净额所构成，是旅行社在一定时期内经营的最终成果。通过对旅行者利润指标的考核和比较，能够综合地反映出旅行社在这段时期内取得的经济效益。

（1）旅行社营业利润

旅行社营业利润是指营业收入扣除营业成本、销售费用、增值税税金、管理费用和财务费用等后的净额。

（2）旅行社投资净收益

旅行社投资净收益是指投资收益扣除投资损失后的数额。投资收益包括对外投资分得的利润、取得的股利、债券利息、投资到期收回或中途转让取得的款项高于投出资产账面净值的差额。投资损失是投资不当而产生的投资亏损额或投资到期收回或中途转让取得的款项低于投出资产账面净值的差额。

（3）旅行社营业外收支净额

旅行社营业外收支净额是指营业外收入减营业外支出的差额。营业外收入包括固定资产盘盈和变卖的净收益、罚款净收入、确实无法支付而按规定程序批准后转作营业外收入的应付账款、礼品折价和其他收入等。营业外支出包括固定资产盘亏和毁损、报废的净损失、非常损失、赔偿金、违约金、罚息和公益性捐赠等。

2）利润分析

获取利润是旅行社的主要经营目标，反映了旅行社的综合素质。旅行社要生存和发展，必须争取获得较高的利润，这样才能在竞争中立于不败之地。利润分析是指旅行社根据期初的利润计划对本期内所实现的利润进行初步的评价，主要包括利润总额分析、利润总额构成因素分析和营业利润分析。

（1）利润总额分析

利润总额分析是指用比较分析法将本期的利润总额同上期的利润总额或本期的计划利润指标进行对比，分析其增减变动的情况。计算本期利润比上期的利润增长（减少）的情况，可以使用下面的公式：

$$\text{本期利润比上期增长（减少）额}=\text{本期利润总额}-\text{上期利润总额} \tag{9.15}$$

$$\text{利润增长（减少）率}=\frac{\text{利润增长(减少)额}}{\text{上期利润总额}}\times 100\% \tag{9.16}$$

计算本期计划利润完成情况可以使用下面的公式：

$$\text{完成计划百分比}=\frac{\text{本期实际利润总额}}{\text{本期计划利润总额}}\times 100\% \tag{9.17}$$

$$\text{超额或未完成计划百分比}=\text{完成计划百分比}-100\% \tag{9.18}$$

（2）利润总额构成因素分析

旅行社在分析其利润总额增长情况后，还应对利润的构成因素进行分析，以便发现导致本期利润变化的主要因素，并采取相应的措施。如果发现某项因素的增长比例或绝对额与上一期相差较大，则应对其发生的原因进行深入的分析。

（3）营业利润分析

营业利润分析是通过将旅行社利润计划指标与实际结果对比，运用因素分析法，找出影响营业利润实现的因素，采取措施，加强管理，为进一步增加营业利润指明方向。在营业收入一定的情况下，影响营业利润高低的因素是营业成本、销售费用、增值税税金、管理费用和财务费用等。尽可能降低成本费用，特别是严格控制费用的支出是增加营业利润的有效途径。

3）利润管理

利润管理是旅行社财务管理的一项重要任务，其主要内容是确定目标利润和进行利润分配。

旅行社应该在每一个营业期之初确定将在这个营业期内获得多少利润，即确定其目标利润，以便采取各种合理、可行的方法去努力实现这个目标。此外，旅行社确定了目标利润后，还能够将其在营业期结束时实际完成的利润同目标利润进行对比，以加强对利润的管理。计算目标利润的公式为：

$$\text{目标利润}=\text{预计营业收入}-\text{目标营业成本}-\text{预计税金}-\text{预计费用} \tag{9.19}$$

旅行社在确定了目标利润之后，可以运用各种方法来测算出为实现目标利润所应完成的销售量及所产生的各种成本和费用。业务量-成本-利润分析法（简称量本利法）是进行这种测算的一种有效的方法。量本利法将成本分解为固定成本和变动成本，并根据由此获得的信息，预测出旅行社的保本销售量和为完成目标利润而需增加的销售量。量本利法的计算公式为：

$$\text{保本销售量}=\frac{\text{固定成本费用总额}}{\text{单位产品售价}-\text{单位变动成本}} \tag{9.20}$$

$$\text{实现目标利润的销售量}=\frac{\text{固定成本费用总额}+\text{目标利润}}{\text{单位产品售价}-\text{单位变动成本}} \tag{9.21}$$

$$\text{实现目标利润的销售收入}=\frac{\text{固定成本费用总额}+\text{目标利润}}{1-\text{变动成本率}} \tag{9.22}$$

对于产品单一、售价和成本稳定的旅行社，使用量本利法能够做出比较准确的预测，但是，对于多数旅行社来说，其产品、成本和售价因受市场供求关系、同行之间的竞争激烈程度以及其产品的规格、内容和档次等因素的影响，使用量本利法存在着一定的难度。旅行社可以参考上一期的平均成本和营业收入按照上述的公式进行估算。

随堂测 9-4

教学互动 9-1

互动问题：旅行社的财务管理与其他企业是有差别的。

①旅行社资产管理与其他旅游企业资产管理有何区别？

②旅行社的成本费用控制是如何实现的？

要求：同“教学互动 1-1”的“要求”。

本章概要

□ 内容提要

本章介绍了旅行社的会计核算、资产管理、成本费用管理、营业收入与利润管理等财务业务。旅行社的会计核算业务包括业务核算和结算业务，资产管理包括流动资产和固定资产的管理。成本费用管理是指成本费用的分析和控制，而营业收入和利润管理包括营业收入管理和利润管理。这些业务都是旅行社财务管理的重要内容，对于提高旅行社的经营效益具有重要作用。

□ 主要概念和观念

▲ 主要概念

会计核算　营业成本　结算通知单　旅行社结算业务　旅行社资产　流动资产

应收账款 固定资产 成本费用控制 营业收入 利润

▲ 主要观念

旅行社资产管理 成本费用控制方法 营业收入和利润管理

□ 重点实务

旅行社成本费用管理 旅行社营业收入与利润管理

基本训练

□ 知识训练

▲ 复习题

1）什么是组团业务核算？它包括哪些内容？

2）什么是接待收入核算？它包括哪些内容？

3）旅行社的流动资产包括哪几大类型？它们各有什么特点？

4）旅行社应如何管理好其货币资产？

5）旅行社常用的固定资产折旧方法有哪几种？如何进行计算？

▲ 讨论题

1）旅行社会计核算包括哪些业务？

2）旅行社资产管理的重点是什么？

3）旅行社的成本费用是如何构成的？怎样进行控制？

□ 能力训练

▲ 理解与评价

在市场竞争日益激烈的今天，一些旅行社即使赔钱也要推出新产品，请予以评价。

▲ 案例题

【训练项目】

案例分析-Ⅸ。

【相关案例】

天津康辉国际旅行社有限责任公司催讨欠款的策略

背景与情境： 目前，旅行社之间拖欠款是困扰绝大多数旅行社的难题，不少旅行社因此而陷入流动资金短缺甚至亏损的境地。天津康辉国际旅行社有限责任公司的原总经理张孝坤采取了一些切实可行的措施，使该旅行社大大减少了不良债权的损失，维护了旅行社的合法经济利益。张总经理采取的措施主要包括：

（1）总经理亲自过问客户的挂账和催讨事宜。要求各营业部门每月向总经理报告一次，以检查催讨欠款的工作成果。

（2）将催讨欠款同各营业部门的经济利益挂钩。凡在经营中获得利润但是未能将欠款收回的部门，根据欠款金额的比例缓发该部门应获得的奖金，以后视其收回欠款的数额按比例补发。

（3）制定切实可行的信用制度和标准。对于那些信誉好、付款及时、经济实力雄厚、送客量大且与本旅行社长期保持合作的旅游中间商，允许其在旅游者旅行结束后3个月内付款；对于那些信誉较差、送客量少、付款不及时或初次合作的旅游中间商，不允许其挂账，必须支付现金。

问题：

1）为什么说应收账款对旅行社的经营有着至关重要的作用？

2）结合案例，思考旅行社应该如何建立科学的应收账款管理制度？

【训练要求】

同第1章“基本训练”中本题型的“训练要求”。

▲ 自主学习

【训练项目】

自主学习-Ⅴ。

【训练步骤】

1）将班级同学组成若干“自主学习”训练团队，每队确定一人负责。

2）各团队根据训练项目需要进行角色分工与协作。

3）通过校图书馆、院资料室和互联网，查阅“文献综述格式、范文及书写规范要求”和近三年关于“旅行社资产管理”研究的前沿学术文献资料。

4）综合和整理“旅行社资产管理”研究的前沿学术文献资料，依照“文献综述格式、范文及书写规范要求”，撰写《“旅行社资产管理”最新文献综述》。

5）在班级交流各团队的《“旅行社资产管理”最新文献综述》。

6）在校园网的本课程平台上展出经过修订并附有教师点评的各组《“旅行社资产管理”最新文献综述》，供学生相互借鉴。

□ 课程思政

【训练项目】

课程思政-Ⅸ。

【相关案例】

客户恶意拖欠大额团款，旅行社如何成功追欠

基本案情：

原告：某旅行社有限公司。

委托诉讼代理人：夏扬律师。

被告：刘某。

原告某旅行社有限公司与被告刘某签署了一份《出境旅游合同》，约定被告参加原告组织的“×××包团5天游”，出发时间为2017年9月10日，回团时间为2017年9月14日。双方约定被告应当在出发前向原告预付10万元的团费，剩余旅游团费应当在回团后一周内结清。如逾期支付的，应当按照每日千分之一的标准承担违约金。合同签订后，原告开始积极地为被告的旅游团预订机票、酒店及安排旅游行程等事项，并代为垫付了相关费用。经过核算，本次旅游活动共计发生的费用为人民币254 002元，但被告仅支付了4万元，剩余尚有人民币214 002元被告拒不支付。

为维护自身合法权益，原告某旅行社有限公司聘请专业律师起诉至法院，请求法院判令：

1）被告向原告支付团费人民币214 002元；

2）被告承担逾期付款的违约金人民币17 548元；

3）本案的诉讼费用由被告承担。

裁判结果：

1）被告刘某应自本判决生效之日起10日内向原告某旅行社有限公司支付剩余旅游费用人民币214 002元及该款的违约金（以人民币214 002元为基数，按照年利率24%的标准自2017年10月5日计算至全部清偿之日）。

2）案件受理费人民币×××元，由被告刘某负担。

资料来源　佚名. 旅游合同纠纷法律文书［EB/OL］.［2018-07-25］. https://aiqicha.baidu.com/nwenshu? wenshuId=a40d9e27317cd20a33f05508249481b810f7fc86.

问题：

1）试就原告某旅行社有限公司与被告刘某的纠纷事件做出思政研判。

2）通过上网或图书馆调研等途径搜集作为思政研判依据的相关规范。

3）该案例对你有何启示？

【训练要求】

同第1章“基本训练”中本题型的“训练要求”。

主要参考文献

［1］王宁，伍建海，廖建华．旅行社经营管理实务［M］．北京：清华大学出版社，2020.

［2］张静岩，贺小群．旅行社经营与管理实务［M］．北京：中国铁道出版社，2022.

［3］余洁．旅行社经营管理理论与实务［M］．北京：清华大学出版社，2022.

［4］马瑛，张志伟．旅行社管理［M］．北京：中国旅游出版社，2022.

［5］陈建斌．旅行社经营管理［M］．3版.武汉：华中科技大学出版社，2023.

［6］人力资源和社会保障部人事考试中心．旅游经济专业知识和实务（中级）［M］．北京：中国人事出版社，2021.

［7］人力资源和社会保障部人事考试中心．旅游经济专业知识和实务（初级）［M］．北京：中国人事出版社，2022.

［8］胡宇橙．旅行社经营管理［M］．北京：清华大学出版社，2014.

［9］苑晓赫，张百菊，蔡维英．旅行社经营管理［M］．北京：旅游教育出版社，2016.

［10］张静，何守伦．旅行社经营管理实务［M］．北京：机械工业出版社，2021.

［11］纪俊超．旅行社经营管理［M］．2版．广州：华南理工大学出版社，2016.

［12］但强，朱珠．旅行社经营管理实务与实训教程［M］．成都：西南财经大学出版社，2014.

［13］曹华盛．旅行社经营与管理［M］．2版．上海：格致出版社，2014.

［14］万剑敏．旅行社产品设计［M］．北京：旅游教育出版社，2014.

［15］国家旅游局综合协调司．旅行社安全管理实务［M］．北京：中国旅游出版社，2012.

［16］中国旅游研究院．中国旅行社产业发展报告2014［M］．北京：旅游教育出版社，2014.

［17］李宏，杜江．旅行社经营与管理［M］．3版．天津：南开大学出版社，2016.

［18］耶尔．旅行社经营业务［M］．程尽能，等译．北京：旅游教育出版社，2004.

［19］朱明远，徐力．旅行社业务［M］．南京：南京大学出版社，2015.

［20］马晓红，邓许红．旅行社经营管理——理论、方法与案例［M］．北京：中国经济出版社，2014.

［21］梁智，韩玉灵．旅游计调师实务教程［M］．北京：旅游教育出版社，2011.

［22］梁智，刘春梅，张杰．旅行社经营管理精选案例解析［M］．北京：旅游教育出版社，2007.

［23］法律出版社法规中心．中华人民共和国旅游法 旅行社条例 导游人员管理条例［M］．北京：法律出版社，2014.

［24］李飞．中华人民共和国旅游法解读［M］．北京：中国法制出版社，2013.

［25］邓德智，傅林放，张建融．旅行社诉讼案例精选［M］．北京：旅游教育出版社，2013.

［26］张骏，葛益娟．旅行社经营管理［M］．3版．北京：旅游教育出版社，2018.

［27］耿红莉．旅行社经营管理［M］．北京：化学工业出版社，2019.

［28］刘荣．旅行社经营管理［M］．郑州：郑州大学出版社，2020.